HEINZ GROTZFELD

DAS BAD IM ARABISCH-ISLAMISCHEN MITTELALTER

DAS BAD IM ARABISCH-ISLAMISCHEN MITTELALTER

Eine kulturgeschichtliche Studie

von

HEINZ GROTZFELD

1970

OTTO HARRASSOWITZ · WIESBADEN

Gedruckt mit Unterstützung der Deutschen Forschungsgemeinschaft
Gesamtherstellung: KN Digital Printforce GmbH, Stuttgart
Printed in Germany

INHALTSVERZEICHNIS

TAFEL I

Persische Miniatur mit Darstellungen aus dem Badeleben. London, British Museum, Or. 6810, fol. 27; s. S. 65, Anm. 40.

EINLEITUNG

Die Beschäftigung mit dem Thema geht zurück auf einen Vorschlag meines Lehrers Hans Wehr, dem ich gern gefolgt bin, weil seit meinem ersten, allerdings besonders dialektologischen Interessen dienenden Aufenthalt im bäderreichen Damaskus die materielle Kultur des Vorderen Orients mich gefesselt hatte. Gerade das Bad, ein wichtiges Element der städtischen Zivilisation, schien ein reizvoller Forschungsgegenstand zu sein.

Es kam mir darauf an, die in der arabischen Literatur verstreuten Aussagen über das Bad zu sammeln, vielleicht auch bisher unbekannte Quellen zu erschließen und eine Gesamtdarstellung des Problemkomplexes zu versuchen. Die ersten Erfahrungen waren nicht sonderlich ermutigend, denn auf lange Strecken der Suche in den Werken der Annalisten, der Biographen, der Geographen, erst recht in der Schönen Literatur, wurden fast nur Aussagen gefunden, die nicht über die Beschreibung des Bades und Badens bei Lane, *Manners and Customs of the Modern Egyptians*, chapter XII, hinausreichten. Der erste Eindruck war, daß den arabischen Autoren das Bad eine viel zu vertraute Institution war, um darüber viele Worte zu verlieren. Ich hatte aber das Glück, schon bald eine der ergiebigsten Quellen in der Hand zu haben. Das bei Écochard/LeCoeur 2,129 als in der Syrischen Nationalbibliothek Ẓāhirīye neuentdeckt aufgeführte Manuskript *Kitāb al-ḥammāmāt* des Yūsuf b. ʿAbdalhādī, mit Angabe der Überschriften seiner 50 Kapitel beschrieben bei Ṣalāḥaddīn al-Munağğid, *Ḥammāmāt Dimašq*, in: al-Mašriq 41, 1947, 423—425, das mir im Spätsommer 1963 in der Ẓāhirīye vorgelegt wurde, war eine recht mühsame Lektüre; es ist das Brouillon des Autors, der eine eigenwillige Schrift hatte, viel zwischen die Zeilen kritzelte und meist die diakritischen Punkte wegließ, außerdem zieht sich durch das ganze Manuskript ein breiter, die Lesung störender Wasserfleck in der inneren oberen Buchhälfte, aber die hier vereinten Aussagen über das Bad entschädigten reichlich für die Mühe. Ich war ziemlich mit einem Mal in die Lage versetzt, bisher isolierte Notizen in einen größeren Zusammenhang einordnen zu können. Das war natürlich eine große Ermutigung, die Suche nach neuem Material fortzusetzen. Mme. Asmâ' Houmsi, seit Herbst 1963 in der Ẓāhirīye, deren Leitung ihr später übertragen wurde, machte mich auf den Traktat des Aqfahsī aufmerksam. Der Ḥammām-Traktat des Munāwī schließlich, auf den ich beim Durcharbeiten des Ahlwardtschen Kataloges stieß, war glücklicherweise ins Tübinger Depot der Preußischen Staatsbibliothek gelangt und stand mir auch bald zur Verfügung. Diese Traktate vereinten naturgemäß das meiste Material, doch mußte bei manchen ihrer Angaben erst der Verdacht ausgeräumt werden, daß sie lediglich ein „Soll", nicht ein „Ist" betreffen, daß sie Verhaltensmuster vorschreiben, die in der Praxis nicht beachtet wurden. Bisweilen war das nicht mit Sicherheit möglich, etwa bei den medizinischen Regeln, bei denen es — wenigstens für die jüngere Zeit — ungewiß ist, ob sie tatsächlich befolgt wurden, oder ob sie nichts weiter als forttradierter Lehrballast sind. Manche Vorschriften, z.B. die, daß der Ehemann seiner Frau kein Geld für den Badbesuch geben soll, stehen in so eklatantem Widerspruch zur Wirklichkeit, daß man sich wundert, wieso die Verfasser der Traktate diese Lehrmeinungen weltfremder Fuqahā' immer wieder anführen.

Nächst den Ḥammām-Traktaten waren die Ḥisba-Handbücher und Fiqh-Werke, aber auch paränetische Werke, ergiebige Quellen; auch hier findet sich manches, was mit der Wirklichkeit nicht übereinstimmte, sondern Wunschbild war. Medizinische Traktate auszuwerten konnte ich mir ersparen. Die Verfasser der Ḥammām-Traktate hatten hierfür bereits Vorarbeit geleistet, indem sie aus den bekannten medizinischen Werken alles, was Bad und Baden betrifft, ausgezogen und in ihren Traktaten eingearbeitet haben.

Aus den Werken der Geschichtsschreiber, Annalisten wie Biographen, der Geographen, der arabischen und — in jüngerer Zeit — auch europäischen Reisenden stammen viele Einzelangaben, welche die Aussagen der vorgenannten Quellen ergänzten, bestätigten oder überhaupt erst als wirklichkeitsentsprechend auswiesen. Das gleiche gilt auch für die Angaben aus der Poesie und der Adab-Literatur, besonders aus den Werken des niederen, unterhaltenden Adab, wenn auch — aufs Ganze gesehen — die schöngeistigen Werke nicht viel hergaben, weil das Bad außerhalb des Gesichtskreises besserer Literaten lag. Eine wichtige Ausnahme bildet hier allerdings Tausendundeine Nacht, aus der viele Aussagen über Bad und Baden entnommen werden konnten, besonders aus der Geschichte von Abū Ṣīr und Abū Qīr, in der ein genialer Erzähler kollektiv Bewußtes in Worte gefaßt hat.

Die Angaben bei Historikern, bei Geographen und Reisenden lassen sich im allgemeinen nach Zeit und Ort festlegen, gleich, wann und wo der Betreffende geschrieben hat. Die übrigen Autoren haben, obwohl sie allgemeingültig verstanden werden wollen, was besonders für die Verfasser der Ḥammām-Traktate gilt, meist nur die Verhältnisse eines engeren Raumes und ihrer Zeit vor Augen. So ergibt sich die Notwendigkeit, die ergiebigeren Quellen nach der Zeit und dem Gebiet, für welche ihre Angaben gelten, aufzugliedern.

9. und 10. Jahrhundert:

ʿAlīy b. Sahl aṭ-Ṭabarī (gest. kurz nach 855) — Iraq

Ibn ʿAbdalḥakam (gest. 871) — Ägypten

Muqaddasī (schrieb um 985) — Palästina, Syrien, Angaben über Iran

al-Wāʿiẓ al-Makkī (gest. 996) — Iraq

Hilāl aṣ-Ṣābi' (970—1056) — Bagdad

11. und 12. Jahrhundert:

Ġazzālī (gest. 1111) — Iraq, Iran, wenn *Iḥyā'* überhaupt festlegbar

Ibn ʿAbdūn (um 1100) — Spanien

Ibn al-Ǧauzī* (sein *Muntaẓam* reicht bis 574/1178) — Iraq

Ibn ʿAsākir* (sein *Tārīḫ* reicht bis 570/1174) — Damaskus

Usāma b. Munqiḏ (gest. 1188) — Syrien

Ibn Ǧubair (Reise 1183—85) — Angaben über Kairo, Bagdad und Damaskus

13. und 14. Jahrhundert:

ʿAbdallaṭīf al-Baġdādī (*K. al-ifāda* vollendet 1204) — Ägypten

Ibn Šaddād (gest. 1285) — Aleppo und Damaskus

Irbilī (gest. 1326) — Bagdad und Damaskus

Ibn al-Uḫūwa (gest. 1329) — Ägypten

Ibn Baṭṭūṭa (erste Reisen 1326—30) — Angaben über Kairo, Damaskus und Bagdad

Ibn ad-Dawādārī* (sein Geschichtswerk reicht bis 735/1334—35) — Ägypten

Ibn al-Ḥāǧǧ (gest. 1336) — Ägypten, Marokko

Ibn Mufliḥ (gest. 1361) — Syrien

Ibn Kaṯīr* (seine *Bidāya wan-nihāya* reicht bis 766/1365) — Syrien

---

* Die Universalhistoriker sind nach den letzten Jahrzehnten und dem engeren Gesichtskreis des letzten Abschnitts ihrer Werke eingeordnet.

Aqfahsī (gest. 1404) — Ägypten

Ibn Duqmāq (gest. 1407) — Kairo

Maqrīzī (1364—1442) — Kairo und Ägypten

15. und 16. Jahrhundert:

Yūsuf b. ʿAbdalhādī (sein Traktat ist 1480 vollendet) — Syrien

Ibn Ṭūlūn (Chronikbruchstück 1479—1520) — Damaskus

Ibn Iyās (Chronik 1500—1522) — Kairo

Waqf Lạlā (*Waqf*-Urkunde von 1576) — Damaskus

Munāwi (1545—1621) — Ägypten

17. und 18. Jahrhundert:

Johann Wild (1604—14 in muslimischer Gefangenschaft) — Kairo, Konstantinopel

Vinzenz Briemle (um 1700) — Konstantinopel

Lady Montagu (1716—18) — Konstantinopel, Balkan

19. Jahrhundert:

Lanes *Manners and Customs* (erstes Viertel) — Kairo

Burtons Fußnoten zu seiner Übersetzung von Tausendundeine Nacht (etwa Jahrhundertmitte bis 1870) — bes. Ägypten

Qasimi (letztes Viertel) — Damaskus

Tausendundeine Nacht ist zwar nicht auf eine bestimmte Zeit oder ein bestimmtes Land festzulegen, darum ist auf eine Einordnung in der vorstehenden Quellenliste verzichtet; die das Bad betreffenden Stellen spiegeln aber ohne Zweifel die Verhältnisse Kairos während des 16. bis 18. Jh.s wieder.

Die Übersicht zeigt deutlich, daß die Quellen überwiegend aus dem syrisch-ägyptischen Raum, und zwar der ayyubidischen Zeit (Mitte 12. Jh. bis Mitte 13. Jh.), der mamlukischen (Mitte 13. Jh. bis Anfang 16. Jh.) und frühen osmanischen Zeit (Anfang 16 Jh. bis zum 18. Jh.) stammen. Die Aussagen dieser Studie gelten darum zunächst nur für das genannte Gebiet in der genannten Zeit.

Man hat sich indessen zu vergegenwärtigen, daß die sozialen Formen, die während dieser Zeit galten, bis zur Berührung mit den europäischen Lebensformen im 19. Jh. ihre Geltung behielten, und in konservativen

Schichten z. T. heute noch gelten. Auf Grund dieser Überlegung darf die zeitliche Gültigkeitsgrenze der Untersuchungsergebnisse bis ins ausgehende 19. Jh. vorgerückt werden, wie andererseits manches, was nur aus dem 19. oder 20. Jh. für das Bad belegbar ist, auch schon einige Jahrhunderte früher angesetzt werden kann.

Die Gleichförmigkeit der arabisch-islamischen Welt im Mittelalter relativiert auch die räumlichen Gültigkeitsgrenzen. Die Angaben, die mir über Bäder und Baden im iraqischen oder spanisch-maghrebinischen Raum zur Verfügung stehen, nötigen nicht, größere oder gar wesentliche Unterschiede zu den Verhältnissen in Syrien und Ägypten anzusetzen. Nur ganz vereinzelt heben arabische Autoren etwas hervor, was ihnen in den Bädern eines anderen Landes fremdartig vorkommt. Gewöhnlich scheint ihnen das Bad als die vertraute überall gleiche Institution gegolten zu haben.

Aus diesen Erwägungen glaube ich, daß die Untersuchungsergebnisse eine etwas weiter zu fassende Gültigkeit beanspruchen dürfen; deshalb ist auf eine nähere Spezifizierung im Titel der Arbeit, trotz einer gewissen Einseitigkeit des Quellenmaterials, verzichtet.

Vieles, was im Mittelalter für Bad und Baden in Syrien und Ägypten galt, galt dort auch in der Spätantike, über welche Zeit besonders Johannes Zellinger, *Bad und Bäder in der altchristlichen Kirche,* München 1928, zu Rate zu ziehen ist. Daß in den Verhältnissen des arabischen Mittelalters antike, besser spätantike Verhältnisse weiterleben, ist trotz einer Lücke von gut 500 Jahren in der Belegkette evident. Verweise auf Übereinstimmung wären aber so oft zu geben gewesen, daß ich mich auf die Fälle beschränkt habe, in denen sie markante Details betreffen, in denen der Befund der Spätantike den des arabischen Mittelalters erst ins rechte Licht rückt oder umgekehrt der mittelalterliche Befund eine spätantike Notiz unter einem andern Aspekt sehen läßt.

* * *

Den Leitern der Syrischen Nationalbibliothek in Damaskus und der Stiftung Preußischer Kulturbesitz, Depot der Staatsbibliothek, in Tübingen möchte ich an dieser Stelle danken für die Anfertigung von Mikrofilmen der Ḥammām-Traktate und die Genehmigung zur Bearbeitung, den beiden Direktoren des Orient-Instituts der DMG in Beirut, Herrn Professor Roemer und Herrn Dr. Steppat, für die während meiner Referentenzeit an diesem Institut wiederholt erteilte Erlaubnis zu Reisen nach Damaskus sowie für verschiedene Literaturhinweise. Hinweise auf

Literatur, vor allem durch Herrn Dr. Ṣalāḥaddīn al-Munağğid, Herrn Dr. van Ess und Herrn Professor Mettmann, die ich dankbar entgegengenommen habe, ersparten mir manchen Umweg und öfter langes Suchen. Ich habe hier auch meinen Freund Ḫāled Laḥḥām, Zuckerbäcker im Sūq es-Snānīye in Damaskus, zu nennen. In seiner und seiner Gesellen Begleitung konnte ich das Bad nicht wie ein Tourist oder fremder *ḫawāža*, sondern unauffällig wie ein Damaszener der einfacheren Schichten kennenlernen. Ich weiß, daß es meinen Freund einige Überwindung kostete, statt ins *ḥammām el-bēt* (ins Badezimmer) der neuerworbenen Etagenwohnung wieder wie früher ins *ḥammām es-sūq* (ins öffentliche Bad) zu gehen. Daß er es trotzdem tat, dafür weiß ich ihm Dank.

Mein besonderer Dank gilt meinem verehrten Lehrer Herrn Professor Hans Wehr, nicht nur für sein Interesse am Fortschreiten dieser Untersuchung, sondern auch für die stete Bereitschaft zum wissenschaftlichen Gespräch.

BAD UND STADT

„Deine Stadt ist erst eine vollkommene Stadt, wenn es in ihr ein Bad gibt", läßt der Erzähler der Geschichte von Abū Qīr und Abū Ṣīr den Abū Ṣīr zum König sagen, als letztes und gewichtigstes Argument für seinen Vorschlag, in der fremden Hauptstadt ein Bad zu bauen, nach welchem er vergeblich gesucht hatte, um seinen von langer Krankheit geschwächten und von Prügel geschundenen Leib zu erquicken[1]. Die Leser oder Hörer der Geschichte werden zu diesen Worten beifällig genickt haben, fand in ihnen doch ein Gedanke Ausdruck, der im arabisch-islamischen Mittelalter allen irgendwie bewußt war, wenn er auch kaum explizit ausgesprochen ist: Das Bad ist ein wesentliches Element der Stadt.

Den gleichen Gedanken in seiner Umkehrung finden wir bei Ibn Ḫaldūn: „Bäder gibt es nur in den großen hochzivilisierten Städten, weil Wohlstand und Reichtum nach Luxus verlangen. Deshalb gibt es auch in mittelgroßen Städten keine Bäder. Zwar nimmt sich manchmal ein König oder ein Fürst ihrer an, erbaut auch in kleineren Städten Bäder und kümmert sich darum, aber da nicht seitens der gesamten Bevölkerung ein Bedürfnis danach besteht, bleiben sie unbeachtet und verfallen rasch, und die mit der Leitung der Bäder betrauten Personen verlassen sie, weil ihr Gewinn und ihr Einkommen zu gering bleiben."[2] Ibn Ḫaldūn hat zwar damit recht, daß das Bad ein Element der städtischen Zivilisation ist, die aber nicht von der Zahl, sondern vom Wohlstand der Einwohnerschaft abhängig war. Auch die kleineren Städte, wenigstens im syrischen Raum, besaßen alle Bäder, sogar die Dörfer um Damaskus hatten nach den Bäderlisten bei Ibn Šaddād, Irbilī und Yūsuf Ibn ʿAbdalhādī über Jahrhunderte hinweg mindestens ein Bad. In Zeiten zurückgehenden Wohlstandes nahm dagegen auch in großen Städten die Zahl der Bäder rasch ab (vgl. S. 10f., 14).

In den Bädern spielte sich im Mittelalter ein nicht geringer Teil des öffentlichen und privaten Lebens ab. Die Bäder sind einer der wenigen Orte in den islamischen Städten, die jedermann — Einschränkungen s. S. 124ff. — und jederzeit offenstanden vom frühesten Morgen bis in die späte Nacht, nicht selten sogar Tag und Nacht. Ins Bad ging man

[1] 935. Nacht = 2,509 = Littmann 6,163.
[2] *Muqaddima*, *bāb* 4, *faṣl* 20.

außer um des reinen Vergnügens willen zur rituellen Waschung, bevor man neue Kleider anzog[3], wenn man von der Reise ankam[4], wenn man von der Krankheit wieder genesen war[5]. Erst einmal ins Bad brachte man die aus dem Gefängnis Befreiten oder Amnestierten[6]. Im Bad feierte der Bräutigam mit seinen Freunden und die Braut mit ihren Freundinnen und den Frauen der beiden Familien die Hochzeit (vgl. S. 102ff.).

Von größter Bedeutung für den Besuch der Bäder war die Lehre des Islam von der rituellen Reinheit (*ṭahāra*). Wer im Zustand der *ǧanāba* (große rituelle Unreinheit) ist, kann die *ṭahāra* nur durch den *ġusl*, d.h. Benetzung des ganzen Leibes einschließlich der Haare bis zu den Wurzeln, wiedererlangen, was am bequemsten durch völliges Untertauchen im Wasser zu erreichen ist. Bei dem Mangel an Bädern in den Privathäusern im Mittelalter (s. S. 10), konnte dies nur in den öffentlichen Bädern vorgenommen werden, in denen für diesen Zweck bestimmte oder geeignete Tauchbecken (*'abzan*, *ḥauḍ*, *maġṭas*, maghr.-arab. *mṭahra*) vorhanden waren. Da man u. a. durch den Geschlechtsverkehr in den Zustand der *ǧanāba* gerät, muß allein dies schon den Bädern zu einer Stammkundschaft verholfen haben. Die Ḥammām-Traktate kennen z.B. den Fall eines Gelehrten, der — vermutlich aus dem genannten Grund — häufig im Zustand der *ǧanāba* war und deshalb mit dem Badpächter vereinbarte, daß er gegen Zahlung einer monatlichen Pauschale jederzeit, wann er wollte, ins Bad durfte[7].

Die Unterschiede der einzelnen Maḏāhib (Rechtsschulen) in Fragen der *ṭahāra* sind im Bad hin und wieder von Bedeutung. Nach malikitischen Maḏhab machte das Eintauchen einer unreinen Hand oder eines unreinen Gefäßes Wasser in keinem Fall unrein; nach den drei anderen Maḏāhib wird das Wasser unrein, wenn es nicht mindestens zwei *qulla* Wasser sind, was aber auf die Waschbecken (*ǧurn*) nie zutraf. Ein Šāfi'it oder Ḥanafit sollte einen Mālikiten, der etwa seine Hand oder seine *ṭāsa* in den *ǧurn* tauchen wollte, durch gutes Zureden dazu bringen, seine Hand oder sein Gefäß zuerst rituell zu reinigen. Es war aber nicht erlaubt, die correctio fraterna (*ḥisba*) in einem solchen Fall mit Gewalt

---

[3] *Ḥikāyāt* 36,1; 238,15; 59. Nacht = 1,172 = Littmann 1,338; Ibn ad-Dawādārī 9,129.

[4] Ibn Sīnā, *Urǧūza* Vs. 898; *Faraǧ* 171; 137. Nacht = 1,272 = Littmann 2,135.

[5] *Ḥikāyāt* 33,3; 400 ult. Das Bad nach der Krankheit heißt *ġusl aṣ-ṣiḥḥa*, vgl. auch S. 9.

[6] Ibn ad-Dawādārī 9,129; *Faraǧ* 53; 59; 73.

[7] Aqfahsī fol. 74a—b = Munāwī fol. 78a—b; wird mißbilligt, weil die in Anspruch genommene Leistung nicht definiert ist, vgl. S. 114, Anm. 4.

durchzusetzen[8]. Nach einigen šafiʿitischen Lehrern sollte nicht gebrauchtes Wasser wieder in das Becken zurückgetan werden, nach andern war das nicht erlaubt[9].

Den Frauen war nach Anschauung der Fuqahā' der Badbesuch nur zur rituellen Waschung gestattet. Viele Frauen scheinen sich allerdings geniert zu haben, allzu häufig im Bad zu erscheinen[10], weil man zunächst eine durch den Geschlechtsverkehr verursachte *ǧanāba* vermutete[11].

Neben diesen Pflichtwaschungen nach einer *ǧanāba* kennt der Islam Ganzwaschungen, die *mustaḥabb* (verdienstlich) sind, nämlich den *ġusl al-ǧumʿa* und den *ġusl al-ʿīdain*[12], d.h. die Waschungen am Freitag, nach unserer Zeiteinteilung am Donnerstagabend, und am Vorabend der großen muslimischen Feste *ʿīd al-fiṭr* und *ʿīd al-'aḍḥā*. Auch der *ġusl aṣ-ṣiḥḥa*, das Bad nach der Genesung, gilt als *mustaḥabb*. Die Kalifen und Sultane begaben sich zum *ġusl aṣ-ṣiḥḥa*, wie es scheint, gern in öffentliche Bäder. Es war für sie ein willkommener Anlaß, sich als wiedergenesen dem Volk zu präsentieren und die Genesungsglückwünsche entgegenzunehmen. Der Kalif al-Qā'im, der an den Pocken erkrankt war und die Krankheit verborgengehalten hatte, bis er wieder gesund war, ließ sich im Muḥarram 424/Dez. 1032 gratulieren beim oder zum Besuch des Bades nach den Pocken (*bi-duḫūli l-ḥammāmi min al-ǧudarī*), mit andern Worten: zur Genesung von den Pocken[13]. „Er betrat das Bad" ist in diesen Zusammenhängen gleichbedeutend mit vollständiger Genesung, z.B. bei Ibn ad-Dawādārī 9, 237, wo es über den Sultan an-Nāṣir heißt (im *saǧʿ*): „Gott beglückte die Menschen durch die Gesundung des Herrn über die Könige des Islam, es wichen die Schmerzen, er betrat das Bad, und die frohe Nachricht wurde hinausgetragen auf den Flügeln der Tauben (d.h. durch die Brieftaubenpost)."[14]

---

[8] *Iḥyā'* 2,334 = § 83. In den Bädern kann man oft beobachten, daß die Badegäste einen *ǧurn* zuerst leerschöpfen, frisches Wasser einlaufen lassen und sich erst mit diesem zweifelsfrei reinen Wasser waschen.

[9] Munāwī fol. 77b. [10] Ibn al-Ḥāǧǧ 2,173.

[11] 333. Nacht = 1,510 = Littmann 3,278—79, wo der Gang ins Bad zeigt, daß die Ehe vollzogen ist; 580. Nacht = 2,55 = Littmann 4,269, wo ein mißtrauischer Ehemann durch die Mitteilung, seine Frau sei ins Bad gegangen, seinen Verdacht eines gerade vollzogenen Ehebruchs für bestätigt hält. In *Ḥikāyāt* 398 gibt Muḥammad al-Mauǧūd einer Kurtisane nach der Liebesnacht fünf Dinare mit der Bemerkung: „Nimm diese paar Groschen fürs Bad!" — *rāḥ ʿal-ḥammām* „er ist ins Bad gegangen" wird heute im Syrisch-Arabischen anzüglich gebraucht mit Anspielung auf den vorausgegangenen Geschlechtsverkehr, s. Barthélemy s. v. *ḥammām*.

[12] Y. b. ʿAbdalhādī fol. 23b. Ibn al-Ḥāǧǧ erörtert 2,242f., ob der *ġusl al-ǧumʿa wāǧib* ist, weil *farḍ* oder weil *sunna*.

[13] *Muntaẓam* 8,71.

[14] An der Stelle ist *daḫala l-ḥammām* zu lesen (الحمام für الجمام).

Zweck dieser Badbesuche war natürlich, daß die hohen Herren sich der Öffentlichkeit als gesund präsentierten[15]. Zum *ġusl aṣ-ṣiḥḥa* hätten sie sich nämlich ebensogut in ihre Privatbäder begeben können. Bäder in den Palästen der Regierenden und ihrer höchsten Beamten, aber auch einzelner reicher Bürger, sind gut bezeugt[16], doch aufs ganze gesehen war ein Privatbad eine Seltenheit. Das Bedürfnis nach einem Bad im eigenen Haus bestand nie; eher ließe sich von einer Abneigung sprechen, nach den Klagen des Ibn al-Ḥāǧǧ zu urteilen: „Man kann sich nur wundern, daß jemand um Tausende ein Haus kauft oder baut, dann aber in einem Becken (*ṭist*) den *wuḍū'* vollzieht und keinen Raum für den *wuḍū'*, geschweige denn für den *ġusl* vorsieht. Ebenso wird man viele finden, die zwar bereit sind, als *ṣadāq* (Brautgabe) für ihre Frau Hunderte oder Tausende zu geben, aber nicht, ihr um einen weit geringeren Betrag eine Gelegenheit für den *ġusl* herrichten zu lassen."[17] In der Vorstellung der islamischen Gesellschaft war und blieb das Bad allen Einwänden der Fuqahā' zum Trotz ein *δημόσιον*, das sich nicht gut in die Sphäre des Privaten verpflanzen ließ, auch wenn die von *δημόσιον* abgeleitete Bezeichnung *dīmās* als Name für das Bad längst außer Gebrauch war.

Störungen des öffentlichen Lebens wirkten sich auch auf die Bäder aus. So wurden während einer Teuerungsperiode im Jahr 332/944 in Bagdad eine Anzahl Bäder geschlossen[18], ebenso bei Trauerfällen, die eine ganze Stadt berührten, wie beim Tod des Ibn al-Qazwīnī[19]. Auch im Ramaḍān, in dem wegen des Fastens das Leben in der Öffentlichkeit

---

[15] Eine besondere Vorliebe für die Atmosphäre des öffentlichen Bades ist auch sonst zu erkennen, ohne daß ein Erscheinen vor dem Volk beabsichtigt ist. Ibn Iyās berichtet z.B. mehrmals, daß Selim I. die Kairiner Zitadelle verließ, um in der Stadt ein Bad zu besuchen ([2]V, 164, 178 = Wiet II, 158, 173), wie er auch mehrere Male nach der Einnahme von Aleppo und Damaskus dort Bäder in der Stadt aufgesucht hat (Ibn Iyās [2]V, 77; Ibn Ṭūlūn 2,32).

[16] 333. Nacht = 1,510 = Littmann 3,279; Liste der Aleppiner Bäder von Ibn Šaddād, s. S. 14.; das Bad des Ǧuwainī (Beilage 4) und die Bäder in den Wüstenschlössern Syriens sind Privatbäder. Die Bäder sind z.T. nach den gleichen Grundrissen gebaut wie die öffentlichen, z.T. nach einfacheren, vgl. den Grundriß eines Kairiner Privatbades bei J. Franz-Pascha S. 164, Abb. 230 und von drei Privatbädern in Kairo bei Pauty S. 46—47, Abb. 16 u. 17.

[17] 2,173—74. [18] *Muntaẓam* 6,335.

[19] Y. b. ʿAbdalhādī fol. 97b als Zitat aus dem *Tāriḫ* des Ibn Šākir. Der Ibn al-Qazwīnī läßt sich am ehesten identifizieren mit dem *GAL* I, 394 angeführten ʿAbdalġaffār b. ʿAbdalkarīm al-Qazwīnī, gest. 665/1266, „Ṣūfī und als Wundertäter berühmt". Auch in den vielen andern Fällen, wo es heißt „die Basare wurden geschlossen", wie am Begräbnistag des Wesirs Ibn Hubaira (*Muntaẓam* 10,217) oder Ibn al-Ǧauzī's (*Mir'āt az-zamān* 8,500) dürften die Bäder geschlossen gewesen sein. — Die Schließung von Bädern und Märkten beim Tod Konstantins berichtet Eusebius, s. Zellinger S. 87.

nur schwach pulsiert, waren mancherorts die Bäder geschlossen, z.B. in dem Damaszener Vorort aṣ-Ṣāliḥīya[20].

Manche Bäder wurden, wenn sie während einer Krisenzeit geschlossen worden waren, nicht wieder eröffnet und verfielen. So sagt Maqrīzī in *Ḫiṭaṭ* 3,136 über das Ḥammām aṣ-ṣaġīra in Kairo, daß es seit den *ḥawādiṯ* ('Ereignisse', hier Euphemismus) des Jahres 806/1403, d.h. also etwa 30 Jahre, unbenutzt sei. „Im Jahr 806 wurden große Teile des ägyptischen Ackerlandes nicht von der Nilschwemme erreicht, worauf eine große Teuerung und dann die Hungersnot folgte. Dieses Jahr war das erste einer Reihe von Unglücksjahren, in denen der größte Teil der Hauptstadt und der Provinzen Ägyptens durch zu niedrige Nilschwemme, durch Konzeptionslosigkeit der Regierung und den häufigen Wechsel der Provinzbeamten verödete."[21] Ähnlich liegt der Fall des Ḥammām az-Zain in Damaskus. Nachdem es „seit der Zeit der Ḫwārizmier"[22] nicht mehr in Betrieb gewesen und verfallen war, wurde es nach rund 80 Jahren durch einen Mann aus Samarra restauriert und am 1. 1. 721/31. 1. 1321 wieder eröffnet. 895/1490 wird dieses Bad auf Abbruch verkauft, nachdem es wieder verlassen und verfallen war und der šafiʿitische Qāḍī die Gegenstandslosigkeit des *waqf* festgestellt hatte[23].

Die gelegentlichen Notizen über Morde im Bad[24] mögen zwar den Gedanken nahelegen, daß es ein geeigneter Ort war, sich seiner persönlichen Gegner zu entledigen oder politisch unliebsame Personen verschwinden zu lassen[25]. Doch haben derartige Vorfälle die Unverfäng-

---

[20] Y. b. ʿAbdalhādī fol. 66b. Die Bäder waren dort auch im Februar geschlossen, dies aber, weil während dieses Monats die Kanäle kein Wasser führten; sie wurden abgedämmt, weil das Wasser des Baradā wegen der Winterregen zuviel Lehm mitführte. Die Pachtverträge für die Bäder in Ṣālḥīye enthielten die Klausel, daß die Bäder während des Ramadan und Februar stillägen; die Pacht betrug auch nur 10 Monatsmieten pro Jahr.

[21] Ibn Taġrībirdī 6,108.

[22] D.h. seit 643/1245, als al-Malik aṣ-Ṣāliḥ Ayyūb sich mit den Ḫwārizmiern gegen seinen Onkel al-Malik aṣ-Ṣāliḥ Ismāʿīl verbündete und die Oberherrschaft über Damaskus wiedererwarb, s. EI² 2,292.

[23] Ibn Ṭūlūn 1,131; Ibn Kaṯīr 14,98, wo mit Ibn Ṭūlūn statt Ḥ. az-zait Ḥ. az-Zain, und statt *sāwiy Sāmarriy* zu lesen ist. Das Bad steht heute noch, s. BEO 17 (1961—62) 127.

[24] *Muntaẓam* 6,208: Ermordung des dailamitischen Usurpators Mardāwīǧ durch seine Soldaten im Bad zu Isfahan, 315/927. Ibn Ṭūlūn 1,254: Ermordung des Burddār des Damaszener Gouverneurs; Racheakt, der Ermordete war sehr unbeliebt, 907/1501. Ibn Kaṯīr 12,5: Ermordung des ʿAlīy b. Ḥammūd durch seine Sklaven in seinem Bad zu Cordova, 407/1016. — Auch Ibn al-Muqaffaʿ soll im Bad beseitigt worden sein, s. Arabica 1 (1954) 313—14.

[25] „Además de su natural función higiénica, los baños servieron a veces en España musulmana como lugares a propósito para deshacerse de enemigos o satisfacer venganzas", L. Torres Balbás in RIEEI 1 (1953) 109. — Das erste

lichkeit des Bades nicht beeinträchtigen können[26]. Es ist einfach eine statistische Zwangsläufigkeit, daß an einem Ort, der wie das Bad ein Stück der Öffentlichkeit ist und an dem jeder viele Stunden im Lauf des Jahres verbringt, Verbrechen geschehen.

Auch Übergriffe, die sich in Kriegszeiten die Soldaten, nicht nur die der neu einrückenden Eroberer, in den Bädern erlaubten[27], erklären sich aus deren Charakter als öffentliche Gebäude. Das eine Beispiel zeigt auch, daß die Öffentlichkeit bei solchen Vorfällen nicht tatenlos zusah, weil sie das als die Sache aller, nicht nur des *ḥammāmī* und seiner gerade badenden Kunden, betrachtete. In normalen Zeiten wird der Respekt vor den *'aḥdāṯ* (Angehörige einer Art Selbstschutzbund[28]) der einzelnen Stadtviertel oder auch die Protektion durch eine hochstehende Persönlichkeit[29] dies verhindert haben. Im Istanbul des 17. Jahrhunderts sorgte allerdings eine Art Feldjäger (unter dem *salma baš cuqadarı*) dafür, daß die Janitscharen in den Basargassen und Bädern keinerlei Anstoß erregten oder Händel anfingen[30].

Wie der Markt unterstanden die Bäder der Oberaufsicht des Muḥtasib. Die Ḥisba-Handbücher enthalten einen reichhaltigen offensichtlich aus der Praxis erwachsenen Katalog von Dingen, auf die der Muḥtasib bei seinen täglichen Inspektionsgängen zu achten hatte: auf die Sauberkeit, besonders der Fußböden, von denen die Seifen- und Kosmetikareste weggeschrubbt werden mußten, damit niemand dort ausglitt; auf die Reinigung der Wasserbehälter, der Tauchbecken usw.; auf mehrmaliges Räuchern mit Weihrauch oder Ähnlichem; er mußte verhindern, daß

von ihm zitierte Beispiel ist nicht sonderlich distinktiv: Ibn ʿAbbād läßt drei Berberfürsten, die er durch Verrat festgenommen hat, in einem Bad (Ḥ. ar-Raqqāqīn) einkerkern und allmählich verhungern, s. Dozy/Lévi-Provençal: *Histoire des Musulmans d'Espagne* 3,219. In den Anm. 24 genannten Beispielen machen sich die Mörder den Umstand zunutze, daß ihr Opfer im Bad allein und ohne Waffen ist.

26 Ab und zu findet sich der Gedanke, daß der einzelne im Bad recht preisgegeben und schutzlos ist, vgl. die Verse S. 91 Ende.

27 *Muntaẓam* 8,228—29, s. S. 95 unten. Der Bericht geht weiter: „Da sammelten sich die Leute und befreiten die Frauen aus ihren Händen." Ibn Ṭūlūn, der 1,120 berichtet, wie ein ägyptischer Soldat in einem Damaszener Bad behauptet, ihm seien 100 Dinar gestohlen worden, und den Anwesenden 300 Dirham abnimmt, beschließt seinen Bericht mit *walā qūwata 'illā billāh.*

28 Vgl. die Art. *'aḥdāṯ* und *ʿayyār* in EI². Über einen letzten Rest dieser Organisationen im heutigen Damaskus, wo ihre Mitglieder *'abaḍāy* oder *zgərti* heißen, vgl. *DAT* Nr. 4,30f. und Nr. 12,2f.

29 Vgl. den Streit um die Esel des Ḥammām al-Ḥabbālīn in Kairo, Ibn Iyās ²V, 16 = Wiet 2,15: Der Wālī requiriert, um vom Sultan befohlene Erdarbeiten ausführen zu können, die (zum Transport des *zibl* dienenden) Esel dieses Bades. Der Schutzherr des Viertels ʿAlamaddīn, ein Günstling des Sultans, der zufällig im Bad ist, läßt die Mamluken des Wālī durch seine Diener verprügeln.

30 R. Mantran, *Istanbul* S. 161.

Personen, die an Lepra oder Elephantiasis litten, das Bad besuchten; er hatte die Verwendung von zu Pulver gestoßenen Linsen oder Bohnen (*daqīq*) als Hautkosmetikum zu unterbinden und zu prüfen, ob der Badhalter über genügend Badetücher zum Ausleihen verfügte, ob er scharfe Rasiermesser verwandte usw. und hatte vor allen Dingen diejenigen zu rügen, die nackt waren, vereinigte also in seinem Amt die Aufgaben einer Bau-, Gewerbe-, Gesundheits- und Sittenpolizei[31].

Viele Bäder zu besitzen trug zum Ruhm einer Stadt bei. Das ist auch letzten Endes der Grund für die Zahlenübertreibungen in diesem Punkt. Die Quellen geben oft astronomische Zahlen an: So fand Hilāl aṣ-Ṣābi' (359—448/970—1056) im *Kitāb faḍā'il Baġdād*, das Yazdaǧird al-Kisrawī[32] für den Kalifen al-Muʿtaḍid (279—289/892—902) verfaßt hatte, die Angabe, daß zur Zeit dieses Herrschers Bagdad 200000 Bäder besessen habe, in andern Quellen aber die Zahlen 130000 und 120000, weshalb er zur Berechnung der Einwohnerzahl Bagdads wenigstens 60000 Bäder — die Hälfte der niedrigsten Zahl — glaubt ansetzen zu dürfen, wodurch er zu einer Einwohnerzahl von 96 Millionen kommt. Die Zahlen, die Hilāl für die dann anschließenden hundert Jahre zur Verfügung standen, verlassen bald diese Größenordnungen: Von seinem Großvater Ibrāhīm hörte er[32], daß zur Zeit des Muqtadir (295—320/908—32) Bagdad noch 27000 Bäder zählte, zur Zeit des Buyiden Muʿizzaddaula (334—56/945—67) nur mehr 17000. Eine Zählung unter ʿAḍudaddaula (367—72/978—83) ergab noch einiges über 5000, eine weitere unter Bahā'addaula im Jahr 382/992 etwas über 1500 Bäder. Zur Abfassungszeit seines Buches (nach 422/1030 geschrieben) besaß Bagdad nur noch rund 150 Bäder[33].

---

[31] Vgl. die einschlägigen Kapitel: Ibn al-Uḫūwa Kap. 42; Šaizarī, Übers. Behrnauer in JA 17 (1861) 38ff.

[32] *Fihrist* Kairo S. 191 = Flügel S. 128.

[33] *Rusūm Dār al-ḫilāfa* S. 19—21. Der Ḫaṭīb al-Baġdādī bringt in seinem *Tārīḫ Baġdād* 1, 118 das ganze mit mehr Details: Hilāl hat ihm erzählt, wie 383/993 in Gegenwart seines Großvaters behauptet wurde, Bagdad zähle 3000 Bäder, worauf dieser ausgerufen habe, das sei nur noch ein Sechstel der Bäder, die er selber bei einer Zählung festgestellt habe, welche er auf Anordnung des Wesirs Abū Muḥammad al-Muhallabī (339—52/950—63) durchgeführt habe. Der alte Herr erinnerte sich aber nur noch ungefähr: einige zehntausend (*biḍʿata ʿašara 'alf*) Bäder seien es gewesen, und Muʿizzaddaula habe angeordnet, die Zahl der Bäder in der Antwort an Ruknaddaula, dessen Anfrage die Zählung ausgelöst hatte, mit 14000 anzugeben. — 60000 Bäder werden auch in einem bei Ibn Kaṯīr X, 100 erhaltenen Exzerpt aus Ṣūlī genannt, der seinerseits das *Kitāb Baġdād* des Ibn Abī Ṭāhir zitiert. Die gleiche Stelle aus Ṣūlī auch bei dem Ḫaṭīb 1, 117. — Hilāl glaubt die Lösung für die Diskrepanz der Zahlen gefunden zu haben. In früheren Zeiten sei man, meint er, anspruchsvoller gewesen: jedes Haus oder fast jedes Haus habe sein eigenes Bad gehabt. Andrerseits war er selber bei der Berechnung

In dieser Größenordnung bewegen sich auch die Angaben der Bäderlisten, die unbedingt zuverlässig sind, weil in ihnen die gezählten Bäder namentlich aufgeführt sind. Damaskus besaß um die Mitte des 12. Jh.s nach IBN ʿASĀKIR[34] 40 Bäder intra muros und 17 extra muros. Um die Mitte des 13. Jh.s waren es nach IBN ŠADDĀD[35] 85 Bäder intra und 32 extra muros — in den Zahlen spiegelt sich der Aufschwung der Stadt unter Nūraddīn und später den Ayyubiden — und Anfang des 14. Jh.s zählt IRBILĪ[36] 74 Bäder intra muros, 34 extra muros und 29 Bäder in den Vororten. Gegen Ende des 15. Jh.s führt YŪSUF B. ʿABDALHĀDĪ zwar die Namen von 102 Bädern intra muros und 57 Bädern in den Vorstädten auf, doch sind seine Angaben kompiliert aus den Listen seiner drei hier genannten Vorgänger, ergänzt durch die Namen der hinzugekommenen Neubauten. Aus seiner Liste geht nicht hervor, ob diese Bäder zu seiner Zeit alle noch standen[37].

Aleppo besaß 657/1259 nach den Angaben bei IBN ŠADDĀD 71 Bäder intra muros und 69 extra muros, dazu kamen 31 private Bäder in Stadthäusern und 24 private Bäder in den Gärten vor der Stadt[38]. IBN AŠ-ŠIḤNA (804—90/1402—85) bietet eine Liste von 34 Bädern innerhalb und 13 außerhalb der Stadtmauern[39]. In diesen Zahlen drückt sich der Verfall der Stadt aus: Aleppo war zweimal von den Mongolen erobert worden, 1260 durch Hulagu, 1400 durch Timur.

Kairo besaß 685/1286 rund 80 Bäder[40], zur Zeit des IBN AL-MUTAWWAĞ (gest. 738/1337) einige 70 Bäder[41]. Istanbul zählte im 17. Jh. als Hauptstadt des mächtigen und konsolidierten Osmanenreiches nur 61 Bäder innerhalb und 51 außerhalb seiner Mauern[42].

Wesentlich höhere Zahlen sind immer übertrieben. Wenn auch Cordoba wegen seiner vielen Bäder berühmt war, die Zahl der öffentlichen Bäder (*ʿadad al-ḥammāmāt al-mubraza lin-nās*) hat sicherlich nie 700 oder 900 betragen, wie alte von MAQQARĪ zitierte Quellen angeben,

---

der Einwohnerzahl Bagdads von einer Relation 1 Bad auf 200 Häuser ausgegangen, was — nach seinen Angaben — die Hälfte der für die Zeit der Stadtgründung überlieferten Relation 1 Bad auf 400 Häuser darstellte.

[34] Bd. 2, Teil 1, 162—64. [35] S. 291—302. [36] S. 19—30.

[37] *Kitāb ʿuddat al-mulimmāt fī taʿdād al-ḥammāmāt*, in al-Mašriq 41 (1947) 409—18.

[38] J. SAUVAGET, *Les Perles choisis d'Ibn ach-Chihna*, S. 136 bis 149 (IBN ŠADDĀD) und 190—93 (IBN AŠ-ŠIḤNA).

[39] ibid. 190—93.

[40] *Ḫiṭaṭ* 3,129 = Zitat aus Ibn ʿAbdaẓẓāhir as-Saʿdī (*GAL* G I,318f.).

[41] ibid. Die Daten über Ibn al-Mutawwağ aus *Kašf aẓ-ẓunūn* sub tit. *'iqāẓ al-mutaġaffil*, s. auch *Ṣubḥ* 3,333 Anm. 1.

[42] MANTRAN, *Istanbul* S. 504 nach Evliya Çelebi. Andere Zahlen, ebenfalls nach Evliya: 164 oder 168 Bäder. Nach andern Quellen 220 oder 879 Bäder, ebd. S. 166—67.

nicht einmal 300, wie eine weitere von ihm angeführte Autorität sagt[43]. Auch Fustat hat wohl nie 1170 Bäder gehabt, wie *Ḫiṭaṭ* 3,129 nach einer älteren Quelle angegeben ist.

Auf die Angaben der Reisenden ist in diesem Punkt wenig Verlaß. IBN ǦUBAIR nennt für Damaskus, wo er 581/1185 war, die durchaus zutreffende Zahl „rund hundert Bäder in der Stadt selbst und in den Vororten" (S. 288), aber in Bagdad ließ er sich von einem Scheich einreden, die Stadt besitze rund 2000 Bäder (S. 229)[44].

Die Bäder wurden von privater Hand errichtet[45]. Zu allen Zeiten gab es begüterte Bürger, die zum Wohl der Allgemeinheit Bäder erbauen ließen, meist direkt als öffentliches Bad gedacht, in vereinzelten Fällen[46] zunächst als Privtbad geplant, das aber später der Allgemeinheit zugänglich gemacht wurde. Abgesehen von einer ansehnlichen Rendite, die das Bad abwarf, wenigstens solange es neu war (s. S. 118), brachte der Bau eines Bades dem Erbauer nicht geringen Ruhm ein. Galt doch die Errichtung eines Bades als ein vor Gott und den Menschen in gleicher Weise wohlgefälliges Werk. „Wer viele Sünden begangen hat, der soll ein Bad bauen."[47] YŪSUF B. ʿABDALHĀDĪ nennt einen Kanon von sieben Bauwerken, die zu errichten verdienstlich ist: Madrasa, Minarett, Bad, Mīḍāt (speziell für den *wuḍūʾ* dienender Brunnen), öffentliche Aborte, Backhaus und Mühle, als die „sieben [verdienstlichen] *mīm*", d.h. mit dem Buchstaben *mīm* beginnend: *madrasa, maʾḏana* ('Minarett'), *mīḍāt, maḫbaz* ('Backhaus'), *muġtasal* ('Bad'), *misqāt* ('Bewässerungskanal'), *maṭḥan* ('Mühle')[48]; das Bad ist immer dabei.

Die Eröffnung des neuen Bades in der Geschichte von Abū Ṣīr und Abū Qīr wird durch einen Herold in der Stadt verkündet, und an den

---

[43] *Nafḥ* (Kairo 1949) 2,78—79; auch *Ṣubḥ* 5,227 nennt 900 Bäder für Cordova. Vgl. auch IBN ḤAUQAL S. 111, der die Stadt wegen ihrer vielen Bäder rühmt; das ist aber bereits ein Topos der geographischen Literatur.

[44] MAQRĪZĪ's Angabe in *Ḫiṭaṭ* 3,129, Bagdad habe zur Zeit des Kalifen an-Nāṣir (575—622/1180—1223) mindestens 2000 Bäder gehabt, ist m. E. keine Bestätigung von IBN ǦUBAIR; eher ist anzunehmen, daß MAQRĪZĪ seine Zahlen von dort übernommen hat.

[45] Öffentliche Gelder wurden für diesen Zweck wohl nie verwandt. Von einem Bad, das von *waqf*-Erträgen (die eine Mittelstellung zwischen öffentlichen und privaten Geldern einnehmen) gebaut wurde, ist in dem S. 45 übersetzten Zitat aus IBN ZŪLĀQ die Rede. Denn auch wenn ein Sultan, ein Provinzgouverneur oder ein ähnlicher hoher Beamter ein Bad erbauen ließ, war das eine private Investition; das Bad war zunächst Privatbesitz des Erbauers, auch wenn die zum Bau benötigten Gelder der Allgemeinheit abgepreßt waren.

[46] Ḥ. at-Tatar (*Ḫiṭaṭ* 3,130), Ḥ. al-Ḫōnd (3,131), Ḥ. al-Kuwaik (3,135), Ḥ. ad-Dūd (3,138); s. auch S. 34, Anm. 24.

[47] Y. B. ʿABDALHĀDĪ fol. 28a. [48] Ebd.

drei ersten Tagen ist für jedermann der Eintritt frei[49]. Vielleicht ist auch dieses Detail der Geschichte wirklichkeitstreu. Für den Besuch des Königs im neuen Bad trifft es zu, wie eine parallele Stelle aus einem Annalisten zeigt: Am 9. Rağab 907/18. 1. 1502 besuchte der Gouverneur von Damaskus das neuerrichtete Bad des šafiʿitischen Qāḍī, der ihn, genau wie Abū Ṣīr den König, mit ausgesuchter Gastlichkeit bediente[50].

Der Erbauer übertrug oft noch zu seinen Lebzeiten das Eigentum an eine Stiftung, deren Nutznießer er nach seinem Belieben bestimmen konnte. „*waqf* (d. i. der arabische terminus technicus für die Übertragung) des Bades ist erlaubt. Es ist auch von niemandem aus älterer oder jüngerer Zeit bekannt, daß er eine andere Meinung vertreten hat, auch wenn wir oben die Anschauung angeführt haben, daß es *makrūh* ist, ein Bad zu bauen, zu verkaufen oder zu kaufen.“[51]

Die Stiftung war so gestaltet, daß entweder der Ertrag aus der Verpachtung — nach Abzug der für die Bauerhaltung benötigten Mittel, die vorrangig waren — den Nutznießern zufloß, oder daß bestimmte Personen oder Personengruppen sich der Einrichtungen des Bades unentgeltlich bedienen durften. Von dieser letzten Form des *waqf* kannte Yūsuf b. ʿAbdalhādī nur ein einziges Beispiel, von der erstgenannten freilich viele: „Wir kennen in Damaskus viele Bäder, die *waqf* sind, u. a. *waqf* für die Nachkommenschaft, für eine Moschee, für eine Madrasa oder für einen karitativen Zweck (*wağh birr*), aber wir kennen keines, das für den freien Eintritt von jedermann oder bestimmter Personen (*duḫūl al-ʿāmm 'aw al-ḫāṣṣ*) gestiftet ist außer einem Bad in Baalbek, in dem die Fuqahā' freien Eintritt genießen und das als Ḥammām al-Fuqahā' bekannt ist.“[52] Bei Bädern, die über Thermalquellen errichtet waren, scheint dies allerdings nicht unüblich gewesen zu sein. Ein ägyptischer Reisender um die Mitte des 15. Jh.s sagt ausdrücklich, daß in dem Doppelbad bei al-Ḥāmma (Alhama de Granada) der Eintritt frei war[53], für die Bäder von Tiberias bestätigt es Seetzen um 1800[54].

---

[49] 935. Nacht = 2,510 = Littmann 6,165.

[50] Ibn Ṭūlūn 1,253.

[51] Y. b. ʿAbdalhādī fol. 63a. Der Satz, daß die Kirche einen guten Magen hat, gilt hier nicht ganz. Neben gemeinnützigen Stiftungen gab es ja auch viele Familienstiftungen, durch die Kinder und Kindeskinder des Stifters in den Genuß der *waqf*-Erträge kamen. Beispiele etwa Ḥ. ar-Raṣāṣī (*Ḫiṭaṭ* 3,132) und Ibn Duqmāq S. 104—06 mit vielen Belegen.

[52] Ders. fol. 63b—64a.

[53] Giorgio Levi Della Vida: *Il regno di Granata nel 1456—66 nei ricordi di un viaggiatore egiziano*, in Al-Andalus 1 (1953) S. 313.

[54] Seetzen 1,348. Das Gebäude, das er dort besuchte, war im letzten Viertel des 18. Jh. von Aḥmad al-Ğazzār erbaut worden.

Außer der Möglichkeit, das ganze Bad mit sämtlichen Immobilien und Mobilien zu stiften, kannte man die Möglichkeit, nur Anteile — die Hälfte, ein Drittel oder komplizierte Bruchteile — zu stiften[55] oder nur das bewegliche Zubehör wie *fuwaṭ*, *manāšif*, *ṭāṣāt* usw.[56].

Als grundsätzlich unveräußerliches *waqf*-Gut waren die meisten Bäder vor Zweckentfremdung und Abbruch sicher. Nur mit nicht ganz legalen Mitteln konnten einflußreiche Personen es bisweilen schaffen, sich in den Besitz eines solchen *waqf*-Grundstücks zu bringen, das Bad abreißen und den Platz nach ihrem Wunsch bebauen zu lassen, was öfter, meist ohne Kommentar, in den Annalen festgehalten ist[57]. Doch wird der umgekehrte Fall, daß verfallene Bäder aus *waqf*-Gut

---

[55] Y. b. ʿAbdalhādī fol. 63b. Einen Beleg aus der Praxis enthält z.B. eine *waqf*-Inschrift von 719/1319 aus Ḥiṣn al-Akrād, nach der $7^1/_2$ *qīrāṭ* (1 *qīrāṭ* = $^1/_{24}$ des Ganzen) des Ḥammām ar-Rūsī (oder ar-Ruwaisī) einer *zāwiya* (Betraum) gestiftet werden, Max van Berchem, *Matériaux pour un corpus inscriptionum arabicarum.* Deuxième Partie, Syrie du Nord (par Moritz Sobernheim), Nr. 12. Die Zersplitterung eines Besitzes, wobei die Teile auf verschiedene Stiftungen verteilt wurden, war ein nicht selten angewandtes Mittel, eine korrekte Verwaltung der Stiftungserträge zu garantieren, weil die Vorstände der verschiedenen Stiftungen einander auf die Finger sahen, s. C. H. Becker, *Islamstudien* 1,268.

[56] Das ist nicht nur Theorie: Eine von mir in Damaskus erworbene *ṭāsa* älteren Datums trägt die Inschrift *hāḏā milku Wiṣāladdīni wa-baʿda l-mamāti waqfun lillāhi taʿālā* „Eigentum des W. und nach seinem Tod *waqf* für Gott den Erhabenen", d.h. zur Benutzung durch jedermann. Der *waqf* des armen (oder nicht reichen) Mannes bestand darin, daß er seine persönlichen Badeutensilien stiftete, um Anteil zu haben an dem speziellen Segen, der auf diesem *waqf* ruhte.

[57] z.B. *Sulūk* 2,321 = *Ḫiṭaṭ* 3,138 (Ḥ. Qattāl as-sabuʿ): Der Amīr Saifaddīn Qūṣūn (Schwiegersohn des Sultans an-Nāṣir, s. *Sulūk* 2,283) wollte das Grundstück zur Erweiterung einer von ihm erbauten Moschee erwerben; er ließ eine Wand einreißen und dann von Zeugen beeiden, daß das Bad baufällig ist, eine Gefahr für die Passanten bildet, keinen Nutzen abwirft und ein Verkauf im allgemeinen Interesse liegt. Es gereicht den Zeugen zur Ehre, daß wenigstens einer den Mut hatte, die geforderte Unterschrift zu verweigern, und zwar mit der Begründung, er könne nicht beschwören, daß ein Bad in Trümmern liegt, in dem er am gleichen Morgen noch gebadet und das er noch voll im Betrieb befindlich verlassen habe. Daraufhin bezeugte ein anderer die „Tatsache", der hanbalitische Oberqāḍī entschied, daß das Bad verkauft werden dürfe, und die Erben des Qaṭṭāl as-sabuʿ verkauften es an Saifaddīn Qūṣūn. — Von einer unentschieden beendeten Gerichtssitzung um das Ḥammām bain an-nahrain in Damaskus berichtet Ibn Ṭūlūn 1,8 — Über gewaltsame Aneignung von Bädern, die *waqf* waren, s. *Ḫiṭaṭ* 3,131 (Ḥ. Ibn ʿAbbūd), 133 (Ḥ. al-Ǧuyūšī, Ḥ. ar-Rūmī), 135 (Ḥ. al-ḫarrāṭīn); Ibn Ṭūlūn 1,380 (Ḥ. Baidamur). — Verkauf des Ḥ. al-ǧūra durch den *nāẓir* der Stiftung an Selim I für 100 Dinar, d.h. weit unter dem tatsächlicheu Wert (s. S. 120) auf dessen Befehl. Die Einkünfte aus diesem Bad waren bestimmt für den Unterhalt und den Unterricht von Waisenkindern. Der Chronist empfindet die Veräußerung des *waqf* deshalb als besonders großes Unrecht und ruft Gottes Strafe auf die falschen Zeugen herab, deren Aussagen den Verkauf des Bades erst ermöglicht hatten, Ibn Ṭūlūn 2,70.

von Dritten restauriert oder völlig neu gebaut wurden, ebensooft berichtet[58].

Der *waqf*-Charakter der meisten Bäder (der sich wie ein Denkmalschutz auswirkte) und die Neuerrichtung der Bäder immer wieder an der gleichen Stelle[59] machten die Bäder im Stadtplan, im amorphen Gäßchengewirr, zu Fixpunkten. Arabische Annalisten lokalisieren deshalb andere Gebäude oder Begebenheiten als vor, hinter, neben oder gegenüber dem Ḥammām NN. Sie konnten so sicher gehen, daß noch Jahrhunderte später jedermann wissen würde, wo was gewesen war. Auch die Tatsache, daß Feuersbrünste sich oft bis zu irgendeinem Ḥammām erstreckten[60], erklärt sich nicht allein daraus, daß die massive Konstruktion der Bäder dem Feuer widerstand, sondern auch — oder vor allem — daraus, daß so ein Bad das einzige bekannte Gebäude am Rand des Trümmerfeldes war.

Die Lokalisierungen nach einem Ḥammām al-Fulānī (NN-Bad) besäßen indessen nur geringen Wert, wenn nicht auch die Namen der Bäder über Jahrhunderte hinweg konstant geblieben wären. Das im 10. Jh. erbaute Ḥammām al-ʿAqīqī in Damaskus[61] hieß bis ins 20. Jh. hinein nahezu gleich. Als Ḥammām al-ʿaqīq ist es 1917 noch von Wulzinger und Watzinger (S. 59) aufgenommen worden. In den dreißiger Jahren unseres Jahrhunderts war das Bad allerdings umbenannt in Ḥammām al-Malik aẓ-Ẓāhir, nach dem in der unmittelbar benachbarten Turba begrabenen Mamlukensultan al-Malik aẓ-Ẓāhir Baibars. Unter diesem neuen Namen erscheint es bei Ecochard/Le Coeur. Rein äußerlich unterscheidet diesen Namen nichts von den Namen vieler anderer Bäder der Stadt, doch ist es eine Benennung nach einem neuen Kriterium, nämlich nach einem Großen der nationalen Vergangenheit, nach welchen z.B. auch Hotels u. a. heute dort benannt sind. Diese Art der Namensgebung ist aber sicher aus Europa übernommen. Der Name wäre also entsprechend dem alten Wirtshausschild wiederzugeben mit „Bad zum König aẓ-Ẓāhir", nicht mit „Bad des Königs aẓ-Ẓāhir".

---

[58] *Ḫiṭaṭ* 3,131—32 (Ḥ. aṣ-Ṣāḥib), 135 (Ḥ. al-Kuwaik). Bestimmt sind auch von den in Anm. 59 genannten Bädern einige hier zu bringen, auch wenn nicht ausdrücklich gesagt ist, daß sie *waqf* sind.

[59] Ibn Kaṯīr 14,98 und Ibn Ṭūlūn 1,131 (Ḥ. az-Zain); Y. b. ʿAbdalhādī, *ʿudda* Nr. 78 (Ḥ. al-Hāšimiyīn); Ibn Ṭūlūn 1,138 (Bad in Kafr Sūse), 312 (Bad in Bāb Tūmā); *Sulūk* 2,256 (Ḥ. Raḥbat al-Aidamurī). Bäder werden immer wieder an der gleichen Stelle neugebaut, weil nur wenige Grundstücke nach Größe und nach ihrer Lage zum Wasser dafür geeignet sind.

[60] Ibn al-Qalānisī 6; Ibn Kaṯīr 14,255; Ibn Ṭūlūn 1,358.

[61] al-ʿAqīqī, nach dem es benannt ist, starb 378/988, s. Aḥmad Duhmān in seiner Ed. des Irbilī, S. 22, n. 5.

Im Mittelalter scheinen die Namen der Bäder aber nur in ganz wenigen Fällen solchermaßen durch die Besitzer oder Pächter des Bades frei gewählt worden zu sein. Im allgemeinen sind es Namen, die sich erst nach und nach eingebürgert haben. Die Benennungen folgten verschiedenen Kriterien. Wohl in den meisten Fällen sind die Bäder nach dem Erbauer oder Besitzer benannt, entweder nach dessen Namen wie das Ḥammām Nūraddīn (Irbilī Nr. 16) nach dem Sultan Nūraddīn, das Ḥammām al-Ḥamawī nach ʿIzzaddīn al-Ḥamawī (Ibn Kaṯīr 12,339) oder das eben genannte Ḥammām al-ʿAqīqī nach dem 378/988 gestorbenen Aḥmad al-ʿAqīqī[62], oder nach Amt oder Titel des Erbauers wie das Ḥ. al-Ḥāǧib (Irbilī S. 25), Ḥ. as-Sulṭān (IŠ = Ibn Šaddād Nr. 61), Ḥ. Qāḍī al-Yaman (IŠ Nr. 40), Ḥ. al-Wazīr, Ḥ. al-Wālī, Ḥ. aš-Šammās (in Aleppo, Sauvaget, *Perles* S. 140—141).

Wenn die Bäder den Besitzer wechselten, konnten sich auch die Namen ändern. Der alte Name ist aber, wie es scheint, nicht selten neben dem neuen weiter gebräuchlich gewesen, wie besonders aus *Ḫiṭaṭ* 3,130ff. hervorgeht. Doch möchte ich bezweifeln, daß ein Name wie Ḥammām Aulād Ibn Ṣāḥib Ḥimṣ (IŠ Nr. 91) mehr war als eine Angabe der Erbengemeinschaft, in deren Besitz das Bad war; rund 100 Jahre später heißt das Bad Ḥammām Ṣāḥib Ḥimṣ (Irbilī Nr. 55), der ursprüngliche Name war also beibehalten. Wurde das Bad *waqf*, dann konnte der Stifter sicher sein, daß im allgemeinen sein Name der Nachwelt im Gedächtnis blieb wie bei den Stiftern des Ḥ. aṣ-Ṣafīy oder Ḥ. az-Zain in Damaskus, die seit Anfang des 13. Jh.s bis in unsere Tage unverändert so hießen[63].

Hin und wieder bürgerte sich eine Benennung nach der durch die Stiftung bedachten Institution ein wie beim Ḥ. al-Bīmāristān (IŠ Nr. 6) nach dem Bīmāristān an-Nūrī, beim Ḥ. aẓ-Ẓāhirīya (IŠ Nr. 111; Irbilī S. 25) nach der von al-Malik aẓ-Ẓāhir Ġāzī erbauten Madrasa aẓ-Ẓāhirīya, beim Ḥ. al-Māristān al-Manṣūrī (*Ḫiṭaṭ* 3,130) nach diesem Spital; in andern Fällen nach der bedachten Personengruppe wie bei dem von Ṣalāḥaddīn al-Ayyūbī für die Sufi-Mönche gestifteten Ḥ. aṣ-Ṣūfīya in Kairo (*Ḫiṭaṭ* 3,138) oder dem S. 16 schon einmal genannten Ḥammām al-Fuqahā' in Baalbek.

Namen wie Ḥ. an-Naḥḥāsīn (IŠ Nr. 23), Ḥ. al-Qaṣṣāʿīn (Nr. 3), Ḥ. al-Ibarīya (Sauvaget S. 191) oder Ḥ. al-Qaffāṣīn (*Ḫiṭaṭ* 3,136) haben einen andern Grund: diese Bäder lagen am Sūq der Kupferschmiede, Eimer-

---

[62] Siehe Anm. 61.

[63] Ḥammām aṣ-Ṣafīy: Irbilī Nr. 10; Écochard/LeCoeur 2,44—45; BEO 17, S. 126. — Ḥammām az-Zain: Ibn Kaṯīr 14,98; Écochard/LeCoeur 2,27—50; BEO 17, S. 127.

macher, Nadler und Korbflechter. Nach der Straße, an der sie lagen, oder nach dem Stadtviertel sind z.B. benannt Ḥ. Darb al-lubān, Ḥ. Sūq ʿAlīy, Ḥ. al-Mīdān (IŠ Nr. 10, 15, 110), Ḥ. al-Ǧisr, Ḥ. an-Nahr (Sauvaget S. 145, 192). Nicht selten sind solche Namen verkürzt wie im Fall des Ḥ. as-sullam, Ḥ. al-ǧubn (IŠ Nr. 20, 25), die am Darb as-sullam, Darb al-ǧubn lagen, oder des Ḥ. aḏ-ḏahab (*Ḫiṭaṭ* 3, 131), das einmal zur Dār aḏ-ḏahab, einer *manẓara* (Lustschloß) der Fatimiden, gehört hatte.

Nach welchen Kriterien ein Bad Ḥammām al-ǧadīd „das neue Bad" (Ibn ʿAsākir Nr. 4) oder Ḥammām al-qadīm „das alte Bad" (Ibn Kaṯīr 14, 184) benannt ist, liegt auf der Hand; das gilt auch für ein Ḥ. ad-dūlāb (IŠ Nr. 50), besonders in Damaskus, wo ein *dūlāb* (Schöpfrad) eine Seltenheit ist, oder für das Ḥammām el-'īšāni (= *al-qīšānī*), das reichlich mit Fayenceplatten (*qīšānī* < *qāšānī*) verziert war. Andere Namen blieben rätselhaft, wenn nicht die Begründung für die Benennung mitüberliefert wäre, z.B. Ḥ. al-fār (Ibn Duqmāq S. 105), das ein abfälliger Spitzname war (s. S. 26), Ḥ. Abī Murra (ebd.; Ibn ʿAbdalḥakam S. 113), das nach einem Götzen an der Tür so hieß (s. S. 46). Das Ḥ. aṯ-ṯaur in Ǧayyān (Jaén) hieß so nach einem marmornen Stier im Bad (Ḥimyarī S. 71—72), das Ḥ. al-ḫušaiba in Kairo nach einem Balken (*ḫašaba*, statt dessen hier das Deteriorativ-Deminutiv), der bei dem Bad quer über die Gasse angebracht war, damit Reiter an der Grabmoschee des 549/1154 ermordeten Kalifen aẓ-Ẓāfir absteigen und zu Fuß weitergehen mußten. Der Balken war zwar nur etwa 15 Jahre dort, denn er wurde unter Ṣalāḥaddīn (seit 564/1169 Herr Ägyptens) wieder entfernt, doch der Name blieb an Bad und Gasse haften[64].

In einigen Fällen aber wie beim Ḥ. az-zuhūr, Ḥ. al-ward, Ḥ. al-yāsamīn in dem Damaszener Vorort aṣ-Ṣāliḥīya (Irbilī S. 28, Nr. 16, 19, 24) scheinen die Namen frei gewählt zu sein (also „Blumenbad", „Rosenbad", „Yasminbad"); das geschah aber so selten, daß ich bei einem Ḥ. az-zumurrud in dem Ġūṭa-Dorf Kafr Sūse[65] eher vermute, daß es nach irgendeiner Zumurrud genannt ist. Ein Ḥ. ad-dulba (in Aleppo, Sauvaget S. 192) ist nicht nach einer bestimmten Platane benannt, wenigstens nicht unmittelbar, sondern nach einem Stadtviertel ad-Dulba, und ein Ḥammām al-Badr ist mit Sicherheit das Bad eines Badraddīn, nicht „le Bain de la Pleine Lune", wie Sauvaget S. 142 den Namen übersetzt.

Bäder gab es in jeder Stadt, und wer auf Reisen war, brauchte kaum auf den Badgenuß nach der Ankunft zu verzichten. Ein transportables

---

[64] *Ḫiṭaṭ* 3, 46 u. 145. Die Gasse hieß Ḫaṭṭ al-ḫušaiba oder Ḫaṭṭ Ḥammām al-ḫušaiba (3, 46).

[65] Dahan in der Ed. des Ibn Šaddād, S. 131 Anm. 1.

Bad, das auf der Reise mitgeführt wurde, erschien darum als ein ungeheurer Luxus. So führt Ibn ad-Dawādārī 9,234 ein „hölzernes Bad mit Bleiwannen, das auf Kamelen transportiert wurde“, als ein Beispiel unter anderen an für die üppige Lebenshaltung, die der Mongolenfürst Qarāsunqur (Gouverneur von Aleppo) seinen Weibern ermöglichte. Es ist nicht ganz auszuschließen, daß dieses Bad eine mongolische Spezialität war, die von den Arabern nur ihrem *ḥammām* zugeordnet wurde, doch wird auch in einigen späteren Ḥammām-Traktaten das hölzerne transportable Bad abgehandelt; ob nur theoretisch und der Vollständigkeit halber, kann ich nicht entscheiden. Munāwī fol. 80b hat z.B. einige Vorschriften für den Fall parat, daß das Bad „zwecks eventueller Transportierbarkeit“ aus Holz gebaut wird. Dann sollen die Ritzen mit Asphalt o. ä. abgedichtet werden; Abdeckung mit Filz, wie es der Ḥammām-Traktat des Qauṣūnī empfiehlt (von ihm zitiert), verwirft er als ungeeignet. Nach einem Werk الصقليات [66] soll nur Sykomorenholz dafür verwandt werden, weil dieses in der Feuchtigkeit am wenigsten quelle.

Die Soldaten in den Feldlagern mußten sich anders helfen, wenn sie auf den Badgenuß nicht verzichten wollten. ʿAbdallaṭīf al-Baġdādī berichtet über die Soldaten Ṣalāḥaddīns vor ʿAkkā 583/1187: „Im Heer waren mehr als 1000 Bäder, meist hatten Leute aus dem Westen (Nordafrika, Spanien) das in der Hand. Zwei oder drei taten sich zusammen, gruben ein paar Ellen tief, bis sie Wasser fanden, machten aus Ton Badewannen und die Wände, umgaben es mit Holz und Matten, schlugen Brennholz in den umliegenden Gärten und erhitzten Wasser in Kesseln. So wurde daraus ein *ḥammām*, in dem man sich den Kopf waschen konnte für einen Dirham oder mehr.“[67]

Wenn auch in späteren Jahrhunderten das Bad als unentbehrliches Element der Stadt unbestritten war[68], so hat es in den ersten Jahrhunderten des Islam heftige Kontroversen darüber gegeben, die im Ḥadīṯ ihren Niederschlag gefunden haben. *niʿma l-baitu l-ḥammāmu* „welch ein herrliches Haus ist das Bad“ und *biʾsa l-baitu l-ḥammāmu* „welch ein übles Haus ist das Bad“ werden als „gut bezeugter“ Ausspruch Muḥammads, ʿAlīs oder eines Prophetengenossen überliefert. Ernsthafte Gelehrte wie

[66] Zitiert von Munāwī ebd. Es ist mir nicht möglich, das Werk zu identifizieren.

[67] Zitiert in *Sulūk* 1,94. Die Zahl ist natürlich, wie die andern Zahlenangaben an dieser Stelle, übertrieben. Die Schilderung paßt auch kaum auf die Einschließung Akkos vom 8. bis 10. Juli 1187, eher auf die monatelange Einschließung des Kreuzritterheeres 586—87/1190—91, als dieses seinerseits Akko belagerte.

[68] Vgl. S. 7. Nuwairī über den Bau des neuen Tripolis in Syrien unter Qalāʾūn: „Dann bauten die Muslime eine Stadt am Fluß, und zwar an einer andern Stelle, und errichteten in ihr Bäder, Märkte (*qayāsir*), Moscheen und Madāris“, Exzerpt bei Sobernheim (s. Anm. 55) S. 46.

Yūsuf b. ʿAbdalhādī wußten allerdings, daß es zu Muḥammads Zeit im Ḥiǧāz keine Bäder gegeben hatte, und daß folglich die Traditionen, die Muḥammad mit dem Bad in Verbindung bringen, falsch sein müssen. Sie bezeichnen darum den jeweiligen Isnād als *ḍaʿīf* (wie Yūsuf fol. 30a) — die einzige Form, in der ein islamischer Gelehrter Zweifel an der Glaubwürdigkeit eines Ḥadīṯ äußern kann. Als Ḥadīṯ mit dem gesündesten Isnād über das ganze Thema[69] gilt folgender: Der Prophet sagte: „Hütet euch vor jenem Haus, zu dem man *ḥammām* sagt!" Daraufhin sagte man zu ihm: „O Gesandter Gottes, es befreit von Schmutz und Schmerz." Da entschied Muḥammad: „Wenn einer von euch es betritt, soll er sich bedecken!" — Auf ʿĀ'iša werden die beiden folgenden Traditionen zurückgeführt[70]: „Der Prophet hatte den Männern und Frauen das Betreten der Bäder verboten. Dann erlaubte er es den Männern, sie mit einem Schurz bekleidet zu besuchen. Den Frauen hat er es aber nicht erlaubt." Als einst Frauen aus Ḥimṣ bei ʿĀ'iša waren, belehrte sie sie: „Vielleicht gehört ihr zu den Frauen, die die Bäder besuchen. Ich habe den Gesandten Gottes sagen hören: Wenn eine Frau ihre Kleider ablegt in einem andern Haus als dem ihres Gatten, so zerreißt sie die Bindung zwischen ihr und Gott."[71] — Eine verständlicherweise von den Damaszenern gern zitierte Tradition legt Muḥammad folgendes in den Mund: „Ihr werdet das Land aš-Šām (Syrien, nach Damaszener Umgangssprache aber: das Land von Damaskus) erobern und dort jene Häuser vorfinden, zu denen man *ḥammām* sagt. Die Männer sollen sie nur betreten, wenn sie mit einem Schurz bekleidet sind. Den Frauen aber verbietet es, sie zu besuchen, außer wenn sie krank waren oder geboren haben."[72]

Aus diesen Traditionen, einerlei ob echt oder erfunden, geht hervor, daß der Frühislam die Institution des Bades erst in den neueroberten Ländern des antiken Kulturkreises kennengelernt hat, daß er grundsätzlich am Baden selber keinen Anstoß nahm, sondern nur an der Nacktheit der Badenden, und daß er sich mit der Realität einigermaßen arrangiert hat. Darum sind die Nachrichten, daß einige Prophetengenossen

[69] Ibn Mufliḥ 3, 344.

[70] Wenn auch ʿĀ'iša viele Traditionen nur zugeschrieben sind, so ist es doch nicht auszuschließen, daß diese beiden Traditionen tatsächlich auf sie zurückgehen. Sie hat die erste Kulturblüte des islamischen Reiches noch erlebt (gest. 678) und kann gut ihr eigenes Urteil über Zustände, die sie, wenn auch nur vom Hörensagen, kannte, dem Propheten in den Mund gelegt haben.

[71] Abū Dā'ūd, *Sunan*, *k. al-ḥammām*.

[72] Ibn ʿAsākir 1, 375. Dieser Ḥadīṯ ist noch mit den Varianten „das Land der Perser" und „das Land der Byzantiner" im Umlauf, s. *Sunan Abī Dā'ūd*, *k. al-ḥammām*.

das Bad besucht und damit eine Sunna geschaffen haben[73], durchaus glaubwürdig, auch wenn sie als Beleg für die Unbedenklichkeit des Bades und des Badens angeführt werden.

Stimmen wider das Bad, wie sie in den Ḥammām-Traktaten und paränetischen Werken angeführt werden, sind dort mehr oder weniger unverbindliche Pflichtzitate. Die praktische Folgerung aus *bi'sa l-baitu l-ḥammām*, auf den Badbesuch völlig zu verzichten, haben nur wenige gezogen. Von Aḥmad b. Ḥanbal wird zwar glaubhaft berichtet, daß er nie das Bad besucht habe, doch sogar ein Ḥanbalit wie Yūsuf b. ʿAbdalhādī vermutet, der wahre Grund dafür sei gewesen, daß an seinem Leib die Narben der Peitschenhiebe, die er während der Verfolgung unter den muʿtazilitischen Kalifen erhalten hatte, zu sehen waren, und er fürchtete, von Fremden im Bad für einen gemeinen Kriminellen gehalten zu werden (fol. 28b).

Nicht ins Bad zu gehen war wohl immer ein Stück Askese. Klar ist das bei al-Ḥākim, der „sieben Jahre Wolle trug und sich weigerte, das Bad aufzusuchen"[74]; auch bei Ǧamāladdīn Ibn al-Ǧauzī, von dem sein Enkel berichtet, daß er fünf Jahre lang, während seines Zwangsaufenthalts in Wāsiṭ, das Bad nicht betreten hat[75]. Die gleiche Vorstellung eines Verzichts auf die Freuden der Welt liegt vor, wenn die Frauen im Trauerjahr sich nicht mit Henna färben, keine schönen Kleider anziehen, keinen Schmuck tragen und das Bad nicht aufsuchen, auch wenn „die Notwendigkeit, es aufzusuchen" besteht, d.h. nicht einmal zu den rituellen Waschungen[76].

Auch der Ruf, ein nicht ganz geheurer Ort zu sein, der dem Bad bis heute anhaftet (s. S. 129ff.), hat seine Beliebtheit nicht beeinträchtigen können, sondern höchstens den vereinzelten Gegnern des Bades in der Gesellschaft einige Argumente contra geliefert. Die auf diesen Ruf gründende Regel *al-'arḍu kulluhā masǧidun 'illā l-maqābira wal-ḥammām* „die ganze Erde ist Moschee [d.h. zum Gebet rein], nur nicht die Begräbnisplätze und das Bad"[77] liefert den Fuqahā' Anlaß zu Überlegungen,

---

[73] Y. b. ʿAbdalhādī nennt fol. 74a—b Ibn ʿAbbās, Ḫālid b. al-Walīd, Ḥasan, Abū d-Dardā' u. a.

[74] Ibn ad-Dawādārī 6,298.

[75] *Mir'āt az-zamān* 8,439. Von den sufischen Mönchen wurde diese Enthaltsamkeit nicht erwartet. Sie erhielten im Gegenteil jeden Donnerstagabend Geld zum Badbesuch (Ibn Baṭṭūṭa I,72). Zu einem *ribāṭ* (Kloster) gehörte im allgemeinen ein Bad, das nicht nur (wie die Klosterschenke) der Aufbesserung der Einkünfte diente, sondern auch von den Mönchen besucht wurde.

[76] Ibn al-Ḥāǧǧ 3,291.

[77] Siehe die Belegstellen in der *Concordance des Traditions* zum Stichwort *ḥammām*.

an welchen Stellen des Bades, im Innern, im *maslaḫ* oder auf dem Dach, und unter welchen Bedingungen das Gebet doch als gültig anzusehen ist[78], doch wird das alles kaum mehr als theoretischen Wert gehabt haben. Ins Bad ging man nicht zum Beten, sondern zum Baden.

Um dem diesseitsverhafteten Treiben im Bad eine fromme Note zu verleihen, empfehlen die paränetischen Werke im *bait al-ḥarāra* an das Höllenfeuer zu denken, weil es mit seiner Dunkelheit und Hitze ein Abbild des Höllenfeuers sei[79], ein Gedanke, der sich auch im Ḥadīṯ findet, wo das Erinnern an das Höllenfeuer direkt als ein Lob des Bades erscheint[80]. Auch die Dichter haben sich dieses Topos bemächtigt, doch gebrauchen sie den Gedanken entweder frivol oder schwächen die Vorstellung Bad = Hölle dadurch ab, daß sie das Bad gleichzeitig mit dem Paradies vergleichen, was eines der beliebten Paradoxe ergibt, wie in den Versen des Abū Ṭālib al-Ma'mūnī (gest. 383/993):

wa-ḥammāmin lahū ḥarru l-ǧaḥīmī — *wa-lākin šābahū bardu n-nasīmī*

fa-ḏuqtu bihī ṯawāban fī ʿiqābin — *wa-zurtu bihī naʿīman fī ǧaḥīmī*

Gar so manchem Bad eignet die Hitze des Höllenfeuers, doch vermischt sich (mit seiner Hitze) die Kühle eines Windhauchs.

So kostete ich in ihm die Belohnung (für die guten Taten) in der Strafe (in der Hitze des Höllenfeuers) und suchte ein Paradies in der Hölle auf.[81]

Die Beliebtheit des Bades ist auch einem populären Kanon der fünf größten Wonnen abzulesen, der immer das Bad einschließt: „Man hat gesagt: Es gibt fünf Wonnen. Wonne für einen Augenblick ist der Beischlaf, Wonne für einen Tag das Bad, Wonne für eine Woche die Anwendung der *nūra* (s. S. 75ff.; Variante: frischgewaschene Kleidung), Wonne für ein Jahr die Heirat einer Jungfrau, immerwährende Wonne im Diesseits die Unterhaltung mit den Freunden und im Jenseits die Freude des Paradieses."[82] Die körperlich erfahrbare Annehmlichkeit des Bades war wohl der Hauptgrund, daß die Institution des Bades, aus der spätantiken Kultur ererbt, weiterblühte bis in unsere Tage, in denen es durch

[78] Y. B. ʿABDALHĀDĪ fol. 34a—41b (= Kap. 34): Nach Ibn Ḥanbal ist die *ṣalāt* im Bad ungültig, nach den andern *maḏāhib* zwar gültig, aber *makrūh*.

[79] *Qūt al-qulūb* 2, 530; *Iḥyā'* 1, 138.

[80] Y. B. ʿABDALHĀDĪ, Kap. 20 *fīman madaḥahū min as-salaf*, fol. 27bff. schreibt diesen Gedanken u. a. Abū d-Dardā', Ibn ʿUmar, sogar Muḥammad zu.

[81] Y. B. ʿABDALHĀDĪ fol. 92b = MŪNĀWĪ fol. 87a = QASIMI 110 (bei ihm *ǧaḥīm* und *naʿīm* im letzten Halbvers vertauscht). Anders mit wenig befriedigender Lesart J. CH. BÜRGEL, *Die ekphrastischen Epigramme des Abū Ṭālib al-Ma'mūnī*, Nr. 35a, nach *Fawāt*, Ed. Muḥ. Muḥyiddīn ʿAbdalḥamīd. Wenig sinnvoll auch die Lesart in *Fawāt*, Bulaq 1299, I, 274, *qaḏaftu bihī ṯiyāban fī ʿiqābin*.

[82] MUNĀWĪ fol. 96b = QASIMI 109.

das aus Europa übernommene Wannen- und Duschbad allmählich zurückgedrängt wurde. Ganz erloschen ist das Bedürfnis nach einem *δημόσιον* aber auch heute noch nicht. In Basta, einem besonders von Muslimen bewohnten Viertel von Beirut, sah ich im Frühjahr 1964 im Souterrain eines siebenstöckigen Neubaues ein Bad eingerichtet mit einem weithin sichtbaren Schild *Ḥammām al-Baṣṭa al-ǧadīd*, vor dem, wie eh und je[83], die zum Trocknen aufgehängten Tücher im Wind flatterten.

---

[83] Vgl. die Miniaturen, bes. MARTIN pl. 44.

GEBÄUDE

Mit der Institution selber hatte die islamische Stadtkultur auch die Grundrißformen des Bades aus der Spätantike übernommen. Die älteren Damaszener Bäder z.B. setzen, wie der Grundrißvergleich zeigt, spätantike Bautypen fort[1]. Durch die literarische Überlieferung wissen wir nicht nur, daß die muslimischen Eroberer Syriens, Ägyptens und Mesopotamiens von der ihnen bis dahin unbekannten Institution Gebrauch machten (s. S. 22), sondern auch, daß sie ziemlich gleich selber Bäder errichteten. Doch sind wir über diese in frühislamischer Zeit erbauten Bäder nur ungenügend und zudem einseitig unterrichtet. Der Archäologie verdanken wir zwar die Kenntnis einer ganzen Reihe von Palastbädern aus umayyadischer Zeit, die sich im syrischen Raum befinden, doch kennen wir bisher kein einziges öffentliches Bad aus dieser Zeit. Die literarischen Quellen haben außer einer Anzahl Namen[2] nur hier und da ein Detail festgehalten, darunter die Reaktion der Stadtbevölkerung auf die Dimensionen der von den neuen Landesherren erbauten Bäder. Das von ʿAmr b. al-ʿĀṣ in Fustat erstellte Bad erregte wegen seiner Kleinheit nur den Spott der Leute. Niemand könne da hinein, hieß es, es passe höchstens für die Mäuse, weshalb es später Ḥammām al-fār „Mausbad"

---

[1] Einerseits den Typ des kleinen Bades, wie er z.B. von spätantiken Privatbädern repräsentiert wird, andererseits den Typ der großen öffentlichen Therme, allerdings in einem stark verkleinerten Maßstab, s. ÉCOCHARD/LECOEUR 2, fig. 138. Den relevanten Unterschied sehen ÉCOCHARD/LECOEUR im „plan rectiligne" der erstgenannten, und im „plan centré" der letztgenannten, den Thermen-Typ fortsetzenden Bauformen. Die Termini scheinen mir nicht gut gewählt für das, was sie benennen sollen: im ersten Fall einen organischen Grundriß, der auf eine axialsymmetrische Raumverteilung verzichtet, im zweiten Fall einen konstruiert-monumentalen Grundriß mit axial-symmetrischer Raumanordnung. Der erste Typ liegt vor z.B. in den umayyadischen Bädern in Transjordanien, im Ḥammām Sitti ʿAḏra in Damaskus, der andere in dem umayyadischen Bad in Qaṣr əl-Ḥēr oder im Ḥammām el-Bzūrīye (s. Tafel I).

[2] IBN ʿABDALḤAKAM nennt folgende Bäder mit ihren Bauherren: Ḥ. al-fār, erbaut von ʿAmr b. al-ʿĀṣ (S. 96); Ḥ. Zabbān, später Ḥ. Abī Murra, erbaut von ʿAbdalʿazīz für seinen Sohn Zabbān (S. 113); ein Bad im Palais des ʿAbdalʾaʿlā b. Abī ʿAmra, später Ḥ. at-tibn (S. 133); Ḥ. Sahl, gehörte dem ʿAbdallāh b. ʿAmr b. al- ʿĀṣ, kam durch Heirat an die Familie des ʿAbdalʿazīz b. Marwān (S. 112); von einem Bad in einem Palais des ʿAbdalmalik b. Marwān ist die Rede S. 134—35. Weitere Bäder aus umayyadischer Zeit sind genannt bei IBN DUQMĀQ S. 105—06.

hieß[3]. Die abschätzige Beurteilung wird verständlich, bedenkt man, daß die Städter immer noch die spätantiken Thermen vor Augen hatten, an denen gemessen die neuen Bäder lächerlich klein erscheinen mußten. Der 257/871 gestorbene Ibn ʿAbdalḥakam gibt für die Benennung des „Mausbades" die Erklärung, daß die Bäder der Byzantiner nämlich große Thermen (*dīmāsāt kibār*) waren und das neue Bad darum so winzig erschien. Er hat antike Thermen sicherlich noch von Augenschein gekannt, denn noch mehrere Jahrzehnte nach seinem Tod waren in Fustat solche Thermen in Betrieb, wie aus einem bei Ibn Duqmāq und Qalqašandī erhaltenen Zitat aus Ibn al-Mutawwaǧ hervorgeht, nach welchem sich in Fustat ein von den Byzantinern erbautes Bad (*ḥammām min binā' ar-Rūm*) befunden habe, das zur Zeit des Aḥmad b. Ṭūlūn noch voll in Betrieb gewesen sei. Der Ersterzähler will in den Tagen des Ḫumārawaih b. Aḥmad b. Ṭūlūn im Jahr 317 dieses Bad betreten und keinen freien *ballān* vorgefunden haben, obwohl im Bad siebzig Badediener arbeiteten, die aber alle zwei oder drei Gäste zu bedienen hatten[4]. Noch gut 100 Jahre nach Ibn ʿAbdalḥakam gebraucht Muqaddasī den Terminus *dawāmīs*: Nābulus besaß herrliche Thermen (*dawāmīs ʿaǧība*, S. 174), und in den See Genesareth fließen die Abwässer der *ḥammāmāt* und der *dawāmīs* von Tiberias (S. 161). Mindestens an dieser letzten Stelle ist für Muqaddasī *dīmās* und *ḥammām* nicht dasselbe. Setzen wir, wozu uns die Etymologie des Wortes und Ibn ʿAbdalḥakams Sprachgebrauch berechtigen, *dīmās* mit öffentlicher Therme gleich, so ergibt sich aus den Angaben Muqaddasīs, daß gegen Ende des 10. Jh.s in Palästina noch große öffentliche Thermen — und das heißt wohl auch: noch aus byzantinischer Zeit stammende Konstruktionen — benutzt wurden[5]. In den

---

[3] Ibn ʿAbdalḥakam S. 96; Ibn Duqmāq S. 105, nach ihm ist es das erste unter dem Islam erbaute Bad. „Für die Mäuse" (*lil-fār*) war wohl die stehende Wendung, mit der die Byzantiner die Werke der Araber herabzusetzen suchten. Als Muʿāwiya in Damaskus sein neues Regierungsgebäude al-Ḫaḍrā' in Ziegeln erbaut hatte, gab ein Gesandter des byzantinischen Kaisers das Urteil ab: „Der obere Teil ist für die Spatzen, der untere für die Mäuse" (*'ammā 'aʿlāhu fa-lil-ʿaṣāfīr, wa-'ammā 'asfaluhū fa-lil-fār*). Muʿāwiya ließ daraufhin das Gebäude abreißen und in Haustein neuerrichten (Ibn ʿAsākir 2,134); Legende oder Geschichte?

[4] *Ṣubḥ* 3,333; Ibn Duqmāq 106—07. Die bei beiden in Worten angegebene Jahreszahl 317 paßt freilich nicht zu den Daten des Ḫumārawaih (regierte 270—282). Das ausführlichere Zitat bei Ibn Duqmāq gibt noch an, daß das Bad einem Nuǧḥ aṭ-Ṭūlūnī, einem Offizier des Ḫumārawaih, gehörte und nach dessen Tod wieder an Ḫumārawaih zurückfiel. Darum darf man vielleicht doch festhalten, daß Ende des 9. Jh. in Fustat noch spätantike Thermen in Betrieb waren, auch wenn das Zitat nicht über alle Zweifel erhaben ist.

[5] Le Strange, *Palestine under the Moslems*, S. 335, übersetzt: „the water from the baths and the hot springs flows into the lake", er liest also *ḥammāt* statt *ḥam-*

Traktaten aus späterer Zeit ist *dīmās* eine antiquierte Vokabel, die dort, wo sie vorkommt — gewöhnlich in einem Ḥadīṯ-Zitat über den Antichrist — mit *ḥammām* erklärt werden muß.

Die ältesten islamischen Bäder, die wir kennen, besitzen einen im Vergleich zu den übrigen Räumen immer ansehnlich großen Umkleideraum und drei nacheinander zu betretende Badekammern, von denen die beiden zuletzt zu betretenden immer beheizbar sind. Dieses Grundschema: ein großer zum Umkleiden und Ausruhen bestimmter Saal, eine kleinere (meist) ungeheizte Abteilung, zwei kleinere geheizte Abteilungen, findet sich bis in die ausgehende Mamlukenzeit in Syrien und war auch in Spanien und im Maghrib üblich. Die genannte Raumfolge ist zwar nicht mehr identisch mit der klassischen Folge Apodyterium, Frigidarium, Tepidarium, Caldarium, Sudatorium, doch ist sie aus dieser hervorgegangen.

Seit der ersten Blüte der Bäder bis zu den Bauten der Umayyaden war schließlich mehr als ein halbes Jahrtausend vergangen, währenddessen die Badesitten sich gewandelt hatten und mancher Bestandteil des Badevorgangs nebensächlich geworden, manches wohl auch hinzugekommen oder in den Vordergrund gerückt sein konnte. Doch nicht nur die zeitliche Distanz von den Thermen der Kaiserzeit bis zu den Schloßbädern der Syrischen Wüste ist hier zu berücksichtigen, sondern auch die räumliche. In den orientalischen Provinzen des römischen Reiches war wohl auch im Bad manches anders als in der Hauptstadt, was von den neuen Herren der Provinzen mitübernommen wurde.

Am auffälligsten ist, daß nunmehr, nach Ausweis der Größenverhältnisse, der Umkleideraum[6] der Ort ist, an dem die Badenden den größten Teil der Badezeit verweilen. Doch ist der als Apodyterium dienende Saal nicht eine Ausweitung des alten Apodyteriums, sondern eine Fortsetzung des alten Frigidariums. Die große Halle des Bades von Ḫirbat al-Mafǧar ist der ganzen Anlage nach ein Frigidarium, besitzt sogar, wie das Frigidarium der klassischen Zeit, eine monumentale Piscina[7], diente aber

---

māmāt. — Die gleiche Unterscheidung wie im Arabischen scheint auch im Syrischen vorzuliegen: *dīmōsīn* bezeichnet die Therme, *bal(l)anī* das kleine Bad.

[6] Vorsichtiger ausgedrückt: der Raum, dem in den Bädern des 12. Jh., die in diesem Punkt allerdings nach den gleichen Grundrissen wie die umayyadischen gebaut sind, der Umkleideraum entspricht. Seine freilich erst seit dem 12. Jh. belegbare Benennung *maslaḫ* (Beilage 3) oder *gelsa* (Maghrib, moderner Name, vielleicht aber doch alt) zielt auf diese Funktion als Auskleideraum und Ruheraum.

[7] Länge: 19,50 m; Breite: 3,40 m plus drei Apsiden von einer Tiefe von 2,50 m. Der gesamte Raum mißt rund 30 × 30 m.

ohne Zweifel als Audienzsaal[8]. Im allgemeinen war aber wohl schon damals die Piscina weggefallen oder vielmehr zu einem Zierstück geworden und in seinen Abmessungen der neuen Bestimmung angepaßt. Wenn auch m. W. in keinem umayyadischen Bad Reste eines Wasserbeckens im großen (Umkleide)raum gefunden worden sind, so darf, ja muß man vielleicht doch dort ein Wasserbecken postulieren[9]. In späteren Jahrhunderten findet sich nämlich stets ein Wasserbecken oder ein Springbrunnen im *maslaḫ*, die zweifellos die alte Piscina fortsetzen, tragen sie doch in manchen arabischen Ländern, vor allem in Ägypten, immer noch die ursprüngliche Benennung, nur leicht abgewandelt zu *fisqīya*, weiter.

Die Bauformen, die aus den gegenüber der klassischen Antike geänderten Badegewohnheiten resultieren, samt einem mit neuen Funktionen bedachten Frigidarium mit dessen nur noch als architektonisches Zierstück in verkleinerter Form weiterbestehender Picsina liegen in den umayyadischen Bädern abgeschlossen vor[10]. Doch haben deren Bauherren diese Formen bereits so vorgefunden. Schon im 5. Jh. waren in Syrien Bäder nach dieser Konzeption gebaut worden[11].

---

[8] Vgl. vor allem die Überlegungen HAMILTONS S. 103—05. Die von ihm als Beleg herangezogenen Stellen *Aġānī* 1,26 und 3,98 sind allerdings nicht sonderlich beweiskräftig. Die geschilderte Szene — al-Walīd b. Yazīd bittet einen Dichter zu sich und stürzt sich in ein mit Wein oder mit Wein und Rosenwasser gefülltes Becken (*birka*), das sich zwischen ihm und dem Dichter befindet — muß nicht notwendigerweise in einem Bad stattgefunden haben. Einen guten Beleg bietet jedoch *Aġānī* 4,78—79: Der Dichter Ṭuraiḥ fällt durch eine Intrige bei Walīd in Ungnade. Walīd, damals noch Kronprinz, weist den Kämmerer an, den Dichter nicht wieder vorzulassen. Der Kämmerer gibt schließlich Ṭuraiḥ den Tip: „An dem und dem Tag wird der Prinz ins Bad gehen. Dann befiehlt er, daß sein Thronsessel (*sarīr*) gebracht wird. An diesem Tag versieht auch niemand das Kämmereramt. Wenn es soweit ist, werde ich dir Nachricht schicken, so daß du zu ihm hintreten kannst und dir damit dein Wunsch erfüllt ist, während ich mich heraushalten kann.“ An dem besagten Tag geht Walīd ins Bad, läßt sein Thronbett bringen, nimmt Platz und läßt die Leute zur Audienz herein (*'aḏina lin-nāsi fa-daḫalū ʿalaih*), darunter auch Ṭuraiḥ.

[9] Aus *Aġānī* 1,26 geht nicht hervor, ob die dort genannten Becken ortsfest oder transportabel waren. 3,98 bringt neben der Größenangabe „nicht groß, doch konnte ein Mann in ihm in der Runde schwimmen“ auch die Angabe „mit Blei überzogen“ (*muraṣṣaṣ*). Wenigstens hier handelt es sich um eine transportable Wanne.

[10] Das Bad von Ḫirbat al-Mafǧar ist eine Ausnahme. Die riesige Halle mit der großen Piscina scheint in Anlehnung an weit ältere Bauformen errichtet zu sein, von denen Anfang des 8. Jh. gewiß noch Beispiele standen.

[11] Vgl. H. GLÜCK S. 79—99, der wohl als erster darauf aufmerksam gemacht hat, daß die im 5. Jh. in Nordsyrien gebauten Bäder zwar noch den Raum des Frigidariums beibehalten haben, ihn aber als Unterhaltungs-, Ruhe- und Auskleideraum benutzen und so das direkte Vorbild der umayyadischen Bäder abgeben.

Literarische Zeugnisse machen wahrscheinlich, daß die islamische Kultur ein in vier bzw. — wenn man das *maslaḫ* nicht mitzählt — ein in drei Räume eingeteiltes Bad kennengelernt hat. Der pseudoaristotelische Traktat *Sirr al-asrār* sieht z.B. den tieferen Grund für die heilspendenden Wirkungen des Bades in der Harmonie zwischen den Temperaturen der vier Räume des Bades und der vier Jahreszeiten[12]. Die medizinischen Traktate führen regelmäßig die Mischungen der drei inneren Baderäume auf: der erste Raum ist kalt-feucht, der zweite warm-feucht, der dritte warm-trocken[13]. Die in *Sirr al-asrār* vorausgesetzte Vierteilung des Bades mag ursprünglich der antiken Einteilung des inneren Bades in Frigidarium, Tepidarium, Caldarium und Sudatorium zugeordnet gewesen sein, doch meinen die vier im weiteren Text genannten Räume ohne jeden Zweifel das *maslaḫ* und die drei inneren Räume des Bades der islamischen Zeit. Diese Raumeinteilung darf, da das Gedankengut von *Sirr al-asrār* direkt aus der Antike übernommen ist, sicher in spätantike Zeit zurückprojiziert werden.

Wenn wir auch über den (syrischen) Typ des Bades in umayyadischer Zeit recht gut unterrichtet sind und ihn sogar ohne Schwierigkeiten aus älteren lokalen Formen der antiken Thermen ableiten können, so können wir ihn — wenigstens beim heutigen Stand unsres Wissens — doch nicht weiterverfolgen. Der weiteren Entwicklung der Bauformen läßt sich für Damaskus, wo wir am besten Bescheid wissen, erst seit dem 12. Jh. nachgehen. Das Ḥammām al-Malik aẓ-Ẓāhir ist zwar identisch mit dem nicht allzulange vor 368/979 errichteten Ḥammām al-ʿAqīqī, aber es hat so viele Umbauten erfahren, daß der ursprüngliche Plan nicht mehr zu erkennen ist (ÉCOCHARD/LECOEUR 2,15). Erst die unter dem Zengiden Nūraddīn und später unter den Ayyubiden gebauten Bäder sind in ihrer ursprünglichen Gestalt faßbar, weil sie nur wenig oder gar nicht umgebaut worden sind.

---

12 Siehe Beilage 1. Ferner Y. B. ʿABDALHĀDĪ fol. 1b: „Das Bad soll drei Abteilungen umfassen, eine erste, eine zweite, eine dritte. Dann befinden sich die Menschen im Bad, wenn es so angelegt ist, in vier Jahreszeiten. Die alleräußerste Abteilung vergleicht man mit dem Winter, die erste Abteilung (*al-bait al-ʾawwal*) mit dem Frühling, die zweite mit dem Herbst, die dritte mit dem Sommer." Hier ist die Harmonie in der Parallele zwischen der „Mischung" der einzelnen Abteilungen des Bades und der Jahreszeiten gesehen, während für den Verfasser von *Sirr al-asrār* die Harmonie dadurch zustande kommt, daß die konträren Mischungen sich gegenseitig aufheben.

13 ĠUZŪLĪ 2,4 = Zitat aus dem *K. al-iršād* des IBN ǦUMAIʿ AL-ISRĀʾĪLĪ (gest. 594/1198); 2,6 = Zitat aus IBN SĪNĀ. MUNĀWĪ fol. 82b—83a = Paraphrase nach MASĪḤĪ (gest. 401/1010); IBN AL-UḪŪWA 154.

Ein typisches Bad dieser Zeit wie das Ḥammām el-Bzūrīye, das zwischen 549—567/1154—1171 von Nūraddīn erbaut ist, umfaßt[14]:

1. einen Umkleideraum (*maslaḫ*) von kreuzförmigem Grundriß, gebildet aus einem quadratischen Zentrum, das mit einer Kuppel überdacht ist, und je einem *'īwān* an den vier Seiten (A);
2. einen (in anderen Beispielen oft nicht geheizten) ersten inneren Raum (*al-bait al-'awwal*)[15], meist gegliedert in einen etwas größeren mittleren und zwei kleinere seitliche Räume, alle mit Kuppeln gedeckt (B);
3. einen stets geheizten mittleren inneren Raum (*al-bait al-wasṭānī* oder auch bloß *wasṭānī*), mit einer Kuppel überdacht und meist wie in unserm Beispiel oktogonal mit je einer Nische diagonal zur Raumachse[16] und je einem seitlichen durch Eindeckung mit zwei Kuppeln gegliederten Nebenraum (*maqṣūra*, *ḫalwa*) (C);
4. einen heißen Raum (*bait al-ḥarāra* oder kurz *ḥarāra*), wie im Beispiel in der Regel langgestreckt und nicht weiter gegliedert, mit einem Muldengewölbe eingedeckt; mit einem Nebenraum, in dem sich ein Tauchbecken (*'abzan*, *ḥauḍ*, *miġṭas/maġṭas*), etwa 1×1 m groß und ca. 1,50 m tief, befindet (D).

Abgesehen von der veränderten Hypokaustenanlage (s. S. 56ff.) fällt auf, daß in der Ayyubidenzeit nicht das *bait al-ḥarāra* wie in den umayyadischen Bädern, man denke an Quṣair ʿAmra, sondern das *wasṭānī* der wichtigste Raum des inneren Bades zu sein scheint, was aus einer anderen Bautradition erklärt werden kann, aber auch in den seit dem 7./8. Jh. veränderten Badegewohnheiten seinen Grund haben mag. Bei Ibn al-Qalānisī lesen wir zwar: „Er (sc. Šamsalmulūk Ismāʿīl, Gouverneur von Damaskus) errichtete sie (sc. die beiden Tore, die vorher im Text genannt sind) zusammen mit der Dār al-Masarra in der Zitadelle und dem nördlich der Zitadelle (oder im Nordteil der Zitadelle) neu errichteten Bad, nach einer Entscheidung, die er neu getroffen, einem Plan, den er erdacht, nach Formen, die er ausgesucht hatte (*ʿalā qaḍīyatin iḫtaraʿahā wa-binyatin iqtaraḥahā wa-ṣifatin 'aṯṯarahā*). So erreichten sie das höchste Maß an Schönheit, Wohlgestalt und Ausgewogenheit. Er beendete diese Bauten Anfang 528 (= 1133)" (S. 239), doch wird man daraus nicht entnehmen dürfen, daß der damalige Damaszener Gouverneur einen neu-

---

[14] Siehe Tafel III.

[15] Die heute geläufige Bezeichnung *waṣṭāni barrāni* (Écochard/LeCoeur 1,24) findet sich schon Ende des 15. Jh. bei Y. b. ʿAbdalhādī fol. 82a: *al-barrānī*. Die Bezeichnung ist verständlich, weil die Funktion dieses ersten von der des nächsten Raumes nicht mehr zu trennen war, was im 15. Jh. schon der Fall war, s. unten S. 32.

[16] In anderen Beispielen ist das *wasṭānī* quadratisch.

artigen Grundriß für das Bad entwickeln ließ, obwohl nach dem arabischen Text diese Aussagen nur auf die Dār al-Masarra (Lusthaus) und das Bad zu beziehen sind. Ich meine jedenfalls, daß hier nichts als Panegyrik vorliegt.

In den beiden folgenden Jahrhunderten (13./14. Jh.) bleibt der Grundriß der Damaszener Bäder weitgehend gleich. Doch finden sich im 14. Jh. oft statt der beiden *maqāṣīr* des *wasṭānī* je zwei getrennte Seitenkammern, also vier *maqāṣīr* des *wasṭānī*. Das *bait al-ḥarāra* ist in manchen Fällen durch Risalite und vor allem durch Eindeckung mit drei Kuppeln dreigegliedert, in andern Beispielen ist es wie in den Jahrhunderten vorher ungegliedert, besitzt aber zwei richtige *maqāṣīr*[17].

In den gesicherten Beispielen aus dem 15. Jh. zeigt sich die im 14. Jh. angelegte Entwicklung bereits weit gediehen. Das *bait al-ḥarāra* besitzt vier *maqāṣīr* in den Diagonalen der Raumachse und drei *awāwīn*, einen *īwān* zur Feuerung hin, die beiden andern seitlich, einander gegenüberliegend. Damit hat das *bait al-ḥarāra* das Übergewicht über das *wasṭānī*, das in manchen Beispielen noch vier, in andern nur noch zwei *maqāṣīr*, aber keinen *īwān* besitzt. Das *bait al-'awwal* ist zu einem reinen Durchgangsraum geworden, der in fast allen Beispielen sehr klein ausfällt.

Diese Entwicklung geht im 16. und 17. Jh. noch weiter: Das *bait al-ḥarāra* behält seine dominierende Rolle, während das *wasṭānī* noch mehr zurücktritt und wie das *awwal* mehr den Charakter eines Durchgangsraumes annimmt[18].

---

[17] Die Entwicklung zielt darauf ab, daß im Grundriß *wasṭānī* und *ḥarāra* in gleichem Maß zur Geltung kommen. Am deutlichsten ist dies im Grundriß der Ḥammām as-Sulṭān: Um den Zentralraum des *wasṭānī* sind acht ziemlich gleichgroße Räume gruppiert. Scheinbar ist damit die bisherige dominierende Stellung des *wasṭānī* beibehalten, tatsächlich ist es aber nicht mehr größer als das *bait al-ḥarāra*. — Écochard/LeCoeur identifizieren das Bad 2,58 mit dem im Šawwāl 694 (1295) vollendeten Ḥammām ʿIzzaddīn al-Ḥamawī (Ibn Kaṯīr 13,393), widerrufen es aber praktisch 2,129, doch zu Unrecht. Wie sie selber feststellen, ist das *maslaḥ* durch den Sultan Qāyitbāy, dessen Name in einer Inschrift dort erscheint, restauriert oder neugebaut. Die lokale Tradition, daß der Osmanensultan Selim dieses Bad besucht hat, war ihnen auch nicht entgangen (1,45). Nun lesen wir bei Ibn Ṭūlūn 2,32: „Am Donnerstag dem 6ten (sc. Ramadan 922 = 2. 10. 1516) besuchte der Ḫankār (= Selim) das Ḥammām al-Ḥamawī, das zur Pilgerherberge (*ʿimāra*) des Qāyitbāy gehört." Besser läßt sich die Identität des Ḥammām as-Sulṭān mit dem Ḥammām al-Ḥamawī nicht zeigen.

[18] In der Beschreibung des Ḥammām er-rās von 984/1575 erscheint der Terminus *al-bait al-'awwal* nicht mehr. Nach der Beschreibung bestand es aus nur einem einzigen kuppelgedeckten Raum, der als Durchgangsraum (*maǧāz*) bezeichnet wird. Der Endpunkt der Entwicklung ist in einem 1933 in Mizze bei Damaskus gebauten Bad erreicht: Es besteht nur noch aus *maslaḥ* und *ḥarāra*, zwischen die nur ein einziger kleiner Raum eingeschaltet ist (Écochard/LeCoeur 2,113).

Die älteren Bäder wurden der Entwicklung angepaßt, indem man durch neue Maueröffnungen und Zumauern der alten Öffnungen Nebenräume des *wasṭānī* zum *bait al-ḥarāra* zog und z.T. dem *wasṭānī* Ersatz schuf dadurch, daß man Nebenräume des *awwal* vom *wasṭānī* aus zugänglich machte und deren Zugang vom *awwal* her vermauerte, wie die Bestandspläne bei ECCOHARD/LECOEUR zeigen.

Über die Bäder an anderen Orten sind wir bei weitem nicht so gut unterrichtet[19]. Doch läßt sich sagen, daß im 13. und 14. Jh. in Spanien und im Maghrib ein Typ verbreitet war, der sich nur durch einen schlichteren Grundriß vom syrischen unterschied. Die Bäder, die MARÇAIS, TERRASSE und TORRES BALBÁS beschreiben, umfassen einen Umkleideraum und drei rechteckig oblonge, parallel nebeneinander liegende innere Räume, von denen die beiden letzten *maqāṣīr* haben. In je einer *maqṣūra* des *wasṭānī* und des *bait al-ḥarāra* befindet sich ein Tauchbecken[20].

Die Kairiner Bäder des 13./14. Jh.s weisen hingegen Grundrisse auf, die von denen der Damaszener Bäder erheblich abweichen. Bei den ältesten von PAUTY beschriebenen Bädern ist das *maslaḫ* weit jünger als die übrigen Teile des Bades. Ein Urteil über das *maslaḫ* der Bäder dieser Zeit ist darum nicht möglich. Die inneren Räume sind: 1. ein verhältnismäßig kleines *bait 'awwal* und 2. ein großes oktogonales *bait al-ḥarāra* mit vier in Kreuzform verteilten *'awāwīn* und mehreren *maqāṣīr*, die teils hinter den *'awāwīn* liegen, teils in den von zwei *'awāwīn* gebildeten Winkeln. Zwei *maqāṣīr* enthalten das kleine und das große Tauchbecken[21].

---

[19] Über die Bäder in Spanien vor allem durch die Artikel von LEOPOLDO TORRES BALBÁS; über den Maghrib durch HENRI TERRASSE und GEORGES MARÇAIS; über Ägypten — ziemlich mangelhaft — durch EDMOND PAUTY und etwas durch JULIUS FRANZ-PASCHA; über die Türkei durch KARL KLINGHARDT und den Artikel *Hamam* in der *İslam Ansiklopedisi* 5,174—78 von ALI SÂIM ÜLGEN, vgl. die Bibliographie. Doch alle diese Veröffentlichungen sind nur isolierten Beispielen gewidmet; keine befaßt sich mit der geschichtlichen Entwicklung (kann es z.T. auch nicht).

[20] Die modernen Bezeichnungen lauten: *gelsa* (= *maslaḫ*), *barrāni* (*'awwal*), *uṣṭi* (*wasṭānī*), *daḫli* (*ḥarāra*), *mṭahra* (*ḥauḍ*), s. TERRASSE.

[21] *miġṭas*, umgangssprachlich *maġṭas*. In älteren Texten sind sie gewöhnlich *'abzan* genannt (s. Beilage 1, S. 142), ein Lehnwort aus dem Persischen (*āb-zan*), das schon so früh entlehnt ist, daß es Eingang in die arabischen Nationallexika gefunden hat (s. LA s. r. *bzn*, mit Belegvers von Abū Dū'ād Ǧuwairiya al-Iyādī), aber auch schon vorher vom Syrischen übernommen wurde, s. R. RAABE, *Petrus der Iberer* S. 93, 22, wo *'wznā* (*awznā*) ein natürliches Bassin in einer Heilquelle bezeichnet, in das kaltes und warmes Wasser fließt. — Die arab. Benennung ist meist *ḥauḍ*, das aber nicht distinktiv genug ist. Spätestens seit dem 16. Jh. ist *'abzan* unverständlich und *maġṭas/miġṭas* in Ägypten der einzig geläufige Terminus, denn MUNĀWĪ muß *'abzan* mit *ḥauḍ*, und dies mit *maġṭas* erklären (*al-'abzan, wa-huwa l-ḥauḍ al-musammā l-'āna bil-maġṭas*, fol. 76a, ult.).

Während das Tauchbecken in Damaskus immer klein ausfällt und die *maqṣūra*, in der es sich befindet, in keiner Weise gegenüber den übrigen *maqāṣīr* hervorgehoben ist, sind in den Kairiner Bädern nicht nur die Becken selber größer (s. S. 42), sondern auch die Räume, in denen sie sich befinden, sind weit größer als die übrigen *maqāṣīr*. Mitunter ist, wie in den von Pauty gebrachten Beispielen, die *maqṣūra* mit dem großen Becken größer als das Zentraloktogon des *bait al-ḥarāra*[22]. Außerdem sind diese beiden Räume architektonisch hervorgehoben durch Überdachung mit vier, sechs oder neun Kuppeln, die von Säulen getragen werden. Befindet sich das Becken in der Mitte, so stehen an den vier Ecken Säulen, lehnt es sich mit einer Seite an die Wand an, so stehen an den beiden Ecken in der Raumachse Säulen, liegt das Becken im Winkel, so steht an der freien Ecke die Stützsäule. Die Säulen am Tauchbecken, und damit sicherlich verbunden auch die Überdachung mit mehreren kleinen Kuppeln, sind lokale Bautradition; sie waren schon in umayyadischer Zeit bekannt. Nach Ibn ʿAbdalḥakam (S. 133/134) erbat sich ʿAbdalʾaʿlā b. ʿAmra vom ägyptischen Gouverneur ʿAbdalʿazīz als Anerkennung für seine Verdienste bei einer diplomatischen Mission an dem byzantinischen Hof[23] „vier Säulen (*sawārī*) von den Trümmern von Alexandria. ʿAbdalʿazīz befahl, sie ihm zu geben, und so stehen sie jetzt am großen Tauchbecken seines Bades (*ʿalā ḥauḍi ḥammāmihī l-ʾaʿẓam*)“[24].

Ob die Grundrißform mit *maslaḫ* und *bait al-ḥarāra* und nur einer einzigen dazwischengeschalteten Abteilung ebenfalls bis in umayyadische Zeit zurückreicht, läßt sich mit unseren Informationen nicht ausmachen. Ibn Duqmāq begründet die Benennung des Ḥammām al-fār damit, daß im Gegensatz zu diesem kleinen Bad des ʿAmr b. al-ʿĀṣ die Bäder der Byzantiner geräumig waren und drei Abteilungen enthielten, die man

[22] Im Ḥammām as-Sukkarīya 5,70 × 5,70 gegenüber einem Durchmesser von etwa 4,80 des Zentraloktogons, s. Tafel VI. Auch in den beiden Beispielen auf Tafel VII ist das *maġṭas* größer.

[23] Im Text ist als *Ṣāḥib ar-Rūm Ulyūn* (vielleicht las man den Namen *ʾlywn* auch *Ilyaun*, jedenfalls ein *Leon*) genannt, was aber mit den Daten nicht hinkommt. ʿAbdalʿazīz war 65—84/685 bis 703 Statthalter in Ägypten, Leo kam aber erst 717 zur Herrschaft. Es ist sicher Leontios (695—98) gemeint, dessen Name in den arabischen Annalen mit Leon wiedergegeben ist. So nennt *Ṣubḥ* 5,398 neben Leo dem Isaurier mit halbwegs passenden Daten einen Leon (*lʾwn*), der drei Jahre regierte und 50 H. (= 670) starb, einen dritten Leon, der 78 H. (= 697—98) starb. Die Historizität dieser Nachricht braucht also wegen eines falschen Leo nicht bezweifelt werden.

[24] Dieses Privatbad wurde später öffentlich und hieß dann Ḥammām at-tibn, S. 133, 19.

nacheinander betrat[25], doch dürfte der zweite Teil der Begründung aus der Sicht seiner Zeit stammen, sofern er nicht, was nicht ausgeschlossen ist, den Ibn al-Mutawwaǧ (s. S. 14) zitiert, was aber die Begründung auch nicht allzuweit zurückverlegen würde. Immerhin zeigt diese rückprojizierte Begründung, daß im 14. Jh. der durch die von Pauty beschriebenen Bäder repräsentierte Typ mit nur zwei inneren Abteilungen nicht mehr so jung gewesen sein kann. Dieser Typ blieb auch in der Folgezeit bestimmend und vielleicht auch für Ägypten charakteristisch. Wenn Munāwī bei der Erörterung der medizinischen Bestimmungen, das Bad in drei Abteilungen anzulegen, besonders hervorhebt, daß diese Bestimmungen zwar für die meisten Länder zutreffen, daß aber die Ägypter darauf bedacht sind, das Bad in nur zwei Abteilungen anzulegen (fol. 83b, 5/6), so mag es auf mangelnder Information des Autors beruhen, daß der erste Teil unrichtig ist, denn zu dieser Zeit (um 1600) waren auch in der Türkei die Bäder so angelegt, daß sie nur noch zwei innere Abteilungen hatten (s. unten). Trotzdem zeigt die Stelle, daß die Ägypter sich der baulichen Besonderheiten ihrer Bäder, Besonderheiten vor allem gegenüber den syrischen Bädern, die sie wohl am ehesten kennenlernen konnten, bewußt waren.

Die Bäder in der Türkei besaßen seit dem 16. Jh., wie gesagt, ebenfalls nur zwei innere Abteilungen. Von den wenigen sicher datierbaren älteren Bädern, die beschrieben sind, weisen manche aber drei innere Räume auf, so das Menzilhâne hamam in Gebze (Plan bei Klinghardt S. 30; unter Orhan erbaut, also im zweiten Viertel des 14. Jh.s, s. İA 5, 177), das ein *awwal*, ein großes den wichtigsten Platz der inneren Räume beanspruchendes *wasṭānī* und ein langes schmales *bait al-ḥarāra* besitzt, das durch Eindeckung mit zwei Kuppeln gegliedert ist. Im Grundriß ähnlich ist das Mustafa Paşa hamam, ebenfalls in Gebze (Plan bei Klinghardt S. 30—32, erbaut um 1523, s. ebd. S. 74), vielleicht in Anlehnung an das ältere wohl nicht einzige Beispiel in der Stadt. Das sind sichere Indizien, daß die Entwicklung hier nicht anders als in Syrien verlaufen ist[26].

---

[25] *li'anna ḥammāmāti r-Rūmi kānat wāsiʿatan ṯalāṯata ṭabaqātin yudḫalu min al-'ūlā 'ilā ṯ-ṯāniyati ṯumma 'ilā ṯ-ṯāliṯati*, S. 105.

[26] Die von Klinghardt S. 73ff. skizzierte Entwicklung des Badgrundrisses von einem Typ mit einer einzigen inneren Abteilung über einen Typ mit zwei zu einem Typ mit drei inneren Abteilungen läßt sich nicht halten, ebensowenig der von ihm angenommene Einfluß türkischer Bauformen auf die Grundrißformen z. B. der Kairiner Bäder, denn das von ihm als aus türkischen (d.h. anatolischen) Formen fortentwickelt angesehene kreuzförmige *bait al-ḥarāra* der Kairiner Bäder ist in Kairo schon vor der muslimischen Eroberung des westlichen und mittleren Anatolien bezeugt.

Die älteste detaillierte Beschreibung eines Bades, auf die ich gestoßen bin, ist die Beschreibung des Bades an der Nordwestecke der Damaszener Zitadelle — heute Ḥammām er-rās — in einer von 984/1575 datierten *waqf*-Urkunde. Sie zählt von den Steinbänken vor der Eingangstür bis zum Misthaufen alles unbewegliche Gut dieses Bades auf, das von dem 971/1563 zum Pascha von Damaskus ernannten Lālā Muṣṭafā erbaut ist. Leider ist gerade dieses Bad so stark umgebaut, daß nur noch Teile des *bait al-ḥarāra* und die mit drei Kesseln ausgestattete *ḫizāna* mit der Beschreibung übereinstimmen. Dennoch bleibt das Dokument wertvoll, weil es die Ausstattung und deren Benennungen festgehalten hat. Mit den sonst meist früher belegten Details ergibt sich ein abgerundetes Bild über Anlage und Ausstattung der Bäder über lange Jahrhunderte hinweg.

Nach außen traten die Bäder oft nicht sonderlich in Erscheinung. Besonders die Bäder in den Basarvierteln besaßen kaum Straßenfronten, deren ornamentale oder monumentale Ausgestaltung sich gelohnt hätte. In Wohnvierteln, wo nicht selten genügend Platz zur Verfügung stand, besaßen die Bäder manchmal größere Straßenfronten, die wie im Fall des Ḥammām et-Ṭairūzī oder des Ḥammām Fatḥī in Damaskus[27] mit der gleichen Kunst und der gleichen Sorgfalt gestaltet sind wie die Fronten einer Moschee oder Madrasa.

In den Basarvierteln dagegen wurde die Straßenfront von Läden eingenommen, die mit der Rückwand an das Bad anstießen. Im Normalfall gehörten Bad und Läden dem gleichen Besitzer und wurden auch zusammen als *waqf* gestiftet[28]. Die Läden brachten einerseits dem Besitzer eine weit größere Rendite, als wenn das Bad das einzige Gebäude auf dem Grundstück geblieben wäre, andrerseits entstand so keine Lücke in der Lädenreihe des Basars. So tritt man oft durch ein schlichtes, hin und wieder auch prächtiges[29] Portal zunächst in einen langen Korridor, oder zwischen den Läden öffnet sich eine schmale Stichgasse zum Bad

---

[27] Gezeichnete Ansicht der Fassade des Ḥammām aṭ-Ṭairūzī bei ÉCOCHARD/LECOEUR 1,18, des Ḥammām Fatḥī 2,103; Foto in BEO 17, pl. I und V.

[28] So auch im Fall des Ḥammām er-rās. Von 59 Läden des gestifteten Gebäudekomplexes waren 20 direkt an das Bad angebaut (*mustaḥraǧa min ǧidār al-ḥammām, K. waqf Lālā* S. 157).

[29] In Damaskus z.B. beim Ḥ. as-Sulṭān, E/L 2,55; ferner beim Ḥ. al-ǧisr, Zeichnung E/L 2,78, Foto bei WULZINGER/WATZINGER Tafel 23a. Das Portal des Ḥ. er-rās wird beschrieben als „erbaut aus bunten behauenen Steinen, und zwar aus *mizzī, maʿdanī*, gelbem Kalkstein, weißem Marmor, schwarzem Basalt und verschiedenen anderen Sorten", *Waqf Lālā* S. 151.

hin[30]. Die Tür des Bades soll nach MUNĀWĪ (fol. 81a) nicht nach Süden gehen, wofür ich keine hinreichende Begründung weiß, der Korridor soll nicht geradlinig, sondern abknickend angelegt werden, wofür man zwei Gründe anführen kann: Man konnte so bei offener oder sich öffnender Tür nicht hineinschauen, und ein kalter Luftzug traf nicht direkt auf die im *maslaḫ* sich langsam abkühlenden Badegäste.

Das *maslaḫ* weicht im Grundriß in den einzelnen arabischen Ländern kaum voneinander ab; die Aufrisse, die in den landesüblichen Formen ausgeführt werden, sind indessen sehr verschieden. Diese Verschiedenheiten im Aufriß sind allerdings weder selber das Resultat von Abweichungen in der Benutzung des Raumes, noch haben sie einen Einfluß auf die Benutzung, so daß hier auf eine Diskussion der Aufrißformen des *maslaḫ* verzichtet werden kann.

Das *maslaḫ* umfaßt ein meist quadratisches Zentrum und je einen *īwān* an den Seiten. Diese Kreuzform ist der Idealfall. Wenn das Baugrundstück keine andre Möglichkeit ließ, verzichtete man auf einer, in einigen Fällen sogar auf zwei Seiten auf den *īwān*. Im Zentrum des Mittelquadrats befindet sich ein Wasserbecken (*birka*, *baḥra*, *fisqīya*). In Syrien ist dieses meist polygonal, in andern Fällen rund, ganz selten quadratisch. Der Durchmesser beträgt rund 2 m, die Seitenwände sind etwa 70—80 cm hoch. Gelegentlich ist das Wasserbecken von einer oder zwei umlaufenden Stufen umgeben. In der Mitte des Beckens befindet sich ein einfacher Springbrunnen, bestehend aus einem Steigrohr mit Mundstück und ein bis zwei Schalen. Nicht selten sind auch auf dem Beckenrand Speier angebracht[31].

In andern Ländern sind andere Formen üblich. In Ägypten z.B. fehlt das große erhöhte Brunnenbecken; der Springbrunnen befindet sich dort auf einem oktogonalen verzierten Sockel (s. Abb. bei LANE). Im Maghrib fehlt auch dieser Sockel (s. Abb. 187 bei G. MARÇAIS). Doch scheint man in keinem islamischen Land auf den Springbrunnen im *maslaḫ* völlig verzichtet zu haben. Der Fußboden des *maslaḫ*, auch der inneren Räume, ist mit einem wasserdichten Plattenbelag versehen. Sehr beliebt ist dafür

---

[30] Das Portal liegt gelegentlich etwas zurück. An den Seiten der so entstehenden Nische befinden sich dann meist Steinbänke, wie beim Ḥ. er-rās in seiner ursprünglichen Gestalt. Ein so ausgebildeter Vorplatz bei der Tür heißt *darkāh* (= pers. *dargāh*), s. *Waqf Lālā* S. 151.

[31] Foto in BEO 17, pl. VI.

Marmor[32], doch eignen sich auch andre Steinsorten dafür[33]. In den Damaszener Bädern sind neben weißem Marmor gelbliche, rötliche, schwarze Steinplatten aus einheimischen Brüchen[34] verwendet, die in der Regel zu kunstvollen Ornamenten zusammengesetzt sind[35].

Der Fußboden der *awāwīn* liegt etwa 70—80 cm über dem übrigen Fußboden. Nur die Durchgänge zur Eingangstür und zum Badinnern, gegen die der erhöhte Teil des *īwān* durch eine hohe Balustrade abgesichert ist, liegen auf gleichem Niveau. Dieser erhöhte Teil des *īwān* heißt *maṣṭaba* ('Bank', in der gen. *waqf*-Urkunde und auch sonst oft *masṭaba*). Die Stirnseite (*wāǧiha*) der *maṣāṭib* ist oft durch kleine Nischen (*ṭāqa*) verschiedener Form aufgelockert, in denen die Schuhe der Badegäste und die *qabāqib* abgestellt werden. Die *wāǧiha* ist oft ähnlich wie der Fußboden mit einem Platten- oder Mosaikbelag verkleidet; in anderen Fällen besteht der Schmuck nur in der abwechselnden Verwendung verschiedenfarbiger Hausteinschichten. Feste Stufen zum Hinaufsteigen auf die *maṣāṭib* sind bisweilen vorgesehen, sie befinden sich dann in den von zwei *awāwīn* gebildeten Winkeln. Sonst benutzt man Trittsteine von der halben Höhe der *maṣṭaba*. Diese Trittsteine sind aus einem Stück gehauen, von rechteckig oblongem Querschnitt; die vorderen Kanten sind meist abgeschrägt. Diese Stufen stehen mit einer Längsseite an die Stirn der *maṣṭaba* herangerückt.

---

[32] Die Beschreibung des Marmors gehört zu den Topoi der Ḥammām-Gedichte, vgl. die Verse des Aʿmā aṭ-Ṭuṭīlī (MAQQARĪ, Leiden 2,235 = Kairo 4,322):

Unser Vergnügen kann nicht überboten werden — noch hat unser Bad seinesgleichen.

Wasser, in ihm das Lodern des Feuers — wie Sonne in einem herabströmenden Regen.

Unter ihm Marmor, weiß — wie der Schnee, wenn er zu schmelzen beginnt.

[33] MUNĀWĪ führt fol. 81b aus, daß als Fußbodenbelag Marmor allen andern Materialien vorzuziehen ist, wegen seiner Hitzebeständigkeit, Härte und auch wegen seiner Schönheit. Er sei besser als „weiche Steine, Platten (*balāṭ* = Keramikfliesen), Lehm oder Holz (sofern nicht das ganze Bad aus Holz ist)". Daraus ist zu schließen, daß die hier abgelehnten Materialien ebenfalls verwandt wurden. Unter *ruḫām* ist aber wohl nicht nur Marmor im engeren Sinn zu verstehen, sondern auch anderer zu Platten spaltbarer und polierfähiger Stein.

[34] Im *K. waqf Lālā* sind genannt: *mizzī*, ein rosafarbener dunkelrot geäderter Kalkstein aus dem Damaszener Vorort əl-Məzze, *maʿdanī*, ein roter Kalkstein aus Maʿdan (= ?), *qārī*, weißlicher Kalkstein aus Qārā, einem Dorf im Antilibanon an der Straße Damaskus-Homs, ferner *'aswad*, schwarzer Basalt aus dem Hauran, *'aṣfar* oder *balāṭ 'aṣfar*, gelbe Kalksteinplatten, aus Brüchen am Ǧabal Qāsyūn, nach SEETZEN I,32 auch aus Aintāb. Weißer Marmor stammt nach SEETZEN aus Beirut, wurde also importiert.

[35] Beispiele bei ÉCOCHARD/LECOEUR 2,85,101,106,108; Detail 1,38.

Die *maṣṭaba* ist mit Binsenmatten, Kelims und Teppichen ausgelegt[36]. An den Wänden entlang und entlang der Balustrade an den Durchgängen stehen auf der *maṣṭaba* niedrige ca. 40 cm hohe, 70—80 cm tiefe Holzbänke, auf denen festgepolsterte Kissen oder Matratzen als Sitz und als Rückenlehne aufgelegt sind. Unter den Sitzen sind in manchen Bädern Schubfächer angebracht, in denen die Badenden ihre Kleider unterbringen können.

Der Platz des *muʿallim* ist ein etwa 2×1 Meter großes bettähnliches Gestell mit hohen Füßen und hölzernem Geländer seitlich und an der Rückseite. Es steht mit der Rückseite an eine *maṣṭaba* herangeschoben in der Nähe des Eingangs. Auf diesem Gestell steht ein Kommödchen mit mehreren Schubladen, in denen der *muʿallim* die ihm anvertrauten Wertsachen der Badegäste verwahrt. In früheren Zeiten war dort statt des Kommödchens eine Truhe (*ṣundūq*), s. S. 104.

Zum notwendigen Inventar gehören ferner ein großer Wasserbehälter aus porösem Ton für das Trinkwasser[37], ein Schrank (in modernerer Zeit ist es eine Vitrine) zum Aufbewahren der Badetücher, Trockenseile, die durch das *maslaḫ* gespannt werden, zum Trocknen der Badetücher[38], Stangen, mit denen die getrockneten Tücher wieder heruntergeholt wurden, Spiegel[39], in jüngerer Zeit auch Kaffeeherd, Ampeln und Kronleuchter[40].

Von wohlhabenden Schichten aufgesuchte Bäder hatten im *maslaḫ* mehr oder weniger große abgeteilte Zellen, in den die bessergestellten

---

[36] Die von HOENERBACH in W. I., N. S. 4 (1956) 120—21 wiedergegebene Ḥisba-Verordnung vom Juni 1946 schreibt einen Reservebelag (*firāš iḥtiyāṭī*) vor, damit die Teppiche und Matten ausgewechselt und an der Sonne getrocknet und gelüftet werden können, was zweimal wöchentlich geschehen soll.

[37] Vorgeschrieben durch den Muḥtasib, IBN AL-UḪŪWA 156. LEVYs Übersetzung „marked 'Sweet water' or 'For the public to drink'" (S. 52) von *bi-rasm al-māʾ al-ḥulw* bzw. *bi-rasm šurb an-nās* verkennt die Bedeutung von *bi-rasm* 'bestimmt für'.

[38] 935. Nacht = 2,510 = LITTMANN 6,164; vgl. auch die Miniaturen.

[39] Handspiegel sind seit der frühesten islamischen Zeit als Utensil im Bad bezeugt, vgl. die Stelle im Diwan des MUSLIM B. AL-WALĪD, ed. DeGoeje, Leiden 1875, S. 234 (= USĀMA B. MUNQID, *Lubāb al-ādāb*, ed. A. M. Šākir, Kairo 1935, S. 139): Muslim (gest. 208/823) trifft den Yazīd b. Mazyad (gest. 185/801) im Bad an, „zu seinen Häupten eine Zofe mit einem Spiegelfutteral, während er selber in der Hand Spiegel und Kamm hielt und seinen Bart kämmte". Vgl. ferner *Farağ* S. 128. Die großen Wandspiegel, von denen nach QASIMI in jedem *īwān* des *maslaḫ* einer sein sollte, sind moderne Fabrikware europäischer Herkunft, s. Abb. in BEO 17, pl. VI.

[40] *qanādīl wa-ṭurayyāt*, QASIMI S. 108. Abb. einer *ṭurayya* bei LANE S. 168. — Heute sind die Bäder oft mit elektrischer Beleuchtung versehen, s. Liste bei E/L 1,52.

Badbesucher, freilich auch gegen ein besseres Entgelt, vor den Blicken des gemeinen Volkes geschützt sich aus- und ankleiden konnten[41].

An einigen Orten befinden sich an der Rückseite der *awāwīn* des *maslaḫ* Wandschränke, in denen die Besucher ihre Sachen unterbringen[42]. Eine Besonderheit, die sich vor allem in den Bädern der Türkei findet, ist ein großes offenes Holzkohlenbecken, über dem die Badetücher getrocknet werden[43].

Der Schmuck des *maslaḫ* bestand außer im Architektonisch-Ornamentalen, besonders Ausmalungen (s. unten), in allerlei Zierpflanzen. Der Traktat *Sirr al-asrār* setzt voraus, daß im *maslaḫ* Blumen zu sehen sind[44], und Munāwī sagt ausdrücklich über den Schmuck mit Blumen und Zierpflanzen: „Manche sagen: Man muß den Platz, an dem der Badende sich zum Ausruhen niederlassen wird, mit grünem Laub, z.B. mit Bananenblättern oder Myrten, schmücken, muß Blumen hinstellen und entsprechend den Jahreszeiten Wohlgerüche verbrennen“ (fol. 87b). Die Topfpflanzen und künstlichen Blumen, die heute die Bäder zieren, blicken also auf eine lange Tradition zurück.

In den Damaszener Bädern führt in der Regel eine schmale Treppe im *maslaḫ* zu einer hochgelegenen Tür, die sich auf die Dachterrassen öffnet, wo in der trockenen Jahreszeit gewöhnlich die Badetücher getrocknet werden.

Eine stets geschlossen gehaltene[45] Tür führt vom *maslaḫ* in einen meist langen schmalen, winklig geführten Korridor, an dem zwei oder drei Aborte liegen. Die Aborte (*murtafaq* im *k. Waqf Lālā*) sind durch gut mannshohe Trennwände voneinander abgeteilt und durch Türen verschließbar. Das Abortloch ist ein etwa 1 m langer und 20 cm breiter Schlitz im Fußboden, dessen Grund schräg zum Abflußkanal abfällt. Stets fließendes Wasser, das von einer Röhre in der Rückwand des

[41] In den Damaszener Bädern selten; vorhanden z.B. im Ḥammām Fatḥī (E/L 2,100ff.), Ḥ. en-Nōfara (2,122—23). In den Kairiner Bädern waren sie wohl häufig, s. Beilage 3, S. 145. Vgl. ferner die Stelle Ibn Taġribirdī 7,292: „wir saßen mit ihm beisammen meistens in der *ḫalwa* im *maslaḫ* des Bades, das er gebaut hatte“, s. Tafel VIII (zwei „loges“ im *maslaḫ*).

[42] In Aleppo gab oder gibt es sie noch in einigen Bädern, so im Ḥ. əl-Labābīdīye, früher Ḥ. an-Nāṣir, s. Soubhi Saouaf, 73. Auch in Rabat gab es sie, vgl. L. Brunot, *Textes arabes de Rabat*, S. 164 oben.

[43] Türk. *tandir*, s. Klinghardt Abb. 10. Briemle findet sich an den heimatlichen Kamin erinnert: „ein Ofen mit solchen Kacheln wie in Teutschland, an welchen man die Hembder, und Tücher trocknet“ (2,147).

[44] Siehe Beilage 1, S. 142.

[45] Die Tür hängt entweder schräg in den Angeln, so daß sie von selber zufällt, oder wird von einem Gegengewicht zugezogen. Munāwī tadelt die Gewohnheit, die Tür zum inneren Bad mit Kelims oder Filzdecken zu verhängen, fol. 81a.

Aborts zuerst in ein gemauertes Becken neben dem Abortschlitz einströmt, von wo es in den Abortschlitz abfließt, dient zunächst für die durch den Abortbesuch notwendig gewordene rituelle Abwaschung (*wuḍū'*), stellt aber weiter auch eine Dauerwasserspülung dar. Eine Lüftung ist in den Aborten nicht vorgesehen.

Durch den Korridor gelangt man in den ersten inneren Raum (*al-bait al-'awwal*), in dem sich, wie im *maslaḫ*, ein *īwān* mit *maṣṭaba* befindet. Manche Leute ziehen sich hier im Winter um, ältere oder empfindlichere Personen auch während der übrigen kühleren Jahreszeiten[46]. Ein besonderer Schmuck des *awwal*, der sich häufig in den syrischen Bädern findet, ist ein Wasserbecken mit Springbrunnen, etwas kleiner als das Wasserbecken im *maslaḫ*, oder ein Wandbrunnen (*šādirwān*) in kunstvoller Ausführung. Ein vom *awwal* zugänglicher Nebenraum dient als Epilationsraum (*bait ad-dawā'*, *Waqf Lālā* 154,3).

Ein Durchgang, der mit einer ebenfalls geschlossen gehaltenen Tür versehen ist, führt in das *wasṭānī*[47], in dessen *awāwīn* und *maqāṣīr* sich jeweils eine oder zwei Waschstellen befinden. Zu einer solchen gehört ein *ǧurn*, d. i. ein etwa 40—45 cm hoher, seitlich oft verzierter Block aus Marmor, Basalt oder Kalkstein[48], in dessen ebene Oberseite eine flache Vertiefung eingehauen ist. Dieser *ǧurn* steht vor einer in der Wand eingelassenen Marmorplatte, in der die Zapfhähne für warmes und kaltes Wasser angebracht sind[49]. In früheren Jahrhunderten enthielt auch in Damaskus eine *maqṣūra* des *wasṭānī* ein Tauchbecken mit weniger heißem Wasser (*alḥauḍ al-bārid*), bisweilen war es auch im Boden des Zentralraumes eingelassen, wie im Ḥammām er-rās in seiner ursprünglichen Form[50].

Ein Durchgang, der früher wohl nicht mit einer Tür versehen war[51], führt vom *wasṭānī* ins *bait al-ḥarāra*, dessen *awāwīn* und *maqāṣīr* genau wie die des *wasṭānī* mit Waschstellen — *ǧurn* vor Marmorplatte mit Hähnen für warmes und kaltes Wasser — eingerichtet waren. Eine *maqṣūra* des *bait al-ḥarāra* enthielt bis in unser Jahrhundert hinein ein Tauchbecken mit heißem Wasser[52].

---

[46] S. 68, Anm. 10.

[47] Moderner Name in Damaskus: *əl-waṣṭāni žžūwāni*, E/L 1, 24. Vgl. S. 31, Anm. 15.

[48] Gelegentlich ein antikes Säulenkapitell, das auch das Vorbild für die Gestaltung des *ǧurn* gewesen sein dürfte.

[49] S. die Miniaturen.

[50] *bi-'arḍīyati wasṭānīyi l-ḥammāmi l-maḏkūri ḥauḍun min ruḫāmin bi-rasmi l-mā'i l-bārid*, *Waqf Lālā* 155.

[51] Heute ist auch dort eine Tür, weil praktisch nur der letzte Raum, das alte *bait al-ḥarāra*, benutzt wird.

[52] In Syrien in diesem Jh. von der Regierung verboten, s. E/L 1,25.

Die *awāwīn* und *maqāṣīr* des einzigen heißen Raumes der ägyptischen Bäder, auch dort *bait al-ḥarāra*, waren genau wie in den syrischen Bädern mit Zapfstellen und kleinen Becken versehen. Nach dem lokalen Namen der Zapfhähne *ḥanafīya* heißen die so eingerichteten Seitenräume selber auch *ḥanafīya*; ebenso heißen die Nebenräume, die ein Tauchbecken (*maġṭas*) enthalten, ihrerseits auch *maġṭas*. Die *maġāṭis* waren zu etwa drei Vierteln im Boden eingelassen[53], der Beckenrand erhob sich also nicht sonderlich hoch über den Fußboden in die Höhe. Der Fußboden der Seitenkammern lag allerdings selber 5—7 Stufen höher als der Fußboden der übrigen Räume[54]. Die Größe der ägyptischen *maġāṭis* wird von Zeitgenossen immer hervorgehoben. Sie faßten nach ʿAbdallaṭīf zwei bis vier und mehr *rāwiya*[55], was ich zwar nicht in Liter oder Kubikmeter umzurechnen imstand bin, aber seinen Lesern etwas gesagt haben muß. Nach den Plänen bei Pauty, die hier wohl zuverlässig sind, war die Grundfläche 1,50×1,80 m bis 1,80×2 m groß. Ihre Größe wurde noch durch den großzügigen Raum, in dem sie lagen, hervorgehoben. Die Tauchbecken der Damaszener Bäder mit einer Grundfläche von 1 mal 1 m erschienen dagegen so winzig, daß der Dichterspott ihnen noch nicht einmal die kanonischen für die rituelle Reinheit von nicht fließendem Wasser vorgeschriebene Mindestmenge von zwei *qulla* zubilligte[56].

Die Fußböden der inneren Räume sind mit kunstvollen Mosaiken aus verschiedenfarbigem Marmor oder andern festen polierfähigen Steinen

---

[53] S. Beilage 3, S. 144.

[54] Vgl. die Pläne bei Pauty. Setzt man die Stufen mit 20—25 cm Höhe an, was einer normalen bis mäßig steilen Treppe entspricht, so ergibt sich, daß der Boden der *maġāṭis*-Räume um soviel erhöht lag, wie die *maġāṭis* selber in ihn eingelassen waren. Der Grund der Becken lag wohl in einer Ebene mit dem Fußboden des *ḥarāra*.

[55] *rāwiya* ist Synonym von *rayy*, d. i. ein großer lederner Wasserbehälter, den Kamele trugen; s. Abb. bei Lane S. 328.

[56] *'aḥwāḍa ḥammāmāti Ša' * ma tasammaʿī lī kilmatain*
*lā tadkurī 'aḥwāḍa Miṣ * ra fa-'anti dūna l-qullatain*

„Ihr Tauchbecken der Bäder von Damaskus (*Ša'm* poet. Liz. für *aš-Ša'm*), lauscht auf mich für ein paar Worte. — Führt nicht die Tauchbecken von Kairo an, denn ihr faßt weniger als die beiden *qulla*", von Ǧamāladdīn b. Nubāta in einer *Mufāḍala baina ḥammāmāt Miṣr wa-ḥammāmāt aš-Šām*, zitiert bei Ġuzūlī 2,12, nicht in den beiden Hss. des Diwan Ahlwardt 7861—62. — Entgegnung von ʿIzzaddīn al-Mauṣilī, zitiert von Ġuzūlī 2,12:

*'ilaiki ḥiyāḍa ḥammāmāti Miṣrin * wa-lā tatakabbarī ʿindī bi-main*
*ḥiyāḍu š-Šāmi 'aḥlā minki mā'an * wa-'aṭharu wa-hya dūna l-qullatain*

„Da habt ihr es gehört, ihr Tauchbecken der Kairiner Bäder, doch braucht ihr euch bei mir nicht zu Unrecht zu brüsten. — Das Wasser der Tauchbecken von Damaskus ist süßer als eures, und reiner, obwohl sie weniger als die zwei *qulla* fassen."

belegt. In ähnlicher Weise sind auch die Wände oft bis zu einer Höhe von 1,50 — 2 m getäfelt, außerdem finden sich Wandverkleidungen mit Fayencekacheln (*qāšānī, qīšānī*)[57]. Dieser getäfelte Teil heißt *wizra* ('Schürze'). In einigen Damaszener Bädern sind die sorgfältig gemauerten und geglätteten Hausteinschichten auch im Innern ohne Putz oder Täfelung. Der obere Teil der Wände und die Gewölbe sind verputzt (*mubayyaḍ*)[58]. In Bagdad waren nach Ibn Baṭṭūṭa die Wände im unteren Teil mit Asphalt (*qār*) verputzt, und zwar so gut, daß er meint, man könne es für schwarzen Marmor halten; der obere Teil der Wände (und sicher auch die Gewölbe) waren mit einem rein weißen Gipsputz versehen[59].

Sämtliche inneren Räume sind mit Gewölben verschiedenster Form oder mit Kuppeln gedeckt. Tageslicht erhalten sie durch runde, polygonale oder sternförmige Öffnungen, die in den Gewölben ausgespart und mit Glasglocken (*ǧāmāt* 'Becher') verschlossen sind[60]. Diese Öffnungen selber sind oft in geometrischen Mustern über die Gewölbefläche verteilt[61]. Es ist bei den Dichtern ein geläufiger Topos, diese Lichtöffnungen mit Monden zu vergleichen[62].

Charakteristisch für das *bait al-ḥarāra* der Kairiner Bäder ist die *fisqīya*, ein tischhoher, meist polygonaler, mit Marmor(mosaik) verkleideter Sockel von 2—3 m Durchmesser im Zentrum des *ḥarāra*, der in seiner Mitte einen kleinen Springbrunnen (daher der Name), aus dem heißes Wasser hervorsprudelt, trägt. Auf diesem Sockel nimmt man u. a. Platz, um das Schwitzen abzuwarten[63]. Die Bäder in der Türkei besitzen eine ähnliche Erhöhung im Zentrum des heißen Raumes, doch ohne Springbrunnen, deren Oberseite nach der Mitte zu leicht zeltförmig ansteigt, und die daher *göbek taşı* „Spitzbauchstein" heißt. Ob ein direkter Zu-

---

[57] *Waqf Lālā* nennt S. 155 ult. *qāšānī* als Wandverkleidung. Ein bekanntes Damaszener Bad hieß wegen dieses Wandschmucks Ḥammām el-'išāni; es ist jetzt in einen *sūq* umgewandelt, im Viertel Bāb al-barīd.

[58] Der Putz wird in zwei Schichten aufgetragen. Zusammensetzung der unteren Schicht: 20 Teile gelöschter Kalk, 1 Teil Hanf, 2 Teile Gips; der oberen Schicht: 20 Teile gel. Kalk, 1 Teil Hanf, 6 Teile Gips, s. E/L 1, 38—39. Putz in Quṣair ʿAmra: „stark mit Häcksel vermischter weißer Kalkbrei" (I, 195 ob.), „Gemisch von Kalkbrei mit einem augenscheinlich zerstampften Häcksel eines verholzten Grases oder Schilfes" (I, 200a).

[59] S. Beilage 5. Auf diese Verwendung des Asphalts ist auch angespielt in *Ḥikāyāt* 407, wo es über einen Neger heißt: „er war so tiefschwarz, als könne er das Pech für zehn Bäder liefern."

[60] Wild (S. 267) nennt sie „gläserner Hut", was die Form treffend bezeichnet.

[61] Zahlreiche Beispiele bei Écochard/LeCoeur im zweiten Teil.

[62] Vgl. die S. 84 übersetzten Gedichte.

[63] 143. Nacht = 1, 290 = Littmann 2, 193.

sammenhang zwischen *fisqīya* und *göbek taşı* besteht, läßt sich bis jetzt nicht erweisen[64]. In Damaskus gab es einen *göbek taşı* nur in einem Einzelfall, im Ḥammām al-Malike[65], wo es aber ohne Zweifel ein von einem türkischen Bauherrn veranlaßtes fremdes Detail ist.

Die Beschreibung des Ḥammām er-rās nennt ausdrücklich ein großes, rundes von zwei umlaufenden Stufen umgebenes Bassin im *bait al-ḥarāra* (*Waqf Lālā* S. 155), ebenfalls ein Detail, das sich sonst nicht in Damaszener Bädern wiederfindet. Der Grundriß der älteren Bäder und der in den meisten Beispielen ziemlich unversehrt erhaltene ursprüngliche Fußbodenbelag der jüngeren Bäder schließen auch aus, daß je im *ḥarāra* ein solches Bassin vorhanden war, welches evtl. später wieder beseitigt worden sein könnte. Die persischen Miniaturen zeigen allerdings fast regelmäßig im *ḥarāra* ein Wasserbecken mit Springbrunnen, das sich auf einer sockelartigen Erhöhung befand.

In einigen Bädern, die häufig von jüdischem Publikum aufgesucht wurden, in Damaskus z.B. das Ḥammām as-Sulṭān und das Ḥammām al-Ḫarāb, findet sich ein sog. *ḥammām al-yahūd*. In den beiden Bädern ist eine *maqṣūra* des *wasṭānī* bzw. *awwal* vom übrigen Bad abgetrennt und vom *maslaḫ* separat zugänglich gemacht worden; sie enthält einen großen gemauerten Trog für das Tauchbad der Juden[66]. In den türkischen Bädern, wo es an Orten mit starkem jüdischen Bevölkerungsanteil auch nicht fehlte, ist das Judenbad in einem Nebenraum des *ılıklık* untergebracht (İA 5,176).

---

[64] Es ist nicht ausgeschlossen, daß die *fisqīya* in der beschriebenen Form relativ jung ist, trotz des altererbten Namens. Der älteste mir bekannte Beleg für diese Form stammt aus der Reisebeschreibung des JOHANN WILD (1604—11 in muslimischer Gefangenschaft). Da nach der osmanischen Eroberung ursprünglich in der Türkei heimische bauliche Formen und Details in Ägypten Eingang fanden, ist es denkbar, daß wir es bei der *fisqīya* mit einem Kompromiß zu tun haben: *göbek taşı* mit einer heimischen (einfachen) *fisqīya* gekrönt. Die Angaben des ʿABDALLAṬĪF *birka muraḫḫama wa-ʿalaihā ʾaʿmud wa-qubba* „ein marmorverkleidetes Wasserbecken und über diesem Säulen und eine Kuppel" (Beilage 3) meinen schwerlich eine *fisqīya* in der späteren Form.

[65] E/L 2,84ff., Ende 16. Jh., genaue Baudaten nicht bekannt.

[66] E/L 2,51 und 2,106ff.; die *ḥammām al-yahūd* genannten Räume wurden zu der Zeit, da ÉCOCHARD und LECOEUR das Ḥammām as-Sulṭān aufnahmen (Anfang der 30er Jahre) von den désappréteurs (= Walker — *qaṣṣārin*) benutzt, die dort die Schlichte auswuschen. Weil diese désappréteurs hauptsächlich Christen und Juden sind, sei dieser Teil des Bades so genannt. Neubegründung des Namens, da das Judenbad nicht mehr dem ursprünglichen Zweck diente?

BILDER

Ein Erbe aus der Antike, das die islamische Kultur allen Schwierigkeiten zum Trotz lange Jahrhunderte beibehielt, war die Ausschmückung der Bäder mit Bildern. Obwohl allen strenggläubigen Muslimen ein Greuel[1], waren die „Bilder" nicht nur von der Allgemeinheit geduldet, sondern wurden von ihr auch aktiv gefordert und bisweilen gegen den Willen der Obrigkeit durchgesetzt, wie das folgende Zitat deutlich macht, das Yūsuf b. ʿAbdalhādī fol. 1a aus den *Aḫbār quḍāt Miṣr* des Ibn Zūlāq (gest. 998, s. *GAL* I, 149) mitteilt: „Der Qāḍī Abū ʿUbaid befahl mir, von den Stiftungserträgen ein Bad zu bauen. Das tat ich und fragte ihn dann, wie es mit den Bildern (*nuqūš*) gehalten werden solle. Er befahl: Schmücke es nicht mit Bildern aus! Doch ich erwiderte: Der *Mufaṣṣil* (= ?) sagt aber, daß die Leute es nicht betreten (wenn keine Bilder darin sind). Da wollte er Näheres wissen und fragte: Was ist denn unter *nuqūš* zu verstehen? Ich antwortete: Bilder von Lebewesen und (Bilder von) Bäume(n) (*aṣ-ṣuwar waš-šaǧar*). Da gab er nach und wünschte Bäume. Aber die Leute wehrten es mir, indem sie sagten: Bilder (von Lebewesen) gehören hinein! Das berichtete ich dem Qāḍī, der daraufhin sagte: Das ist eine pharaonische[2] Stadt. Tu, was sie wollen!"

Archäologische Zeugnisse von Bedeutung für die „Bilder", unter welchem Begriff hier die Abbildungen lebender Wesen auf Fresken oder Mosaiken wie auch plastische Darstellungen von Menschen und Tieren verstanden sind, besitzen wir nur aus der umayyadischen Zeit, aus den Bädern von Quṣair ʿAmra und Ḫirbat al-Mafǧar, und daß wir sie besitzen, ist ein Glücksfall, denn die Bäder in den Städten wurden so oft restauriert, umgebaut, abgerissen und neu gebaut, daß von der alten Substanz fast nichts mehr blieb[3].

---

[1] Stellvertretend für alle Ġazzālī, *Iḥyāʾ* 2,334 = § 83: „Zu den zu verabscheuenden Dingen (*munkarāt*) in den Bädern gehören die Bilder, die sich an der Tür und im Innern des Bades befinden."

[2] *firʿaunī*; kann hier nur „verderbt, verstockt, gottlos" bedeuten; so auch bei Ibn al-Ḥāǧǧ 2,51.

[3] In Spanien, wo die Bäder nach Abschluß der Reconquista bald ihrem ursprünglichen Zweck durch Verbot (1556 nach Hitti, *History of the Arabs*, 556) und auch wegen der Furcht vor Ansteckung mit Syphilis (L. Torres Balbas, RIEEI 1, S. 111, mit Belegen von 1530), und damit auch der Einwirkung der Feuchtigkeit entzogen waren, hat die Archäologie Reste von Bildern aus dem Mittelalter entdecken können, s. Al-Andalus 24 (1959) 423.

Die in Ḫirbat al-Mafǧar gefundenen Plastiken sind eigens für das Bad angefertigt[4]. Doch hat man anderswo auch antike Götterstatuen für die Ausschmückung der Bäder verwandt. So stand in dem Bad, das ʿAbdalʿazīz (Gouverneur in Ägypten 685—703) in Fustat für seinen Sohn Zabbān hatte bauen lassen, eine „wunderschöne" Frauenstatue[5], die aber im Jahr 104/723—24 zerstört wurde, als ein Erlaß des Kalifen Yazīd II. bestimmte, alle Bildwerke zu vernichten, einerlei wo sie sich befanden[6]. Es ist zwar recht zweifelhaft, daß Yazīds Anordnung nachhaltige Wirkung hatte — seine Nachfolger, unter denen der Erbauer von Ḫirbat al-Mafǧar zu suchen ist, sahen sich dadurch nicht gebunden —, doch hören wir später aus Syrien oder Ägypten kaum mehr von Statuen. Das genannte Bad des Zabbān b. ʿAbdalʿazīz hieß zwar nach einem Götzenbild an der Tür[7] zur Zeit des Ibn ʿAbdalḥakam und später Ḥammām Abī Murra[8], doch braucht das nicht zu bedeuten, daß diese Statue, welche die Muslime für Abū Murra (d. i. der Teufel) hielten, den Bildersturm unter Yazīd II. überstanden hatte. Die Namen der Bäder blieben oft jahrhundertelang gleich, auch wenn die Ursache für die Benennung längst nicht mehr gegeben war (s. S. 18f.).

Ibn Faqīh (schrieb um 900) berichtet, daß sich in zwei Thermalbädern, sieben Meilen von Manbiǧ entfernt, je eine Statue befand. Der einen, einer Männerstatue aus schwarzem Stein, offensichtlich eine antike Fruchtbarkeitsgottheit darstellend, wurden Wunderheilkräfte zugeschrieben: Nach dem Glauben der dortigen Frauen brauchte eine Un-

---

[4] Die Thematik (s. Hamilton S. 227—41) ist die gleiche wie bei den Fresken und Mosaiken: Tanz, Sport, Kampf, Jagd.

[5] *ṣanamun min ruḫāmin ʿalā ḫilqati l-marʾa*, Kindī S. 71—72; Ibn ʿAbdalḥakam S. 113—14 mit je zwei Versen auf diese Statue:

Wer in seinem Herzen eine Neigung für die Weißen hat, der gehe zu einem Weißen im Ḥammām Zabbān.

In dem kein Hauch ist, der keine Wimper bewegt, aber es ist eine Statue von der Gestalt eines Menschen.

Füllig, anmutig, schlankhüftig, ebenmäßig, auf deren Vorderseite zwei Brüste sind.

Den zweiten Vers hat nur Ibn ʿAbdalḥakam, den letzten nur Kindī, doch kann die Reihenfolge nur so gewesen sein, daß erst im letzten Halbvers klar wird, daß es sich um eine Frauenstatue handelt. Vorher wird nur das Maskulinum gebraucht.

[6] Nach Ibn ʿAbdalḥakam war das im Jahr 102/720—21. Die syrische Chronik des Dionys von Tell Maḥre, Ed. J. B. Chabot, Paris 1895, S. 19, datiert den Erlaß ins Jahr 1035 der Griechen d.h. 723—24, was mit den Angaben Kindīs übereinstimmt.

[7] *ʾAbū Murrata huwa smu ṣ-ṣanami llaḏī ʿalā bābihī* „Abu Murra ist der Name des Götzen an seiner Tür", Ibn Duqmāq 105. Zu seiner Zeit hieß das Bad Ḥammām Buṯaina.

[8] Ibn ʿAbdalḥakam S. 113 ult.

fruchtbare sich nur an der Nase des Bildes zu reiben, um fruchtbar zu werden. Die Statue in dem andern Bad müßte nach den Angaben des Ibn Faqīh eine Art Manneken Pis gewesen sein[9].

In der arabischen Dichtung Spaniens ist hingegen öfter die Rede von Statuen, die in Gärten, an Brunnen oder in Bädern aufgestellt waren. Im Ḥammām aš-šaṭāra in Sevilla stand ein Venusbild, auf das ein Abū Tammām Ġālib b. Rabāḥ al-Ḥaǧǧām („der Bader") die folgenden Verse gedichtet hat:

Ein Marmorbild, das sich eines Halses rühmen darf, in dem das Weiß und die Rosenfarbe ihren reinsten Ausdruck finden.

Sie hat ein Söhnchen, obwohl sie keinen Mann erkannte und die Schmerzen der Wehen nicht erlitten hat.

Wir wissen, daß sie nur Stein ist, und doch macht sie uns zu Sklaven durch schmachtende Blicke[10].

Ibn Zaidūn widmet ein Gedicht der Marmorstatuette eines Mädchens, die am Becken einer von al-Muʿtaḍid aufgesuchten Thermalquelle stand[11]. Von dem marmornen Stier im Ḥammām aṯ-ṯaur in Jaén war oben S. 20 schon die Rede.

Fresken waren dagegen, wie es scheint, in allen arabischen Ländern lange verbreitet. Noch in der zur jüngeren Schicht von Tausendundeine Nacht gehörenden Geschichte von Abū Qīr und Abū Ṣīr befiehlt Abū Ṣīr, das neuerrichtete Bad auszumalen, und „sie schmückten es mit so wunderbaren Malereien, daß es eine Freude für den Beschauer war"[12]. Die häufigen Warnungen vor dem Badbesuch wegen der Bilder, die im Bad sind, und die Anweisungen, wenigstens die Köpfe der Bilder wegzukratzen[13], sind keinen Topoi des Fiqh oder Verhaltensregeln für einen seltenen Eventualfall, sondern sind direkt auf die Wirklichkeit gemünzt.

Die Thematik, die uns in den Malereien von Quṣair ʿAmra entgegentritt, bleibt immer die gleiche. Jagdszenen, Badeszenen, athletische

---

[9] IBN FAQĪH S. 117 = LE STRANGE, *Palestine under the Moslems* S. 500.

[10] Text: MAQQARĪ, Leiden 1,350 = Kairo 2,73; Übers. bei SCHACK I,234. Der erste Vers erlaubt nur den Schluß, daß die Statue bemalt war.

[11] *Dīwān* Kairo S. 239, auf *-ḏū*; Übers. bei PERÈS S. 333.

[12] 935. Nacht = 2,509 = LITTMANN 6,164: *'amarahum bi-naqšihī fa-naqašūhu naqšan ʿaǧiban.* Damit müssen zwar nicht unbedingt Bilder von lebenden Wesen gemeint sein, aber im Licht des oben angeführten Zitats aus IBN ZŪLĀQ ist kaum etwas anderes gemeint.

[13] *Iḥyā'* 2,334; Y. B. ʿABDALHĀDĪ fol. 1a (Entscheidung Ibn Ḥanbals nach Marwazī); IBN AL-ḤĀǦǦ 2,182 unten; IBN AL-UḪŪWA 155.

Übungen und Ringkämpfe, viele nackte Frauen in wechselnden Haltungen[14], all das findet sich einige Jahrhunderte später auch noch. „In einem vollkommenen Bad — so lesen wir bei Ġuzūlī 2,7 — befinden sich kunstvoll ausgeführte Bilder von unbestrittener Schönheit, wie Bilder von Liebespaaren, von Auen und Baumgärten, von Pferdejagden und wilden Tieren." Auch der 1621 gestorbene Munāwī bietet noch den gleichen Themenkatalog: „Alle Räume einschließlich des *maslaḫ* sollen schöne, heiter stimmende Formen vereinen. Die Wände sollen mit prächtigen Bildern geschmückt sein, z.B. mit Bildern von Bäumen und Früchten, Panzern, Schwertern, Bogen und Lanzen, Burgen und Schlössern, Meeren und Schiffen, wilden Tieren, Fischen und Vögeln und dergleichen mehr in bunten Farben" (fol. 81b). Einige Zeilen weiter werden noch nachgetragen: Liebende und Geliebte, Blumen, Reiter und Pferde. An solche Bilder denkt Ibn Ḥazm, wenn er ausführt, es sei entschuldbarer, sich in eine im Bad abgebildete Frauengestalt zu verlieben als in ein Traumbild[15]. Kriegsszenen sind gemeint mit den Versen des Aleppiners Sarīy b. ʿAbdallāh ar-Raffā' (gest. 971 oder 973; *GAL* G I,90):

Du siehst über den Wasserläufen die Helden des Getümmels stolz einherschreiten zwischen den gefährlichen Rohren (= Lanzen).

Ihre Schwerter sind gezückt, ohne zu blitzen, und ihre Pferde laufen, ohne Staub aufzuwirbeln.[16]

Diese Verse sind von dem 1005 gestorbenen Abū Hilāl al-ʿAskarī, der in Bagdad, Basra, Isfahan lebte (*GAL* G I, 126), nachgeahmt worden:

Auf seinen Wänden Kriegsleuen auf Füllen und Fohlen,

Die in den Krieg ziehen mit krummen Lanzen und mit Schwertern, deren Schneiden stumpf sind.[16]

---

[14] Auf diese Kurzformel bringt Ettinghausen, *Arabische Malerei*, S. 28, die Thematik der Malereien von Quṣair ʿAmra.

[15] *Ṭauq al-ḥamāma*, Ed. Pétrof S. 19 = Kairo 1959, S. 20 = Übers. Weisweiler S. 38; übrigens ein alter Topos: *balaġanā 'anna minhum man ʿašiqa ṣūratan fī ḥammām * wa-ḫayālan fī manām*; al-Waššā' (gest. 936): *K. al-muwaššā*, Ed. Brünnow, S. 56 apu.

[16] Abu Hilāl al-ʿAskarī, *Dīwān al-maʿānī* 2,240—41. Die Einschränkungen „ohne zu blitzen", „ohne Staub aufzuwirbeln" zielen auf die Tatsache, daß es sich um Bilder handelt, vgl. S. 46, Anm. 5 „in dem kein Hauch ist." Dieser Kunstgriff des Sarīy ist von Abu Hilāl wieder aufgegriffen und abgewandelt worden; die „krummen Lanzen" und die „stumpfen Schneiden" sind keine Kritik an den Bildern. — Die drei ersten Verse des Sarīy auch bei Y. b. ʿAbdalhādī fol. 92b, mit Varianten und einem vierten Vers, der nicht bei Abu Hilāl.

Die Beschreibung eines Damaszener Bades von dem 700/1300 gestorbenen ʿUmar al-Maḥḥār (*Fawāt* 2,111; *GAL* S II, 1) scheint in der Tradition dieser Verse zu stehen:

Er malte in ihm jede Person so, daß, betrachtest du sie, du glaubst, sie spräche,
Und bildete die Bäume in ihrer Farbe so getreu nach, als ob sie grünten,
Die Vögel auf den Zweigen und zwischen den Blumen, die singen und zwitschern,
Die Gestalt des Königs und seines Sultans, die das Heer umgibt,
Diesen mit einem Schwert mit einer Runzel (Scharte?) und jenen mit einem Bogen, den er aufgehängt trägt.[17]

Die Dichter und Literaten sind voll Bewunderung für die Schönheit der Bilder, es soll auch nicht in Abrede gestellt werden, daß manche die Qualität der Malereien von Quṣair ʿAmra erreicht haben, aber gerade die zuletzt gebrachten Verse verdeutlichen, auf was es dem Betrachter ankam: auf möglichst naturgetreue Ausführung der im Katalog zusammengefaßten Themen. Andrerseits zielt das abfällige Urteil des Ḥunain b. Isḥāq über eine Ikone, abfällig durch den Hinweis, daß es dergleichen in Bädern und Kirchen abgebildet gäbe (s. Beilage 7), nicht auf eine geringe künstlerische Qualität der Bilder in Bädern und Kirchen, sondern auf die Häufigkeit der Bilder. Die in Frage stehende Ikone besaß für ihn darum keinen Seltenheitswert.

Den Bildern schreiben die Ärzte wohltuende Wirkungen zu: „Das Bad löst nämlich die Kräfte, der Anblick dieser Bilder festigt aber wieder, was das Bad gelöst hat. Man teilt diese Malereien in drei verschiedene Gattungen ein, denn auch die Kräfte des Körpers sind von dreierlei Art: psychisch, physisch und animalisch. Jede Art der Malereien hat die Wiederbelebung einer von diesen Kräften zur Folge und festigt wieder, was das Bad gelöst hat. So werden die psychischen Kräfte wiederbelebt z.B. durch die Bilder von Liebespaaren, die physischen z.B. durch die Bilder von Gärten, Bäumen und Blumen, die animalischen durch die Bilder von Kriegsgerät, Berittenen und Tapferen. Dies haben die Weisen erdacht und dies erfordern auch die Regeln der Natur. Aber das religiöse Gesetz verbietet die bildliche Darstellung dessen, was belebt ist, weil damit die Schöpfung Gottes nachgeahmt wird und es überdies Luxus ist. Die wahre Absicht der Bilder ist indessen die Stärkung der Kräfte und die Festigung dessen, was aufgelöst ist" (Munāwī fol. 81 b f.).

---

[17] Zitiert bei Zayyāt in Mašriq 42 (1948) 325.

Angesichts der allgemeinen Beliebtheit der Bilder ist man geneigt, in den medizinischen Begründungen nur einen Vorwand zu sehen, die Realität gegen die Bestimmungen der *šarīʿa* zu verteidigen, und man möchte Yūsuf b. ʿAbdalhādī beipflichten bei seinem Urteil: „Alles, was angeführt wird, daß die Bilder nur angebracht werden, weil es die Medizin vorschreibt, ist Faselei und Geschwätz und ist kein Argument" (fol. 1a). Doch stammen die medizinischen Begründungen der Bilder, wie F. Rosenthal gezeigt hat[18], genau wie die Bilder selber und das ganze Bad, aus dem Kulturgut, das der Islam aus der Antike übernommen hat.

Gegen die Bilder scheint von offizieller Seite kaum jemals ernstlich etwas unternommen worden zu sein. Die von Yazīd II. angeordnete Zerstörung der Götzenbilder galt sicherlich den Götzen, und wenn der Fatimidenkalif al-Ḥākim 404/1013—14 in den Bädern die Darstellungen von Frauen abkratzen ließ[19], so nicht, weil es Bilder waren, sondern weil die Bilder Frauen darstellten.

Mit der Zeit ist die Ausschmückung der Bäder mit Bildern außer Gebrauch gekommen. Zwar wird sogar noch aus dem 19. Jh. hie und da von bildlichen Darstellungen gesprochen[20], die in der Tradition des oben gebrachten Themenkatalogs stehen; wir wissen aber sicher, daß im 13. und 14. Jh. nicht mehr alle Bäder Bilder enthielten. Das Bad des Ǧuwainī (s. Beilage 4) war Ende des 13. Jh.s in Bagdad gewiß schon eine Ausnahme, denn noch nicht fünfzig Jahre später berichtet Ibn Baṭṭūṭa, daß in Bagdad die Wände der Bäder im Innern in der unteren Hälfte mit schwarzem Asphalt, in der oberen mit blendend weißem Gips verputzt waren (s. Beilage 5). Auch die Beschreibung des Typs eines prächtigen Kairiner Bades in dem 1204 geschriebenen *K. al-ifāda* des ʿAbdallaṭīf al-Baġdādī enthält keinen Hinweis auf Bilder, sondern sagt vielmehr, daß die Wände gestreift sind (s. Beilage 3). Die mit Ende des 15. Jh.s einsetzenden persischen Miniaturen mit Darstellungen des Bades zeigen die Wände des Bades meist weiß oder hell getüncht, nur ganz selten mit floralen Ornamenten geschmückt. Auch die Beschreibung

---

[18] *Fortleben der Antike im Islam*, S. 119 und 357—59.

[19] Ibn Ḫallikān 2, 166.

[20] Heinrich Freiherr von Maltzan: *Reise in den Regentschaften Tunis und Tripolis*, Leipzig 1870, I, 47: „Was die Bäder betrifft, so zählt die Stadt [Tunis] deren vielleicht einige vierzig . . . von welchen sich jedoch kein einziges durch Größe oder architektonische Schönheit auszeichnet. . . . eine originelle Wandzierde aller dieser Badestuben bilden die komischen grellgelben oder blauen Löwen von höchst steifer, bizarrer Form, die Producte der Kunst eines arabischen Malers, der Perspective wie Nachahmung der Natur in gleicher Weise verachtet."

des Ḥammām er-rās (von 984/1576) erwähnt mit keiner Silbe Bilder, obgleich sie sich durch pedantische Genauigkeit auszeichnet.

Die Behandlung des Bilderproblems in den Ḥammām-Traktaten und Ḥisba-Handbüchern bis ins 16./17. Jh. hinein zeigt aber, daß es immer noch Bäder mit Bildern gab. Die Stellen können nicht nur als Widerhall und Rezeption dessen gelten, was diese Autoren von ihren Vorgängern abgeschrieben haben. Yūsuf b. ʿAbdalhādī und Mūnāwī haben nicht gedankenlos ihre Vorlagen exzerpiert, wie die häufigen Bemerkungen zeigen, daß dieses oder jenes, was sie dort fanden, in ihrer Heimat oder zu ihrer Zeit anders gehalten wird. Wenn Yūsuf b. ʿAbdalhādī sich in hanbalitischer Strenge gegen die Bilder ereifert, dann bedeutet das, daß er Bäder kannte, in denen zu seiner Zeit, Ende des 15. Jh.s, Bilder waren.

Die Bilder auf den Türen hatten dagegen eine völlig andere Funktion. Die wenigen Stellen, die darauf anspielen, zeigen, daß die Bilder sehr häßlich waren. „Dieser Affe verdient es nur, auf die Schwelle eines Ladens oder auf die Tür eines Bades gemalt zu werden.“[21] Ähnlich bei Mez, *Abulkāsim* S. 7: „Wie rein sind seine Kleider und wie schmutzig ist seine Haut! Wäre nicht die Weiße seiner Kleider, ich hätte ihn für einen Hund gehalten oder für einen mit Gips verputzten Abort oder für verzinnten Kamelmist. Und der andre, wer ist das? Er sieht aus, als wäre er ein Bild auf der Tür eines Bades.“ Auch die Gleichsetzung des Bildes an der Tür des Ḥammām Zabbān in Fustat mit Abū Murra = Iblīs deutet in die Richtung, daß es sich um die Darstellungen von Häßlichem handelte. Da das Bad der bevorzugte Wohnsitz der Geister ist, können solche Fratzen nur einen apotropäischen Sinn gehabt haben; sie waren dazu bestimmt, die bösen Geister und die Teufel vom Bad fernzuhalten. Aus demselben Grunde malte man im Kairo des 19. Jh.s auf die Türen der Bäder Kreuze, und zwar Muslime wie Christen[22].

---

[21] Ibn Bassām, *aḏ-Ḏaḫīra*, zit. von Zayyāt in Mašriq 42,326.
[22] Lane S. 229, n. 1; s. S. 128 und 131.

TECHNISCHE ANLAGEN

Die technischen Anlagen umfassen Feuerung (*mustauqad, qammīn*, damasz. *qammīm* oder *iqmīm*), Heißwasserbehälter (*ḫizāna*), Heizkanäle oder Hypokausten und in manchen Gegenden einen Brunnen mit Schöpfvorrichtung; ferner das Leitungssystem für das kalte und warme Wasser und die Abwässer. Mit *mustauqad* ist oft auch der ganze erste Komplex bezeichnet. Diese Anlagen sind auf zwei Ebenen verteilt: Unten liegt der Feuerraum (*'atūn, 'attūn*[1]), darunter der Aschenraum, vor der Feuerung ein überwölbter Vorraum (*sirdāb*), von dem aus das Feuer angezündet und die Asche ausgeräumt wird. Oben, über dem Feuerraum, liegt das Heißwasserreservoir, in dessen Boden die Heizkessel eingelassen sind; über dem gewölbten Vorraum der Raum des Heizers, von dem aus das Feuer unterhalten wird. Das Heißwasserreservoir ist (in Damaskus) mit einem niedrigen Kreuzgewölbe in Bruchsteinen gedeckt, der Heizerraum mit Pappelstämmen und darüber einem Estrich aus Strohlehm; in der Decke ist eine Öffnung, durch die das auf den Dachterrassen angefahrene Brennmaterial in den Heizerraum hinabgeworfen wird.

Feuerung

Die eigentliche Feuerung befindet sich auf dem Boden eines Hohlzylinders aus feuerfesten Ziegelsteinen, auf dem oben der größere Kessel aufsitzt. Eine Öffnung an der Vorderseite des Hohlzylinders ermöglicht es, von dem *sirdāb* her das Feuer anzuzünden, wofür man Reisig, Hanfstengel oder kleingehacktes Holz nimmt. Diese Öffnung wird nach dem Anzünden des Feuers mit einer Kachel verschlossen und luftdicht mit Lehm abgedichtet. Das Feuer wird dann mit dem üblichen Brennmaterial (*zibl*, d.i. ein Gemengsel von Mist, *tibn* = kleingedroschenes Stroh, Laub, Säge- und Hobelspäne u. ä., auch *žəft* = Rückstände beim Olivenpressen) unterhalten, das der Heizer Handvoll um Handvoll durch eine schräg nach oben in den Heizerraum verlaufende, sich dabei verjüngende Öffnung in der Wand des Ziegelzylinders (*ṭāqat al-waqqād*) in die Feuerung

---

[1] Damaszenisch auch *tannūr* (Qasimi 496) und *'ētūn* (Sauvaget in *Mélanges Massignon* 306), was vielleicht aber aus einem Gebirgsdialekt stammt, den die Heizer sprechen.

wirft (*ḏarra* „streut“ Qasimi). Bei dieser Arbeit, die ständige Anwesenheit erfordert, wird der Heizer, in Damaskus im allgemeinen ein Einwohner der nahen ärmeren Gebirgsdörfer, von Frau und Kindern abgelöst[2]. Der Boden der Feuerung ist mit Löchern versehen, durch die die Asche nach unten in den Aschenraum fällt, von wo sie durch eine Öffnung mit einer Kratze (*miǧrafa*) entfernt wird[3].

Ein weiterer, etwas kleinerer Ziegelzylinder, der durch eine Öffnung am Boden und eine weitere, oben befindliche mit der Feuerung verbunden ist, befindet sich unter dem kleineren Kessel. Wenn geheizt wird, ist die Öffnung am Boden, die nur der Inspektion dient, verschlossen. So steigt die Hitze des Feuers zunächst nach oben, bringt das Wasser des großen Kessels zum Kochen, streicht dann unter dem kleinen Kessel vorbei und wird dann in den Heizkanal, der unter dem Plattenbelag des Bades zum Schornstein führt, abgezogen.

Von dieser weitverbreiteten Art der Feuerung[4] war, nach den Angaben des Yūsuf b. ʿAbdalhādī (fol. 14a), die Feuerung der mit Holz beheizten Bäder verschieden. „Ich habe dies in der Gegend von Nābulus und Jerusalem beobachtet. Man macht dafür Feuerungen, die anders sind als die von Damaskus. Sie sind vielmehr von der Art eines *kānūn*, und man nennt sie *šayṭānīya*.“ Worin aber der Unterschied besteht, ist nicht ganz klar, weil wir nicht wissen, was Yūsuf mit *kānūn* meint; sicher nicht das tragbare Kohlebecken (wie unten S. 60), sondern einen Herd, vielleicht von der Art der bei Klinghardt Abb. 11 dargestellten

---

[2] S. BEO 17, pl. XII.

[3] Die Asche (*quṣurmill*) ist im traditionellen Handwerk ein unentbehrlicher Baustoff. Der *ṭayyān* (Estrichmacher) braucht sie für die *zrēʾa*, den wasserdichten Estrich, mit dem er die Dachterrassen überzieht, und für die *ʿadase*, einen Fußbodenestrich. Die *zrēʾa* besteht aus *quṣurmill*, Kalk und Hanf (nach E/L 1, 37 ist das Mischungsverhältnis 250 kg Kalk, 15 kg Hanf, 1/4 cbm *quṣurmill*). Ein Estrich aus *zrēʾa* braucht nach Qasimi 297 nur alle zehn Jahre erneuert zu werden, ist aber ziemlich teuer, weshalb die weniger wohlhabenden und ärmeren Damaszener *ṭīn*, ein Gemenge aus Lehm und Häcksel, verwenden, das aber alle zwei bis drei Jahre erneuert werden muß, wie auch der *zrēʾa*-Estrich auf den Terrassen der Bäder (E/L 1, 37), der natürlich weit mehr strapaziert wird als ein Estrich auf einem gewöhnlichen Privathaus. — Der Fußbodenestrich *ʿadase* besteht nach Qasimi 297 aus Kalk und *quṣurmill*, er ersetzt in ärmeren Häusern den Belag mit Marmor oder Fliesen. In Aleppo verwendet man die *ʿadase* auch als Dach-Estrich anstatt der teureren *zrēʾa* (Barthélemy s. v. *ʿadase*). — Im Hinblick auf diese Verwendung als Baustoff ist die Erörterung, bei Verwendung welcher Brennmaterialien die Asche als rein gilt (z. B. Y. b. ʿAbdalhādī fol. 14a—b) nicht nur von theoretischem Interesse. Nur nach Abū Ḥanīfa war jede Asche rein (*bil-istiḥāla*), nach den andern *maḏāhib* nur Asche von reinem Brennmaterial, über dessen Reinheit man auch uneins ist. Mist von reinen Tieren ist allgemein als rein erachtet, von unreinen teils als rein, teils als unrein, s. Yūsuf a. a. O.

[4] Über die Feuerung der Kairiner Bäder s. Beilage 3 und Tafel V.

Feuerung eines türkischen Bades, die ja auch mit Holz geschürt wird[5]. Jedenfalls wurde bei Holzfeuerung von unten geschürt, nicht wie bei Mistfeuerung von schräg oben. Das scheint für Yūsuf b. ʿAbdalhādī der wesentliche Unterschied zu sein, denn die Feuerung der Damaszener Bäder charakterisiert er als *qamāmīm suflīya, yurmā fīhā* „Unterflurfeuerungen, in die (das Brennmaterial) von oben hineingeworfen wird" (fol. 14a).

In diesem Zusammenhang sei auf eine merkwürdige Stelle bei Muqaddasī verwiesen: Bei der Beschreibung von Schiras beklagt er sich darüber, der innerste Raum (*al-bait ad-dāḫil*) der dortigen Bäder sei so heiß, daß man es nicht in ihm aushalten kann, und fährt dann fort: „Ein Diener meines Vaters sagte mir: Abulfarağ aš-Šīrāzī hat Pfuscharbeit geleistet bei dem Bad, das er bei den Abwāb al-Asbāṭ [in Jerusalem] gebaut hat, denn er hat das Feuer unter einen Teil des inneren Raumes geführt." — „Aber", so fährt Muqaddasī fort, „es verhält sich nicht so, wie er sagt. Vielmehr hat er (Abulfarağ aš-Šīrāzī) gesehen, daß sich in diesem Punkt die Gewohnheiten der Einwohner von aš-Šām[6] und von Schiras unterscheiden. Und so gestaltete er einen Teil des Raumes nach den Gewohnheiten seiner Heimat (Schiras) und das übrige nach denen von aš-Šām" (S. 440). Die Stelle beweist mindestens, daß Ende des 10. Jh.s erhebliche technische Unterschiede zwischen den Bädern in Iran und Palästina bestanden. Ob die Worte des Dieners *ʾadḫala n-nāra taḥta baʿḍi l-baiti d-dāḫil* ganz die Tatsache treffen, bezweifle ich. Näherliegend scheint mir, daß der aus Schiraz stammende Baumeister (oder Bauherr?) den Fußboden des *ḥarāra* größtenteils unterpfeilert hatte. Die starke Erhitzung des Fußbodens in der Nähe der Feuerung ließ dann den Gedanken aufkommen, die Feuerung selber befände sich unter dem Fußboden (s. unten S. 59).

---

[5] Es deutet vieles darauf hin, daß die Feuerung des Bades von Ḫirbat al-Mafǧar von der gleichen Art wie die bei Klinghardt Abb. 11 dargestellte Feuerung war, wenn auch die Rekonstruktion bei Hamilton fig. 21 nicht ganz überzeugt, besonders deshalb, weil sie metallene Kessel zur Wassererhitzung nicht in Erwägung zieht, sondern davon ausgeht, daß das Wasser durch dicke Schichten Mauerwerk und wasserdichten Putz hindurch erhitzt wurde. M. E. ist das von Hamilton fig. 59 so bezeichnete stoke-hole die eigentliche Feuerung, und auf den Öffnungen darüber waren der oder die Kessel; der von Hamilton als boiler bezeichnete Raum war nur ein Vorratsbehälter für das in den Kesseln schon erhitzte Wasser. Hamilton hält die Öffnungen über dem stoke-hole für eine Art *ṭāqat al-waqqād*, durch die seiner Meinung nach das Brennmaterial nach unten geschüttet und durch das stoke-hole dann weiter nach innen geschoben wurde.

[6] Nach dem Sprachgebrauch des Muqaddasī ist darunter seine engere Heimat, also Jerusalem und Umgebung, zu verstehen.

Über die Angabe des ʿAbdallaṭīf, daß man in Ägypten auf den Boden der Feuerung (*arḍ al-ʾatūn*) etwa 50 *ardabb* Salz streute zur Speicherung der Hitze, vgl. S. 146, Anm. 1.

Heißwasserreservoir

Das über der Feuerung liegende Heißwasserreservoir (*ḫizāna*) hat in Damaskus fast immer einen rechteckig oblongen Grundriß. Eine der Längsseiten stößt an das *bait al-ḥarāra*. In allen Fällen ist die *ḫizāna* mit einem Kreuzgewölbe eingedeckt. In der Querachse befinden sich zwei verschieden große halbkugelförmige, in den Boden eingelassene Kessel (*qidr*, damasz. *ḥalle*), der größere unmittelbar über der Feuerung, der kleinere zwischen diesem und der Trennwand zum *ḥarāra*. Selten sind drei Kessel: ein großer Kessel und links und rechts in der Längsachse der *ḫizāna* zwei kleinere Kessel, wie im Ḥammām er-rās (*Waqf Lālā* 156,6; Écochard/LeCoeur 2,92).

Die beiden Kessel sind durch ein Rohrstück, das unterhalb des Randes ansetzt, miteinander verbunden. In den großen Kessel läuft kaltes Wasser ein[7], wird dort zum Sieden gebracht, strömt dann in den kleineren Kessel, wo es auf hoher Temperatur gehalten wird. Im allgemeinen steigt das Wasser über die Kesselränder hoch und bedeckt den Boden der *ḫizāna*, der ein leichtes Gefälle zu den Kesseln hin aufweist, bis zu einer Höhe von 30—40 cm.

In der Trennwand zwischen *ḫizāna* und *bait al-ḥarāra* befinden sich meist mehrere Öffnungen, durch die der Dampf ins *ḥarāra* entweichen kann, wo er mit zur Heizung dient, wenigstens aber eine mit einem Türchen verschließbare Luke (s. Tafel XI), durch die auch die *ḫizāna* und der Vorrat an heißem Wasser vom Bad aus überwacht werden können.

Die Trennwand, die das Gewölbe zum Heizerraum hin abschließt, ist in relativ dünnem Ziegelmauerwerk ausgeführt. Diese Wand muß herausgebrochen werden, wenn der Putz der *ḫizāna* oder die Kessel erneuert werden sollen. Eine Öffnung im oberen Teil dieser Wand, meist ein eingemauertes tönernes Wasserleitungsrohr (*qasṭal*), gewährt dem Heizer Einblick in das Heißwasserreservoir. Durch die beiden Öffnungen

[7] Im Ḥammām Usāma in Damaskus ist die Wasserzuleitung durch die *ṭāqat al-waqqād* in den Feuerungszylinder eingeführt, so daß das in den ersten Kessel einfließende Wasser, wie in einem Heizkessel in Rohrwindungen direkt über dem Feuer erhitzt, schon am Sieden ist, s. Sauvaget, Syria 11 (1930) 375. Diese Lösung ist aber modern.

in den Wänden der *ḫizāna* kann der *muʿallim* des Bades mit dem Heizer sprechen, ihm etwa sagen, er möge stärker schüren o. ä.; sonst besteht keine Verbindung zwischen dem Komplex, der dem Publikum zugänglich ist, und dem *mustauqad*.

Die Kessel sind in Damaskus heute wie im Mittelalter aus Kupfer[8]. Im mittelalterlichen Ägypten waren sie, wie im antiken Italien (s. RE, Art. fornax), aus Blei[9]. Die Kessel sind auch nicht in allen Fällen halbkugelförmig. Tafel 54 bei WULZINGER und WATZINGER zeigt einen fast zylinderförmigen Kessel[10] mit ziemlich flachem Boden, die Abb. 11 bei KLINGHARDT einen zylinderförmigen Kessel mit stark konkavem Boden (nach ihm für die Badekessel der Türkei typisch), Fig. 224—227 bei J. FRANZ-PASCHA eine Heizanlage mit vier zylinderförmigen Kesseln. ʿABDALLAṬĪF, der eine Beschreibung der Feuerung in Ägypten gibt, die auch vier Kessel einschließt (s. Beilage 3) vergleicht diese Kessel mit denen des *harīsa*-Bäckers, nur seien die Badkessel größer; ich finde aber nirgendwo, wie die Kessel des *harrās* aussehen oder aussahen. Andrerseits sehe ich in der Tatsache, daß er der Beschreibung der Feuerung so großen Platz einräumt, einen Hinweis darauf, daß er solche Anlagen nicht aus dem Iraq oder aus Syrien kannte.

Die mittelalterliche Medizin schreibt dem Badewasser verschiedene Wirkungen zu, je nachdem aus welchem Metall die Heizkessel bestehen Y. B. ʿABDALHĀDĪ fol. 22a; vgl. auch S. 131).

Hypokausten

Die antiken Bäder besaßen eine Flächenheizung: Die heißen Gase wurden durch Hohlräume unter dem Fußboden und in den Wänden hindurchgeleitet, wodurch Fußboden und Wandflächen erwärmt wurden. Der Hohlraum unter dem Fußboden wird durch die bekannte Suspensura erreicht: eine große Anzahl von kleinen Pfeilern, meist aus runden Ziegelplatten, trägt den Fußboden, der gleichsam in der Luft schwebt (*suspensus*), die Hohlräume in den Wänden durch Hohlkacheln (*tubuli*), die in parallelen lotrecht laufenden Strängen die Wände bedeckten und selber mit einer Marmortäfelung verkleidet waren, z.T. auch durch die sog. *tegulae mammatae*, die ebenfalls wieder mit Marmortäfelung verblendet waren. Die Wirkweise der Unterfußbodenheizung und der Wandheizung war indessen wesentlich verschieden: Nur der

[8] Y. B. ʿABDALHĀDĪ fol. 22a; *Waqf Lālā* 156,5; E/L 1,39.
[9] S. Beilage 3, S. 145 und Tafel VI.
[10] Ḥammām əd-dəbs, vor Umbau aufgenommen.

Fußboden gab Wärme ab, die tubulierten Wandflächen dagegen dienten in der Hauptsache der Wärmeisolierung und verhinderten, da auch in den höheren Teilen nur wenig unter der Raumtemperatur, Schwitzwasserbildung[11].

Die umayyadischen Bäder besaßen die gleichen technischen Einrichtungen; die Suspensur des Fußbodens und die Tubulatur der Wände läßt sich überall für die beiden warmen Räume nachweisen. In Ḫirbat al-Mafǧar sind sogar noch Teile der tubuli–Stränge in situ gefunden worden[12]. Heiße (also geheizte, wenn auch selber nicht-heizende) Wände im Bad sind auch in der Prophetenlegende vorausgesetzt: Als Salomon seinen Rücken an die Wand lehnte, rief er aus: Awwāh, was für eine von Gott verhängte Strafe![13]

Während die Suspensur des Fußbodens in den meisten arabischen Ländern ziemlich unverändert, in Syrien abgewandelt (s. unten) beibehalten ist, scheint die Tubulatur der Wände schon ziemlich früh außer Gebrauch gekommen zu sein. Angesichts der komplizierten Ausführung und auch der Kostspieligkeit ist das nicht sonderlich verwunderlich. Es mag aber auch sein, daß die Wirkweise (Wärmeisolierung, nicht Heizung) bekannt war und man wußte, daß die Tubulatur der Wände um so eher entbehrlicher war, je weniger Außenwände die geheizten Räume aufwiesen.

Hypokausten mit Unterpfeilerung des ganzen Raumes finden sich außer in den großen osmanischen Bädern des 15. und 16. Jh.s in Konstantinopel und Anatolien[14], wo vielleicht an die byzantinische Bautradition angeknüpft ist, in Spanien und im Maghrib in Bädern, die

---

[11] Zu diesem Ergebnis kommt auf Grund eines Heizversuchs in einer antiken Heizanlage auf der Saalburg mit zahlreichen Messungen Fritz Kretzschmer, *Hypokausten*, in: Saalburg-Jahrbuch 12 (1953) 7—41. Nur die den Schornsteinen unmittelbar benachbarten Wandflächen geben Wärme ab, doch ist das die Heizwirkung der Schornsteine. Kretzschmers Schluß „in der Tubulatur zirkulierten die Gase nicht, sondern stagnierten" (S. 33) findet eine eindrucksvolle Bestätigung durch die Funde in Ḫirbat al-Mafǧar. "Not many of these pipes were found in position; but there were some, including a few bottom sections in the east wall north of the niche. We found that these were sealed at the lower end with blobs of mortar; and several other pipe sections were found loose in the debris, which were similary blocked" (Hamilton S. 56). In die meisten Rohrstränge gelangten also überhaupt keine heißen Gase von unten her.

[12] Mielich sind im *wasṭānī* von Quṣair ʿAmra „Stücke von Tonröhren (immer stark mit Ruß behaftet)" aufgefallen (I, 190). Das können Reste der Rauchabzüge sein, doch ist es sehr wahrscheinlich, daß auch in Quṣair ʿAmra die Wandtubulatur wie in Ḫirbat al-Mafǧar mit solchen Tonröhren hergestellt war.

[13] Ṯaʿlabī, *Qiṣaṣ al-anbiyā'* S. 286; s. auch unten S. 129.

[14] Vgl. die Pläne zum Art. *Hamam* in İ.A. 5,174ff.; Klinghardt S. 19.

im 13./14. Jh. gebaut sind[15]. Eine Angabe aus allerjüngster Zeit „le plancher du bain-maure est fait d'un lit de sel recouvert d'un carrelage de marbre blanc ou gris ou de ces deux teintes, pour conserver longtemps la chaleur au point que le sol en crépite"[16] zeigt, daß Konstruktionsdetails über viele Jahrhunderte hinweg bewahrt sind; Salz als wärmespeicherndes Material ist schon um 1200 bei ʿAbdallaṭīf aufgeführt (Beilage 3). Seine Aussage dürfte aber kaum das gleiche meinen wie die vorher zitierte, so daß sie nicht als Beleg dafür gelten kann, daß zu seiner Zeit die Kairiner Bäder noch Hypokausten kannten. Nach den übereinstimmenden Angaben von J. Franz-Pascha und E. Pauty besitzen die Kairiner Bäder keine Hypokausten. Ihre Angaben werden bestätigt durch den um 1600 schreibenden Munāwī, der nach der Vorschrift, durch Verweilen im ersten und dann im zweiten Raum sich an die Hitze des dritten Raumes zu gewöhnen, die Einschränkung bringt *'illā fī naḥwi Miṣra mina l-bilādi llaḏī* (sic!) *laisa ⟨li-⟩ḥammāmātihī* (sic!) *nār* „außer in Ländern wie Ägypten, deren Bäder kein Feuer (= Hypokausten) haben"[17]. Das etwa gleichzeitige Zeugnis des Johann Wild: „Das Feuer wird unter der Erde geschürt, daß die Hitze über sich auf die Steine geht und das Bad also geheizt wird" (S. 267) bezieht sich ohne Zweifel auf die Verhältnisse in Konstantinopel, wenn auch seine Schilderung des Bades einige Kairiner Details enthält.

In den syrischen Bädern ist die Unterpfeilerung der gesamten Bodenfläche der geheizten Räume aufgegeben. Die Hypokausten sind reduziert auf einen Heizkanal (*bait an-nār*), der in einer Breite von 0,50 bis 0,70 m und einer Höhe von 0,70 bis 1,20 m unter dem Fußboden von der Feuerung in der Achse des *bait al-ḥarāra* und des *wasṭānī*, oft auch noch des *awwal*, zum Schornstein verläuft, der an der Wand des *wasṭānī* bzw. des

---

[15] Vgl. Terrasse, bes. Fig. 1 (vier eingetiefte Schornsteine), 4 und 6 (Unterpfeilerung auch im Schnitt dargestellt). Leider gibt Fig. 2 statt „plan et coupe de la chaufferie" den Grundriß einer Moschee wieder. — Ferner Al-Andalus 17 (1952), 437, über ein Bad in Murcia „empotrados en uno de los muros . . . se ven dos conductos de humo, indicando que bajo estas habitaciones hay un hipocausto"; 24 (1959), 417 zeigt Privatbad mit Hypokausten im *ḥarāra* und *wasṭānī*. Das angebliche *wasṭānī* sieht allerdings aus wie ein *maslaḫ*.

[16] H. Mercier: *L'arabe par l'image. Textes ethnographiques.* I, 272 (Text); II, 216 (Übersetzung).

[17] Fol. 86a. Ohne die Ergänzung des *li-* wäre das Arabisch nicht völlig korrekt. Man könnte auch konjizieren *laisa ḥammāmātuhū nāran* „deren Bäder keine Hölle sind", doch wäre diese Metapher (bei dem Dichter ein geläufiger Topos, s. S. 24. und 85ff.) in unserm medizinischen Zusammenhang recht ungewöhnlich; sie ließe aber auch nur auf fehlende Hypokausten schließen. — Einige Privatbäder hatten aber ihre Hypokaustenanlage bis ins 19. Jh. beibehalten, s. J. Franz-Pascha S. 164, Fig. 228—30.

awwal hochgeführt ist. Von diesem Heizkanal führen blind endende Abzweigungen die Hitze unter die Seitenkammern. Sohle und Seitenwände des Heizkanals bestehen aus Ziegelmauerwerk, die Decke aus einem flachen Gewölbe aus Ziegelsteinen. Der Heizkanal ist gewissermaßen nur noch ein horizontal geführtes Stück Kamin, doch ohne die Zugwirkung, die ein entsprechendes vertikal geführtes Stück Kamin hätte.

Diese Beschränkung auf einen einzigen Heizkanal findet sich fertig ausgebildet schon in den ältesten Damaszener Bädern, war also mindestens schon im 12. Jh. allgemein üblich. Wenn die oben S. 54 gebrachte Interpretation der Stelle MUQADDASĪ 440 zutrifft, wenn *'adḫala n-nāra taḥta baʿḍi l-baiti d-dāḫil* zu übersetzen ist „er legte unter einem Teil des innersten Raumes Hypokausten an", wäre daraus zu entnehmen, daß die Anlage der Hypokausten eine fremde Bauform war, und daß zu Muqaddasīs Zeit in Palästina der Heizkanal wie in den späteren syrischen Bädern allein bekannt war.

Auf welche Weise der Übergang von der einen zur andern Art der Heizung erfolgt ist, ob ein kontinuierlicher Übergang denkbar ist oder ob der Heizkanal andere als Suspensur-Hypokausten fortsetzt[18], das sind alles Probleme, die hier offen bleiben müssen, ebenso die Frage, was dazu geführt hat, die Suspensur aufzugeben. Es mag sein, daß die Verwendung von *zibl* und ähnlichem rückstandreichem Brennmaterial an Stelle von Holz eine Rolle dabei spielt, da für dieses Brennmaterial ein stärkerer Zug nötig ist. In unterpfeilerten Anlagen geben die Abgase ziemlich viel Wärme ab, und starke Abkühlung beeinträchtigt bekanntlich das Ziehen. Die Rostfeuerungen brauchen aber stärkeren Zug als die Oberluftfeuerungen der mit Holz beheizten Anlagen.

Die verkleinerte Heizfläche muß natürlich sehr heiß sein, wenn im *ḥarāra* die notwendige hohe Raumtemperatur erreicht werden soll. Der Plattenbelag über dem Heizkanal ist auch tatsächlich so heiß, daß man nicht mit bloßen Füßen, sondern nur mit *qabāqib* darauf treten kann. In Ḥama heißen die Platten daher *blāṭ ənnār*[19]. Im Winter breitet das Badpersonal dort die nassen *fuwaṭ* und *manāšif* zum Trocknen aus. Die Filzmacher (*labābīdīye*) walken auf diesem heißen Plattenbelag den

[18] Auch die klassische Antike kannte Kanalheizungen und Kombinationen von Kernhypokausten mit Kanalheizungen (Heizkanäle verlaufen in den Raumdiagonalen, seltener -achsen, im Schnittpunkt kleine unterpfeilerte Fläche). Daraus könnte sich die in Syrien gebräuchliche Heizung weiterentwickelt haben.

[19] LEWIN, *Arabische Texte aus Hama*, S. 176, Glossar s. v.

Filz im letzten Arbeitsgang, bevor er getrocknet wird (QASIMI 399), was in den Ḥisba-Traktaten ausdrücklich verboten ist[20].

Der Plattenbelag über dem Heizkanal, aber nicht über den Abzweigungen, ist leicht nach oben gewölbt, in manchen Bädern liegt er auch eine Stufe höher als der übrige Fußboden. Dadurch bildet er eine Wasserscheide für die über den Boden fließenden Abwässer.

Die Heizwirkung des *bait an-nār* wird unterstützt durch den heißen Dampf, der aus der *ḫizāna* in das *bait al-ḥarāra* geleitet wird (s. S. 55). Die Kairiner Bäder werden praktisch nur durch heißen Dampf erwärmt, der aus der *ḫizāna* eingeleitet wird; die Heizwirkung wird unterstützt von der Wärme, die die Wand zur *ḫizāna* und der unter ihr liegenden Feuerung, und das heiße Wasser der *fisqīya* und der *magāṭis* abgeben[21].

Über Heizung mittels Kohlenbecken (*kānūn*) steht mir nur ein Beleg zur Verfügung. In der Vita des Auzāʿī heißt es, daß er im Bad gestorben ist. Unter mehreren Versionen, wie das geschah, die IBN ḪALLIKĀN anführt[22], ist auch die, daß Auzāʿī ein Kohlenbecken mit ins Bad genommen hatte, daß seine Frau oder der *ḥammāmī* hinter ihm die Tür verschloß und ihn später tot (Kohlenmonoxydvergiftung?) auffand. Auch wenn die Erklärung des Todes unzutreffend wäre, so bliebe das Faktum bestehen, daß ein *kānūn* zur Heizung des Bades (oder des Baderaumes im Privathaus, was aber durch die Nennung des *ḥammāmī* in diesem Zusammenhang ausschiede) nicht ungewöhnlich war.

Wasserversorgung

YŪSUF B. ʿABDALHĀDĪ unterscheidet fol. 20a hinsichtlich der Wasserversorgung drei Arten von Bädern: Bäder, „zu denen das Wasser hinfließt“, Bäder, zu denen das Wasser auf Lasttieren hintransportiert

[20] IBN AL-UḪŪWA S. 156. Das Ḥammām an-Nāṣirī in Aleppo war vor seiner Schließung und Konservierung völlig zweckentfremdet gewesen und hatte nur noch der Filzfabrikation gedient, weshalb es Ḥammām el-labābīdīye hieß, SOUBHI SAOUAF, *Alep*, S. 73.

[21] LANE: "Each maghṭas is filled by a stream of water pouring down from the dome of the chamber." Ob diese merkwürdige Zapfstelle nicht eines der Abzugsrohre der ehemals vorhanden gewesenen Hypokausten ist, das einem neuem Zweck zugeführt wurde? MUSIL hat bekanntlich die Rauchabzüge in ʿAmra für Wasserzuleitungen gehalten, was für ʿAmra aber sicher nie zutraf. Ob aber nicht doch in den anderen von MUSIL angeführten Beispielen (I, 65—68; Abb. 51, 55 und 57), läßt sich aus seinen Angaben, in denen Befund und Deutung sich mengen, nicht mehr mit Sicherheit entnehmen.

[22] I, 346 (ʿABDARRAḤMĀN) = Zitat aus IBN ʿASĀKIR.

wird, und schließlich Bäder, die aus Brunnen oder Zisternen versorgt werden.

Der erste Fall, Bäder mit fließendem Wasser, ist der übliche in Damaskus, wo die Bäder durch ein wohlausgebautes und weitverzweigtes Kanalsystem seit alters her fließendes Wasser in ausreichender Menge zur Verfügung hatten. Bäder mit Brunnen sind in Damaskus selber selten[23], in den Vororten häufig. Die Bäder in den Dörfern besitzen dort meist eine Schöpfvorrichtung, um das Wasser aus den Brunnen, oder eine *nāʿūra*, um es aus den tieffließenden Kanälen auf die nötige Höhe zu fördern[24].

In Ägypten sind Brunnen das übliche[25], in Jerusalem dagegen wurden die Bäder immer mit Zisternenwasser versorgt[26]. In Bagdad zählt manchmal ein *saqqāʾ* ('Wasserträger') zum Mindestpersonal des Bades[27]. Dies braucht aber nicht zu bedeuten, daß alles Wasser vom *saqqāʾ* herbeigebracht wurde, es ist gut möglich, daß er, wie in Kairo (s. Lane), nur süßes Wasser zum Seifen brachte, oder auch nur kaltes Wasser vom *bait al-'awwal* ins *bait al-ḥarāra*, wie die *zaqqāqat al-bārid* in Damaskus (Qasimi 108).

Bäder, zu denen alles Wasser auf Lasttieren transportiert wurde, möchte man zunächst für eine Erfindung der kasuistischen Fuqahāʾ halten. Eine Anlage, die von ihrem Wesen her auf Wasser, und zwar auf viel Wasser angewiesen ist, wird man kaum in so ungünstiger Position zu einem Gewässer oder Brunnen angelegt haben, daß man nur mit Lasttieren Wasser hinschaffen konnte. Doch berichtet Bakrī, daß im nordafrikanischen Sabta (Ceuta) die Bäder mit Meerwasser versorgt wurden, das auf dem Rücken (von Menschen oder Lasttieren) herangeschafft werden mußte (*ḥammāmātuhā yuǧlabu 'ilaihā l-māʾu ʿalā ẓ-ẓahri*

[23] Ibn ʿAsākir bemerkt in seiner Liste von 57 Bädern nur bei dreien (Nr. 23, 24, 29) *ʿalā biʾr* „mit Brunnen", bei drei weiteren (34, 39, 40) „Brunnen und Wasserleitung". Alle diese Bäder liegen intra muros, wo günstig zu einem Kanal gelegene Grundstücke nicht immer verfügbar sind. Dagegen sind alle 17 Bäder extra muros an das Kanalsystem angeschlossen. — Von den 41 in der Liste bei E/L aufgezählten Bädern haben vier einen Brunnen.

[24] Qasimi 490. Ibn ʿAsākir bemerkt auch bei einem Damaszener Bad (Ḥ. al-Lu'lu') „mit einem Schöpfrad (*madār*), dann wurde das Bad erweitert und ein Wasserleitungskanal wurde bis zu ihm hingeführt; das Schöpfrad ist aber heute noch vorhanden" (2,164).

[25] S. Lane. *Ḫiṭaṭ* 3,131—33 nennt mehrfach Bäder mit Brunnen in weiterer Entfernung und gemauerter Wasserleitung. Brunnen mit Schöpfvorrichtung zeigen auch die Miniaturen.

[26] Muqaddasī S. 168 oben (10. Jh.); Seetzen (1806/07 in J.) 2,24—25; Yāqūt, *Muʿǧam*, Beirut 1957, 5, 168b: *birkat ʿIyāḍ, ʿalaihā ḥammāmātuhum.*

[27] al-Ḫaṭīb al-Baġdādī I,117, s. unten S. 104 u. 107.

mina l-baḥr, S. 103). Doch mag BAKRĪ, der selber nie in Afrika war[28], seine Quellen mißverstanden oder eine Maßnahme, die vielleicht nur als Notlösung eines regenarmen Jahres vorgesehen war, als das Normale angesehen haben.

Wasserleitungen im Bad

Im Bad selber gibt es zwei getrennte Leitungssysteme: eines für kaltes Wasser und eines für heißes Wasser[29]. Das kalte Wasser wird u. U. in einem eigenen Reservoir gespeichert, aus dem auch das Heißwasserreservoir versorgt ist. Notwendig ist dies, wenn das Wasser nur diskontinuierlich zur Verfügung steht, wenn es also aus Brunnen oder Zisternen geschöpft werden muß. In Damaskus, wo fließendes Wasser zur Verfügung steht, wird das Kaltwassersystem unmittelbar aus den *qanawāt* gespeist; in einigen Fällen fließt das Wasser zuerst über die *birka* des *maslaḫ* und wird von dort weiterverteilt, so daß die *birka* als zwischengeschaltetes Reservoir fungiert[30].

ÉCOCHARD/LECOEUR geben an (1,29), daß es in den Damaszener Bädern bis zum 18. Jh. kaltes Wasser nur im *maslaḫ*, in den Aborten und im *awwal* gab, von wo es mit Eimern in die heißen Räume gebracht werden mußte. Die Textzeugnisse allerdings, so das *K. al-ifāda* des ʿABDALLAṬĪF von 1204, die aus der zweiten Hälfte des 13. Jh.s stammende Beschreibung des Bades des Ǧuwainī in Bagdad, auch IBN BAṬṬŪṬA, der um 1328 in Bagdad weilte und u. a. auch über die dortigen (öffentlichen!) Bäder berichtet, kennen schon weit früher fließendes kaltes Wasser auch im *bait al-ḥarāra* und dessen Seitenkammern (s. Beilagen 3, 4, 5), und es erscheint kaum glaubhaft, daß sich dies nur auf Bagdad und Kairo beschränkt haben soll. Das in der zweiten Hälfte des 16. Jh.s erbaute Ḥammām er-rās in Damaskus hatte nach der Beschreibung der *waqf*-Urkunde (S. 155, 15) im *wasṭānī* und im *ḥarārā* auch kaltes fließendes Wasser, und das dürfte damals kein vereinzelter Fall gewesen sein. Die Bezeichnung *zaqqāqat al-bārid* „Kaltwasserträgerin" deutet indessen darauf hin, daß die von ÉCOCHARD/LECOEUR beschriebene

---

[28] DE SLANE im Vorwort seiner Edition S. 15: "Ajoutons qu'El-Bekri n'avait jamais visité l'Afrique et que sa description de ce pays n'a pu être qu'un travail de compilation."

[29] In Beilage 4, S. 147 ist die Rede von drei Zapfhähnen: für kaltes, heißes und lauwarmes Wasser. Wenn der Text stimmt, kann mit dem Lau-Wasserhahn nur eine Mischbatterie gemeint sein.

[30] Z.B. im Ḥammām al-Ḫayyāṭīn in Damaskus, E/L 1,31—32.

wenig praktische Verteilung des kalten Wassers in Damaskus einmal üblich war.

Das Wasser wird in Leitungen (*maǧārī*) aus Tonrohren (*qaṣṭal, qaṣṭar*), die mit einer in Syrien *lāqūne* genannten Masse[31] verfugt und in Wandschlitzen unter Putz verlegt sind, vom Verteiler (*ṭāliʿ*), bzw. das warme Wasser von der *ḫizāna* bis über den einzelnen *ḥauḍ* und *ǧurn* geführt. Über jedem *ḥauḍ* und *ǧurn* befindet sich ein Zapfhahn für kaltes und für heißes Wasser. Gewöhnlich ist die Wand über dem *ḥauḍ* oder *ǧurn* mit einer weißen Marmorplatte verkleidet, in die die Zapfhähne eingelassen sind[32]. Der Zapfhahn heißt in Ägypten *ḥanafīya*, in Syrien gelegentlich *ṣunbūr*[33], meist aber schlicht *'unbūb*, umgangssprachlich *'ambūbe* (ʿRohr'). Er soll aus Holz angefertigt werden, damit die Hölzchen (*ʿūd*), mit welchen man ihn verschließt, richtig greifen[34]. Nachts, oder genauer: wenn das Bad geschlossen war — viele Bäder hatten ja Tag und Nacht geöffnet —, wurden die *'anābīb* mit einem Läppchen zugestopft; ein Hölzchen hätte sich unbemerkt lösen können, worauf die Wasserreservoire leergelaufen wären. Zum Entfernen des Läppchens gebrauchte man ein hakenförmiges Gerät *ṣinnāra*[35]. Es gab auch metallne Hähne[36], die mit einem *sbʿ*[37] aus Messing oder Bronze verschlossen wurden. Die Literatur kennt noch kunstvolle Armaturen aus Silber oder Gold, oft in Tiergestalt, mit akustischen Effekten usw., doch scheinen sie auf Privatbäder beschränkt (Beilage 4).

Zur Regulierung des Wasserflusses bei den einfachen *'anābīb* benutzte man Palmfasern (*līf*), die ins Rohrende hineingestopft wurden; solche Palmfasern waren ja immer zur Hand, weil man sie beim Seifen brauchte

---

[31] In Aleppo auch lāqūme (Barthelemy s. v.); besteht aus nicht völlig gelöschtem Kalk (13,75 kg), Olivenöl (13,75 kg) und gekämmter Baumwolle (220 gr.), s. E/L 1,31.

[32] „eine Platte aus weißem Marmor mit zwei Zapfhähnen aus Messing, aus denen heißes und kaltes Wasser fließt" (*Waqf Lālā* 155,15—16); s. ferner Beilage 4.

[33] Y. b. ʿAbdalhādī fol. 19a.

[34] Ders. fol. 1b, 22a. Die *'anābīb* sind auch heute noch oft aus Holz und werden so verschlossen. Das Zustopfen mit einem Hölzchen ist ausreichend, weil das Wasser keinen nennenswerten Druck hat, der die Zapfen wieder hinaustreiben würde.

[35] Ders. fol. 22a.

[36] Aus Messing oder Bronze, fol. 22a; s. auch Anm. 32.

[37] Ders. fol. 22a: (*yanbaǧī 'an*) *yuʿmala fīhi sbʿ mina n-nuḥāsi yaḥbisu l-mā'a waqta l-ḥāǧati wa-yufraku fī waqti 'irādati l-ḫurūǧi fa-yaḫruǧa* „man soll in ihm (dem metallnen *'unbūb*) einen ehernen *sbʿ* anbringen, der das Wasser bei Bedarf absperrt, und den man, wenn man das Wasser herauslassen möchte, dreht, so daß es herausfließt". Es handelt sich also mit Gewißheit um einen Sperrschieber. *sbʿ* läßt sich allerdings kaum anders als *sabʿ* oder *sabuʿ* 'Löwe' lesen. Vielleicht war an diesen Armaturen irgend etwas als Löwe ausgeformt, so daß „Löwe" sich als Terminus durchgesetzt hat. Für *faraka* „eine Schraube drehen" vgl. Dozy.

(s. S. 71). Man scheint aber auch ausgekämmte Haare für den gleichen Zweck benützt zu haben, denn der Muḥtasib sollte darauf achten, daß dies nicht geschah[38].

Abwässer

Das verbrauchte Wasser fließt zunächst über den Fliesenbelag des Fußbodens ab, der deshalb ein genau geplantes und sorgfältig ausgeführtes Gefälle aufweisen muß. Gewöhnlich werden die abfließenden Wässer des *ḥarāra* und seiner Nebenräume zur Trennwand zwischen *ḥarāra* und *wasṭānī* geleitet, passieren einen Durchlaß und fließen durch das *wasṭānī* in einer Rinne, die zu einem Durchlaß in der Trennwand zwischen *wasṭānī* und *awwal* führt, und in die auch die Abwässer des *wasṭānī* und seiner Nebenräume geleitet werden, in das *awwal*. Dort sind Sinkschächte (*bālūʿa*), von denen aus die Abwässer unter dem Plattenbelag weiter nach draußen abgeleitet werden, wobei sie meist den Weg durch den Latrinenabfluß nehmen[39]. In den syrischen Bädern, in denen der aufgewölbte oder erhöhte Plattenbelag über dem Heizkanal eine Wasserscheide bildet (s. S. 60), ist die beschriebene Abwässerleitung auf beiden Seiten getrennt vorgenommen (s. ÉCOCHARD/LECOEUR 1, Abb. 16).

Wohin aber mit den Abwässern außerhalb des Bades? Damaskus besaß auch im Mittelalter ein (wohl aus der Antike ererbtes) unterirdisches Abwasserkanalnetz. „Das überschüssige Wasser, der Überlauf der Springbrunnen und die Abwässer der *mīḍāt* ergießen sich in gewölbte unterirdische Kanäle, dann werden sie zusammengefaßt, bilden einen großen Kanal (*tatanahharu*) und fließen vor die Stadt, wo sie zum Bewässern der Gärten verwendet werden" (*Ṣubḥ* 4, 96). YŪSUF B. ʿABDALHĀDĪ erklärt die Verhältnisse seiner Vaterstadt kurz und bündig für allgemeinverbindlich: „Man muß (für die Abwässer) einen Kanal bauen, der sie zur Stadt hinausleitet" (fol. 23a). Er hält auch auf peinlich genaue Trennung des kommenden reinen und des abfließenden unreinen Wassers (ebd.). Aber bereits einige Kilometer vor Damaskus hatte man keine Hemmungen, die Abwässer des Bades direkt in den Fluß zu leiten. Darum schließt im Jahr 756/1355 der Gouverneur von Damaskus ein Bad in Rabwe (einige Kilometer vom mittelalterlichen Damaskus den Barada aufwärts), „denn der Dreck (*ʾausāḫ*, also nicht rituell gemeint)

---

[38] IBN AL-UḪŪWA S. 155 unten.

[39] „Die Abflüsse (*balāliʿ*) sollen mit den Aborten verbunden werden, damit die Abwässer Urin und Kot, die hineinfallen, wegschwemmen", Y. B. ʿABDALHĀDĪ fol. 23a.

fließt in den Fluß, von dem die Leute (sc. von Damaskus) trinken“ (Ibn Kaṯīr 14,264). Direkte Einleitung der Abwässer in den Fluß war auch in Bagdad geübt. Im Jahr 467/1074—75 verbietet der Muḥtasib auf Initiative des Wesirs Faḫraddaula den Badhaltern, „die Abwässer in den Tigris zu leiten und zwang sie, Gruben (*'ābār*) auszuheben, in denen sich die Abwässer sammelten“ (*Muntaẓam* 8,294). Die Klärgruben waren aber keineswegs neu; sie waren höchstens in Vergessenheit geraten, wie so manche nützliche und sinnvolle aber unbequeme Einrichtung. Sie werden schon 80 Jahre früher genannt: Am 15. Ḏū l-ḥiǧǧa 388/29. 12. 998 herrschte in Bagdad eine so starke und ungewöhnliche Kälte, „daß sogar die Gruben (*ǧuwab*) der Bäder, der Urin der Lastesel und Pferde und der Wein gefroren“ (*Muntaẓam* 7,202). Die Abwässer der Privatbäder wurden wohl in der Regel, wie beim Bad des Ǧuwainī (s. Beilage 4), zur Bewässerung des Gartens verwandt.

Beleuchtung

Helligkeit gehört zu den geschätzten Vorzügen eines guten Bades. *kaṯīr aḍ-ḍiyā'* erscheint häufig neben *qadīm al-binā' wāsi' al-finā'* usw. Doch ist damit die Helligkeit gemeint, die durch die verglasten Öffnungen in den Gewölben erzielt wird.

Womit aber die Räume des Bades nachts beleuchtet waren, das entzöge sich fast völlig unserer Kenntnis, da sich kaum ein Beleg in der Literatur findet, wenn wir nicht die Miniaturen besäßen. Die bekannte Darstellung „Hārūn ar-Rašīd und der Barbier im Bad“[40] von Bihzād (datiert auf 1494) weist im Badinnern zwei übermannshoch an der Wand angebrachte zweiflammige Öllämpchen auf, die auf späteren Miniaturen wiederkehren[41], doch stehen die Öllämpchen dort in den in vorspringenden Mauerkanten vorgesehenen Lampennischen (*miškāt*).

Es braucht wohl nicht näher begründet zu werden, daß diese Art der Beleuchtung nicht allzuhellen Schein verbreitete. Die Miniaturmaler stellen darum neben den Barbier, der auf der ältesten bekannten Darstellung dieser Art, bei Bihzād, dem Kalifen nur beim Licht der Öllampen den Kopf rasiert, eine weitere Figur, die eine riesige Kerze hält.

---

[40] Illustration zur 19. *ḥikāya* von Nizamis *Maḫzan al-asrār*, die zwischen Hārūn und einem *ḥallāq* spielt. Wie Martin auf die Bildbenennung „Caliph al-Ma'mūn and the barber“ kommt, ist mir nicht klar; unverständlich ist aber, daß in allerjüngsten Publikationen diese Benennung wiederaufgenommen ist, nachdem Taeschner 1925 die richtige Benennung festgestellt hatte.

[41] Z. B. bei Taeschner Abb. 1, Martin Tafel 44, s. Tafel II.

Doch ist zu beachten, daß diese Kerze von einem Diener getragen wird. Sie gehört also nicht zum Dauerinventar, sondern wird nur für besondere (besonders gut zahlende) Gäste zur Verfügung gestellt[42].

Qasimi nennt S. 108 *ṯurayyāt* und *qanādīl*, doch hat er diese Kronleuchter und Hängeampeln mehr als Zierde des *maslaḫ* vor Augen. Heute hat natürlich auch in den Bädern elektrisches Licht Eingang gefunden. Die syrischen Bäder, die ich kennengelernt habe, waren durch die üblichen schirmlosen Glühbirnen erleuchtet.

---

[42] Kerzen werden ins Bad geschickt in der 59. Nacht = 1, 172.

BADEVORGANG

Beim Eintreten wird der Badbesucher vom *ḥammāmī* begrüßt[1] und zu einem *īwān* geleitet, dort zieht er seine Schuhe oder Pantoffeln aus, die von einem Badediener (*aǧīr*) in einer der Nischen in der Stirnwand der *maṣṭaba* untergebracht werden, und steigt dann barfuß bzw. auf Strümpfen auf die mit Matten, Kelims oder Teppichen ausgelegte *maṣṭaba*. Der *nāṭūr* bringt einen Satz Badetücher: ein großes Tuch, das auf den Sitzen der *maṣṭaba* ausgebreitet wird und in das der Badegast seine Kleider einschlägt[2], ein Tuch, das der Badende während des Badens um die Hüften geschlungen trägt[3], gegebenenfalls ein Tuch, das um den Kopf geschlungen wird[4], und in der kühleren Jahreszeit ein Tuch für den Rücken[5]. Wenn der Badegast seine letzten Kleidungsstücke ablegt, hält der *nāṭūr* die *fūṭa* vor ihm ausgebreitet hoch, um den Gast vor den Blicken der anderen Gäste zu schützen, der Gast faßt dann die beiden Enden der *fūṭa* und schlingt sie sich um die Hüften. Dann steigt er von der *maṣṭaba* herab, schlüpft in die schon bereitgestellten Stelzsandalen (*qabqāb*) und geht, geführt von einem Badediener, ins Innere des Bades.

Der vornehme Gast oder der Ehrengast wird beim Umkleiden wie dann auch in allen Phasen des Bades vom *ḥammāmī* selber bedient[6]. In größeren Bädern, die z.T. auch im *maslaḫ* separate Kabinen (auch hier *maqṣūra* oder *ḫalwa*) aufweisen (s. S. 40), kleiden sich besser situierte Gäste in einem dieser Nebengelasse um. Die Qualität der Tücher, die

---

[1] Auf das freundliche Gesicht des *ḥammāmī* beziehen die S. 86 zuletzt übersetzten Verse. Besonders im Frauenbad ist die Begrüßung durch die *muʿallima* von großer Bedeutung, wie immer wieder hervorgehoben wird, Qasimi 108, Stern 84.

[2] S. die Miniatur Tafel I.

[3] *miʾzar, mandīl, fūṭa* (Y. b. ʿAbdalhādī fol. 21a bezeichnet das Wort als *ʿurf al-mutaʾaḫḫirīn*), in Ägypten *maḥzam*; in Damaskus auch *māwīye*, Y. b. ʿA. fol. 21b, 17; E/L 1,42.

[4] In Damaskus *ḫōlīye* (E/L 1,43) oder *baškīr*.

[5] In Damaskus *ḍahrīye* (E/L 1,42). Gegenüber diesem Aufwand wirken die Verhältnisse im Bagdad des 14. Jh., die Ibn Baṭṭūṭa so rühmt (Beilage 5), geradezu ärmlich.

[6] Vgl. die 935. und 936. Nacht: Als der König das Bad aufsucht, bedient ihn Abū Ṣīr selber, geleitet ihn ins Innere, reicht ihm die Tücher, schrubbt ihn mit dem *kīs* usw.; ebenso verhält er sich zu seinem ungetreuen reich gewordenen Gefährten Abū Qīr. Umgekehrt verwirrt diese Ehre, vom *muʿallim* des Bades bedient zu werden, den ahnungslosen Kunden, so den Kapitän. Vgl. ferner *Ḥikāyāt* 400—402 = Übers. Wehr 234—45. S. auch oben S. 16.

der Badegast erhält, richtet sich nach dessen Stand und Rang und natürlich nach der Höhe des zu erwartenden Bakschisches. Der *nāṭūr* „muß sich auf die Kundschaft verstehen, so daß er jedermann mit den seinem Stand angemessenen Tüchern bekleidet“ [7].

Wer muß, der verrichtet auf einem der zwei oder drei Aborte, die am Korridor zwischen dem *maslaḫ* und dem *awwal* liegen, seine Notdurft und geht dann, im *awwal* und *wasṭānī* jeweils kurze Zeit verweilend, in den heißesten Raum, in das *bait al-ḥarāra*. Die medizinischen Regeln verlangen ausdrücklich, daß der Badende sich durch einen Aufenthalt im *awwal* und *wasṭānī* stufenweise an die große Hitze des *bait al-ḥarāra* gewöhnen soll, wie er auch umgekehrt beim Hinausgehen sich allmählich abkühlen soll, bevor er sich zum Ausruhen im relativ kühlen *maslaḫ* niederläßt [8]. Diese Regeln werden aber heute kaum oder gar nicht beachtet. Man geht direkt vom *maslaḫ* in das *bait al-ḥarāra* durch und umgekehrt. Die oben skizzierte Entwicklung des Badgrundrisses von einem Typ mit *maslaḫ* und drei inneren verschieden heißen Räumen zu einem Typ mit *maslaḫ*, *ḥarāra* und nur einer einzigen dazwischengeschalteten kleinen Abteilung ist ein Reflex der tatsächlich vorhandenen Bedürfnisse. Da der Endpunkt der Entwicklung schon im 18. Jh. praktisch erreicht war, muß der Verzicht auf die allmähliche Gewöhnung an die Hitze mindestens auch schon im 18. Jh. allgemein gewesen sein.

Im Winter oder an kühleren Tagen ziehen manche Leute sich nicht im *maslaḫ*, sondern im *awwal* um, das deshalb auch bisweilen *maslaḫ aš-šitā'* heißen soll [9]. In den medizinischen Teilen der Traktate wird dies besonders älteren Personen empfohlen [10].

---

[7] QASIMI 107. Auf diese Gewohnheit ist der folgende Streich Ǧuḥās gemünzt: Beim Besuch des Bades erhält er alte Tücher und wird nicht mit der erforderlichen Achtung bedient. Dennoch legt er zum Erstaunen der Badknechte zehn Piaster auf den Spiegel (s. S. 73). Beim nächsten Mal erhält er eine seidene *fūṭa* und broschierte *manāšif* und wird mit äußerster Ehrerbietung bedient. Beim Verlassen des Bades legt er einen Piaster auf den Spiegel und erklärt den über die geringe Gabe erbosten Badedienern: „Was ich euch heute gebe, war für das letzte Mal, und das vom letzten Mal für heute“ (*Nawādir Ǧuḥā al-kubrā*, Beirut o. J., S. 16).

[8] S. Beilage 1. [9] SAUVAGET in Syria 11 (1930) S. 372.

[10] Y. B. ʿABDALHĀDĪ fol. 82a. H. v. MOLTKE schildert seine erste Bekanntschaft mit einem türkischen Bad, nach einem 14-stündigen winterlichen Ritt: „Wir traten in ein hohes weites Gewölbe, in dessen Mitte ein Springbrunnen plätscherte, der mir die Kälte, so zu sagen, anschaulich machte, welche in diesen Räumen herrschte. Ich verspürte nicht die geringste Versuchung, nur das kleinste Stück meiner Toilette abzulegen; ich dachte nur mit Schrecken an den Springbrunnen und seine Eiszapfen . . . Der Badewärter, der in unsern bedenklichen Mienen las, führte uns in ein zweites Gewölbe, in welchem schon eine ganz anständige Hitze war. Hier bedeutete man uns durch Zeichen, daß wir uns entkleiden möchten“ (*Briefe*, Berlin 1844, S. 14—15).

Im *bait al-ḥarāra* setzt der Badende sich an eine der heißesten Stellen: auf die *maṣṭaba*, die sich an die Trennwand zur Feuerung und zur *ḫizāna* anlehnt, auf den Rand der *fisqīya* (in Ägypten), auf die *balāṭ an-nār*, wenn sie etwas erhöht ausgeführt sind, in den türkischen Bädern auf den *göbek taşı*, bis der Schweiß ausbricht. Sind diese Sitzgelegenheiten sehr heiß, so setzt man sich auf eine Filzmatte[11], einen steinernen (marmornen)[12] oder hölzernen[13] Hocker, der auch gepolstert sein kann[14]. Die persischen Miniaturen zeigen Badende, die sich auf dem blanken Boden niedergelassen haben; vielleicht haben wir in diesem Fall Hypokausten unter der ganzen Fußbodenfläche anzusetzen. Das Schwitzen kann durch ein heißes Fußbad, welches durch den *nāṭūr* bereitet wird, beschleunigt werden[15].

Hat der Badende genug geschwitzt, so verlangt er nach *tadlīk* und *takyīs*: nach Massage und dem Abreiben mit dem *kīs al-ḥammām*. Nach den übereinstimmenden Zeugnissen der einheimischen Quellen[16] und der Schilderungen Lanes und europäischer Orientreisender[17] wurde in Ägypten und der Türkei zuerst die eigentliche Massage vorgenommen, und zwar auf dem Podest der *fisqīya* oder dem *göbek taşı*, dann erst, in einem Nebenraum, der *takyīs*. In Syrien hielt und hält man es umgekehrt: in einer *ḫalwa* wird der Badegast zuerst mit dem *kīs* behandelt und erst dann, ebenfalls in der *ḫalwa*, massiert[18].

Die Massage wird von den europäischen Reisenden immer mit Interesse geschildert, während in den arabischen Quellen nur hier und da ein Detail, eine Anspielung auf die Prozedur, vorkommt. Sie beginnt damit, daß die Baddiener einen auffordern, sich „platt nieder auf den Bauch liegen, und dann, so kommt ein großer starcker Kerl, dieser, wenn er einen von fornen und von hinten an allen Gliedern wohl gerührt, und solcher Gestalt gezogen hat, daß einem die Bein krachen, so steigt er einem auf den Rücken, hält sich mit den Händen an den Schultern an, und rut-

---

11 Kāẓimī S. 215 (20. Jh.!). 12 Vgl. die Miniaturen.

13 In der 143. Nacht = 1,290 nimmt der *ḥaššāš* auf einem *kursīy min al-'abanūs* (Hocker aus Ebenholz) Platz, allerdings erst während des *takyīs* in einer Seitenkammer, wo in besseren Bädern auch in Damaskus niedrige Holzschemel zu finden waren, s. E/L 1,42.

14 Beilage 1, S. 141. 15 E/L 1,42.

16 Munāwī fol. 89a Mitte: „Das erste, was im Bad zu tun erforderlich ist, ist die Massage. Sie soll vor der Auflösung (*taḥlīl*) ausgeführt werden. Wird sie später ausgeführt, so ist das falsch.“ S. auch Beilage 2, S. 143.

17 Wild S. 268, Klinghardt S. 12. Briemles Schilderung folgt.

18 Ibn Ṭūlūn 1,120: „es trat ein Mamluk herein und befahl dem *ṣāni'*, ihm den Kopf zu rasieren, ihn zu massieren und ihn zu waschen.“ E/L 1,42 haben folgende Reihenfolge: Waschen mit Seifenschaum, *takyīs*, Massage; Qasimi 446: *takyīs*, Massage, Waschen mit Seife.

schet mit gleichen Füßen auf den Lenden herum, nicht anderst, als ob er sie einem entzwey brechen wollte. Darnach wendet er einen wieder auf den Rücken um, und fangt abermals an alle Glieder zu dehnen und zu ziehen, wie zuvor, sonders daß er einem sehr oder etwas wehe thut" (Briemle 2,148). Aus Wilds Angaben geht hervor, daß der Badknecht den Badenden vor der Massage einrieb „mit einem riechenden Öl, welches er in einer Baumwolle zwischen den Ohren stecken hat" (S. 268). Er gibt dem Gast durch ein Händeklatschen zu verstehen, daß er sich vom Bauch auf den Rücken drehen soll. Ein Händeklatschen zeigt auch die Beendigung der Massage an[19]. Der Terminus technicus für das Gliederstrecken ist *ṭaqṭaqa*, nach dem Knacken der Gelenke[20]. Die eigentliche Massage heißt *tadlīk* oder *tadalluk*, in älterer Zeit auch *ġamz*[21]. Heute unterscheidet die Terminologie nicht scharf zwischen *tadlīk* und *takyīs* (vgl. den Sprachgebrauch bei Qasimi S. 446), wie auch der Badediener, der *tadlīk* und *takyīs* ausführt, *dallāk* und auch *mukayyis*, *mukayyisāti* heißt.

Nach der Massage geht der Badende in eine freie *ḫalwa*, deren Eingang der *mukayyis*, der ihn jetzt weiter bedient (sofern der *dallāk* nicht auch den *takyīs* übernimmt), mit einem Tuch verhängt[22]. Der *mukayyis* schüttet dem Kunden einige *ṭāsāt* warmes Wasser über Kopf und Leib und reibt ihn dann mit einem rauhen Waschhandschuh (*kīs* 'Sack') aus Ziegen- oder Roßhaar oder Wolle. Zunächst sitzt der Badende bei dieser Prozedur, bei welcher der *mukayyis* seine im *kīs* steckende Hand unter starkem Aufdrücken langsam weiterführt. Er beginnt bei den Schultern und den oberen Partien von Rücken und Brust und behandelt anschließend die Arme. Die bei diesem Reiben sich ablösenden Partikeln der Oberhaut — nach einheimischer Auffassung ist dies Schmutz, den der *mukayyis* aus dem Körper „herauszieht"[23] — bilden dabei kleine Walzen. Der *mukayyis* achtet sorgfältig darauf, daß diese Walzen (*fatā'il*

---

[19] Im Freundeskreis gibt man sich einen klatschenden Klaps auf den Leib, worauf die Anekdote bei Ġuzūlī 2,11 anspielt: „Zwei schwammen in einem Fluß. Als sie herauskamen, gab der eine dem zweiten einen Klaps. Daraufhin fragte einer der Anwesenden: Wo ist das Badegeld? Darauf der zweite: Ich habe es ihm auf die Glatze gelegt." Zur Glatze s. S. 73: Das Badegeld legt man auf den Spiegel.

[20] *ġaḏaba* bei Maqqarī 5,314 *wa-qayyimin yaġḏibunī ġaḏbatan* * *wa-tāratan yaksiru 'ibhāmī* „gar mancher *qayyim* zieht mich * und bricht mir manchmal den Daumen" ist kaum Terminus technicus. Für *ṭaqṭaqa* steht mir als Beleg nur Lane zur Verfügung.

[21] In Beilage 1 und 2 ist *ġamaza* gebraucht (oder zu konjizieren).

[22] Lane, E/L 1,42; s. auch die Miniaturen.

[23] *kayyasa l-malika wa-'aḫraǧa min ǧasadihī l-wasaḫa miṯla l-fatā'il*, 935. Nacht = 2,510.

TAFEL II

Persische Miniatur mit Darstellungen aus dem Badeleben. Paris, Bibliothèque Nationale, Supp. Pers. 1150, fol. 117.

'Dochte') zusammenbleiben, rollt sie den Arm hinab über die Handspitzen und reiht sie vor dem Badenden auf, damit dieser sieht, wie nötig er das Waschen hatte, aber auch, wie geschickt der *mukayyis* ist[24]. Zur weiteren Behandlung streckt der Badegast sich auf der *maṣṭaba* seiner *ḫalwa*, sofern vorhanden, oder auf dem Fußboden aus, zuerst rücklings, dann bäuchlings. Zum Abschluß des *takyīs* schüttet der *mukayyis* dem Badenden wieder einige *ṭāsāt* warmes Wasser über und spült die „Dochte" weg.

Nach dem *takyīs* kann man häufig beobachten, wie der Badende mit der Hand oder einem Finger über den Leib streicht, wobei ein typischer Ton entsteht (damasz.: *za'za'*), der gleichsam das Kriterium für einen gut ausgeführten *takyīs* und der Nachweis der Sauberkeit ist[25].

In den syrischen Bädern erfolgt nach dem Abreiben mit dem *kīs al-ḥammām* die oben S. 69 beschriebene Massage mit dem Knackenlassen der Gelenke. Im Berufsjargon der Damaszener Badeknechte hieß diese ganze Operation *taqfīš* oder *taqaffuš*[26].

In Ägypten nimmt man nach dem *takyīs* ein Bad in einem der Tauchbecken (Lane). In *Sirr al-asrār* sind sogar zweimal Bäder in einem *abzan* empfohlen, aber an andern Stellen des Badevorgangs (s. Beilage 1). Offensichtlich spielt die Reihenfolge der einzelnen Prozeduren keine große Rolle.

„Nach Beendigung des *tadlīk* wäscht der *muṣaubin* dem Badenden den Kopf mehrere Male mit Seife[27]. Dann holt er die große Schüssel (*ṭāsa*), füllt sie mit sehr heißem Wasser, tut den *līf*-Ballen und Seife hinein und quirlt damit unaufhörlich, bis der Seifenschaum erscheint und etwa eine halbe Elle über die Schüssel hinausragt. Dann nimmt er mit dem *līf*-Ballen von diesem Schaum und seift den ganzen Leib der Leute, samt Armen und Beinen, damit ein. Wenn er damit fertig ist,

---

[24] Qasimi S. 446: „Gewöhnlich zieht der *muṣaubin* den Schmutz mit dem *kīs* zuerst von den Schultern zur Handspitze, indem er ihn mit dem *kīs* rollt. Dann zeigt er es dem Badenden als Beweis seiner Geschicklichkeit im *tadlīk* und auch dafür, daß der Gast am Leib verdreckt war. Aus dem gleichen Grund reiht er auch die einzelnen Schmutzdochte vor ihm auf." Das tut auch Abū Ṣīr in der 935. Nacht. — Ein Schmähgedicht auf das Bad von Abū Ǧaʿfar Ibn Saʿīd al-ʿAnsī (Maqqarī 5,315) enthält den Vers: *wa-yaǧmaʿu l-'ausāḫa min lu'mihī * fī ʿaḍudī qaṣdan li-'iʿlāmī* „er sammelt in seiner niedrigen Gesinnung (s. S. 111f.) auf meinem Arm Dreck an, in der Absicht, ihn mir zu zeigen", was diesen Teil des Verfahrens in die letzte Hälfte des 12. Jh. zurückverfolgen läßt.

[25] 935. Nacht = 2,510 *wa-ṣāra law waḍaʿa yadahū ʿalā badanihī ṣautun mina n-nuʿūmati wan-naḍāfa.*

[26] Y. b. ʿAbdalhādī fol. 84b; 86b. Das Wort ist in dieser Bedeutung sonst nicht belegt.

[27] S. Beilage 2, S. 143.

wäscht er den Kopf wieder mehrere Male mit Seife[28]. Damit ist die Arbeit des *muṣaubin* beendet" (Qasimi 446). In Damaskus, dessen Bäder alle über das Kanalsystem mit Wasser aus dem Barada oder einem der Seitenkanäle versorgt waren, konnte ohne weiteres das heiße Wasser der *ḫizāna* zum Bereiten des Seifenschaums verwendet werden. Andernorts, wo die Bäder mit Brunnenwasser versorgt wurden, das für diesen Zweck nicht sonderlich geeignet ist, nahm man wie in Kairo[29] Trinkwasser. In früheren Zeiten, in der Blütezeit der Bäder, hatte der *muṣaubin* oder *qayyim* einen oder zwei Handlanger, die ihm das Wasser herbeibrachten[30].

Wenn der *muṣaubin* seine Arbeit beendet hat, wünscht er dem Badegast eine gedeihliche Wirkung des Bades mit den Worten *naʿīman* oder *naʿīman dā'iman* und ruft mit einem lauten durch die Gewölbe hallenden „*manāšif!*" den Handlanger (syr.-arab. *tabaʿ*, *ṣbayy*; äg.-arab. *lawingi*) mit den Trockentüchern herbei, „allerdings nur bei den ärmeren und mittleren Schichten. Denn wenn ein Badegast wohlhabend oder reich oder Kaufmann ist, dem bringt, wenn er mit dem Waschen fertig ist, der *nāṭūr* oder der *muʿallim* des Bades selber die *manāšif*"[31]. Der Diener trägt den Satz Tücher auf dem Kopf — nach dem Ausweis der Miniaturen auch über den Schultern —, damit er beide Arme frei hat. Er hält das erste Tuch ausgebreitet vor dem Gast hoch, der in der Zwischenzeit noch Gelegenheit hatte, seine *ʿaurāt* zu waschen, zu welchem Zweck der Badediener ihm mancherorts die Seifenlauge aus der *ṭāsa* in den Schoß schüttet. Der Gast läßt nun die *fūṭa* zu Boden fallen, spült sich noch mit einigen *ṭāsāt* Wasser ab[32] und schlingt sich dieses ausgebreitete Tuch dann um die Hüften. Ein zweites legt ihm der *tabaʿ* um die Schulter, ein kleines drittes windet er ihm um die nassen Haare[33], bringt ihm die Stelzsandalen und geleitet ihn nach draußen.

Die alten Baderegeln verlangten, daß der Badende beim Hinausgehen jeweils wieder im *wasṭānī* und *awwal* kurze Zeit verweilt, damit er sich

[28] Meine Damaszener Gewährsleute behaupten, man müsse sich den Kopf insgesamt siebenmal waschen. Die gleiche Zahl schon im *ʿIqd* 6,278—79: *'in daḫalta l-ḥammāma fa-ḍrib ʿalā ra' * sika bil-mā'i s-suḫni sabʿa mirārī / fa-bihi taẓhuru s-salāmatu min kul * li ṣudāʿin bi-qudrati l-ǧabbārī.*

[29] The mukeyyisátee lathers the bather with "leef" (or fibres of the palm-tree) and soap and sweet water, which last is brought in a copper vessel, and warmed in one of the tanks; for the water of the ḥanafeeyeh is from a well, somewhat brackish, and consequently not fit for washing with soap, Lane S. 348.

[30] 143. Nacht = 1,290 = Littmann 2,194: „Der Bademeister stand da und wusch ihn, während die beiden Sklaven Wasser über ihn gossen"; vgl. ferner *Ḥikāyāt* 401,12 und die Miniaturen.

[31] Qasimi 221. [32] Nicht mehr als sieben *ṭāsāt* sollten es sein, Munāwī f. 74a.

[33] In der 143. Nacht wird die umgekehrte Reihenfolge beachtet.

allmählich abkühlt; dabei wurden jedesmal die *manāšif* durch frische trockene ersetzt. Heute geht man indessen direkt in das *maslaḫ* durch, wo der *nāṭūr* oder der *muʿallim* einen mit *naʿīman* empfängt, die Trockentücher durch frische ersetzt, auf den Sitzen des *līwān* ein Tuch ausbreitet, auf dem man Platz nimmt, und einem schließlich ein großes dünnes Tuch (syr.-arab. *ḥarāyri*) um Schultern und Leib breitet. Die *manāšif* werden noch zweimal gegen frische trockene ausgetauscht. Wenigstens die dreimalige Erneuerung der *mānāšif* ist bewahrt. Das Abtrocknen beschränkt sich nicht auf das Aufsaugen des der Haut noch anhaftenden Wassers, sondern umfaßt auch das völlige Abkühlen auf normale Körpertemperatur. Durch das mehrmalige Wechseln der *manāšif* wird der beim Abkühlen immer noch ausbrechende Schweiß ganz aufgesogen, so daß der Badegast vor Erkältungen sicher ist[34].

Diese Zeit des allmählichen Abkühlens und Trocknens dauert etwa eine halbe bis eine ganze Stunde, die der Badende heutzutage durch ein Schwätzchen mit Bekannten oder dem *ḥammāmī*, durch ein Glas Tee, ein Täßchen Kaffee, eine Wasserpfeife ausfüllt. Die Erfrischungen bereitet der *nāṭūr* oder ein speziell hierfür angestellter *qahwağī*, oder man bestellt sie in einem nahen Kaffeehaus, von wo sie dann gebracht werden.

In früheren Jahrhunderten war die Zeit nach dem Baden in einem weit stärkeren Maß als heute der Geselligkeit gewidmet (s. S. 84ff.). Diese Funktion als Ort der Geselligkeit hat das Bad z. T. bis in unsere Zeit hinein für die Frauen beibehalten (s. S. 97ff.), während für die Männer schon lange das Kaffeehaus diese Funktion übernommen hat.

Wenn der Badegast genügend abgekühlt ist und sich von der Anstrengung erholt hat, kleidet er sich wieder an, kämmt sich, wobei ihm der *nāṭūr* oder der *ḥammāmī* den Spiegel hält. Beim Hinausgehen schließlich legt er seinen Obolus auf den ihm flach hingestreckten Spiegel (s. darüber S. 113ff.).

Haarschneiden

Das ganze Mittelalter hindurch konnten die Männer sich im Bad rasieren und die Haare schneiden lassen. In manchen Bädern arbeitete ein Barbier. Hilāl aṣ-Ṣābi' führt z.B. (S. 19) einen *muzayyin* unter dem Mindestbestand an Personal auf; auch die Ḥisba-Traktate enthalten im Kapitel „Bad" Vorschriften für einen im Bad arbeitenden Barbier.

---

[34] Die drei Serien von *manāšif* und zwei weitere *taʿtībe* genannten Tücher, die auf dem Sitz ausgebreitet werden, heißen in Damaskus *bə'že* (*buqǧa*) 'Bündel', in Kairo *ʿidda* (Lane).

In andern Bädern gehörte es mit zu den Aufgaben des *dallāk* oder *qayyim*, wie die Erörterung bei Yūsuf b. ʿAbdalhādī „wenn der Badende einen *qayyim* (s. S. 104) dingt, damit er ihn rasiert, ihn massiert und ihn wäscht, dann . . .“ (fol. 4a) zeigt. Yūsuf zählt auch an der gleichen Stelle unter dem Mindestpersonal keinen *muzayyin* auf. Seine Angaben werden durch eine zeitgenössische Notiz bei Ibn Ṭūlūn (Damaskus, 895/1490) bestätigt: „Ein Mamluk kam ins Bad und befahl dem *ṣāniʿ*, ihm den Kopf zu rasieren und ihn zu waschen“ (1,120). Auch Ibn Ṭūlūn 2,32, wo berichtet wird, wie der Sultan Selim in das Ḥammām al-Ḥamawī ging, sich dort rasieren ließ, „und dem, der ihn rasierte, 500 Dirham schenkte“, ist mit *man ḥalaqa lahū* nicht ein Barbier, sondern der *qayyim* gemeint. Es scheint aber weniger von lokalen Gewohnheiten als von der Größe der Bäder abgehangen zu haben, ob in ihnen ein Barbier arbeitete. Das Mindestpersonal des Bades nach dem Ansatz des Ṣūlī (s. S. 104), der ja wie Hilāl as-Ṣābi' Bagdader Verhältnisse vor Augen hat, schließt nämlich auch keinen *muzayyin* ein.

Nach den Ḥisba-Traktaten sollte der *muzayyin* flink und gewandt sein, sich auf sein Handwerk verstehen und scharfe Rasiermesser verwenden. Er sollte während des Rasierens nicht dem Kunden gegenüberstehen (vgl. die vorschriftsmäßige Stellung des Barbiers auf den Miniaturen) und an den Tagen, da er Dienst hatte, nichts essen, was einen üblen Atem verursacht, wie Zwiebeln, Knoblauch, Lauch o. ä.[35]. Die Barbiere standen, nicht zu Unrecht, im Ruf, lästige Schwätzer zu sein. Darum läßt ʿĪsā Ibn Hišām, der Held der Makamen des Hamaḏānī, in der *Maqāma Ḥulwānīya* seinen Diener nach einem Bad suchen, dessen *ḥaǧǧām* (hier Bezeichnung für den Badediener, der rasiert, aber auch die Massage durchführt) außer einer leichten Hand, einem scharfen Rasiermesser und reinen Kleidern (ein ähnlicher Katalog wie in den Ḥisba-Traktaten) auch noch die gute Eigenschaft haben soll, wenig zu schwatzen[36].

Mit der Entwicklung des Berufs zu einem eigenständigen Gewerbe ist der Barbier ganz aus dem Bad verschwunden. Spuren der alten Verhältnisse sind hie und da anzutreffen. So bestimmt der Artikel I des *Statut du syndicat des coiffeurs* von Hama (von 1928) u. a.: „aucun coiffeur ne devra travailler dans les bains publics, sauf en cas d'indisposition d'un de ses propres clients“[37].

---

[35] Ibn al-Uḫūwa S. 156; Šaizarī, JA 17, S. 40.

[36] Beilage 2. Die Figur des ewig schwatzenden Barbiers ist köstlich karikiert in der Geschichte vom Barbier und seinen Brüdern, 30—34. Nacht; auch in der 19. *ḥikāya* von Nizamis *Maḫzan al-asrār*, welche die Miniaturen illustrieren.

[37] War mir nur in franz. Übers. erreichbar in REI 6 (1932), 110.

Epilation

Zu den kosmetischen Operationen, die Männer wie Frauen im Bad vornahmen, gehörte das Entfernen der Körperhaare, was auf verschiedene Weise erreicht wurde: durch Einreiben der Haut mit *nūra*, wodurch die Haare ausfielen, durch Bestreichen der Haut mit der pechartigen *ʿaqīda*, die mitsamt den an der Masse klebenden Härchen weggerissen wurde, durch Auszupfen und schließlich durch Rasieren mit dem Schermesser.

Die *nūra*, in der arabischen Umgangssprache[38] schlicht *dawa* (= *dawā'*) 'Mittel', im Türkischen *hırızma* (< *χρισμα*), danach bei den europäischen Reisenden *rusma* oder *rasma*[39], ist eine Masse aus ungelöschtem Kalk und Arsentrisulfid (Operment, *zirniḫ*) von creme- oder salbenartiger Konsistenz[40]. Die Haut wurde damit nach dem Schwitzen eingerieben, von manchen am ganzen Leib (*qamīṣan*), von andern nur unterhalb des Nabels (*tasarwala*)[41]. Die *nūra* mußte nach kurzer Einwirkung wieder abgewaschen werden, sollten keine Ätzungen entstehen, die häßliche Narben „wie von Blattern" (Briemle 2,167) hinterließen. Aber auch richtig angewandt beeinträchtigt dieses Mittel die Zartheit der Haut, die allmählich grob und lederartig wird[42]. Es fand darum auch nicht die ungeteilte Zustimmung der Ärzte. Zur Vermeidung von Schädigungen empfahlen sie, nach dem Schwitzen das Mittel aufzutragen, im *awwal* zu bleiben, bis es eingewirkt hat und die Haare ausgehen, es dann schnell mit kaltem Wasser abzuwaschen, die behandelten Stellen dann zu bestreichen mit *zabad al-baḥr* (Sepiaknochen), *daqīq* von (= pulverisiertem) Reis, Gerste, Saubohnen oder Kichererbsen, das mit Rosen- oder Myrtenwasser zu einem Teig angerührt wird, und einzureiben mit Weinessig, Rosenwasser oder Rosenöl. Gegen das Brennen der Haut half Einreiben mit Rosenöl vor dem Auftragen der *nūra*, den unangenehmen Geruch des Mittels vertrieb Badeton (*ṭīn, bēlūn*), besonders der armenische, und *suʿd* (Zypergras) (Munāwī, fol. 91b). Eine weitere Möglichkeit bestand darin, der *nūra* etwas Coloquinten-Fett (*šaḥm al-ḥanzal*) beizumischen und die behandelten Stellen mit Henna einzureiben[43].

---

[38] Für Syrien schon im 16. Jh. nachweisbar: *Waqf Lālā* nennt S. 154 ein *bait ad-dawā'*; für Ägypten vgl. Burton 9,155, n. 1.

[39] Burton a.a.O.; Briemle 2,167: *rusma*.

[40] Lane 350, n. 1: it is made into a paste, with water, before application. Briemle a.a.O.: „das sie butterweich zu machen wissen."

[41] Y. b. ʿAbdalhādī fol. 52b.

[42] Briemle 2,167: „wird die Haut an denen Orten wie ein Corduan".

[43] Y. b. ʿAbdalhādī fol. 52b; Ǧuzūlī 2,1—2 = Zitat aus Ǧazzālī.

In den Bädern konnten die Gäste sich die *nūra* vom Badediener auftragen lassen, der seine Hand dabei mit einem ledernen Handschuh schützte[44]. Für diese Operation zog man sich in einen besonderen Seitenraum — *bait ad-dawā'*[45] — zurück. Dic *nūra* wurde teils vom *ḥammāmī* selber, freilich gegen Berechnung, zur Verfügung gestellt[46], teils am Eingang des Bades von fliegenden Händlern feilgehalten[47].

Die Anwendung der *ʿaqīda*, die aus eingedicktem Sirup (*dibs*) unter Zusatz von Terpentin[48] hergestellt wird, ist eine Angelegenheit nur der Frauen (Barthélemy s. v. *ʿaqīde*). Diese Masse dient in der Hauptsache dem Entfernen der Flaumhaare im Gesicht und der feinen Härchen an den Beinen. Sie wird in kleineren flachen Stücken auf die Haut aufgetragen und dann weggerissen[49] oder wird mit der Hand über die zu enthaarenden Stellen hin- und hergerollt[50]; in jedem Fall ist es ziemlich schmerzhaft[51].

Das Rasieren der Scham- und sonstigen Körperhaare war immer neben der Anwendung der *nūra* bekannt und geübt. Die Ḥammām-Traktate diskutieren, welcher Methode der Vorzug gebührt, ohne allerdings zu einem Ergebnis zu gelangen[52]. Das Abrasieren der Körperhaare ist Aufgabe der Badediener, nur das Entfernen der Schamhaare wird dem Kunden selber überlassen[53], doch erwähnt Ibn al-Ḥāǧǧ einmal tadelnd, daß manche Leute ins Bad gehen und den *ballān* anweisen, ihnen die Schamhaare abzurasieren[54].

---

[44] Einen solchen Handschuh besorgte Marwazī für seinen Lehrer Ibn Ḥanbal: „Ich habe für Abū ʿAbdallāh oft die *nūra* bereitet; ich kaufte ihm ein Leder für seine Hand, und er steckte seine Hand hinein und trug sich selber die *nūra* auf", zitiert bei Y. b. ʿAbdalhādī fol. 52b.

[45] *Waqf Lālā* S. 154; das *bait ad-dawā'* lag am Durchgang vom *'awwal* zum *wasṭānī*.

[46] Als Beleg mag die bei Ǧāḥiẓ, *Buḫalā'* 44 mitgeteilte Anekdote über einen Geizhals dienen, der immer wenn der *ḥammāmī* nicht in der Nähe war, aus dem *nūra*-Gefäß (*'iǧǧāna*) etwas entnahm, sich damit einrieb, den *mi'zar* wieder umband und sich schnell unter die Menge der Badenden mischte. Die Tatsache, daß dies als Geiz, nicht als Diebstahl gewertet wird, ist Beweis genug dafür, daß der Entgelt für die *nūra* verschwindend gering war.

[47] Ibn al-Uḫūwa 156: *wa-lau rattaba saddāran dāiman ʿalā bābi l-ḥammāmi li-yabīʿa s-sidra wa-'ālata l-ḥammāmi* (Var.: *wad-dawā'a*), *kāna ḏālika ḥasanan.* Y. b. ʿAbdalhādī zählt fol. 86b die Preise für Eintritt, Haarschneiden usw. auf, s. S. 114, aber nicht für Behandlung mit *nūra*.

[48] Burton 4,256, n. 1; s. auch S. 102.

[49] Marçais/Guîga I,381.

[50] Burton a.a.O.

[51] Vgl. Lewin, *Arabische Texte aus Ḥama*, S. 136.

[52] Y. b. ʿAbdalhādī fol. 53a.

[53] Briemle 2,148: „aber die Scham oder heimliche Örter zu säubern, geben sie einem ein Scheer-Messer." Vgl. auch Beilage 6.

[54] 3,249.

Das Entfernen aller Körperhaare gilt als verdienstlich[55], nach andern ist es für die Männer *ǧā'iz* ('erlaubt, rechtlich indifferent'), für die Frauen hingegen schon nahezu Pflicht, weil ihnen nach Sure 24,31 geboten sei, vor ihren Herren ihre Reize nicht zu verbergen[56] — eine eigenwillige, aber nicht gerechtfertigte Exegese von *wa-lā yubdīna zīnatahunna 'illā li-bu'ūlatihinna* „und sie sollen ihren Schmuck nur ihren Herren zeigen". Es scheint, daß Muḥammad selber hier eine *sunna* geschaffen hat. Nach dem Ḥadīṯ pflegte der Prophet seine Körperhaare mit *nūra* zu entfernen; er ließ sich sogar von einer dritten Person dabei helfen. Nur an der Scham übernahm er selber die Operation[57].

Nachlässigkeit im Entfernen der Körperhaare ist gleichbedeutend mit ungepflegt und gilt als großer Mangel[58]. Regelmäßige Anwendung der *nūra* galt andrerseits als der Gesundheit sehr förderlich: „Es heißt, (die Anwendung) der *nūra* einmal in jedem Monat löscht die gelbe Galle, verleiht einen reinen Teint und stärkt die sexuelle Potenz" (*Iḥyā'* 1,139); die zuletzt genannte Wirkung hat auch, nach verbreiteter Anschauung, das Abrasieren der Schamhaare[59], weil dadurch die schädlichen Dämpfe entweichen können und die Spermagefäße die richtige Feuchte erhalten (Munāwī fol. 91a).

Wer sich im März dreimal im Abstand von einer Woche enthaart, soll nach ärztlicher Ansicht Aderlaß, Schröpfen und Trinken von Abführmitteln entbehren können[60]. Es wird empfohlen, das Enthaaren wöchentlich einmal vorzunehmen und es spätestens alle 40 Tage zu wiederholen[61], doch dürften die meisten nicht so lange gewartet haben, denn frisch enthaart zu sein zählt zu den Wonnen des Lebens (s. S. 24).

---

[55] *mustaḥabb*. Y. b. 'Abdalhādī fol. 52a; Ibn al-Uḫuwa S. 199.

[56] Y. b. 'Abdalhādī fol. 51b = Zitat aus dem Ḥammām-Traktat des Ḥusainī.

[57] Vgl. die Belege in der Ḥadīṯ-Konkordanz, Stichwörter: *ṭalā, iṭṭalā*.

[58] Vgl. die Verse des Ibn al-Ḥaǧǧāǧ, der eine *qaina* tadelt (Text: *Yatīma* 3,77):
Sie hat eine Scham, als wäre es das Gesicht eines Ḫazarenlümmels,
Mit Haaren, deren Enden sind wie Nadelspitzen.
Beim Beischlaf mit ihr wird mein Vorwärtsstoßen zu einem Zurückweichen.
Zupfe dir für eine solche Gelegenheit (die Haare) aus oder rasier sie ab oder entferne sie mit *nūra* (*li-miṯli ḏā l-waqti ntifi * 'awi ḥliqi 'aw nawwiri*). Siehe S. 129, Anm. 2.

[59] Ǵuzūlī 1,268 = Zitat aus der 8. ǧumla des *Mūǧiz* von Ibn an-Nafīs, der seinerseits ein Auszug aus Ibn Sīnā's *Qānūn* ist; ein Beispiel, wie die Adab-Autoren ihr Wissen aus zweiter oder dritter Hand schöpften, obwohl die Quellenwerke erster Hand ihnen zugänglich gewesen wären.

[60] Y. b. 'Abdalhādī fol. 52b. Ibn Mufliḥ 3,340 hat statt *'āḏār* „März" *fī 'izār* „in einem Umhang, Hemd".

[61] Y. b. 'Abdalhādī fol. 53a; Ibn al-Uḫūwa S. 199.

Abraspeln der Fußsohlen

Ebenfalls in den Aufgabenbereich der Badediener fällt das Abraspeln der Hornhaut auf den Fußsohlen mit dem *ḥaǧar al-ḥammām*. Die wohltuende Wirkung dieser Operation wird immer hervorgehoben, „sie läßt die Dämpfe entweichen, hilft gegen Bein- und Hüftschmerzen, öffnet die Poren, vertreibt Migräne, hilft gegen Trachom, läßt Müdigkeit vergehen, weil sie diese Dinge nach unten zieht" (Munāwī fol. 91 b). Der Stein, für den es keinen speziellen Terminus gegeben hat, wurde aus gebranntem Ton hergestellt (s. die Abb. bei Lane). Es gab grob- und feinkörnige Sorten. Als beste Sorte galt nach Yūsuf b. ʿAbdalhādī fol. 22 a der feinkörnige ägyptische Stein (*'aǧwaduhū l-Miṣrīyu r-rafīʿ*). Yūsufs Bemerkung zeigt gleichzeitig, daß man auch in solchen Kleinigkeiten anspruchsvoll war; sicher war diese Importware zu seiner Zeit in Damaskus erhältlich.

Kosmetik

Zur Pflege von Haut und Haar war eine große Anzahl von Mitteln bekannt und gebräuchlich. Manches fand zwar nie die Billigung der Fuqahā', wie der *daqīq* (Mehl einschließlich Kleie) verschiedener Getreidearten und Hülsenfrüchte, weil der Prophet verboten habe, etwas Eßbares zum Waschen zu benutzen (Y. b. ʿAbdalhādī fol. 87 a). Der Muḥtasib sollte auch darauf achten, daß der *dallāk* dergleichen nicht verwandte (JA 17, S. 40), doch die Allgemeinheit hat sich von solchen Bedenken und Verboten nicht weiter beirren lassen.

Yūsuf b. ʿAbdalhādī, Faqīh und Realist zugleich, bringt fol. 87 a—89 b nach den Pflichtzitaten aus der Fiqh-Literatur, die das Waschen mit *daqīq* z.B. von *ḥummuṣ* (Kichererbsen), Linsen oder *bāqillā* (Saubohnen) für *makrūh* erklären, eine alphabetisch geordnete Liste der im Bad gebräuchlichen Kosmetika und anderen Mittel mit Angaben über deren Eigenschaften (im Sinn der Humoralpathologie) und Anwendungen, die auch die vorher für *makrūh* erklärten Mittel einschließt. Seine Beschreibungen sind aus der medizinischen Literatur, besonders Ibn al-Baiṭar, den er mehrfach namentlich anführt, exzerpiert. Trotzdem kann nicht von einem medizinischen Fachwissen die Rede sein; es ist medizinisches Allgemeingut, was er ausbreitet. Ich beschränke mich im folgenden auf die Anwendung in der Badepraxis und lasse unberücksichtigt, was Yūsuf der Vollständigkeit halber an weiteren Anwendungen aufzählt.

Der Säuberung im engeren Sinn dienen Seife (*ṣābūn*), *'ušnān*, *sidr* und der *kīs al-ḥammām* (s. S. 70), den Yūsuf konsequent unter den reinigenden Mitteln anführt (fol. 88b). Die Hauptanwendung der Seife im Bad ist S. 71 beschrieben. Eine kräftige Massage mit Seife vertreibt Hautflechten. Eine Massage im Bad mit einem Gemenge von Seife und Salz in gleichen Teilen vertreibt Hautjucken, Krätze und Geschwüre; Seife und Henna in gleichen Teilen gemischt lindert Gelenkschmerzen. Seife für das Bad gehört zu den lebensnotwendigen Dingen wie das tägliche Brot, mit dem zusammen in einem Atemzug es genannt ist in den Musterehekontrakten bei Nuwairī 9,125—26: *mā taḥtāǧu 'ilaihi min nafaqatin wa-mu'natin wa-mā'in wa-zaitin wa-ṣābūni ḥammāmin fī kulli yaumin kaḏā wa-kaḏā* „was sie braucht an Haushaltsgeld, Essen, Wasser, Öl und Seife für das Bad, pro Tag soundso viel".

'ušnān ist wohl nicht die extrahierte Pottasche, sondern die Bezeichnung für alkalihaltige Pflanzen[62]. In Damaskus meint man damit eine (für mich bis jetzt nicht näher bestimmbare) Pflanze, die an den Abhängen des Antilibanon wächst. Die Blätter dieser Pflanze werden geerntet, getrocknet und in einer besonderen Mühle, der *ṭāḥūnat al-'ušnān* vor dem Daḥdāḥ-Friedhof, gemahlen und anschließend in der Stadt verkauft, teils an den *ʿallāf*, der als Zwischenhändler fungiert (er verkauft auch Getreide, Hülsenfrüchte, Sumach u. ä.), teils an die Verbraucher direkt, besonders die Butterschmalz- und Ölhändler, „weil es die Eigenschaft besitzt, alle Arten von Fett und Öl von Kleidern und Händen zu entfernen, mehr noch als Seife" (Qasimi 216). Ende des vorigen Jahrhunderts gebrauchten aber nur noch die ärmeren Schichten *'ušnān* zum Waschen im Bad, wie aus einem Zusatz Qasimis hervorgeht. Im Mittelalter war hingegen *'ušnān*, wie die umgangssprachliche Bezeichnung *ġāsūl* (Y. b. ʿAbdalhādī fol. 88b; Form wohl Analogiebildung nach *ṣābūn*) zeigt, das Waschmittel schlechthin, das in jeder Küche zu finden war (*Muntaẓam* 6,260).

sidr ist die Bezeichnung für die getrockneten und gemahlenen Blätter des Christusdorns (Zizyphus spina Christi). Mit Wasser verquirlt ergibt dieses Pulver einen weißen Schaum, der die gleiche Wirkung wie Seifenschaum hat. In den Augen der Badediener war *sidr* ein Allheilmittel. Es nützte gegen kalte und heiße Krankheiten; gegen kalte mußte das Pulver trocken aufgestreut werden, gegen heiße half der Schaum oder eine mit Wasser angerührte Paste (Y. b. ʿAbdalhādī fol. 88a).

Der Muḥtasib hatte darauf zu achten, daß *sidr* und *'ušnān* beim Mahlen nicht verfälscht wurden. Vom *sidr* sollte Sommerlaub zusammen mit Winterlaub verarbeitet werden. Verfälschungen mit den Blättern

---

[62] Siggel, *Wb. d. Stoffe* s. v. nennt mehrere Pflanzen, die *'ušnān* heißen.

anderer Sträucher ergeben, darauf macht Ibn al-Uḫūwa seine Kollegen aufmerksam (S. 158/159), einen gelblichen Schaum, unverfälschte Ware einen weißen. Verfälschungen mit den Fruchtkernen und dem Holz des Lotosbaumes, die das spezifische Gewicht erhöhen und die Waschkraft stark mindern, konnten am spezifischen Gewicht erkannt werden: unverfälschter *sidr* wog 1 *raṭl* und 2 Unzen ägyptisch je *qadaḥ* (1 kleiner *qadaḥ* = 0,94 Liter; ein großer *qadaḥ* = 1,88 Liter).

'ušnān wurde gern mit *turmus* (s. u.) verfälscht. Ein geringer Zusatz — $^1/_4$ *waiba* = ca. 8 Liter *turmus* auf 1 *ardabb* = ca. 200 Liter *'ušnān* — war erlaubt, um das Mahlen des *'ušnān* zu erleichtern. Zuviel *turmus* hob die Wirkung des *'ušnān* auf (Ibn al-Uḫūwa S. 159).

Zur Bereitung eines *dalūk*, eines mit Wasser, Rosenwasser, Essig oder Zitronensaft angerührten Teigs, der direkt auf die Haut aufgetragen und erst nach längerer Einwirkung wieder abgewaschen wurde, verwandte man feingemahlenes oder -gestoßenes Pulver (*daqīq, duqāq*) von Saubohnen, Lupinen (*turmus*), Linsen, Feuerbohnen (*māš*), Wicken (*kirsinna*), Gerste, oder nur die Kleie (*nuḫāla*) dieser Hülsenfrucht- und Getreidearten, was im Gegensatz zur Verwendung von *daqīq* erlaubt war. Die verschiedenen Sorten *dalūk* waren Mittel gegen Hautreizungen, Pickel, Krätze, Geschwulste usw.

Das einzige von den Männern gebrauchte kosmetische Mittel war *ḫiṭmī* (Eibisch, Althaea officinalis), dessen getrocknete, zu Pulver zerstoßene Blätter zum Waschen von Haupt- und Barthaar verwandt wurden (Y. b. ʿAbdalhādī fol. 87b). Nach dem Vorbild des Prophetengenossen und ersten Kalifen Abū Bakr war den Männern zwar auch das Färben der Haare mit Henna erlaubt, doch scheint dies nicht üblich gewesen zu sein. Yūsuf zitiert zwar ein Rezept für ein Bartfärbemittel aus Ibn al-Baiṭar (2 *dirham* Seife, 1 *dirham* Zinnober, 1 *dirham* gelöschter Kalk, nach dem Waschen anzuwenden und eine halbe Stunde einwirken zu lassen), aber er sagt nicht, daß man danach verfuhr; er sagt aber bei Henna: „Die Frauen gebrauchen es oft, aber nicht die Männer" (fol. 87b).

Die Frauen verwandten im Bad hingegen sehr viel Zeit auf Haarkosmetik. Zum Färben nahmen sie Henna und *katam* (Hartriegel); von letzterem weiß Yūsuf allerdings nur zu sagen, das Abū Bakr es zusammen mit Henna zum Haarfärben gebrauchte. Henna machte das Haar auch weich und vertrieb Nissen. Dem letztgenannten Zweck dienen auch *zabīb al-ǧabal* (Flohkraut, Delphinium staphisagria, Siggel) und die Samen von *mulūḫīya* (Melde). Zum Glätten und Entkräuseln der Haare nahmen die Frauen *bizr qaṭūnā* (*bazraqaṭūnā*, Dozy), die Samen des

„Flohkrauts" Plantago psyllium (SIGGEL), das auch das Spalten der Haare verhinderte, *kaṯīrā'* (Traganthgummi) und *mulūḫīya*-Samen.

Sonstige Schönheitsmittel der Frauen waren Saft und Schale von Pomeranzen (*nāranǧ*), gegen Hautreizungen, Jucken usw. und zum Bleichen oder Vertreiben von Sommersprossen und ähnlichen Hautunreinigkeiten. Gegen Pickel und Geschwüre gebrauchten sie auch Henna und sauren Yoghurt; gegen sich abschälende Haut *zabīb al-ǧabal*; gegen Hautflechten auch *kaṯīrā'*, das auch bloß zur Verschönerung des Teints angewandt wurde.

Merkwürdigerweise ist bei YŪSUF der Badeton nicht genannt, obwohl er heute noch, auch in Damaskus, ein beliebtes Kosmetikum ist. In Damaskus nannte man mir als Benennung *ṭrābe*, im Libanon *ṭrābi*, beides entspricht hocharabischem *turāba*. In Aleppo und Hama heißt der Badeton *bēlūn*[63]. In Spanien hieß er *ṭafl, ṭafal, ṭifl*[64]. Es ist eine fette Tonerde, die mit Rosenwasser o. ä. parfümiert ist und vor allem zur Haarwäsche verwandt wird. Bei den Aleppiner *'aṭṭārīn* sah ich sie in zwei Formen: als Pulver[65] und zu flachen 2—3 cm langen durchlöcherten Röllchen gepreßt. Diese Form hat nach BARTHÉLEMY nur der *bēlūn b-ward*, der mit Rosenwasser parfümierte Badeton.

Zum Einölen der Haut wurde außer dem bisher schon mehrfach genannten Rosenöl verwandt: Veilchenöl (*duhn banafsaǧ*), das als bestes Einreibemittel gilt, Quittenöl, Kürbisöl, Seerosenöl und Alantöl (*duhn qisṭ*), das — wie im europäischen Mittelalter — als ein Universalheilmittel angesehen war.

Erfrischungen

Tee, Kaffee und Tabak haben die in den mittelalterlichen Texten genannten Erfrischungen, die man nach dem Bad zu sich nahm, weitgehend verdrängt. In der 43. Nacht läßt Qūt al-Qulūb dem Ġānim, seiner Mutter und seiner Schwester nach dem Bad „Brühen, Galgantwasser und Apfelsaft (*masālīq wa-mā' al-ḫulunǧān wa-mā' at-tuffāḥ*)" servieren[66]. In der

---

[63] BARTHÉLEMY s. v.; LEWIN, S. 160.

[64] Vgl. die Belege bei DOZY s. v. — IBN BAṬṬŪṬA 3, 56—57 berichtet, daß in Tirmiḏ am Oxus *laban* (Milch bzw. Yoghurt) zur Haarwäsche diente statt *ṭafal*, wie er es kannte. In den Bädern der Stadt ständen große Gefäße mit *laban*, aus denen man mit kleinen Gefäßen schöpfe. „*laban* macht das Haar geschmeidig und glänzend." In Indien fiel ihm auf, daß man im Bad vor der Anwendung des Badetons die Haare mit Sesamöl behandelte.

[65] Badeton in Pulverform scheint auch in Aleppo *ṭrābe* zu heißen. Als ich *ṭrābe* verlangte, bekam ich das Pulver.

[66] 43. Nacht = 1, 138.

59. Nacht wird auf der *maṣṭaba* des Bades ein Tischchen mit Speisen und Früchten aufgestellt[67]. In der 936. Nacht serviert Abū Ṣīr aber neben den *šarābāt* auch Kaffee[68].

Die Ḥammām-Traktate verbreiten sich zwar hauptsächlich allgemein über Nutzen und Schaden von Essen und Trinken vor, während und nach dem Baden, enthalten aber auch einige konkrete Angaben. Kalte Getränke, wie *fuqqāʿ* (eine Art Bier), besonders aber kaltes Wasser, gelten für äußerst schädlich[69], anderswo wird mit kaltem Wasser gemischtes Rosenwasser oder moschusparfümierter Apfelsaft empfohlen[70]. Yūsuf b. ʿAbdalhādī rät fol. 60b zu leichten Speisen wie *ṭaʿām al-ḥabb rummān al-muḥallā* (sic!), das wäre eine aus Granatapfelkörnern zubereitete Süßspeise; *zīrbāǧ*, ein Gericht aus Mandeln, Zucker und Essig (Dozy mit Beleg aus dem 13. Jh.); *maraq sādaǧ* 'klare (oder ungewürzte?) Bouillons', z.B. Hühnerbrühe; *šōraba* (*šwrb*') 'Suppe'. Munāwī empfiehlt fol. 92a—b allen, die einen schwachen Magen haben, Granatäpfel, Quitten und Äpfel, ferner Getränke aus eingedickten Fruchtsäften (*rubūb*) und ausgepreßten frischen Früchten, besonders *šarāb* aus Zitronen oder *ḥummāḍ* (Sauerampfer)[71].

In der Praxis sah das allerdings etwas anders aus, wenigstens in Damaskus, denn Yūsuf b. ʿAbdalhādī klagt darüber, daß zu seiner Zeit die Einwohner der Stadt mit Vorliebe Wassermelonen im Bad verzehrten, was „sehr schlecht" (*radīʾ ǧiddan*) sei, und daß besonders die Frauen ohne Rücksicht auf irgendwelche Gesundheitsregeln so schwere Speisen wie Fisch, gesalzenen Käse, Zitronen oder Mixed Pickles (*makbūs*) u. ä. im Bad zu sich nähmen, obwohl das dick mache, aber vielleicht, so vermutet er, sei das der eigentliche Grund (fol. 59a).

In älterer Zeit sind die beim und nach dem Baden zu beachtenden Regeln über Essen und Trinken vielleicht besser beachtet worden. So wird über Ḥunain b. Isḥāq (gest. 260/873) überliefert: „Nach der Rückkehr vom täglichen Ausritt pflegte er ins Bad zu gehen (wohl das Bad in seinem Privathaus) und sich Wasser überzugießen; wenn er herauskam, wickelte er sich in ein Frotteetuch (*qaṭīfa*). Dann war schon für ihn ein silberner Pokal bereitgestellt mit einem *raṭl*[72] *šarāb* und einem darin

[67] 1,172.

[68] 2,511 = Littmann 6,169. Littmann hält diese Geschichte wegen der Nennung von Kaffee und Tabak in ihr für jung, nach der türkischen Eroberung Ägyptens entstanden (Nachwort 6, 705). Kaffee an dieser Stelle kann aber sehr gut, genau wie der Tabak (Littmann 6,147) die Zutat eines Erzählers aus jüngerer Zeit sein, der damit die Geschichte up to date brachte.

[69] Y. b. ʿAbdalhādī fol. 60b, Munāwī fol. 92b.

[70] Beilage 1, S. 142.

[71] Bei Lane S. 155 *šarāb al-ḥumaiḍ*.

[72] Ein Bagdader *raṭl* entspricht 406,25 gr. (Hinz).

eingebrockten *ka'k* (best. Gebäck). Er aß den *ka'k* und trank den *šarāb* und streckte sich aus, bis kein Schweiß mehr kam (d.h. bis er seine normale Körpertemperatur wieder erreicht hatte), und manchmal schlief er. Dann erhob er sich, ließ sich Weihrauch verbrennen und sein Essen bringen. Das bestand aus einem gekochten Mastküken, einer Portion *zīrbāǧ* und einem Laib Brot von 200 *dirham* Gewicht[73]. Er trank von der Brühe, dann verzehrte er das Küken und das Brot und legte sich zum Schlafen nieder, und wenn er wieder aufstand, trank er vier *raṭl* alten *šarāb*. Er aß sein Leben lang nichts andres. Wenn er Lust auf frische Früchte hatte, aß er syrische Äpfel (*tuffāḥ šāmīy*), Granatäpfel und Quitten."[74] Bei diesem Speiseplan kann ich mich aber kaum gegen den Verdacht wehren, daß Ḥunain hier eine ideale Diät unterschoben ist, oder daß seine tatsächlichen Eßgewohnheiten normbildend gewirkt haben und so die frappierende Übereinstimmung sich erklärt. Doch ist zu bedenken, daß Ḥunain Arzt war und die Regeln der Medizin etwas ernster genommen haben kann als seine Zeitgenossen und Nachfahren.

---

[73] *waznuhū mi'atā dirham* (Ibn Ḫallikān) statt *fīhi mi'atā dirham* (Ibn Abī Uṣaibi'a). 200 Dirham = 630 gr.; entweder war Ḥunain ein guter Esser, oder alles zusammen wog 200 Dirham.

[74] Ibn Abī Uṣaibi'a (s. S. 150) 1,189; Ibn Ḫallikān 1,210.

GESELLIGKEIT

Wichtiger noch als die Erfrischungen ist die Unterhaltung mit Freunden. MUNĀWĪ empfiehlt: „Man soll mit einer Gruppe von gebildeten und gelehrten Freunden ins Bad gehen, die Geschichten, Anekdoten und Erzählungen kennen, denn das vertreibt den Kummer, erheitert das Gemüt und erfreut das Herz" (fol. 87b). „Die Benutzung des Bades für Gesang, Geselligkeit und Vergnügung"[1] galt nach den Ḥisba-Handbüchern als harmlos.

Es war üblich, die Freunde mit ein paar Versen oder einem in kunstvoller Prosa gehaltenen Brief zum gemeinsamen Besuch des Bades einzuladen, das aber dabei — so will es die literarische Manier — nicht beim Namen genannt wurde. Bei dem reichen Repertoire an speziell das Bad betreffenden Topoi war diese Forderung aber nicht schwierig:

Saʿīd, steht dir der Sinn nach dem Besuch eines Hauses, dessen Preis die Gliedmaßen der Besucher anstimmen,
Eines geräumigen (Hauses), in dem du siehst, daß die Mauern Quellen sind und der Himmel viele Monde hat,
In dem der Schamgesichtige das Kleid seiner Scham ablegt und hin und her wippt wie die nackte Schwertklinge.[2]

Auf, laß uns absteigen in der besten aller Wohnungen, doch wenn du es genau betrachtest, ist es die schlechteste aller Wohnungen,
Eine Wohnstatt, in der du deine Religion ablegst, wenn einer zu dir hintritt, der den Schurz abgelegt hat,
In der du am Tage die Sonnen nicht siehst, doch am Mittag die Monde.[3]

Wer einen anderen ins Bad einlud, war nach altem Brauch[4] verpflichtet, ihm auch das Mittagessen zu spendieren. So lesen wir *Aġānī*

---

[1] IBN AL-UḪŪWA 214,16; *al-istifrāḥ* („amusement") ist Lese- oder Druckfehler. Vielleicht ist das gleiche wie mit *afrāḥ* gemeint: „Hochzeitsfeier".

[2] Dichter: Sarīy ar-Raffā', s. S. 48. Dies hier ist der Anfang des S. 48 weiter übersetzten Gedichtes. Das „Preis anstimmen" bezieht sich auf das *za'za'* der Haut, s. S. 71 oben; mit den vielen Monden im Himmel sind die *ǧāmāt* gemeint.

[3] Dichter: Abū Hilāl al-ʿAskarī, s. S. 48; hier ebenfalls Anfang des Gedichts. *ḫairu dārin* = *al-ǧanna*; *šarru dārin* = *an-nār*. Die Umschreibung der Begriffe „Paradies" und „Höllenfeuer" ist beliebt: *maurid al-abrār wal-fuǧǧār* in einer Einladung in Reimprosa, *Yatīma* 2,45.

[4] Y. B. ʿABDALHĀDĪ 59a—b, als Ausspruch des Mālik b. Ānas.

21,43: „Als Fīl, der Klient des Ziyād [b. Abīhi, Gouverneur von Basra und Kufa 45—53/665—673] seinen Palast in as-Sayābiğa gebaut hatte, bereitete er ein Mahl und lud Ziyāds Freunde ein. Sie gingen in das Bad, das als Ḥammām Fīl bekannt ist, und als sie herauskamen, aßen sie bei ihm zu Mittag.“ Hochgestellte Gastgeber schenkten ihren Gästen oft Ehrengewänder, die sie nach dem Baden vorfanden, bisweilen auch das Badgerät. Usāma gibt hierfür einen interessanten Beleg in dem von ihm wiedergegebenen Bericht des Gouverneurs von Irbil, dessen Vater unter dem Seldschukensultan Malik Šāh zu dem Gouverneur von Diyarbekr geschickt worden war, um 30000 Dīnār einzufordern. Er wird dort an drei Tagen hintereinander ins Bad geladen und erhält jedesmal ein neues Gewand und silbernes Badegerät (S. 88).

Ein geschätzter Beitrag zu den Geselligkeiten, die nach dem Baden im *maslaḫ* stattfanden, waren Stegreifverslein, an welchen die Dichter freilich vorher schon lange gefeilt hatten, Verse zum Preis, aber auch zum Tadel des Bades, Verse auf die Fertigkeit oder Ungeschicklichkeit der Badediener, auf schöne Jünglinge, Beschreibungen, Vergleiche, besonders obszöne, usw. Wir dürfen annehmen, daß mehr oder weniger alle Gedichte, die in den Anthologien und den Ḥammām-Traktaten zusammengetragen sind, für solche Gelegenheiten gedichtet und auch dort vorgetragen wurden.

Einige Stücke sind in einem größeren Zusammenhang, weitere mit Angabe der auslösenden Gelegenheit überliefert. In der 132. Nacht ist der Typus eines solchen „après-bain“ dargestellt, in das mehrere kurze Gedichte, die z.T. isoliert auf uns gekommen sind, mit einkomponiert sind. Die Badenden — das sind der Wesir, der *Šaiḫ as-sūq* und die beiden Jünglinge Tāğ al-mulūk und ʿAzīz — haben sich abgetrocknet und sitzen im *maslaḫ*. Der Wesir wendet sich an den Marktvorsteher mit den Worten: „Das Bad ist das Paradies des Diesseits“ (*'inna l-ḥammāma naʿīmu d-dunyā*, was andrerseits noch ein Wortspiel auf den Segenswunsch *naʿīman* ist, den ihnen der *ḥammāmī* entboten hat). Der Alte antwortet: „Gott lasse es dir und deinen Söhnen zur Gesundheit gereichen und bewahre deine Söhne vor dem bösen Blick! Wißt ihr vielleicht ein paar Verse auswendig, die die Dichter zum Lob des Bades verfaßt haben?“ Daraufhin rezitiert Tāğ al-mulūk die folgenden Verse:

Das Leben im Bad ist das schönste Leben, das es gibt, doch ist der Aufenthalt in ihm zu kurz.
(Das Bad ist) ein Paradies, in dem man nicht verweilen mag, eine Hölle, die zu betreten angenehm ist.

ʿAzīz trägt dann vor:

Gar manches Haus, in dem von Felsblöcken Blumen sprießen, ein schönes Haus, wenn rundherum das Feuer lodert,
Hältst du für eine Hölle, doch ist es in Wirklichkeit ein Paradies, in dem meistens Sonnen und Monde (schöne Mädchen und schöne Jünglinge) sind.

Nun singt der *Šaiḫ as-sūq*:

O Wonne einer Hölle — und zugleich des Paradieses — durch deren Qualen Geister und Leiber wieder belebt werden.
O Wunder über ein Haus, dessen Annehmlichkeit nicht dahinwelkt, obgleich unter ihm ein Feuer brennt.
Ein Leben der Freude für den, der Schmerzen leidet, nachdem die Wasserläufe ihre Tränen über ihn ausgegossen haben.

Er schließt seine Darbietung mit den beiden Versen:

Ich kam zu einem Haus, und jeder Hüter, den ich sah, empfing mich mit lachendem Gesicht (Anspielung auf das freundliche Gesicht, das der *ḥammāmī* machen sollte).
Ich betrat sein Paradies und seine Hölle, und bedankte mich bei Riḍwān (d. i. der Paradieseswächter) und bei Mālik (d. i. der Höllenpförtner) für seine Freundlichkeit.

Der Vergleich des Bades einerseits mit dem Paradies, andrerseits mit der Hölle, der sich in allen vier Stücken findet, ist vielleicht der am meisten strapazierte Topos zum Thema Bad. Auch die Paradoxe, wie „angenehme Hölle", „freundlicher Höllenpförtner", „Höllenqualen, die zum Leben erwecken" oder „Schmerzen, die Freuden sind", sind äußerst beliebt gewesen. Der Dichter der von Tāǧ al-mulūk rezitierten Verse ist der in *Fawāt al-wafayāt* 2, 94—96 registrierte Ibn aḏ-Ḏarawī[5]. Dieser Dichter besuchte mit seinem Kollegen Ibn Wazīr das Bad, wo jener die folgenden Verse von sich gab:

Ein herrlicher Tag, den ich im Bad genieße, indes das Wasser, das zwischen uns aus dem Becken (*ḥauḍ*) strömt,
Auf dem durchscheinenden Marmor am hellen Vormittag so aussieht, als sei es Wasser, das über die Gewänder eines Bleichers fließt (d.h. über zum Bleichen ausgebreitete Gewänder).

Der formal linkische — wenn auch treffende — Vergleich der Wasserlachen auf dem weißen durchscheinenden Marmorfußboden mit den

[5] *Fawāt* hat keine Lebensdaten.

Wasserlachen auf den in der Sonne zum Bleichen ausgebreiteten nassen (und darum auch durchscheinenden) Tüchern ist für Ibn aḏ-Ḏarawī Anlaß, den Ibn Wazīr zu necken:

So manchem Dichter hat die Natur das Licht des Scharfsinns angezündet und hätte ihn wegen des Übermaßes des Zündens (Wortspiel *dakā'* — *'iḏkā'*) fast verbrannt.
Tagelang hat er seine Geistesgaben angestrengt und vergleicht dann nach all der Mühe Wasser — mit Wasser![6]

Ġuzūlī zitiert noch den folgenden tiefsinnigen Vers von Ibn Wazīr, der allerdings wie seine eigene Parodie aussieht:

Es ist so, als seien wir, indes um uns herum Wasser ist, Leute, die da sitzen, indes um sie herum Wasser ist.[7]

Beliebt war, neben dem Lob, auch die Schmähung des Bades, die aber in den seltensten Fällen bösgemeint war. Vielfach dürften die Schmähverse nur eine Probe des dichterischen Könnens sein, die — vielleicht nach einer Reihe von bereits angehörten Lobgedichten — von einem Mitglied der Runde abverlangt wurde[8]. Ein hierbei häufig wiederkehrender Topos ist die Gleichsetzung von Bad und Tod, zugleich auch ein Wortspiel auf *ḥammām* — *ḥimām* (in der arabischen Schrift homograph), wie in den folgenden[9]:

Unser Bad (*ḥammām*) ist ein Tod (*ḥimām*). Das Wort ist nur falsch gelesen worden.
Denn es vereint die drei Eigenschaften des Todes: Kälte, Gestank und Finsternis.

---

[6] *Fawāt* 2,96 = Munāwī fol. 99a—b; Ġuzūlī 2,13.

[7] Ġuzūlī 2,13.

[8] *Dīwān* Ṣafīyaddīn al-Ḥillī (Beirut 1962), S. 630: „Er wurde darum gebeten, ein Bad, das sie besucht hatten, zu schmähen. Da sagte er: „Dein Bad enthält heißes Wasser und Todesgeschick (Wortspiel mit *ḥammām* — *ḥamīm* — *ḥimām*; zu „Todesgeschick" vgl. das im Text folgende Gedicht). Es ist wie das Höllenfeuer schlecht als Aufenthaltsraum oder Wohnplatz." — Šarīšī, *Šarḥ al-maqāmāt al-Ḥarīrīya* (Kairo 1314) I,54 = Munawī fol. 96b = Qasimi S. 109: „ar-Raqāšī [Lobdichter der Barmakiden, *kaṯīr aš-šiʿr, qalīl al-ǵayyid* urteilt Ibn al-Muʿtazz, *Ṭabaqāt* S. 227 über ihn] besuchte mit einigen Prinzen das Bad. Einer sagte zu ihm: Laß uns etwas zum Lob des Bades hören! Da hub er an: Es entfernt den Schmutz der Haut und läßt Sauberkeit folgen, es lindert die Magenbeschwerden und verleiht eine angenehme Stimme. Da sagten sie: Nun etwas zum Tadel des Bades! Da sagte er: Es bringt die Hüllen zum Fallen, erzeugt Dampf und läßt die Würde verschwinden."

[9] al-ʿImād al-Iṣfahānī, *Ḫarīdat al-qaṣr, qism šuʿarā' Miṣr*, Kairo 1951, II,7; Dichter: Ẓāfir al-Ḥaddād.

Ein anderer beschließt sein Schmähgedicht mit den Versen[10]:

Und überhaupt: wir sind als Söhne Sems (d.h. mit weißer Haut) ins Bad gegangen und wie die Söhne Chams (d.h. mit schwarzer Haut) zurückgekommen.

Eine ähnliche, gebildeten Muslimen sofort verständliche Anspielung enthalten die tadelnden Verse eines Muḥammad al-Hāšimī (Freigelassener eines Enkels des Kalifen al-Mahdī), dem im Bad die Schuhe gestohlen worden waren[11]:

Vor dir tadle ich das Bad des Ibn Mūsā, auch wenn es an Wohlgeruch und Hitze alle Wünsche übertrifft.

Die Diebe sind in rauhen Scharen über es hergefallen, so daß, wer dort seinen *ṭawāf* vollführt, barfuß und nackend bleibt.

Zwar habe ich im Bad kein Kleidungsstück vermißt, aber ich bin als Muḥammad hineingegangen und als Bišr herausgekommen.

Ǧamāladdīn Ibn Nubāta klagt:

Ein Freund lud mich ein ins Bad, doch er stürzte mich in schmerzhafte Qual.

Denn Übles gibt es im Übermaß, aber nur wenig Wasser. Was für ein schlechter Freund, was für ein übles Bad![12]

Munāwī bringt diese beiden Verse anonym, mit abgeändertem zweiten Vers (fol. 99a = Qasimi S. 111):

Unterhaltung in Fülle, aber wenig Wasser. Was für ein angenehmer Freund, aber welch übles Bad!

Seinen Badbesuch rechtfertigt ein Ṣadraddīn b. al-Wakīl[13]:

Ich bin nicht ins Bad gegangen des Vergnügens wegen — wie könnte ich, da das Feuer der Sehnsucht in meinem Innern brennt.

Mir genügte nicht der (Tränen)strom meiner Augen, so trat ich ein, um mit allen Gliedern zu weinen.

In einer Gesellschaft, in der ein Flirt mit schönen Knaben halbwegs geduldet war, fanden Gedichte dieses Themenkreises natürlich große Reso-

---

[10] Maqqarī 5,314.

[11] Ǧuzūlī 2,11 = Munāwī fol. 97a—b = Qasimi 110 = *Muntaẓam* 7,186; Der Dichter Muḥammad b. ʿAbdallāh al-Hāšimī starb 385/995. Mit Bišr ist der bekannte Sufi Bišr al-Ḥāfī („der Barfüßige") gemeint (gest. 227/841).

[12] Ǧuzūlī 2,13 = *Dīwān* Hs. Wetzstein I,40 fol. 123 b (Ahlw. 7861).

[13] Ǧuzūlī 2,10.

nanz, besonders im Bad, das in dieser Hinsicht nicht ganz ohne Grund öfter in einem leicht zweifelhaften Ruf stand. Besonders die Sufis wurden verdächtigt, im Bad homosexuellen Lastern nachzugehen. Einem etwas exzentrischen Mystiker wie dem Scheich Abū l-Ḥasan al-Ḥarīrī (*Fawāt* 2,42) wird z.B. nachgesagt, daß jemand ihn im Bad zusammen mit zwei schönen nackten Jünglingen gesehen habe und ihn fragte, was das bedeuten solle. Daraufhin habe der Scheich gesagt: „Nur das!" und einem der Jünglinge befohlen, sich bäuchlings auszustrecken, was dieser auch sofort tat, worauf der Frager sich eiligst zurückzog. Auch wenn das Ausstrecken auf dem Bauch in Wirklichkeit harmlos ist, weil man sich für den *tadlīk* auch so hinlegt (s. S. 71), so ist die Tatsache, daß man dies auch anders auffassen konnte oder sogar sollte, Beweis genug für den Ruf des Scheichs[14]. Die Warnungen der Fuqahā' vor dem Zusammensein mit dem bartlosen Jüngling (*'amrad*) im Bad zielen auf Tatsachen, waren aber wohl ohne großen Einfluß auf die laxe Moral der Gesellschaft.

Die meisten diesem Thema gewidmeten Gedichte schildern die Schönheit der Knaben, wie sie in für das Bad typischen Situationen zur Geltung kommt, wobei aber, dessen darf man sicher sein, die Dichter die Aufmerksamkeit ihrer Zuhörer auf die Schönheit ihrer Verse, weniger auf die Schönheit der besungenen Knaben gerichtet wissen wollten. Es ist sowieso fraglich, ob einem Gedicht eine konkrete Situation zugrunde liegt; die Requisiten sind so stereotyp, die Bilder durch Manier in der Auswahl so eingegrenzt, daß der Rückschluß auf einen konkreten Einzelfall ein Wagnis ist.

Einen schönen Türkenknaben, der ins Bad kam und Rosenwasser mit dem Mund versprühte, haben die Verse des Ǧamāladdīn Yūsuf aṣ-Ṣūfī zum Gegenstand[15]:

Ich kann ihn nicht vergessen. Als er seine Kleider ablegte und in das Bad kam, in dem er sich stolz hin und her wiegte,
Als er das Wasser über seine Gestalt goß, indes sein Antlitz vom Licht seiner Schönheit erstrahlte,
Da sah ich einen Halbmond auf einem silbernen Zweig, auf dem herabrinnende Perlen schimmerten.

---

[14] „Ein Sufi hat in unserer Zeit nur die folgenden sechs Verpflichtungen: Coitus mit jungen Taugenichtsen, Suff, Rausch, Tanz, Gesang und Kuppelei" (*Fawāt* 2, 171), Dichter: Fatḥaddīn Ibn Sayyid an-nās al-Ya'murī, gest. 734/1334. — Vgl. auch J. Rypka: *Ein Ghasel Nabis auf das Badehaustreiben*, in: Németh Armağani, Ankara 1962, S. 353—357. Das Ghasel verwendet reichlich sufische Termini technici, die aber zweideutig verstanden werden sollen.

[15] Ǧuzūlī 2,10.

Er brachte uns duftendes Rosenwasser und versprühte es mit seinem Mund, der wie Moschus, nein, besser als Moschus duftete.
Da rief ich: Verströmt hier der Duft des türkischen Gazellenjungen oder sind die Rosen seiner beiden Wangen (zur Destillation für die Gewinnung von Rosenwasser) erhitzt worden und tropfen (als Rosenwasser im Destillierkolben) herab.

Ein anderer bringt den Kontrast zwischen einem dunkelhäutigen *ballān* und einem hellhäutigen Jüngling, über dem er gebeugt den *takyīs* vollführt, in die folgenden Verse:

Ich erblickte im Bad einen Schwarzen, der gesprungen war auf einen, der so weiß war wie der schimmernde Halbmond.
Es war so, als sei er ein silberner Nachen, schwer beladen mit einer Fracht Ambra.[16]

Anzüglicher sind schon die Ǧamāladdīn Ibn Nubāta zugeschriebenen Verse:

Ich betrachtete im Bad unter den Badetüchern die Hinterbacken von zarten (Knaben), deren Glanz nicht verborgen war.
Mir war, als erblicke ich bei dieser wie bei jener das Weiß der Gaben im Schwarz der Forderungen[17].

An einen Freund richtet ein Šihābaddīn Maḥmūd die vorwurfsvolle Frage[18]:

Gib mir Auskunft, lieber Mālik, hast du das Bad betreten, um dich ungestört von besorgten Freunden zu erfreuen?
Hast du es erst betreten, als die Jünglinge schon die *ma'āzir* über den hellen Sandhügeln (= Hinterbacken) befestigt hatten?

Mancher Dichter gefällt sich in zotigen Vergleichen, die ihrerseits aber auch Tradition haben. Von Ibn al-Muʿtazz (861—908) werden zwei Verse überliefert, die das Bad tadeln[19]:

Unser Bad ist wie eine Greisin, durch die der Besucher nur Elend erfährt.
Einer seiner Räume ist stinkend, und der andere kalt.

---

[16] Ders. 2, 12. Der letzte Halbvers spielt auf die *fatā'il* an, die mit Ambra verglichen werden.
[17] Ders. 2, 12, d.h. als würden sie freigebig die unrechten Wünsche erfüllen.
[18] Ders. 2, 12.
[19] Abū Hilāl al-ʿAskarī, *Dīwān al-maʿānī* 2, 241.

Dieser Topos ist abgewandelt aufgegriffen von einem nicht namentlich genannten Dichter des 10. Jh.s[20]:

Unsere Therme[21] ist wie eine Greisin, durch die der Besucher Lust und Elend erfährt.
Denn einer ihrer Räume ist stinkend und eng, der andere weit und kalt.[22]

Dieselbe Gleichung findet sich in den Versen des Muḥammad b. Saʿdī al-Qairawānī[23]:

Es ist so, als wäre euer Bad eine Anus-Öffnung, so stinkend, so finster und so eng ist es in ihm,
Und als wäre ich der Penis darin, der Lots Werk vollführt, indes der Schweiß der Speichel ist.

Diese Verse kamen seinem literarischen Gegner Ibn Rašīq zu Ohren, der daraufhin folgendes in Umlauf setzte[24]:

Du bist auch einäugig und kahlköpfig, so daß der Vergleich zufällig mit der Wirklichkeit übereinstimmt.

Neben den witzigen, erotischen und obszönen Vergleichen findet sich nur hin und wieder ein ernsterer Ton[25]:

Wie gleicht doch das Bad dem Tod des Menschen! Bedenk es wohl, aber wo ist schon einer, der bedenkt!
Der Mensch ist entblößt von Freunden, Vermögen und Kleidern, von allem erhält er nur ein Leintuch.

---

[20] Ders. 2,241: *qāla baʿḍ al-muḥdaṯīn.*

[21] *ḥammāmunā hāḏihī.* Mit dem Demonstrativum macht der Dichter deutlich, daß er *ḥammām* (was sprachlich zulässig ist) als Femininum gebraucht; die weiteren Aussagen können so, anders als bei Ibn al-Muʿtazz, durch diesen grammatischen Kunstgriff auf *ḥammām* wie auf *ʿaǧūz* bezogen werden. Mit der Übersetzung „Therme" soll die Zweideutigkeit wenigstens angedeutet werden.

[22] Für Leser, die mit der obszönen Topik der Araber weniger vertraut sind: „stinkend und eng" bezieht sich auf das *bait al-ḥarāra* bzw. die Anusöffnung; „weit und kalt" auf das *maslaḫ* und die Scheide, bei der die beiden Eigenschaften „eng und heiß" geschätzt waren, vgl. Ǧāḥiẓ, *Mufāḫarat al-ǧawārī wal-ġilmān*, Ed. Pellat (Beirut 1957), S. 60, wo es von einer Sklavin heißt, es fehlten ihr nur noch die zwei Eigenschaften des Paradieses: Kühle und Weite.

[23] Ġuzūlī 2,18 = *Fawāt* 2,204. Die arabischen Fachbücher schreiben vor, den Penis vor der besagten Operation reichlich mit Speichel einzureiben. Darauf ist hier angespielt.

[24] Ibid. [25] Maqqarī 4,325.

SCHICKLICHKEIT

Wer heute in Syrien das Bad besucht, dem fällt die peinliche Beachtung der Schicklichkeit auf: Alle Badegäste haben sittsam ihre Blöße bedeckt mit der *fūṭa*, beim Aus- und Wiederankleiden achten alle sorgfältig darauf, daß niemand ihre Blöße sehen kann, ebenso, wenn sie die *fūṭa* lösen, um die von ihr bedeckten Körperpartien zu waschen. Wer in eine *ḫalwa* geht, verhängt den Zugang mit einem Tuch, meist seiner *fūṭa*, so daß man nicht hineinblicken kann. Auch das Badpersonal achtet darauf, daß es nichts von der Blöße der Kunden erblickt. Der *muṣaubin* oder *mukayyis* verdeckt sich selber mit der *fūṭa* des Gastes die Sicht, wenn dieser sich vom Rücken auf den Bauch dreht, und bedeckt beim Abreiben und Einseifen die heiklen Stellen, wenigstens Penis und Anus. Manche Badediener zeigen dabei eine große Kunstfertigkeit, z.B. lassen sie nur ein Zipfelchen der *fūṭa* über diesen Stellen, drehen die übrige *fūṭa* zu einer Art lockerem Strick, den sie in konzentrischen Windungen über diesem Zipfelchen gleichsam aufschichten. Auf diese Weise wird die Schicklichkeit gewahrt, gleichzeitig aber fast der ganze Leib für das Abreiben und Seifen zugänglich. Ein Berühren von Penis oder Anus durch den Badediener ist aber streng verpönt[1]. Der Badediener, der die *manāšif* bringt, hält das erste Trockentuch, während der Gast die *fūṭa* zu Boden fallen läßt und sich mit einigen *ṭāsāt* klaren Wassers ein letztes Mal abspült, weit ausgebreitet vor ihm hoch und schlingt es ihm dann um die Hüften. Wer von den Badegästen in diesen Punkten etwas lässig ist, wird vom *muʿallim* des Bades zurechtgewiesen.

Diese sittsame — für unsere heutigen mitteleuropäischen Begriffe prüde — Haltung, die von europäischen Orientreisenden früherer Jahrhunderte gebührend gelobt wird[2], war zum großen Kummer der Fuqahā'

[1] Die einschlägige Literatur verbietet ausdrücklich, daß der Badeknecht „mit der Hand unter den Schurz greift". Es war aber üblich, daß die Badediener auch die vom *mi'zar* bedeckten Stellen behandelten, wozu sie natürlich, wenn ihre Kunden nicht sowieso nackt waren, unter den Schurz fassen mußten, vgl. die diesbezügliche Klage Y. B. ABDALHĀDĪ's 85a und die Miniaturen.

[2] „Wenn einer sich ausgezogen hat, so kommt ein Badknecht und bringt ihm ein Badetuch, weiß oder blau. Das muß er um den Leib binden. Hängt bis auf die Füße und bedeckt die Scham hinten und vorn. Welches nicht zu verachten, sondern lobenswert, weil fein züchtig. Und sollten wohl die Deutschen solches von den Türken lernen und ihnen nachtun", WILD, S. 268.

nicht immer und nicht überall die Regel. So tadelt MUQADDASĪ die Einwohner von Schiras, daß sie nur selten beim Badbesuch einen Schurz tragen[3]. Der Fatimidenkalif al-Ḥākim verbot 395/1005 durch öffentlichen Ausruf in Kairo, die Bäder ohne *mi'zar* zu betreten[4]. Eine Polizeiverordnung gleichen Inhalts wurde 467/1074 in Bagdad erlassen[5]. Die Warnungen der Fuqahā' vor dem Badbesuch wegen des *kašf al-ʿaurāt* ('Nichtbedeckung der Schamteile'), die Anweisungen an den Muḥtasib, bei Badegästen und -personal auf die Benutzung des Schurzes zu achten[6] und nicht zuletzt handfeste Witze[7] sind hinreichende Indizien, daß es nicht gerade selten vorkam, daß man im Bad nackt blieb.

Syrien scheint sich allerdings seit jeher durch besondere Beachtung von Anstand und Moral ausgezeichnet zu haben. MUQADDASĪs Entrüstung über die Verhältnisse in Schiras läßt sich nur verstehen, wenn in seiner Heimat Syrien der Gebrauch des Lendenschurzes das Übliche ist, ebenso auch USĀMA B. MUNQIḎs Staunen über die Ungeniertheit der Franken in diesem Punkt: Er berichtet von einem *ḥammāmī* seines Vaters, der vorher in Maʿarrat an-Nuʿmān ein Bad betrieben hatte, und dem von einem fränkischen Ritter, den er zu bedienen hatte, der *mi'zar* weggerissen worden war, denn „sie mögen es nicht, daß man sich im Bad einen Schurz umschlingt" (s. Beilage 6).

In Bagdad hingegen war man wohl immer etwas großzügig; die von WAGNER S. 180 übersetzten Verse des Abū Nuwās setzen voraus, daß ein Teil der Badenden nackt, ein Teil aber mit einem Tuch bekleidet war. Die gleichen Verhältnisse hat Ma'mūnī vor Augen bei seinen Versen „Gar manchen Raum, heiß wie das Herz eines Liebenden, betrat ich, ohne andre Kleider als meine Haut zu tragen. — Ich sah einen Pilger im

---

[3] S. 429,10; 440,18.

[4] DE SACY, *Traité sur la religion des Druses*, Paris 1838, I, S. cccx.

[5] *Muntaẓam* 8,294f. Es handelt sich dabei um einen Teil einer Großaktion zur Hebung der Sittlichkeit, die vom Wesir Faḫraddaula angeregt ist; gleichzeitig werden nämlich auch die Prostituierten auf die Westseite verbannt, die Freudenhäuser verkauft, der Taubensport verboten und die Beförderung von Männern und Frauen gemeinsam auf den Tigrisbooten verboten.

[6] Aḥmad b. Ḥanbal, s. Y. b. ʿABDALHĀDĪ fol. 24a; *Iḥyā'* (Bulaq 1289) 2,317; LÉVI-PROVENÇAL, *Traité d'Ibn ʿAbdūn* JA 1934, 238; IBN AL-UḪŪWA S. 157.

[7] NUWAIRI, *Nihāya* 4,26: „ʿAbbāda betrat das Bad eines Tages und sah einen jungen Mann mit einem großen Penis. Da eilte er auf ihn zu und ergriff ihn mit der Hand. ‚Was soll das heißen?' rief der Jüngling, ‚möge Gott dir verzeihen!' Doch ʿAbbāda antwortete: ‚Hast du denn noch nie den Ausspruch des Dichters gehört: Immer wenn ein Ruhmesbanner sich erhebt, hält ʿArāba es in seiner Rechten." Weitere derartige Witze aus dem Bad an der gleichen Stelle.

'iḥrām, obwohl es keine Kaʿba war“[8], wo *muḥrim* Metapher für einen Badenden ist, der wie der Mekkapilger im Weihezustand (*'iḥrām*) ein Tuch um die Hüften, eines um die Schultern trägt. Es war aber nicht nur vom persönlichen Verhältnis zu der von der Šarīʿa verlangten Schicklichkeit, sondern auch vom Geldbeutel abhängig, ob man im Bad nackt blieb oder nicht. „Muḥammad b. M. b. Ǧaʿfar Abū Bakr ad-Ḍaqqāq aš-Šāfiʿī pflegte den Abū ʿAbdallāh al-Ḥasan b. Hārūn aḍ-Dabbī im Qāḍī-Amt zu vertreten. Sein Benehmen war sehr leger (*fīhi duʿāba*); so wurde erzählt, daß er das Bad ohne *mi'zar* beträte. Das kam aḍ-Ḍabbī zu Ohren, und er dachte, daß jener dies wegen seiner Armut[9] tue. Deshalb schickte er ihm zahlreiche *mayāzir*, doch wurde er hinterher wieder ohne *mi'zar* gesehen. Daraufhin fragte ihn aḍ-Ḍabbī nach dem Grund, und er antwortete: 'Mein Herr, es packt mich in dem *mi'zar* Atemnot!'“ (*Muntaẓam* 7,222). Für die besser situierten Besucher standen aber immer genügend Tücher zur Verfügung. Ibn Baṭṭūṭa hebt sogar hervor, daß die Besucher der Bagdader Bäder drei *fuwaṭ* erhalten (s. Beilage 5). Bis auf den heutigen Tag ist allerdings der Schurz in Bagdad nicht unbedingt erforderlich. „Die Bedeckung der Scham vorn und hinten ist *wāǧib*, aber es genügt, Penis und Testikeln mit der Hand oder mit *nūra* zu bedecken.“[10]

Die Frauen scheinen aber zu allen Zeiten und an allen Orten wenig auf die von der Religion vorgeschriebene Bedeckung der Scham geachtet zu haben. „Sie besuchen das Bad mit entblößter Scham. Geschieht es, daß eine Frau ihre Scham bedeckt vom Nabel bis zu den Knien [das ist die gesetzlich gebotene Bedeckung], dann schelten die anderen Frauen sie aus und lassen sie böse Worte hören, bis sie die Bedeckung wegnimmt“, so klagt Ibn al-Ḥāǧǧ (2,175), der die Verhältnisse in Ägypten und Marokko vor Augen hat. Aber auch der Damaszener Yūsuf b. ʿAbdalhādī hat Anlaß zu klagen: „Das Nichtbedecken der Scham, das heutzutage bei den Frauen gang und gäbe ist beim Besuch des Bades, ist *ḥarām*. Den Ehemännern obliegt es, ihnen das zu untersagen“ (fol. 26b). Ein *Muntaẓam* 8,228 berichteter Vorfall zeigt, daß die

[8] *Yatīma* 4,173 = Nuwairi, *Nihāya* 1,399 = Bürgel Nr. 35. — In Badgad spielt auch die folgende Anekdote, an deren Historizität zu zweifeln freilich Grund besteht: Ibrāhīm al-Ḥarrānī (Wesir al-Hādī's) betrat das Bad und sah einen Mann mit einem riesigen Penis. Er fragte ihn: „Junger Mann, verkaufst du mir, was du davon zuviel hast?“ Der antwortete: „Nein, aber ich will dich darauf tragen.“ (Y. b. ʿAbdalhādī fol. 92a).

[9] Ähnlich Lane 349: "Many women of the lower orders wear no covering whatever in the bath."

[10] Kāẓimī S. 213; für ihn ist es bloß *mustaḥabb*, im Bad einen Schurz zu tragen, wie auch das Nicht-Tragen bloß *makrūh* ist.

Klagen der beiden Fuqahā' nicht aus der Luft gegriffen sind: Im Jahr 455/1063 dringen Soldaten des Sultans Ṭugrilbek in Bagdad in zwei Bäder ein und rauben die schönsten Frauen, nachdem sie vorher auf den Kuppeln die Glasglocken eingeschlagen und von dort ihre Wahl getroffen hatten. Die übrigen Frauen rennen nackt auf die Straße. Vgl. auch S. 100.

Die Welt der Gelehrten und Gesetzeskundigen war aber immer um die Beachtung der von der Sunna gebotenen Schicklichkeit bemüht. Im Fall des Bades konnte zwar auf ein Musterverhalten des Propheten selber nicht hingewiesen werden, weil Muḥammad das Bad nicht kannte, aber der apokryphe Ḥadīṯ legt ihm Aussprüche in den Mund wie: „Wer an Gott und den jüngsten Tag glaubt, der gehe nicht ohne *mi'zar* (oder *'izār*, *mandīl*) ins Bad", oder: „Wer das Bad ohne Schurz betritt, der gehört nicht zu uns."[11] Auch die Engel werden als Tugendwächter bemüht: „Gott hat 72 Engel an die Tür des Bades gestellt, die jeden verfluchen, der ohne Schurz hineingeht, bis er wieder hervorkommt", lautet ein Ausspruch des Auzā'ī[12], während ein anderer Hadīṯ droht: „Wer die Scham seines muslimischen Bruders absichtlich anschaut, dessen Gebet nimmt Gott vierzig Tage nicht an."[13]

Ganz skrupulöse Muslime gingen, wie öfter berichtet wird, mit verbundenen Augen ins Bad, wo sie sich wie Blinde führen lassen mußten, so der Vater des von Yūsuf so oft zitierten Ibn Šaiḫ as-Salāmīya Quṭbaddīn Mūsā, der selber kein Faqīh, sondern ein hoher Beamter war[14]. Von Abū Ḥanīfa wird erzählt, daß er ins Bad ging und angesichts der vielen Nackten die Augen schloß und sich mit den Händen vorantastete, so daß ihn einer fragte: „Seit wann ist das Augenlicht des Entfernten weggenommen?", worauf Abū Ḥanīfa ihn zurechtwies: „Seit die Hülle des Entfernteren gefallen ist."[15]

---

[11] Y. b. 'Abdalhādī fol. 20b.

[12] Ders. fol. 21a. Als Ausspruch des Ibn 'Abbās mit fast identischem Wortlaut fol. 25b.

[13] Munāwī fol. 68a: *ad-Dailamī 'an Abī Huraira bi-sanad ḍa'īf*. C. H. Becker hält das Verbot des Nackten für einen Reflex altchristlicher Anschauungen (*Islamstudien* 1,408).

[14] Y. b. 'Abdalhādī fol. 24b. Es muß also auch in Damaskus im Bad Nackte gegeben haben, denn Quṭbaddīn war Damaszener, er war *nāẓir al-ǧaiš* (Inspekteur der Sold- und Lehensverwaltung), gest. 732/1332, s. Ibn Kaṯīr 14,160.

[15] Munāwī fol. 70a: *qālā: munḏu kam qubiḍa baṣaru l-ba'īd? qāla: munḏu hutika sitru l-'ab'ad*. In der Antwort liegt eine doppelte Zurechtweisung, denn der Elativ zu *ba'īd* (apotropäische Umschreibung „du, dessen Unglück fern sei!") drückt aus, daß die Nacktheit des Fragers schlimmer ist als das vermutete Unglück von Abū Ḥanīfas Erblindung. Die gleiche Anekdote in etwas anderen Worten bei Y. b. 'Abdalhādī fol. 24b; mit dem Traditionarier al-A'maš als Held in *Qūt al-qulūb* 2,531.

Ohne Schurz ins Bad zu gehen galt aber zu allen Zeiten für so unschicklich, daß die *ʿadāla*, der Leumund der Zeugen, durch dieses Verhalten beeinträchtigt war. Denn verschiedentlich wird die Frage diskutiert, ob das Zeugnis eines Mannes, der ohne *miʾzar* ins Bad geht, gelten soll[16], doch ohne eindeutige Entscheidung. Entschieden verneint ist diese Frage in einem Ḥisba-Traktat aus dem 9. Jh.[17], ob man sich aber in der Praxis daran hielt, das steht auf einem andern Blatt.

---

[16] Y. b. ʿAbdalhādī fol. 99a, übers. S. 112, unter Nr. 3. Vgl. auch *Qūt al-qulūb* 2,531: Ibrāhīm al-Ḥarbī (s. S. 139) wurde gefragt: Würdest du hinter einem beten (d.h. als Imām akzeptieren), der Wein getrunken hat? — Ja. — Und hinter einem, der ohne Schurz ins Bad geht? — Nein.

[17] Übers. E. Garcia Gomez, Al-Andalus 22 (1957), 288, Art. 31.

FRAUENBAD

Wenn auch seitens der Fuqahā' mißbilligt[1] oder nur widerwillig zugestanden[2], so war (und ist) der Badbesuch der Frauen nicht wegzudenken. In den großen Städten standen ihnen oft eigene Frauenbäder zur Verfügung[3], die natürlich den ganzen Tag für sie geöffnet hatten. In den andern Bädern war die Zeit vom Mittagsgebet bis zum ersten Abendgebet[4] für sie reserviert, sofern es sich nicht um reine Männerbäder handelte wie bei den Bädern in den Basarvierteln[5]. Wenn die Bäder für die Frauen geöffnet waren, wurde dies durch ein über die

---

[1] Vgl. die Traditionen oben S. 22f., die immerhin als Lehrmeinungen frühislamischer Fuqahā' gelten müssen. Ihre Wiederholung bei späteren zeigt, daß man sich dieser Meinung, der Badbesuch der Frau sei *ḥarām* oder *makrūh*, anschließt. Der einzige, der die praktische Konsequenz daraus zog und den Frauen den Badbesuch verbot, der überdies auch die zur Durchführung dieses Verbotes nötige Macht hatte, war der Fatimidenkalif al-Ḥākim, der 405 den Frauen Badbesuch und Erscheinen in der Öffentlichkeit untersagte, s. Ibn Kaṯīr 11,352.

[2] Ibn al-Ḥāǧǧ argumentiert gegen den Einwand, besonders im Winter sei der *ġusl* nur schwer außerhalb des Bades zu vollziehen, es sei im Winter gut möglich, auf das Waschen mit *sidr* u. ä. ganz zu verzichten, weil sich im Winter weit weniger Schmutz auf dem Leib ansammle, 2,176f. — Nach anderen, darunter Ġazzālī, war es für den Ehemann *makrūh*, seiner Frau Geld für den Badbesuch zu geben, zur Winterszeit dagegen *wāǧib*, zit. bei Aqfahsī fol. 61a oben. — Andere Rechtslehrer wollten den Frauen eine gewisse Anzahl von Badbesuchen zugestehen, aber eine Norm festlegen. — Nur ganz wenige, wie Rāfiʿī und Nawawī, konnten sich zur Anerkennung der Realitäten durchringen, sie wollten den Badbesuch der Frauen nicht nach Notwendigkeiten oder Malen beschränkt sehen, sondern einzig nach Brauch und Sitte (*ʿurf wa-ʿāda*), Aqfahsī a.a.O.

[3] Gewöhnlich die Frauenhälfte eines Doppelbades. Doppelbäder gab es allerdings nicht in allen Ländern. Während sie für Kairo und die Türkei gut bezeugt sind, waren sie in Syrien kaum bekannt; die Listen der Damaszener Bäder verzeichnen nur ein einziges Doppelbad: Ḥammāmān l-Ibn as-Sarhank, Y. b. ʿAbdalhādī, *ʿudda*, Mašriq 41, S. 415; IŠ, Nr. 103—04; ein reines Frauenbad war (oder ist) das Ḥ. as-Sulṭān in Aleppo, s. Sauvaget in REI 5 (1931) 112 (die noch stehende Hälfte eines Doppelbades?).

[4] *Ḫiṭaṭ* 3,131; Lane; Qasimi 108; Abū Ṣīr teilt den Tag ein „morgens für die Männer, nachmittags für die Frauen", 936. Nacht = 2,511. Die Angabe von Žamīl Rifāʿī in DAT S. 82 „die Frauen von morgens bis zum Mittag und die Männer vom Mittag bis zum Abend" ist ein Versehen.

[5] Nach Qasimi 108 sind die Bäder in den Wohnvierteln für Männer und Frauen, innerhalb ihrer Zeiten, geöffnet, die Bäder im Basarviertel aber ganztägig nur für Männer. Diese Angabe wird auch von Écochard/LeCoeur bestätigt: die von ihnen als reine Männerbäder bezeichneten liegen an den Sūq-Gassen und um die Umayyadenmoschee.

Eingangstür gehängtes Tuch o. ä. kenntlich gemacht[6]. Im Bad selber wurde das Personal von weiblichen Bediensteten abgelöst[7]. Statt des *muʿallim* empfing die *muʿallima*, gewöhnlich die Frau des *muʿallim*, die Kundinnen, eine Aufgabe, die hier womöglich von noch größerer Bedeutung war als im Männerbad[8]. Um mit dem Kleiderstaat ihrer Gäste konkurrieren zu können, war sie bedacht auf ein „schönes Äußeres, was Kleidung und anderes betrifft" (Qasimi 108).

Dem *muṣaubin* entsprach im Frauenbad die *'usṭā*, dem *mukayyis* die *ballāna*[9]. Qasimi nennt auch noch eine *zaqqāqat al-bārid* 'Kaltwasserträgerin', doch dürften die Funktionen dieser drei in den von einfacheren Frauen frequentierten Bädern von einer einzigen Person verrichtet worden sein, die schlicht *ballāna* hieß (Qasimi 50). Sie trug wohlhabenden Frauen deren Kleiderbündel vom Haus ins Bad und zurück, für welchen Dienst reiche Frauen ihr eigenes Personal oder ihre Eunuchen hatten[10]. Im *maslaḫ* bewachte eine Wächterin (*nāṭūra, ḥārisa*) die Kleider der Kundinnen[11].

Im allgemeinen begnügten sich die Frauen im Bad mit bedeutend weniger Personal als die Männer. Viele einfache Frauen taten sich zu-

---

[6] Lane; Burton 9,153, n. 1.

[7] Für Männer ist der Eintritt ins Frauenbad absolut verboten, was eigentlich so selbstverständlich ist, daß ein ausdrückliches Verbot erstaunt; eine solche Bestimmung z.B. bei Ibn ʿAbdūn, der verbietet, daß der Steuereinnehmer (Kassierer?) des Bades (*mutaqabbil al-ḥammām*) sich im Frauenbad niederläßt, JA 1934, S. 139. Ebenso unmöglich war auch die Anwesenheit von Frauen im Männerbad; vgl. das Staunen des Usāma b. Munqiḏ über einen Franken, der seine Tochter mit ins Bad nahm, s. Beilage 6. — In diesem Zusammenhang verdient auch eine seltsame Bemerkung des Muqaddasī Beachtung. S. 399 und 440 und 441 zählt er zu den *ʿuyūb* von Isfahan bzw. Schiras, daß die Frauen die Bäder bewachen (*an-nisā'u yaḥrusna l-ḥammāmāt*, 399, 15; *rubbamā ḥarasathu* — sc. *al-ḥammāma* — *n-nisā'*, 440,18; *taḥrusu ḥammāmātihimu n-nisā'* 441, App.). Nach dem Zusammenhang kann damit nur gemeint sein, daß die Frauen in den Männerbädern die Funktionen des *ḥāris* ausübten, also Garderobieren oder Zofen waren, die vielleicht auch den Prostituierten einige Konkurrenz machten, obwohl nach Muqaddasīs Angaben (441, App.) die Freudenhäuser keineswegs von der Öffentlichkeit ferngehalten waren, sondern so aufgesucht wurden wie anderswo die Bäder.

[8] „Auf ihrem Diwan thront, ihrer Wichtigkeit bewußt, die Kassiererin. Ihr übergibt jede Frau ihr Geld, ihren Schmuck. Sie herrscht souverän über dem Badepersonal, sie mustert die Besucherinnen, hat stets eine liebenswürdige Frage im Munde, und die ins Bad gehenden Frauen grüßt sie mit dem schönen türkischen Gruß ‚güle güle geliriniz', Stern S. 84.

[9] Qasimi 108,; vgl. weiter S. 107.

[10] 38. Nacht = 1,127, ult. = Littmann 1,466.

[11] Sofern die oben Anm. 7, Ende geäußerte Vermutung nicht zutrifft, müßte daraus geschlossen werden, daß zu Muqaddasīs Zeit in Palästina Wächterinnen im Bad unbekannt waren, und daß ihm deren Anwesenheit in den Bädern von Isfahan und Schiras nur deswegen mißfiel, weil sie die Notwendigkeit von Wächterinnen bezeugte. Verwunderlich wäre aber, daß M. sich so für die Verhältnisse in den Frauenbädern interessierte.

sammen und wuschen, seiften und rieben sich gegenseitig mit dem *kīs*, um die Ausgaben für die *ballāna* zu sparen[12]. Vornehme Frauen nahmen mitunter auch gern die Dienste von ärmeren Frauen in Anspruch[13].

Die Frauen brachten gewöhnlich ihre eigenen Badeutensilien (*fuwaṭ*, *manāšif*, *kīs*, *ṭāsa*, *līf*, Seife usw.) von zu Hause mit, was natürlich die Ausgaben noch weiter reduzierte. Trinkgelder erhielt die *ballāna* ebenfalls nicht, doch wurde sie eingeladen, beim Verzehr der von den Kundinnen mitgebrachten Gerichte mitzuessen.

Das Essen nach dem Bad scheint immer einen besonderen Reiz für die Frauen gehabt zu haben. Es war medizinisches Allgemeinwissen, daß der Genuß bestimmter Speisen nach dem Bad fett macht, und Yūsuf meint auch, gerade aus diesem Grund äßen die Frauen nach dem Baden diese schweren Gerichte (s. S. 82). Das Schönheitsideal war jedenfalls nicht durch Schlankheit bestimmt[14]. Auch heute noch sind es besonders schwere Gerichte, die die Frauen ins Bad mitnehmen: *mžaddara* (Linsen mit Reis oder Burġul in Öl oder Butterschmalz)[15], *kəšk* (Burġul mit Yoghurt, Grundlage für verschiedene Gerichte), *ḫəbbēze* (Früchte einer Malvenart, in Öl), Konfitüren (E/L 1,46). Nur weniges ist leicht und frisch wie *ḫass* (Endivienart, die roh gegessen wird) (*DAT* S. 82). Écochard/LeCoeur geben an, daß die Damaszener Frauen trotz des Reichtums an Früchten in der Stadt ins Bad keine frischen Früchte mitnehmen. Wenn diese Angabe zutrifft, ist seit dem Mittelalter ein Wandel eingetreten, denn Yūsuf b. ʿAbdalhādī klagt, daß die Damaszener Wassermelonen mit ins Bad nehmen (s. S. 82).

Wenn die Frauen ins Bad gingen, gingen sie in Gesellschaft, mit den Freundinnen und Nachbarinnen, auch die Kinder wurden mitgenommen, sogar die kleinen Buben, solang sie noch nicht „verständig" (*mumayyiz*, *bāliġ*, damasz. *fahmān*) waren, was durch die *muʿallima* kontrolliert wurde. Wie mir Damaszener Informanten erzählten, fragt sie die kleinen Buben, bei denen sie im Zweifel ist, ob sie schon *fahmānīn* sind, wieviel ein Kilo Brot kostet oder etwas Ähnliches. Wenn die Buben dann eine richtige Antwort geben, werden sie nicht mehr ins Frauenbad eingelassen.

[12] Qasimi 37; Briemle 2,149—50; *DAT* S. 82.

[13] Vgl. die Geschichte von der *Umm Muḥammad əlQəṣṭa* (= *'əṣṭa/'usṭa*?), bei Lewin, *Arab. Texte aus Hama*, S. 176ff.

[14] Vgl. auch die tadelnden Ausführungen des Ibn al-Ḥāǧǧ 2,65 über die Bemühungen der Frauen, Fettpölsterchen anzusetzen.

[15] Auf die Bewirtung mit *mžaddara* spielt das Gedichtchen bei Saussey, BEO 7/8 S. 16 an: *əl-qayyme əl-qayyme w-hātu lagan ləl-qayyme*; *w-ʿəzzūha w-karrmūha w-mǧaddra ṭaʿmūha* (aleppinisch) „bringt der Badedienerin ein Becken, behandelt sie mit Achtung und Edelmut (= gebt ihr ein schönes Bakschisch) und gebt ihr *mǧaddara* zu essen".

Die Abweisung scheint stets die Formel *rǧāʿ maʿ ʾabūk* „komm mit deinem Vater wieder" zu haben[16].

Zum Besuch des Bades zogen die Frauen ihre besten Kleider und ihren teuersten Schmuck an, um vor den andern damit zu prunken[17]. Im Bad selber waren die Frauen gewöhnlich nackt, doch ging es gesittet zu. „Die niedrigen Sofas waren mit Kissen und reichen Teppichen bedeckt, auf welchen die Damen saßen. Die erhöhten Sofas hinter ihnen sind für ihre Sklavinnen, doch alle ohne Unterschied des Ranges in ihrer Kleidung. Alle waren im Stande der Natur, das heißt in klaren Worten mutternackend, keine Schönheit, keine Ungestalt verdeckt. Und doch sah ich nicht das geringste üppige Lächeln oder eine ungesittete Stellung. Sie bewegten sich, sie wandelten mit eben der majestätischen Anmut, die Milton unser aller Stammutter beilegt. Viele waren mit solchem Ebenmaß gebaut, wie je eine Göttin durch den Pinsel eines Guido oder Tizian gemalt worden ist. Die meisten mit blendend weißer Haut, von nichts als ihren schönen Haaren geziert, die in viele Zöpfe zerteilt über ihre Schultern herunterhingen und entweder mit Perlen oder mit Bändern durchflochten waren, vollkommene Bilder der Grazien", so schildert Lady Montagu ihren Eindruck eines Frauenbades in Sophia im Jahr 1717[18]. Eine ähnlich ausführliche Schilderung des Frauenbades aus arabischen Ländern ist mir leider nicht bekannt, doch dürften die Verhältnisse dort, nach den Klagen der Fuqahāʾ zu urteilen (s. auch S. 94), nicht anders gewesen sein.

Die Männer hatten allerdings zu allen Zeiten großes Mißtrauen gegen die Badbesuche der Frauen. „Kein Mann darf seiner Gattin erlauben,

---

[16] Türkisch: *babanı da getir* „bring auch noch deinen Vater!" sagen die Frauen zu Klein-Karagöz, als er mit der Mutter ins Frauenbad will. Er versteht diese ironisch gemeinte Aufforderung wörtlich und kommt mit seinem Vater zurück, Ritter, *Karagöz, Türkische Schattenspiele*, Wiesbaden 1953, S. 437.

[17] „Wenn eine von ihnen zum Bad gehen will, nimmt sie ihre prächtigsten Kleider und ihren teuersten Schmuck mit; dort zieht sie, wenn sie mit dem Waschen im Bad fertig ist, das alles an, damit die andern Frauen das sehen. Dadurch entsteht ein Wettstreit im Prunken und Glänzen. Eine Frau, die solches bei einer andern sieht, ist nur zufrieden, wenn sie von ihrem Mann etwas Gleiches oder Gleichwertiges erhält, und wenn er nicht in der Lage ist, ihr das zu verschaffen, entsteht daraus Bosheit, und gar oft war das schon die Ursache der Trennung oder langdauernden Hasses", Ibn al-Ḥāǧǧ 2,176. Auch Y. b. ʿAbdalhādī stellt fest: „Viele Frauen ziehen in unserer Zeit, wenn sie ins Bad gehen, allen Schmuck an, den sie besitzen, aber zu Hause tragen sei ihre allerschlechtesten Kleider" und bezieht diesen Tatbestand auf eines der eschatologischen Zeichen (*ʾašrāṭ as-sāʿa*) *nisāʾ kāsiyāt ʿāriyāt* „gekleidete nackte Frauen", fol. 95b. Die Klagen über die Putzsucht der Frauen beim Besuch des Bades sind aber nicht neu; sie finden sich schon bei den Kirchenvätern des 3.—4. Jh., s. Zellinger S. 11ff.

[18] *Briefe aus dem Orient* S. 98—99.

das Bad zu besuchen, wegen der Verderbtheiten in religiösen Dingen und wegen der schlechten Sitten, die dort heutzutage anzutreffen sind", fordert Ibn al-Ḥāǧǧ (2,175). Er denkt vor allem an die Putzsucht und die „Schamlosigkeit" der Frauen, doch gab es, wenigstens in der Phantasie der Männer, allerlei erotische Vergnügungen, denen sich die Frauen in den Bädern hingegeben haben sollen[19]. Doch selbst wenn an diesen Verdächtigungen hin und wieder etwas Wahres war, der Normalfall, der hier interessiert, sah ganz alltäglich aus: die Frauen wuschen sich, wuschen ihre Kinder und verwandten viel Zeit und Mühe auf die Pflege der Haut und der Haare (s. S. 78ff.). Auch das Enthaaren nahm seine Zeit in Anspruch.

Als Ort des sozialen Kontakts hatte das Bad für die Frauen eine weit größere Bedeutung als für die Männer, die durch ihren Beruf, in den Basaren, in den Moscheen, an den Vergnügungsstätten usw. vielfältig mit fremden Personen in Berührung kamen, während den Frauen derartige Kontakte im allgemeinen unmöglich waren. Die ausgedehnten und oft geräuschvollen[20] Unterhaltungen der Frauen nach dem Baden boten aber Gelegenheit, neue Bekanntschaften anzuknüpfen. Im Bad hielt die Mutter eines heiratsfähigen Sohnes Ausschau nach einer zukünftigen Schwiegertochter, dort konnte sie sich unauffällig über die in Aussicht genommene Braut und deren Familie erkundigen. Wenn schon Verbindungen mit einer Familie zu diesem Zweck angeknüpft waren, wurde die Familie der Braut zu einem gemeinsamen Badbesuch eingeladen. „Früher war es Brauch", so erinnert sich Žamīl Rifāʿi[21], „wenn

---

[19] Von lesbischen Liebschaften wird öfter berichtet, s. Briemle 2,150 „ja werden bissweilen ineinander so verliebt / als wären sie Manns-Personen"; Ritter, *Karagöz* S. 414; Omer Haleby, *El Ktab* S. 180: "N'est-ce pas également pendant les heures du bain que les Grecques, presque toutes prêtresses de Sappho, instruisent vos femmes et les sollicitent à essayer des pratiques monstrueuses que l'Islam condamne", ders. S. 110: "Ce sont ces eunuques [im Jünglingsalter durch Entfernen der Testikeln kastrierte, aber noch zu Erektionen fähige Eunuchen] qui font généralment office de femmes dans certains hammams fréquentés plus particulièrement par les Grecs et les Arméniens." Über diese letzteren Praktiken hat sogar Burton nur durch Hörensagen vernommen: "I have heard, but only heard, that in times and places when eunuchs went in with the women youth manages by long practice to retract the testicles so as to pass for castratos. It is hard to say what perseverance may not effect in this line", 9,153, n. 1.

[20] Von einem lauten Stimmengewirr heißt es im Libanesischen: *mitl ḥammām in-niswān il-maqṭūʿ mwayytu* „wie im Frauenbad, in dem plötzlich das Wasser ausbleibt" (Informantin: ʿAfīfa Dīrāni). — Das Weibergeschrei, das aus dem Ḥammām aḏ-ḏahab zu dem dort vorbeikommenden Kalifen al-Ḥākim herausdrang, ärgerte diesen so sehr, daß er die Türen des Bades sofort zumauern ließ, so daß die Frauen darin verhungerten (Ibn ad-Dawādārī 6,258).

[21] Der Gewährsmann dieses Stücks der *DAT* S. 92.

sie einige Male gekommen und gegangen waren, daß sie die Mutter des Mädchens baten, daß sie mit ihnen zusammen ins Bad ging. Und wenn die Mutter nicht mit ihren Kindern gehen wollte, so sagten sie zu ihr: 'Laß doch die Soundso allein mit uns gehen!' Und wenn sie mit ihnen ins Bad gegangen war, so wuschen sie sie und rieben sie ab und betrachteten ihren Körper, um zu sehen, ob ihr ein sonst nicht sichtbarer Makel anhaftete oder ob sie stark behaart war."

Im Bad fand auch ein Teil der Hochzeitsvorbereitungen statt[22]. Am Vorabend der Hochzeit oder auch schon einige Tage vorher findet im Bad eine Feier der Frauen mit der Braut statt[23]. „Wo sich ein öffentliches Bad befindet . . . wird (die Braut) von einer Anzahl Frauen und Mädchen unter Gesang, Paukenlärm und Händegeklatsch — denn Lärm muß sein — ins Bad geführt. Eins der Mädchen trägt in ein Bündel gewickelt die zum Bade notwendigen Geräthe und Wäsche. Im Bade angekommen, wird die Operation des Seifens und Reibens und Waschens mit heißem und kaltem Wasser von sachkundigen Weibern betrieben, auch werden der Braut mittels einer aus Honig [wohl *dibs* = Sirup] und anderen Ingredienzien bereiteten pechartigen Masse [d. i. die *ʿaqīde*, s. S. 76] alle Härchen am Leib ausgerupft. So zubereitet wird sie am Abend wiederum unter Jubelgeschrei nach Hause begleitet."[24] Der Brautzug heißt darum auch *zaffat al-ḥammām*[25]. Antoine Galland notiert in seinen Tagebüchern, die er in Konstantinopel führte, unter dem 21. April 1673 über die Hochzeit des ersten Dragomans der kaiserlichen Gesandtschaft Marc Antonio mit einer Tochter des Dragomans des venezianischen Bailo: „La future épouse fut au bain dans une carrosse du pays, et pour luy faire honneur, il s'y trouva grand nombre de dames de la parenté et des amies, lesquelles ne payèrent rien, parce que la fille fit cette dépense, d'un présent d'une somme d'argent que son futur époux luy avait fait pour cet effet. Là, elle mit bas le poil qu'elle avait aux parties et qu'elle n'avait jamais osté, suivant la coustume des filles qui attendent à ce jour à faire cette dépilation"[26].

---

[22] Auch heute noch in konservativen Schichten. Die Verkäufer von *fuwaṭ* und *manāšif* im Sūq al-ḥarīr und Sūq Midḥat Bāšā in Damaskus gaben mir 1963 an, daß sie hauptsächlich zur Ausstattung solcher Hochzeitsvorbereitungsfeiern verkaufen, bei denen alle eingeladenen Frauen neue Tücher erhalten oder mitbringen.

[23] In Tanger, wo dies am vierten Tag vor der Hochzeit stattfand, hieß dies *l-līla dəl-ḥammām* „der Bad-Abend", Westermarck S. 124.

[24] F. A. Klein in ZDPV 6, 95.

[25] Beschreibung des Brautzugs in Kairo Anfang des 19. Jh. mit Abb. bei Lane S. 168—73.

[26] *Journal* II, 61. Auf diesen Brauch, daß die jungen Frauen für die Hochzeit zum erstenmal die Schamhaare entfernen, spielen die Verse des Abū Nuwās an

Die eingehendste Schilderung dessen, was bei einem solchen Anlaß im Innern des Bades sonst noch geschah, stammt wiederum von LADY MONTAGU: „Ich war vor drei Tagen in einem der schönsten Bäder der Stadt Konstantinopel und hatte dort Gelegenheit, den Empfang einer türkischen Braut mit allen bei solchem Anlasse gebräuchlichen Zeremonien zu sehen ... Alle Freundinnen, Verwandten und Bekannten der beiden neu verbundenen Familien versammelten sich im Badehause. Andere kommen aus Neugier. Ich glaube, daß zweihundert[27] Frauenzimmer da waren. Die Verheirateten und die Witwen setzten sich rundherum in den Räumen auf die marmornen Sofas, die Mädchen aber warfen eiligst ihre Kleider ab und erschienen ohne allen anderen Putz oder Hülle als ihr eigenes langes, mit Perlen oder Bändern durchflochtenes Haar. Zwei von ihnen empfingen an der Tür die von der Mutter und einer ältlichen Verwandten geführte Braut. Es war ein schönes, ungefähr siebzehnjähriges Mädchen, sehr reich gekleidet und von Juwelen glänzend. Allein in einem Augenblick war sie im Stande der Natur. Zwei Mädchen füllten vergoldete Silbervasen mit Weihrauch und führten den Zug an, die übrigen folgten paarweise, bis es sechzig waren. Die Führerinnen sangen ein Epithalamium, das die andern im Chor beantworteten, die beiden letzten leiteten die holde Braut, die ihre Augen mit reizendem Anschein von Sittsamkeit auf den Boden geheftet hatte. So ging der Zug rund herum in den drei großen Räumen des Badhauses ... Nachdem der Zug vollendet, ward die Braut aufs neue durch alle Gemächer zu jeder Matrone geführt, die sie umarmte, ihr Glück wünschte und sie beschenkte, einige mit Juwelen, andere mit Stoffen, Halstüchern oder kleinen Galanterien dieser Art, für die sie sich mit einem Handkuß bedankte." (*Briefe* S. 197—198.) In Kairo wurden zur Unterhaltung der Gäste oft ein paar Sängerinnen gemietet (LANE 172). Während es für die bessergestellten Schichten kein Problem war, das Bad für einen ganzen Tag zu mieten, war dies für die ärmeren eine starke finanzielle Bürde. Sie mieteten das Bad deshalb nur für einen halben Tag[28] oder legten die *zaffa* von zwei Bräuten zusammen[27].

(WAGNER S. 179): „Rayyā hat in der lesbischen Liebe etwas Neues erfunden. Sie hat ihre Scham rasiert und sich beschlafen lassen. Jetzt hält sie die lesbische Liebe für einen Irrtum." Rasieren der Scham ist hier Metapher für die Heirat. Der Schluß, daß die Lesbierinnen ihre Scham unrasiert ließen (WAGNER ebd., n. 8), trifft nicht das Wesentliche.

[27] Eine solche Anzahl von Gästen ist nichts Außergewöhnliches. Am 9. Muḥ. 732/12. Okt. 1331 kamen bei einer plötzlichen Überschwemmung in Homs viele Menschen ums Leben, „u. a. auch etwa 200 Frauen, die im Ḥammām an-Nā'ib um eine Braut oder zwei Bräute versammelt waren", IBN KAṮĪR 14,156—57.

[28] GAUDEFROY-DEMOMBYNES, S. 44.

BADPERSONAL

Für den rechten Betrieb eines Bades sind mindestens fünf bis sechs Personen notwendig. Der Ḫaṭīb al-Baġdādī (1,117) und Ibn Kaṯīr (10,100) bringen ein Exzerpt aus Ṣūlī, der seinerseits das *Kitāb Baġdād* des Aḥmad Ibn Abī Ṭāhir (204—80/819—93) zitiert: „In jedem Bad sind mindestens fünf Personen: ein *ḥammāmī*, ein *qayyim*, ein *zabbāl*, ein *waqqād* und ein *saqqā'*." Hilāl aṣ-Ṣābi' führt (S. 19) ein Zitat an aus dem *Kitāb faḍā'il Baġdād* des Yazdaǧird al-Fārisī al-Kisrawī (s. S. 13), nach welchem das Bad mindestens sechs Mann Personal benötigt, und zwar den *ṣāḥib aṣ-ṣundūq*, den *qayyim*, den *waqqād*, den *zabbāl*, den *muzayyin* und den *ḥaǧǧām*.

Ende des 15. Jh.s zählt Yūsuf b. ʿAbdalhādī fünf Mann auf, die der *ḥammāmī* dingen muß: *qayyim*, *ṣāniʿ*, *nāṭūr*, *waqqād* und *zabbāl* (fol. 4a). Um 1880 braucht ein Damaszener *ḥammāmī* folgendes Personal: *nāṭūr*, *tabaʿ*, *muṣaubin*, *waqqād*, *zabbāl* und einen *qahwaǧī* (Kaffeebereiter) (Qāsimī S. 107f.),.

Die in diesen vier Kanones sich schon abzeichnende Verschiedenheit der Benennungen für die mit dem Publikum in Berührung kommenden Badediener — *waqqād* und *zabbāl* sind ja immer gleich — bezeugt auch Muqaddasī (Ende 10. Jh.). Er stellt in seiner Synonymenliste (S. 31) zusammen: *ḫādim*, *qayyim*, *mufarrik*, *ballān*, von denen aber m. E. nur die drei letzten tatsächlich synonym sind.

Der Badhalter heißt im allgemeinen *ḥammāmī* (syr.-arab. heute auch *ḥammāmǧi*), ob er nun der Eigentümer des Bades ist (selten) oder der Pächter (Normalfall). Im internen Bereich heißt er *muʿallim* „Meister", in Ägypten wie in Syrien[1], und zwar bis in die Neuzeit[2]; doch gebrauchen, wie die Belege zeigen, auch Außenstehende diese Bezeichnung. Da er die Eintrittsgelder kassiert und die Wertsachen verwahrt, heißt er nach dem diesem Zweck dienenden Kasten (*ṣundūq*) bei Hilāl *ṣāḥib aṣ-ṣundūq*, was man geradezu mit „Kassierer" übersetzen kann.

Der Badeknecht, der die Massage, das Abreiben mit dem *kīs* und das Einschäumen mit Seifenschaum vornimmt, heißt das ganze Mittelalter hindurch *qayyim*[3], was eigentlich „Vorsteher" bedeutet. Es war ur-

[1] Ibn Iyās ²V,77; Ibn Ṭūlūn 1,156. [2] Lane 344; Qasimi 107; E/L 1,41.

[3] Plural *quwwām*, *quyyām*, *Ḥikāyāt* 401; Maqqarī Leiden 2,547,20 = Kairo 5,314,14. In der *Maqāma Ḥulwānīya* (Beilage 2) ist außer *lam 'ara qiwāmahū* die Variante *quwwāmahū* überliefert.

sprünglich wohl nur Anrede, ähnlich wie im Ägyptisch-Arabischen *'usṭa* (womit im Bad das weibliche Pendant zu *qayyim* bezeichnet wird, s. S. 107) oder im Libanesisch-Arabischen *rayyes* Anrede ist für die in niederen Berufen Arbeitenden[4]. Die Belege zeigen aber, daß es nicht Anrede, sondern Terminus ist, und *Ḥikāyāt* 400, welche Tätigkeiten dem *qayyim* oblagen. — Neben *qayyim* ist als weitverbreitet nachweisbar das über das Aramäische aus dem Griechischen entlehnte *ballān*. Die anderen Benennungen, die meist nur in engbegrenzten Bereichen geläufig waren oder sind, beziehen sich jeweils auf nur eine der von dem Badeknecht vorgenommenen Prozeduren: so *dallāk*[5], *mukabbis* oder *ḥakkāk*[6] auf das Massieren (*dallaka, kabbasa, ḥakka*); *mukayyis*[7] auf das Abreiben mit dem *kīs*, ebenso das ägyptische *mukayyisātī* (Lane) und *mufarrik*[8], denn eine andere Bezeichnung für den *kīs* ist *kīs et-tafrīk* (aleppinisch, s. Barthélemy s. v.); *muṣaubin* bezieht sich auf das Einschäumen und Waschen mit Seifenschaum und *ṭayyāb*[9] vielleicht auf das Einreiben mit Öl, das wohl im allgemeinen parfümiert war. Zu *ḫādim* s. unten.

Außer *waqqād*, das auf den Osten der arabischen Welt beschränkt scheint, kennt man in Aleppo die Bezeichnung *qammənǧi* (Barthélemy s. v.) „der Kerl vom *qammīn*", also eine vom Griechischen hergeleitete Vokabel, während im westlichen Teil der arabischen Welt z. T. vom Lateinischen abgeleitete Bezeichnungen gebräuchlich waren: *fornēr*[10] und bis heute *mul l-fernatši*[11] und *frānqī* (EI² III, 148).

Der Mistmann hieß allerorts und zu allen Zeiten *zabbāl*. In Damaskus kennt man ihn auch noch unter der Benennung *qammīmī*, dem Adjectivum relationis zu *qammīm* = Damaszener Lokalform von *qammīn* „Feuerung"[12].

---

4 Vgl. auch die Anrede „Chef" für Fremde in der niederen deutschen Umgangssprache.

5 Syrien: Qasimi s. v.; Barthélemy s. v.; Iraq: Iḥyā' 2,334.

6 Maghreb und Spanien: Ibn ʿAbdūn JA 1934, 238; *Vocabulista* s. v. balneator.

7 Syrien und Ägypten: Qasimi, Barthélemy s. v.; Lane. In den Drucken von 1001 Nacht kommt auch ein *mukabbis* vor, der aber nicht immer mit Gewißheit von *mukayyis* graphisch zu trennen ist. *mukayyis* und *mukabbis* sind nebeneinander genannt in der arab. Hs. Gotha 903, s. unten Anm. 13.

8 Kann ich auf kein bestimmtes Land festlegen.

9 Maghreb und Spanien: Ibn ʿAbdūn, a.a.O.; *Vocabulista* s. v. *balneator*; Petrus Hispanus s. v. *bañador*; Marçais/Guîga II s. v.

10 *Vocabulista* s. v. *fornarius*.

11 Henri Mercier: *Dictionnaire arabe-français*, Rabat 1954, s. v.

12 Qasimi s. v.; Saussey BEO 7/8, S. 11. *qammām* bei Y. b. ʿAbdalhādī fol. 93b meint den Heizer, denn es wird neben *zabbāl* gebraucht. Das Wort ist mir sonst nie begegnet.

Über diese vier herrscht in den S. 104 gebrachten Kanones Einigkeit: Sie kommen bei allen, wenn auch z. T. unter verschiedenen Bezeichnungen, vor. Die noch verbleibenden Benennungen — *saqqā'* bei ṢŪLĪ, *muzayyin* und *ḥaǧǧām* bei HILĀL, *nāṭūr* und *ṣāniʿ* bei YŪSUF B. ʿABDALHĀDĪ, *nāṭūr* und *tabaʿ* bei QĀSIMI — dem übrigen Personal zuzuordnen ist nicht mit letzter Sicherheit möglich. Es sind nicht nur örtlich verschiedene Benennungen in Betracht zu ziehen, sondern auch örtlich verschiedene Funktionen.

Eindeutig zuzuordnen ist freilich *nāṭūr* „Wächter", das vor allem in Syrien geläufig ist[13]. Sonst hieß der Wächter *ḥāris* oder auch *waqqāf*[14]. Das Wächteramt war zwar nur eine seiner Aufgaben (seine weiteren s. S. 67 und 72), doch deckt sich keine seiner Funktionen mit der Haupttätigkeit eines *saqqā'*, *muzayyin* oder *ḥaǧǧām*. Daraus kann man schließen, daß in Bagdad der Dienst anders organisiert war, so daß ein besonderer Wächter entbehrlich war. Auch die Bäder in den Dörfern um Damaskus hatten nach YŪSUF (fol. 76a) keinen besonderen *nāṭūr*.

Den Handlanger des *qayyim*, der im heutigen Damaszenisch *tābeʿ*[15], bei QASIMI *tabaʿ* (ins Hocharab. transponiertes *tābeʿ*?), 'Gefolgsmann', in Kairo *lawingi* (LANE), 'der aus dem *līwān*' heißt, nennt YŪSUF *ṣāniʿ*, was in Damaskus zu seiner Zeit wohl ebenso wie heute den 'Gesellen' im Gegensatz zum *muʿallim* 'Meister' meinte. Aber obwohl er mit *ṣāniʿ* an der S. 104 zitierten Stelle etwas von *qayyim* und *nāṭūr* Verschiedenes meint, gebraucht er das Wort an andern Stellen, besonders den Plural *ṣunnāʿ*, weniger speziell für alle Badediener im Publikumsverkehr. Der gleiche Sprachgebrauch liegt vor bei seinem nur wenig jüngeren Zeitgenossen und Landsmann IBN ṬŪLŪN, wenn er berichtet, daß der šāfiʿitische Qāḍī im Bad die Dienste eines *ṣāniʿ* in Anspruch nimmt und ein ins Bad eindringender ägyptischer Mamluk diesem *ṣāniʿ* befiehlt, zuerst ihn zu bedienen, ihm den Kopf zu rasieren, ihn zu massieren und zu waschen, alles Tätigkeiten, die nach YŪSUF B. ʿABDALHĀDĪ fol. 4a dem *qayyim* oblagen. Wahrscheinlich gilt das gleiche für *ḫādim*: es dürfte zunächst den Handlanger meinen, aber auch unspezifisch gebraucht die anderen Badediener und so bisweilen ein Synonym von *qayyim/ballān* sein[16]. Da an den Orten, wo das Waschwasser aus einem anderen Raum

---

[13] *ṣunnāʿ an-nawāṭīr* als Badediener nennt auch die arab. Hs. Gotha 903, die als in Ägypten verfaßt gilt, s. GOLDZIHER, *Abhandlungen zur arab. Philologie* II, S. LXXVIII f.

[14] IBN AL-UḪŪWA 156,8.

[15] E/L 1,41; BARTHÉLEMY führt einen *ṣbayy əl-ḥammām* auf, was wohl das gleiche meint.

[16] *fī l-ḥammāmi dīwān, wa-yadūru fī d-dūlābi ḫuddām* bei MUQADDASĪ 164 (Bemerkung über ar-Ramla) bleibt mir unverständlich.

herbeigeholt werden mußte, diese Arbeit dem Handlanger zufiel, könnte *saqqā'* in dem ṢŪLĪ-Zitat auch den Handlanger meinen. Ganz auszuschließen ist aber auch nicht, daß damit der Arbeiter gemeint ist, der die *sāqiya* (Schöpfwerk) überwacht.

Obwohl häufig praktisch synonym, sollen *muzayyin* und *ḥaǧǧām* in dem von HILĀL wiedergegebenen Zitat zwei gesonderte Personen bezeichnen. Eigene Haarschneider gab es mancherorts im Bad (s. S. 73f.), auch das Schröpfen im Bad ist in den Ḥammām-Traktaten hin und wieder behandelt, doch ist sehr zu bezweifeln, daß in vielen Bädern regelmäßig ein Bader arbeitete, der nur das Schröpfen besorgte. Da aus der *Maqāma Ḥulwānīya* hervorgeht, daß der *ḥaǧǧām* im Iraq den Badenden rasiert, massiert und ihm den Kopf wäscht, muß auch dieses Wort eine unspezifische Bezeichnung für den Badediener allgemein sein, wie *ṣāniʿ* im Damaszenischen.

Das weibliche Personal heißt ebenfalls nach Ort und Zeit verschieden. Dem *muʿallim* entspricht sprachlich und sachlich *muʿallima* 'Meisterin' (QASIMI 108), ebenso dem *nāṭūr* oder *ḥāris* die *nāṭūra* oder *ḥārisa*[17].

Die *ballāna* führte den *takyīs* aus und färbte den Kundinnen die grauen Haare mit Henna rot (QASIMI 50, 108). In Aleppo war statt des dort als typisch damaszenisch geltenden *ballāne* die Bezeichnung *'ayyme* (= *qayyme* < *qayyima*) üblich[18]. Die *'usṭa* wusch nach QASIMI 37 und 108 Leib und Kopf der Kundinnen mit Seife und entsprach somit dem *muṣaubin* des Männerbades. Nach ÉCOCHARD/LECOEUR 1,41 ist hingegen *'usṭa* die Masseuse, während die *ballāne* die Handlangerin meint. Der Widerspruch ist aber nur scheinbar. Der Vergleich der *'usṭa* mit dem *muṣaubin* bei QASIMI zeigt, daß auch in seinen Augen die *'usṭa* die übergeordnete Tätigkeit ausübte, während seine Aussage, daß die *ballāna* auch kaltes Wasser herbeiholte und den wohlhabenden Kundinnen die Kleiderbündel trug, verdeutlicht, das mit *ballāna* eine Handlangerin gemeint ist[19]. Weniger spezifisch gebraucht bezeichnet es wie *ṣāniʿ* die Badedienerin schlechthin.

Etwas problematisch ist die Zuordnung der nur bei QASIMI 108 vorkommenden Bezeichnung *zaqqāqat al-bārid*. Die Aufgabe dieser *zaqqāqa* ist es, kaltes Wasser herbeizutragen und ins heiße Wasser zu schütten,

---

[17] 59. Nacht = 1,172 = LITTMANN 1,596; QASIMI 109.

[18] SAUSSEY BEO 7/8, S. 16. *ballāna* ist aber nicht auf das Damaszenische beschränkt, sondern weitverbreitet.

[19] Im Ägypt.-Arab. ist *ballāna* so geradezu Synonym mit *mašṭa*/*māšiṭa* geworden, s. LANE 168 u. 349. Über die speziellen Aufgaben dieser *ballāna* in der Brautnacht s. LANE 177 und QASIMI 409f.

damit die Wassertemperatur erträglich wird, was aber nach Qasimis eigenen Angaben auch zu den Aufgaben der *ballāne* gehört (S. 50). Überdies ist in den Damaszener Bädern diese Tätigkeit selber spätestens seit dem 18. Jh. überflüssig, da es seit dieser Zeit auch im *ḥarāra* und *wasṭānī* fließendes kaltes Wasser gibt. Darum nehme ich an, daß es — eine Parallele zu *saqqā'* — eine Bezeichnung für die Handlangerin der Masseuse ist. Es kann sein, daß das Wort zu Qasimis Zeit schon antiquiert war und er oder sein(e) Informant(in) eine Definition gibt, die aus dem Terminus selber ('Kaltwasserträgerin') herausinterpretiert ist.

Die Funktionen dieser Personen, soweit nicht schon genannt, waren:

Der *muʿallim* empfing die Gäste, nahm Wertsachen in Verwahr und kassierte die Eintrittsgelder sowie den Lohn und die Trinkgelder für den *qayyim* (Qasimi 446). Ihm oblag natürlich die Leitung des ganzen Bades, er mußte das Personal richtig einsetzen, Sauberkeit der Räume, Hitze, Heißwasservorrat usw. kontrollieren, Wohlgerüche verbrennen lassen und hatte auf die Beachtung von Sitte und Anstand zu achten. Er war auch verantwortlich, wenn etwas schief ging, wenn etwas gestohlen wurde (s. S. 122) oder ein Unfall vorkam[20]. Vornehme Gäste durften erwarten, daß der *muʿallim* selber sie bediente.

Der Wächter hatte den Gast mit den nötigen Tüchern zu versorgen und achtete mit dem Handlanger darauf, daß die *fuwaṭ* und *manāšif* gewaschen und getrocknet wurden und die im *maslaḫ* zurückgelassenen Kleider der Badegäste nicht gestohlen oder durcheinander geworfen wurden, doch war er nicht in allen Bädern speziell mit dem Bewachen der Kleider betraut[21].

Über die Funktionen des *qayyim* s. S. 69—72 und 104.

Der Handlanger hatte die *nūra* zu bereiten und die Gäste damit zu behandeln. Er mußte sich um die Sauberkeit der Böden kümmern, Seifen- und Kosmetikareste wegscheuern und -spülen und hatte mancherorts dem *ballān* Wasser herbeizuholen. Gästen aus den mittleren und ärmeren Schichten brachte er die *manāšif*, hatte hier also die gleichen Aufgaben wie der Wächter bei den wohlhabenderen Gästen. Mit ihm zusammen sorgte er auch für das Trocknen der Tücher.

---

[20] Am 18. Rağab 899/24. April 1494 verliert ein *ḫādim*, der ein Leck an den Heißwasserkesseln ausbessern wollte, das Leben. Der *muʿallim* des Bades wird daraufhin von der Polizei verhaftet, Ibn Ṭūlūn 1,156.

[21] Y. b. ʿAbdalhādī fol. 76a.

Der Heizer besorgte das Anzünden des Feuers, mit seiner Familie zusammen das Nachschüren, das praktisch dauernde Anwesenheit erforderte, und das Entaschen[22].

Der *zabbāl* — nach QASIMI 363 dem Heizer übergeordnet — kaufte im Auftrag seines *muʿallim* in den Stallungen und Karawansereien Mist (*zibl*), in den Ölpressen die Ölkuchen, besonders vom Olivenpressen (*ǧift/žəft*), Sägemehl und -späne und ähnliche brennbare Abfälle. Dieses Brennmaterial wurde zunächst an einem besonderen Platz *manšar*, der meist außerhalb der Stadt lag[23], gesammelt, an der Sonne getrocknet und gewöhnlich durch Sieben gut gemengt, wozu der *zabbāl* einen Gehilfen *'aǧīr* (QASIMI 363) hatte. Erst der getrocknete Mist wird zum Bad befördert, und zwar auf dem Rücken von Lasttieren in einem Doppelsack (*šlīf*). QASIMI rühmt den Damaszener *zabbālīn* eine große Geschicklichkeit nach im Aufschichten des *zibl* über den Rand des *šlīf* hinaus (S. 163). In Damaskus arbeiteten zu QASIMIS Zeiten als *zabbālīn* und *waqqādīn* Bewohner der nahen ärmeren Gebirgsdörfer.

In Damaskus ist das männliche Personal — ausgenommen der *mukayyis* — vom *ḥammāmī* eingestellt und wird von ihm entlohnt. Wächter und Handlanger erhalten etwas weniger als Heizer und *zabbāl*, weil zu ihrem Fixum noch Trinkgelder hinzukommen. Der Heizer hat einen kleinen Nebenverdienst, dadurch daß er den *fawwālīn*, den Verkäufern von *fūl nābit* oder *fūl mudammas* (ein best. Gericht mit dicken Bohnen) die Töpfe mit den *fūl* über Nacht in die heiße Asche stellt[24]. Der *mukayyis* arbeitet auf eigene Rechnung, doch kassiert der *muʿallim* für ihn den Lohn und nimmt auch die für ihn bestimmten Trinkgelder entgegen.

Das weibliche Personal erhält dagegen keine Entlohnung vom *ḥammāmī*. Es bekommt lediglich Trinkgelder von den Kundinnen, oft nicht einmal das, doch wird es von den Badenden zum Verzehr des mitge-

---

[22] In Istanbul pflegte die Polizeistreife Personen, die sie nachts ohne Laterne auf den Gassen antraf, einem *ḥammāmǧi* in Verwahr zu geben, bei dem sie bis zum frühen Morgen Holz für die Feuerung schleppen mußten. Der Name, den man ihnen gab, *külhan beyi* „der Kerl von der Heizung“ war gleichbedeutend mit Halunke (MANTRAN, *Istanbul* S. 154). Diese Gewohnheit kann ich nicht für die arabischen Länder nachweisen.

[23] Der *manšar* soll immer „fern von den Menschen“ sein, Y. B. ʿABDALHĀDĪ fol. 15a; weit vor der Stadt wird auch der *zabbāl* in der Geschichte 2 bei LEWIN, *Arab. Texte aus Hama*, S. 10/11 angetroffen beim Sieben des Mistes.

[24] „Der *fawwāl* tut eine Menge trockener *fūl* in einen irdenen Topf, gießt Wasser zu, bis die *fūl* bedeckt sind, und fügt noch etwas Natron dazu“, QASIMI 344. Die so vorgequollenen *fūl* werden in diesem Topf vom Abend bis zum nächsten Morgen in der heißen Asche des Bades (*quṣurmill*) vergraben, wodurch sie gar werden. Das Gericht ist ein beliebtes Frühstück. Zum Namen *mudammas* s. S. 135.

brachten Essens eingeladen. Nur die Masseuse hat Anspruch auf eine Entlohnung durch die Kundinnen in bar.

Die Verhältnisse im Mittelalter waren nach den Belegen[25] nicht verschieden von den bei QASIMĪ und ÉCOCHARD/LECOEUR beschriebenen.

Der Beruf des Badedieners verlangte keine besondere Ausbildung. Wer in Not geriet oder sonstwie gezwungen war, sich Geld zu verdienen, konnte sich als Badediener verdingen. So berichtet IBN ǦUBAIR über die Verhältnisse in Damaskus: „Auch für die andern Fremden, die nicht diese Fähigkeiten [nämlich in Koran- und Ḥadīṯ-Wissenschaft Unterricht zu erteilen] besitzen, bestehen außergewöhnliche Dienst- und damit Verdienstmöglichkeiten. Entweder ist ein Garten da, in dem er Wächter wird, oder ein Bad, in welchem er bei der Bedienung hilft oder auf die Kleider der Gäste aufpaßt“ (S. 278). Es entspricht also durchaus der Wirklichkeit, wenn in der Geschichte von Abū Muḥammad al-Mauǧūd (*Ḥikāyāt* S. 400) Ḫulṭuḥ, der auf der Flucht von Basra mittellos nach Bagdad kam, dort in einem Bad Arbeit sucht: „Dann ging er zum Bad[26], um dort zu arbeiten; und da er ein heiteres Gemüt hatte, gewannen ihn die Leute lieb, und er verdiente jeden Tag zwei oder drei Dirham.“ Dies ist seit alters her so. Schon vom Hl. Afrem berichtet seine Vita: „Er ging in die Stadt [Edessa] hinein und hatte die Absicht, für Lohn zu arbeiten, um so sein Brot zu verdienen. Weil er sich aber auf kein Handwerk verstand, ging er zu einem Bademeister (*balanāyā*) und arbeitete bei ihm.“[27] Für die Hörer der Geschichte von Abū Qīr und Abū Ṣīr war es so auch nicht weiter befremdlich, wenn der Barbier Abū Ṣīr in der fremden Stadt ein *ḥammām* betreiben kann. Die gleichen Verhältnisse setzt auch das von SAUSSEY edierte Damaszener Karagöz-Spiel voraus, in dem Karagöz und ʿĪwāẓ zu einem *ḥammāmī* kommen und erklären: *nəḥna ttnēn baṭṭālīn, žāyīn bəddna nəstakri halḥammām mənnak* „wir beide sind arbeitslos, deshalb sind wir zu dir gekommen, um das Bad von dir zu pachten“. Vorher hatten sie schon von der Mutter des *ḥammāmī* eine Abfuhr erhalten: „*kəll mīn daššar kāro w-ləḥe' kār əlḥammām* „jedermann läuft aus seinem Beruf davon und versucht sich im Badgewerbe“, d.h. jeder, der es in seinem Beruf zu nichts bringt, glaubt wenigstens als *ḥammāmī* zu etwas zu kommen (BEO 7/8, S. 20 u. 19).

---

[25] Y. B. ʿABDALHĀDĪ fol. 67a, s. auch S. 97, Anm. 2, wo es um die *'uǧrat al-qayyima* geht.

[26] *ǧā'a l-ḥammāma* mit genereller Determination „zum Bad“ als der Institution, zu welcher man in so einer Lage seine Zuflucht nahm.

[27] C. BROCKELMANN: *Syrische Grammatik*, S. 28*, 23—25.

Obwohl die einzelnen Berufe, die mit dem Bad im Zusammenhang stehen, jedermann offenstanden, waren die einzelnen Berufsausübenden zu Zünften zusammengeschlossen. Als Zunftpatron verehrten sie, wie die Barbiere, den Salmān al-Fārisī[28], die *mukabbisīn*, die *mukayyisīn* und die *ṣunnāʿ an-nawāṭīr* den Muḥsin b. ʿUṯman[29]. Sogar die Heizer und die *zabbālīn* hatten ihre Zunft. Das höchste, was der Heizer in dem Ritterroman um ʿUmar b. an-Nuʿmān sich zu wünschen vorstellen kann, als der König Ḍau' al-Makān, dem er das Leben gerettet hat, ihn zu einem Wunsch auffordert, ist die Würde des Zunftmeisters (*ʿarīf*) der Bad-Heizer von Jerusalem oder eines *ra'īs* (wohl Synonym von *ʿarīf*) der *zabbālīn* von Jerusalem und Damaskus[30]. Die „corporations" der *ḥammāmīye* in unserem Jahrhundert (arab. *niqābāt*) sind Neugründungen unter der Mandatsherrschaft; in Damaskus wurde die *niqāba* 1934 gegründet, 1936 aufgelöst, 1938 wiedergegründet (E/L 1,51), in Hama im Jahre 1931[31]. Ihre Statuten sind von europäischen Handwerksordnungen beeinflußt.

Der Beruf des *ḥammāmī*, des *qayyim/ballān* usw., besonders aber des *zabbāl* galten und gelten als unedel und niedrig (*ġair šarīf, danī', mustaqdar*), was sich vor allem auch darin äußert, daß die Gültigkeit ihrer Zeugenaussagen strittig ist. Yūsuf b. ʿAbdalhādī bringt fol. 93b mehrere Traditionen, die die Gültigkeit der Zeugenaussage eines *ṣāḥib ḥamām* wie eines *ṣāḥib ḥammām* (eines Taubenzüchters wie eines Badebsitzers bzw. -pächters) verneinen[32] und geht dann in die Einzelheiten: „Es sind

[28] Goldziher, *Abhandlungen zur arab. Philologie* II, S. LXXXIII (nach arab. Hs. Gotha 903).

[29] Ebd. S. LXXXVI.

[30] 137. Nacht = 1,272 = Littmann 2,137. Ibn Ṭūlūn berichtet 2,32, daß der Sultan Selim das Ḥammām al-Ḥamawī in Damaskus besuchte, badete, sich rasieren ließ usw., dem *qayyim* 500 Dirham schenkte, ebenso dem *ḥammāmī* „*wa-nūdiya lahū bi-muʿallimi l-ḥammāmīn*" (= ?). Vielleicht ist zu verbessern in *muʿallim al-ḥammāmīyīn* oder *-īya* und zu übersetzen „er wurde zum Zunftmeister der *ḥammāmīyīn* proklamiert".

[31] J. Gaulmier: *Notes sur le mouvement syndicaliste à Ḥama*, in REI 6 (1933) S. 95—125, bes. 103.

[32] Die Nennung des *ṣāḥib ḥamām* erfolgt hier zunächst „des Reimes wegen". Die Taubenzüchter, damaszenisch *ḥmēmāti*, pl. *-īye*, in Beirut (Mitteilung von Prof. H. Roemer) *kaššāš əl-ḥamām*, gelten als unzuverlässig und verlogen (s. Malinjoud, *Textes arabes de Damas*, JA 1924, S. 270ff., wo das Zeugnis eines Mannes diskreditiert wird, weil er 1. *ḥmēmāti*, 2. *šēḫ kəttāb* „Schulmeister" sei usw.). Der Taubensport, der auf die Städte beschränkt ist, besteht darin, daß ein Züchter seinen Taubenschwarm mit einer Pfeife anlockt, ihn wieder aufscheucht oder mit Stangen, an denen lange Schnüre, mit Läppchen besetzt, befestigt sind, am Landen hindert, damit der Schwarm beim ständigen Kreisen die Tauben anderer Züchter einfängt und in den eigenen Schlag lockt. Die so eingefangenen Tauben werden gegen Lösegeld in bestimmten Kaffeehäusern an ihre Besitzer zurückgegeben oder auch ver-

sieben Fälle zu unterscheiden: 1. Der Besitzer des Bades: Sein Zeugnis gilt. 2. Der Erbauer, sei es der Bauherr oder der Baumeister: Über das Zeugnis dessen, der ein Bad für die Männer baut, gibt es keine Meinungsverschiedenheiten, es ist gültig. Wer ein Bad für die Frauen baut, der ist nach dem Urteil des Aḥmad Ibn Ḥanbal nicht unbescholten, nach der Meinung der meisten Rechtslehrer gilt aber sein Zeugnis. 3. Der Besucher des Bades: Wer es mit *mi'zar* betritt, dessen Zeugnis ist gültig; wer es ohne *mi'zar* betritt, dessen Zeugnis gilt nicht. 4. Der *zabbāl*: Über die Gültigkeit seines Zeugnisses herrscht Meinungsverschiedenheit. 5. Der Heizer: Über die Gültigkeit herrscht Meinungsverschiedenheit. 6. Der *ṣāniʿ* des Bades: Wenn er sich an die löblichen Methoden hält, gilt sein Zeugnis, andernfalls nicht. 7. Der *ḥāris* des Bades: Über die Gültigkeit seines Zeugnisses gibt es verschiedene Meinungen." Der Ḥisba-Traktat des Ibn ʿAbdūn verbietet, daß ein muslimischer *ḥakkāk* einen Juden oder Christen bedient, weil es sich nicht schicke, daß die Angehörigen der geringer eingeschätzten Religionen die Dienste eines in einem solchen niedrigen Beruf tätigen Muslims in Anspruch nehmen[33].

Die *danā'a* galt, darin wird Yūsuf von Belegen aus anderen Quellen bestätigt, nicht für den *ḥammāmī* selber, denn wenn nicht *ḥammāmī* als Oberbegriff, sondern speziellere Vokabeln gebraucht werden, sind es der *ballān*[34], der *qayyim*[35] und der *ḥakkāk*, vor allem aber der *zabbāl*, deren Gewerbe als niedrig angesehen ist. Der *zabbāl* durfte z.B. nicht die Tochter des Angehörigen eines höheren Berufes heiraten[36]. Aber auch er zählt immerhin noch nicht zu den (nach *Iḥyā'* 2,85 = 13. Buch, *ādāb al-kasb*, 5. Kap.) vier verachtetsten Berufen Weber, Baumwollweber, Spinner und Schulmeister.

---

kauft. Die skeptische Haltung gegenüber dem Taubenzüchter ist schon im Frühislam nachweisbar. Der Ḥadīṯ legt Muḥammad in den Mund: *šaiṭānun yatbaʿu šaiṭānan* „ein Teufel, der einen Teufel verfolgt", über einen Züchter, der seinen Tauben nachjagt, s. *Concordance* s. v. *ḥamām. ḥmēmāti* und *kaššāš əl-ḥamām* sind beide auch Schimpfwörter.

[33] Ibn ʿAbdūn, JA 1934, S. 138—39.

[34] Ibn Mufliḥ 3,302; Qasimi s. v. *ballān, tabaʿ*.

[35] Ibn al-Uḫūwa S. 215,5.

[36] Yūsuf b. ʿAbdalhādī fol. 15a. Die Entehrung einer Königstochter durch Verheiratung mit einem *zabbāl* (Lewin, *Arab. Texte aus Hama*, S. 10/11ff.) geht darum besonders weit.

EINTRITTSGELD, EINKÜNFTE DER BADEDIENER

Eine so weitverbreitete und sozusagen soziale Institution wie das Bad mußte allen Volksschichten zugänglich sein. Den schönsten Ausdruck findet dieser Gedanke in der Geschichte von Abū Ṣīr und Abū Qīr. Der König befiehlt dem Abū Ṣīr, von jedem Besucher des Bades tausend Dinar zu verlangen. Darauf entgegnet Abū Ṣīr: ,,Mit Verlaub, mein König, die Menschen sind nicht alle gleich, vielmehr gibt es unter ihnen Reiche und Arme. Wenn ich von jedem tausend Dinar nehme, so wird das Bad leer stehen; denn die Armen können nicht tausend Goldstücke bezahlen.“ Auf des Königs Frage, wie er es denn dann mit dem Preis handhaben wolle, erklärt er: ,,Ich will den Preis der Großmut überlassen (*'aǧ'alu l-'uǧrata bil-murū'a*). Jeder wird das geben, was er zu zahlen vermag und sich selbst gegenüber zu zahlen verpflichtet fühlt. Wir wollen von jedermann nach seinem Stande nehmen. Wenn es so gehalten wird, werden die Leute zu uns kommen. Wer reich ist, soll nach seinem Rang zahlen; wer arm ist, soll geben, was er meint geben zu müssen. Auf die Weise wird das Bad florieren.“[1]

Die von Abū Ṣīr vorgeschlagene Form der Entlohnung war im ganzen Mittelalter üblich und ist es bis heute geblieben. Immer noch gehört das Bad zu der ,,class of things — so uncomfortable numerous in Eastern countries—left *'alā ǧūdak* 'to thy generosity'“[2]. Grundsätzlich ist der Eintrittspreis *bil-murū'a* (syr.-arab. heute: *'ala karamak*), doch gab es ein gewisses Mittelmaß, über das nur Reiche, Vornehme und Angeber[3]

[1] 935. Nacht = 2,510 = LITTMANN 6,165—66.

[2] BURTON, *Pilgrimage* 1,70, n. 2; Bd. 9, 150, n. 3 seiner Übersetzung von 1001 Nacht beklagt er sich: "the higher the bathers rank the more he or she is expected to pay. In 1853 I paid at Cairo 3 piastres and 20 paras, something more than sixpence, but now five shillings would be asked." Im Geist des Kapitalismus aufgewachsen kann er freilich nicht begreifen, daß im Bad nicht der objektive Wert der Leistung bezahlt wird, sondern das, was sie subjektiv dem bedeutet, der diese Leistung in Anspruch nimmt. — Obwohl in Europa der gleiche Gedanke bei der Honorierung z.B. des Arztes zugrunde lag, war dessen analoge Anwendung auf die Entlohnung der Dienste im Bad offenbar unvorstellbar. Das ist der Grund dafür, daß in den spanischen Stadtgesetzen nach der Reconquista für den Eintritt der öffentlichen Bäder feste Preise verordnet werden, was sich sicher gegen die von der islamischen Zeit her geübte Sitte richtet (s. dazu ANIBAL RUIZ-MORENO: *Los baños publicos en los fueros municipales españoles*, in: Cuadernos de Historia des España, Buenos Aires, III, 1945, 152—57).

[3] *'aġniyā' wa-'akābir wa-ru'asā' wa-man qaṣada l-faḫr*, Y. B. 'ABDALHĀDĪ fol. 86b.

hinauszugehen pflegten, was aber auch von ihnen erwartet wurde. Weniger als dieses Mittelmaß gaben die Ärmeren, aber auch für Gruppen und Kinder wurde ein Abschlag akzeptiert. Wer mehr als üblich gab, durfte dafür auch eine aufmerksamere Bedienung erwarten, bekam schönere Badetücher, wurde vom *muʿallim*, mindestens aber vom *nāṭūr* bedient. Wie oben bereits gezeigt (s. S. 67f. und Anm. 7), behandelte das Badpersonal einen fremden Gast je nach der geschätzten Höhe der Gabe. Die Fuqahā' erörtern oft noch breit die Möglichkeit, den Preis für den Badbesuch und die Dienstleistungen vorher auszubedingen[4], doch scheint das mehr graue Theorie zu sein. Yūsuf b. ʿAbdalhādī beschließt seine Erörterungen dieser Frage mit der Feststellung: „Manchmal nimmt man die Dienste des *qayyim* in Anspruch nach Brauch und Sitte (*ʿalā l-ʿādati wal-ʿurf*); die meisten Leute halten es heute so, ohne einen Preis auszubedingen.“[5]

Ende des 15. Jh.s galt nach ihm in Damaskus folgender durch Herkommen allgemein gebilligter Tarif (fol. 86b):

<table>
<tr><td>Eintrittsgeld (ʿādat al-ḥammām)[6] . . . .</td><td rowspan="6">je ½ Dirham[7].</td></tr>
<tr><td>Haarschneiden und Rasieren (ḥalq ar-ra's) . . . . . .</td></tr>
<tr><td>Massieren (taqfīš) . . . .</td></tr>
<tr><td>Waschen (maʿk) mit 'ušnān . . . .</td></tr>
<tr><td>„ „ „ sidr . . . .</td></tr>
<tr><td>„ „ „ ṣābūn . . . .</td></tr>
</table>

[4] Der tiefere Grund dafür ist die Ausrichtung auch solcher Dienstleistungsverträge nach dem Kaufvertrag, für dessen Gültigkeit das Kaufobjekt und der Kaufpreis nach Art, Umfang und Aushändigungsmodus genau definiert sein mußten, vgl. den Art. *bayʿ* in EI². Ein häufig zum Vergleich herangezogener, von der Šarīʿa ausdrücklich gebilligter Fall ist die Entlohnung der Amme, der aber auch als Kaufvertrag gilt, bei dem die verkaufte Ware, die Milch, notwendigerweise nicht nach Menge usw. definiert werden konnte. Die Fuqahā' konnten indessen diesen analogen Vertrag nicht völlig verwerten; sie waren sich nämlich nicht einig, welche Ware im Bad Gegenstand des Kaufs/Verkaufs ist.

[5] Fol. 4a. Das ist die Anschauung der Ḥanbaliten, wie aus fol. 65b hervorgeht; dort distanziert er sich von der Lehre mancher Šafiʿiten, die das Eintrittsgeld auf 1/4 Dirham im Sommer und 1/2 Dirham im Winter fixieren wollen.

[6] Andere Bezeichnungen: *'uǧrat al-ḥammām* (häufig); *'uǧrat ad-duḫūl* (Munāwī fol. 75b).

[7] Ohne Angabe der Kaufkraft eines Dirham ist dies recht nichtssagend. Der Wert des Dirham ist allerdings eine sehr schwankende Größe. Um wenigstens einen Begriff vom Kaufwert des Dirham Ende des 15. Jh. in Damaskus zu geben, seien hier einige diesbezügliche Notizen zusammengestellt. Während Yūsuf in Ṣālḥīye an seinem Buch schrieb, das er am 23. Šawwāl 885/26. 12. 1480 beendete, war unten in Damaskus eine Währungsreform oder besser -manipulation im Gang. Am 7. Šaʿbān 885 wurde das alte Silbergeld ungültig erklärt und man gab neu

Für die Inanspruchnahme einer *ḫalwa* gab man einen ganzen Dirham (fol. 65b). Mit dem Eintrittsgeld war die Benutzung der nötigen Tücher und Geräte sowie die Bewachung der Kleider abgegolten. Ein normaler Wasserverbrauch war stillschweigend vorausgesetzt. Für übermäßigen Wasserverbrauch durfte der Badhalter nach den Angaben der Ḥammām-Traktate ein Bußgeld verlangen[8], und zwar im Sommer $^1/_2$ Dirham, im Winter $^2/_3$ Dirham, doch ist mir kein Beleg aus der Praxis vorgekommen. Die Ḥanbaliten scheinen dieses Bußgeld nicht zu billigen. Yūsuf b. ʿAbdalhādī zitiert diesbezügliche Stellen immer sehr distanziert[9].

Der Dirham als Eintrittsgeld für das Bad ist in einigen Traditionssprüchen geradezu sprichwörtlich: „Wie gut ist der Dirham, den der

---

geprägtes Geld aus. Der Ausrufer wurde aber mit Steinwürfen vertrieben (Ibn Ṭūlūn 1,24). Am 23. Šawwāl 885 (!) wurde das alte Geld wieder ungültig erklärt, der Ausrufer wurde verprügelt. Am 27. Šawwāl kam schließlich eine Einigung zwischen den staatlichen Autoritäten und Vertretern der Stadt zustande: Je $12^1/_2$ alte und neue Dirham sollten einem ʼAšrafī-Dinar entsprechen, m. a. W., es blieb alles beim alten (1,29). Die Parität 1 Dinar = 12,5 Dirham schließt aus, daß mit Dirham, einerlei ob alt oder neu, der „schwarze" Dirham gemeint sein könnte, von denen 30—40 einem Dinar entsprachen. — Wie wenig ein Dirham war, machen folgende Stellen deutlich: 920/1514 starb Ilyās ar-Rūmī, ein freigelassener christlicher Kriegsgefangener, der auf der Straße Äpfel, Aprikosen und Trauben verkaufte; „er verdiente etwa zwei oder drei Dirham (am Tag) . . . und jeder, der ihn sah, hatte Mitleid mit ihm wegen seiner offenkundigen Armut" (Ibn Ṭūlūn 1,379). — 895/1490 behauptet ein ägyptischer Mamluk in einem Bad in Damaskus, ihm seien 100 Dinar gestohlen worden, und nimmt den wenigen Anwesenden 300 Dirham ab (1,120). Wenn in so unsicheren Zeiten wie in diesem Jahr ein paar Männer im Bad, in das man auch so schon keine großen Geldbeträge mitnimmt, zusammen 300 Dirham mit sich führen, kann diese Summe keinen großen Wert dargestellt haben. — Andrerseits konnte man für einen Dirham eine Menge kaufen: Höchstpreis für 1 *raṭl* (1,85 kg) Brot während der Teuerung (!) 909/1503 je nach Qualität $1^1/_4$ bis $1^3/_4$ Dirham (1,267). — 921/1515 kostet ein *raṭl* Rindfleisch 2 Dirham, ein *raṭl* Hammelfleisch 4 Dirham (1,384). — 893/1488 kostet ein *raṭl* Melonen oder Pasteken $^1/_4$ Dirham, 1 *raṭl* der heute noch teuersten Traubensorten *dārānī* und *zainī* $^1/_2$ Dirham, ein *raṭl* Brot $1^1/_4$ bis $1^1/_2$ Dirham (1,97) — Angesichts dieser Angaben sehe ich keine Bedenken, die Stelle in der 53. Nacht (1,164 = Littmann 1,574) „der Heizer verdiente täglich fünf Dirham und kaufte für Ḍau' al-Makān täglich um einen Dirham Zucker, Rosenwasser und Veilchenscherbett, und für einen zweiten kaufte er junge Hühnchen" für wirklichkeitsentsprechend zu halten.— Daß $1^1/_2$ bis 2 Dirham täglich für eine Person zum Leben ausreichten, zeigt Ibn Ṭūlūn 2,6: Der Gouverneur setzt 922/1516 als Unterhalt für eine Gruppe von Sufis fest: pro Kopf täglich zwei Fladen (od. Laib) Brot und monatlich 20 Dirham, vgl. weiter S. 118, Anm. 20. E. Strauss, *Prix et salaires à l'époquem amlouke*, REI 1949, S. 92 zitiert aus dem Reisebericht zweier nach Palästina eingewanderter Juden, der um 1480 = 885 H. verfaßt ist, daß man damals in Damaskus für 400 bis 500 Dirham jährlich Wohnung und Nahrung für eine Person bestreiten konnte.

[8] Aqfahsī fol. 69b; Munāwī fol. 77b sagt nur, daß dem *ḥammāmī* ein Ersatz der Unkosten für den Wassertransport und die -erhitzung zusteht.

[9] *ra'aitu fī kalāmi baʿḍi š-Šāfiʿīya*, fol. 65a; *qāla baʿḍu š-Šāfiʿiya*, fol. 65b.

Muslim für den Besuch des Bades ausgibt"[10], oder: „Kein Dirham, der als Almosen gegeben wird, ist mir lieber als der, welcher für die *ḫalwa* des Bades ausgegeben wird"[11]. Wenn auch erfunden, so datieren diese Traditionen den Dirham als Eintrittsgeld für das Bad in die ersten islamischen Jahrhunderte zurück, in welche Zeit auch das Urteil des Bišr b. al-Ḥāriṯ (= Bišr al-Ḥāfī, s. S. 88 und Anm. 11 ebd.) zurückführt, das ĠAZZĀLĪ zitiert: „Ich tadle den Mann nicht, der nur einen Dirham besitzt und ihn ausgibt, damit das Bad für ihn freigehalten wird" (*Iḥyā'* 1,137 = § 23).

Konkrete Angaben über das Eintrittsgeld fehlen sonst (s. aber S. 21), was ja nicht weiter verwunderlich ist, da es keine allgemeinverbindlichen Sätze gab. Nur bei europäischen Reisenden finden sich ab und zu bestimmte Aussagen. So schreibt JOHANN WILD, der 1604—1614 in muslimischer Gefangenschaft war, über die Verhältnisse in Kairo: „Was das Badgeld anbelangt: es kostet einen allezeit fünf oder sechs Aspern. Dem Bader gibt man zwei, den Badknechten zwei und dann dem, der auf die Kleider sieht, auch einen oder zwei, nach seinem guten Willen" (S. 270). — Der Wert eines Asper oder Aqče ist für die Zeit, da WILD in Kairo war, kaum zu bestimmen[12], doch daß es sehr wenig war, geht daraus hervor, daß man den Kerlen, die einen auf der Ramadanschaukel schaukelten, und den Spielleuten, die dazu Musik machten, sechs oder acht Aspern gab (S. 272). BRIEMLE nennt rund 100 Jahre später als Eintrittsgeld (in Konstantinopel) zwei Aspern, für Christen aber vier (2,146, vgl. aber auch S. 123). Im ersten Viertel des 19. Jh.s war nach LANE „one piaster . . . a common sum to pay for all the operations above described"[13]. Nach dem S. 68, Anm. 7 wiedergegebenen Ǧuḥā-Witz, der die Verhältnisse in Syrien um die Jahrhundertwende spiegelt, war ein Piaster (*qirš*) ziemlich schäbig, zehn Piaster aber recht viel. Über die von den Reicheren gegebenen Beträge stehen mir sonst keine Belege zur Verfügung, außer BURTONS Klage, daß man ihm in den 70er Jahren des 19. Jh.s in Kairo fünf englische Shilling abverlangte. Es scheint aber, daß nicht selten ansehnliche Beträge gegeben wurden, denn YŪSUF B. ABDALHĀDĪ warnt: „Die Leute sollen dabei das Geld nicht verschwenden,

---

[10] Muḥammad zugeschrieben, Y. B. ʿABDALHĀDĪ fol. 64b.

[11] Ausspruch des Sufyān aṯ-Ṯaurī, ibid.

[12] Das Gewicht eines *aqče* ging von $2^1/_4$ *qīrāṭ* vor 982/1574 auf $1^1/_2$ *qīrāṭ* um 1030/1620 zurück, bei einem Feingehalt von 850/1000, s. Art *Akče* in EI² I,328. Ein *aqče* hatte zu Wilds Zeit den Wert vom $^1/_7$ bis $^1/_{11}$ eines klassischen Dirham, der 16 *qīrāṭ* wog bei einem Feingehalt von 900/1000 und mehr.

[13] 1 Piaster = *qirš* ist $^1/_{100}$ eines osmanischen Pfundes, dessen heutiger Goldwert ca. 40 DM beträgt.

sondern Maß halten, denn das Almosen für die Armen ist verdienstlicher, zumal die meisten Badknechte es nicht wert sind und es nicht verdienen“ (fol. 86b).

Eine fürstliche Belohnung wie die 1000 Dinar, die Abū Ṣīr erhält, gibt es nur im Märchen; denn schon die 20 Dinar, die der Sultan Selim I. 923/1517 dem *ḥammāmī* des Ḥammām al-Ustadār in Būlāq schenkte, waren Stadtgespräch von Kairo[14]. Auch die „ansehnliche Summe“ (*mablaġ lahū ṣūra*), die Selim nach einem Badbesuch in Aleppo dem *muʿallim* verehrte[15], und die je 500 Dirham, die er dem *qayyim* und *muʿallim* des Ḥammām al-Ḥamawī in Damaskus schenkte[16], waren außergewöhnlich genug, um von den Chronisten festgehalten zu werden.

Freien Eintritt hatten bisweilen bestimmte Personengruppen in bestimmten gestifteten Bädern, in manchen Bädern auch jedermann (s. S. 16); auch die Badbesitzer haben nach einer Bemerkung bei Yūsuf b. ʿAbdalhādī fol. 76a den Badpächtern kein besonderes Eintrittsgeld bezahlt. Über die Möglichkeit, gegen Zahlung einer Pauschale jederzeit das Bad besuchen zu können, steht mir nur ein Beleg zur Verfügung, der dies mißbilligt (s. S. 8 und Anm. 7), doch braucht daraus nicht geschlossen zu werden, daß dies praktisch unbekannt war. Eine gut vergleichbare Gewohnheit wird für das 19. Jh. aus Tlemcen berichtet; dort zahlten die jungen Mädchen bis zu ihrer Verheiratung in dem Bad, das gewöhnlich von der Familie aufgesucht wurde, keinen Eintritt, wohl aber in den andern Bädern der Stadt[17].

Über die Einkünfte der Badediener im Mittelalter fehlen mir Belege aus historischen Quellen im engeren Sinn. In *Ḥikāyāt* 400 heißt es von Ḫulṭuḫ: „Da er von angenehmem Charakter war, gewannen ihn die Leute lieb, und er verdiente täglich ein paar Dirham (*dirhamāni ṯalāṯa* wohl, wie in der Umgangssprache, nicht wörtlich), und in der 53. Nacht (1,164 = Littmann 1,574) lesen wir, „jener Heizer arbeitete für täglich fünf Dirham im Bad“.

Um 1880 verdiente ein *muṣaubin* (= *qayyim*) in Damaskus täglich etwa 10 *qurūš*, an Freitagen und Festen das Doppelte (Qasimi 446). Sehr hoch dürften die Einkünfte der Badediener nie gewesen sein. Die Vokabel *yataʿayyašu minhā* „er fristet davon sein Leben“, die Qasimi auf den Beruf des *nāṭūr, tabaʿ, waqqād, zabbāl*, der *'usṭā*, der *ballāna* anwendet, war wohl die Jahrhunderte hindurch immer zutreffend; sie

---

[14] Ibn Iyās ²V, 178 = Wiet 2, 173.
[15] Ibn Iyās ²V, 77 = Wiet 2, 75.
[16] Ibn Ṭūlūn 2, 32.
[17] Gaudefroy-Demombynes, *Cérémonies de mariage* S. 44.

findet sich schon in den von Usāma b Munqiḏ wiedergegebenen Worten eines *ḥammāmī*, der in einem Usāmas Vater gehörenden Bad arbeitete: „Ich eröffnete in Maʿarra ein Bad, um meinen Lebensunterhalt zu verdienen (*'ataʿayyašu minhā*)" (S. 136). Einzig vom Badpächter sagt Qasimi, daß er einen schönen Gewinn erzielen kann.

Trotz der niedrigen Eintrittsgelder waren die Bäder gute Renditeobjekte. So wurde das 721/1321 eröffnete Ḥammām Tangīz in Damaskus für täglich 40 Dirham verpachtet „wegen seiner Pracht, seiner Fülle an Licht und seines vielen Marmors" (Ibn Kaṯīr 14, 99). Ende des 15. Jh.s nennt Yūsuf b. ʿAbdalhādī als tägliche Pacht für das neuerbaute Bad des malikitischen Qāḍīs (Ḥammām al-Qāḍī al-Mālikī beim Bāb al-Farağ)[18] einen Dinar, den gleichen Betrag für das neue Ḥammām al-Ḥāğib in Ṣālḥīye, „wo ein gleichartiges Bad noch nicht errichtet war, obwohl sich dort zahlreiche Bäder finden. Es war von hervorragender Schönheit und hatte nicht seinesgleichen" (fol. 98a—b). Dann aber wurde bei beiden Bädern die Pacht gesenkt, denn der Reiz des Neuen und die Schönheit hielten nicht lange und die Bedeutung der Bäder ließ nach (*baruda* 'kühlte ab'). Zu den sich hieraus zu errechnenden Erträgen von 1160—1200 Dirham für das Ḥammām Tangīz und 377—390 Dirham für die beiden andern Bäder pro Monat[19] passen die Summen, die in dem 722/1322 geschriebenen *Waṣf al-Madrasa an-Nāṣirīya* stehen: monatlich 490 Dirham für das Ḥammām al-Faḫrīya, 1550 Dirham für das 703/1303—1304 erbaute Doppelbad Ḥammām aš-Šaiḫ Ḫaḍir; beide Bäder waren *waqf* der genannten Madrasa[20].

---

[18] *ʿudda* Nr. 86, erbaut von al-Qāḍī at-Tilimsānī.

[19] 1 Monat = 29 oder 30 Tage; 1 Dīnār = 13 Dirham.

[20] Zitat aus Nuwairī, *Nihāya*, reproduziert von M. Ziyāda in seiner Edition der *Sulūk* 1, 1049ff. Die Einkünfte aus der Verpachtung von Bädern waren im Vergleich zu den übrigen Einnahmen der Stiftungen recht ansehnlich. Die Erträge des *waqf* der Madrasa Nāṣirīya und der Qubba Nāṣirīya in Kairo weisen folgende Positionen auf (Angaben aus Ḏū l-ḥiğğa 722/1322):

1.	*Qaiṣarīyat Amīr ʿAlīy*	mtl.	1659	Dirham
2.	*qāʿa* (Saal) über der *qaiṣarīya*	„	48	„
3.	Straßenzeile (6 Läden, 6 Obergeschosse)	„	268	„
4.	3 Läden	„	75	„
5.	Ladenreihe (7 Läden)	„	525	„
6.	*Ḥammām al-Faḫrīya*	„	490	„
7.	Doppelbad *Ḥammām aš-Šaiḫ Ḫaḍir*	„	1550	„
8.	Eine *maṣṭaba* und ein *maḫzan*	„	140	„
9.	7/8 einer Mühle	„	87	„
10.	Ein Stall und ein Obergeschoß im *Ḫān as-sabīl*:	jährl.	16	„

Die Pachtbeträge lassen einen Rückschluß auf die Besucherzahlen zu, denn sie standen ja in Relation zu den Einnahmen, die beträchtlich höher gelegen haben müssen; der *ḥammāmī* hatte ja — außer einem Gewinn für sich — neben der Miete auch die Löhne für das Personal, mit Ausnahme des auf eigene Rechnung arbeitenden *qayyim/mukayyis* (s. S. 109), die Kosten für das Brennmaterial usw. auch noch Steuern und sonstige Abgaben zu erwirtschaften. Die Unterhaltungskosten für die Gebäude und die Wasserzuführung mittels Kanal hatte wohl, wie im heutigen Damaskus (E/L 1,50), auch früher der Besitzer zu tragen. Doch scheinen die Kosten für den Wassertransport im allgemeinen zu Lasten des Badpächters gegangen zu sein, wenigstens hatte er, nach den Ḥammām-Traktaten, einen Anspruch auf Unkostenersatz bei Wasservergeudung (s. S. 115).

Setzt man die Relationen der Löhne und sonstigen Ausgaben, die ÉCOCHARD/LECOEUR S. 50 nennen, auch für das Mittelalter als gültig an und geht man von einem Ecklohn von 5 Dirham für den Heizer aus (s. S. 114 und Anm. 7), so wäre mit täglichen Lohnkosten von 15—20

---

11. *Ḫān aṭ-ṭuʿam* in Damaskus: jährlich $17 + \frac{1}{2} + \frac{1}{8} + \frac{1}{60} + \frac{1}{480}$ Anteile (*sahm*) von wohl 24 Anteilen der 45000 Dirham übersteigenden Erträge dieses Ḫāns. Im Jahr 722 beliefen sich die Erträge auf über 70000 Dirham.

Diesen Einnahmen standen u. a. als Ausgaben gegenüber:

Lehrer	mtl.	200	Dirham
Assistenten, Studenten, zusammen	„	800	„
4 *qayyim*, zusammen	„	100	„
Bibliothekar	„	30	„
bawwāb	„	30	„
sawwāq	„	30	„
'imām	„	80	„
muqri'	„	30	„
25 Koranrezitatoren	„	500	„
mu'aḏḏin	„	80	„
7 weitere *mu'aḏḏin*	„	150	„
2 *qayyim*	„	85	„
1 *farrāš* (Veteran, ehem. Diener des Stifters)	„	100	„
2 weitere *farrāš*	„	61	„
4 Diener (Veteranen)	„	160	„

Diese Besoldungsliste vermittelt wieder einen Eindruck vom Wert eines Dirham Anfang des 14. Jh. Es ist allerdings zu beachten, daß alle hier Bedachten, mit Ausnahme des Lehrers, zu den Armen zählten. Zwar scheint mit 30 Dirham monatlich, zumal Aufwendungen für Logis und z. T. auch Kost entfallen, das Existenzminimum gesichert, aber die für den alten Diener angesetzten 100 Dirham zeigen, daß für ein einigermaßen würdiges Leben mehr gehörte.

Dirham zu rechnen, und zwar je 5 Dirham für den *waqqād* und den *zabbāl*, 3—4 Dirham für den *nāṭūr* und 3—6 Dirham für einen oder zwei Handlanger[21], außerdem ein paar Dirham für Brennmaterial[22], Futter für die Lasttiere, Miete für den *manšar* usw. Bei 20—25 Dirham Unkosten und 13 Dirham (= 1 Dinar) Miete täglich und einem durchschnittlichen Eintrittsgeld von $^1/_2$ Dirham pro Person mußte ein Badpächter mit wenigstens 70—80 Gästen täglich rechnen können, wenn er etwas verdienen wollte. Das erscheint viel, ist aber andrerseits nicht so erstaunlich, da noch in unserm Jahrhundert, in dem von einer Blüte des Bades nicht mehr die Rede sein kann, 30—40 Gäste im Sommer und 60—80 im Winter genannt werden (E/L 1,51). In einem neuen Bad konnte sowieso mit einem großen Zustrom an Neugierigen gerechnet werden, und wenn der ausblieb, wurde auch die Miete herabgesetzt, wie oben belegt. 80 Badegäste erscheinen zwar auch angesichts der ziemlich kleinen Dimensionen der Damaszener Bäder reichlich hoch, doch verteilte sich der Besucherstrom auf den ganzen Tag, so daß im Stundendurchschnitt kaum mehr als vier bis fünf Leute herauskamen, die sich auch in einem kleinen Bad gut verlieren konnten. Zu bestimmten Tageszeiten und Wochentagen wird freilich ein größerer Andrang geherrscht haben.

Einen weiteren Begriff von der Ertragskraft eines Bades geben die Zahlen über ihren Verkehrs- oder Verkaufswert. Das oben genannte Ḥammām Tangīz in Damaskus wurde beim Tod des Tangīz 744/1343 auf 100000 Dirham geschätzt (*Fawāt* I, 94), also auf das Siebenfache der Jahresmiete, sofern diese seit 721 unverändert geblieben war. Das Ḥammām as-sābāṭ in Kairo wurde 590/1193 für 1200 Dinar verkauft, wenig später aber für 1600 Dinar weiter veräußert (*Ḫiṭaṭ* 3, 130). Angesichts dieser Zahlen sind die 100 Dinar, die Selim I. für das Ḥammām al-ǧūra in Damaskus gab (s. S. 17, Anm. 57 Ende), nicht mehr als ein Apfel und ein Stück Brot.

Ob die Bäder überall besteuert waren, und wenn ja, in welcher Weise, läßt sich mit den Angaben der Quellen nicht klären. Ibn Ḥauqal nennt

[21] Im Vergleich zu den in Anm. 20 genannten Monatsgehältern bzw. monatlichen Unterhaltsunterstützungen erscheinen die hier angesetzten Tageslöhne hoch. Die Angabe über den Tageslohn des Heizers in der 53. Nacht von 5 Dirham kann freilich aus einer Zeit stammen, in der der Dirham infolge Münzverschlechterung schon etwas entwertet war. Andrerseits waren auch 5 Dirham nicht viel, wie in Anm. 7 gezeigt, obwohl die dort gebrachten Angaben sich auf einen vollwertigen Dirham beziehen.

[22] Hier kann ich der Relation nicht mehr folgen, da in den 30er Jahren Mist schon knapp (Rückgang der Lasttierhaltung) und folglich unverhältnismäßig teuer war, s. E/L 1,50, n. 2.

z.B. das Steueraufkommen der Stadt Nisibis von 358/969 „auf die Einkünfte der Gebäude wie Ḫāne, Bäder, Läden 16000 Dinar" (S. 214). Der Ḥisba-Traktat des Ibn ʿAbdūn setzt einen Steuereinnehmer (*mutaqabbil*) voraus, der direkt im Bad saß (JA 1934, S. 239). Ibn al-Ǧauzī gibt im *Muntaẓam* 9,123 an, daß 494/1101 ein Tribut auf die Einwohner von Nīsābūr umgelegt wurde, „auf reich und arm; sogar die Bäder und Ḫāne wurden besteuert", Worte, aus denen man schließen kann, daß die Erhebung solcher Abgaben von den Bädern ungewöhnlich war. Das komplizierte Steuer- und Abgabensystem der Damaszener Bäder in den 30er Jahren (E/L 1,48/49) blickt sicher auf eine lange Tradition zurück und darf wohl als Beispiel für die Besteuerung unter den Osmanen gelten. Die Steuerlast beträgt in dem Beispiel, das Écochard/LeCoeur mit allen Details vorführen, etwas mehr als die Hälfte der Pachtsumme.

HAFTUNG BEI DIEBSTAHL

Diebstähle im Bad gehörten zwar nicht zu den alltäglichen Ereignissen, waren aber häufig genug, um die kasuistischen Gedankengänge der Fuqahā' anzuregen. Schon die Begründer der Rechtsschulen waren sich nicht einig, ob dem, der im Bad gestohlen hat, die Hand abzuhacken sei oder nicht[1]. Das Hauptkriterium dabei ist, ob das Bad einen Wächter hat oder nicht. Es herrschte Einmütigkeit, daß dem, der im unbewachten Bad gestohlen hatte, die Hand nicht abzuhacken sei. Nur dem Dieb im bewachten Bad drohte diese Strafe, aber die Fuqahā' waren sich hier nicht einig. Insofern sind die bekannte Adab-Geschichte von Abulqāsim aṭ-Ṭunbūrī[2] und die Anekdote von dem Asketen as-Samarqandī[3], in denen der Dieb mit einer Tracht Prügel davonkommt, Abbilder der tatsächlichen Verhältnisse. Aber auch die harte Strafe war nicht nur auf die Diskussion der Gelehrten beschränkt: „In diesem Monat wurde eine Diebin im Ḥammām al-Aidamurī ertappt ... Der Amīr ließ sie auspeitschen und ihr am Bāb Zuwaila die Hand abhacken."[4]

Ebenso kompliziert war nach den Darlegungen der Fuqahā' die Haftung bei Abhandenkommen einer Sache. In der Praxis aber haftete, wenn ein Wächter im Bad diente, der *ḥammāmī* für den Verlust[5]. Wertsachen mußten ihm allerdings in Verwahr gegeben werden, andernfalls konnte er die Haftung ablehnen: „In dem Bad [in Damaskus] verlor mein Herr seinen Leibgürtel, welcher an die vier Taler kostete. Er wollte mit dem Badherrn zanken, aber er richtete wenig aus. Denn der Badherr gab ihm zur Antwort, warum er den Gürtel ihm nicht hätte aufzuheben gegeben, so hätte er ihn mit Recht abzufordern" (J. Wild 209).

---

[1] Y. b. Abdalhādī fol. 75a—76a.

[2] Louis Cheikho, *Maǧānī al-adab*, 3.232—34; *DAT* S. 168.

[3] *Iḥyā'* 3,281 (*bayān ʿilāǧ ḥubb al-ǧāh*) = *Muntaẓam* 9,169 = Y. b. ʿAbdalhādī fol. 75b.

[4] *Sulūk* 2,692; Ramadan 746/Jan. 1346.

[5] Y. b. ʿAbdalhādī fol. 76a: Wenn vom *ḥammāmī* ein *nāṭūr* eigens zur Bewachung der Kleider eingestellt war und etwas abhanden kam, haftete dieser (*hāḏā*, kann auch den *nāṭūr* meinen) für den Verlust, *wa-hiya ʿādatu n-nāsi l-yauma*.

SONDERREGELUNGEN FÜR CHRISTEN UND JUDEN

Der Eintritt ins Bad war jedem ohne Rücksicht auf Religion, Stand oder Rasse gestattet, worüber sich die mehr mit Standesprivilegien als mit religiöser Toleranz vertrauten europäischen Reisenden verwunderten, so auch der schlichte VINZENZ BRIEMLE: „Es ist aber zu wissen / daß alle Nationen / weß Rechtens oder Glaubens sie auch seyn mögen / für ihr Geld also empfangen / und tractiret werden / ohne Unterschied" (2, 149). Seine Aussage 2, 146 „die Türcken bezahlen nur ein jedesmal 2 Asper, . . . die Christen aber 4 Asper" steht dazu nur scheinbar im Widerspruch, denn mit Christen dürften die europäischen Pilger-Touristen gemeint sein, von denen auch damals schon überhöhte Preise verlangt wurden. Wenn in *Ḫiṭaṭ* 3, 138 ausdrücklich hervorgehoben ist, daß kein Jude oder Christ ein bestimmtes Bad betritt — es handelt sich um das von Ṣalāḥaddīn al-Ayyūbī gestiftete Ḥammām aṣ-Ṣūfīya in Kairo —, so ist damit nur die Ausnahme von der Regel festgehalten; hier verbot es den Juden und Christen schon der Takt und die Vorsicht, das für den Gebrauch der muslimischen Mönche gestiftete Bad zu betreten[1]. Im allgemeinen waren jedoch die durch ihre Lage am Sūq oder ähnlichen stark frequentierten Plätzen der Öffentlichkeit wirklich zugänglichen Bäder von Muslimen, Christen und Juden, von Einheimischen und Fremden besucht.

Wenn es auch durchaus als normal hingenommen wurde, daß in den Bädern Muslime und Ahl aḏ-ḏimma zusammen waren, so war dies in den Augen mancher Fuqahā' doch ein Greuel. Vor allem nahmen sie daran Anstoß, daß Muslime Dienstleistungen niederer Art, und als solche gelten ja die Dienste im Bad (s. S. 111-2), für Christen oder Juden verrichteten. Die Ḥisba-Bücher verbieten deshalb mitunter ausdrücklich, daß ein muslimischer *dallāk* einen *ḏimmī* bedient (s. S. 112 Mitte). Sie rügen auch, daß die reichen Christinnen im Bad die besten Plätze beanspruchen, und daß die muslimischen Frauen das hinnehmen (IBN AL-UḪŪWA 43, 6).

---

[1] Ähnliches gilt auch für die Bäder in den Gassen der Wohnviertel. Christen und Juden besuchten nicht die Bäder der muslimischen Viertel, Muslime umgekehrt nicht ein Bad im Christen- oder Judenviertel, s. E/L 1, 45.

Nun war die Unterscheidung von Muslim und Ḏimmī im Bad selber nicht einfach. Außerhalb des Bades mochten die *ġiyār*-Vorschriften[2], sofern sie beachtet wurden, eine Unterscheidung ermöglicht haben. Im Bad fiel dies weg, wenn die *fūṭa* alle in gleicher Weise kleidete und das einzig mögliche körperliche Merkmal beschnitten/unbeschnitten verdeckte, das überdies bei den Frauen ohnehin nicht gegeben war und auch nicht den Juden vom Muslim unterschied[3]. Doch waren die Ahl aḏ-ḏimma bis zum Anfang des 5. Jh.s nicht genötigt, durch irgendwelche Abzeichen sich auch im Bad als Christ oder Jude kenntlich zu machen. Die Aḥkām ʿUmarīya enthalten keine Bestimmungen in diesem Sinn, ebensowenig der *ġiyār*-Erlaß des Kalifen al-Muqtadir vom Jahre 296/909 (*Muntaẓam* 6,82).

Derartige Abzeichen wurden erst von dem Fatimidenkalifen al-Ḥākim (386—411/996—1021) eingeführt, dessen Phantasie manche Kuriosität ausgebrütet hat, der oft allerdings ein tieferer Sinn zukommt. Im Jahr 398/1008 drängte er die Christen, den Islam anzunehmen, stellte ihnen aber gleichzeitig frei, ins Byzantinische Reich auszuwandern. „Wer aber bei seiner Religion blieb [ohne Ägypten zu verlassen], der wurde auf Bedingungen verpflichtet, die al-Ḥākim zu den von ʿUmar herrührenden hinzugefügt hatte[4], wie zum Tragen von Kreuzen auf der Brust, die aus Holz sein und vier *raṭl*[5] wiegen mußten, und die Juden zum Tragen eines Kalbskopfes[6]. Im Bad sollte am Hals eines jeden ein fünf *raṭl* schwerer Lederschlauch[7] mit Schellen sein" (Ibn Kaṯīr 11,339). Ibn al-Ǧauzī berichtet unter dem gleichen Jahr, etwas abweichend: „Er machte den Christen zur Bedingung, sichtbar auf der Brust Kreuze, und den Juden, das Bild eines Kalbskopfes zu tragen

---

[2] *ġiyār*-Vorschriften, d.h. Verbot bestimmter Kleidungsstücke, Gebot zum Tragen bestimmter Farben, gelb für Juden, blau für Christen, waren angeblich schon in den *Aḥkām ʿUmarīya* enthalten, d.i. in dem Vertrag, den ʿUmar b. ʿAbd-alʿazīz mit den syrischen Christen geschlossen hatte, der aber in die Zeit des ʿUmar b. al-Ḫaṭṭāb zurückprojiziert wurde. Vgl. die Art. *dhimmī* und *ghiyār* in EI².

[3] Wenn die Männer im Bad weit mehr als die Frauen ihre Blöße bedeckten, so wohl besonders deshalb, weil die beschnittenen sich vor den unbeschnittenen genierten und umgekehrt.

[4] Die arabischen Historiker vermerken also ausdrücklich, daß diese Neuerungen von al-Ḥākim stammen. Wenn auch mit der bleiernen Münze, die später zum Unterscheidungsmal wurde, auf ein altes Symbol zurückgegriffen wurde (s. S. 126), so spricht das nicht gegen eine Priorität von al-Ḥākims Maßnahmen, durch die nur die Ahl aḏ-ḏimma und niemand sonst betroffen waren.

[5] 1 *raṭl* in fatimidischer Zeit = 437,5 Gramm (Hinz S. 29).

[6] Weil die Juden das goldene Kalb verehrt hatten. Auf die Geschichte Exodus 32 ist im Koran mehrfach angespielt.

[7] *qirba*; es ist aber bestimmt *qirmīya* „Klotz" zu lesen.

und darauf zu verzichten, Pferde zu reiten. Daraufhin verfertigten sie Kreuze aus Gold und Silber, aber al-Ḥākim mißbilligte dies und befahl den Muḥtasibīn, die Christen zum Tragen hölzerner Kreuze im Gewicht von jeweils vier *raṭl* zu nötigen und die Juden zu einem Holz in Form eines Stößels (*midaqqa*) im Gewicht von sechs *raṭl*. Im Bad sollten sie Schellen um den Hals binden, damit sie sich von den Muslimen unterschieden" (*Muntaẓam* 7,239—40). Ibn Ḫallikān gibt schließlich an, daß al-Ḥākim im Jahre 402/1011 die Christen zum Tragen eines Kreuzes von einer Elle Länge und einem Gewicht von fünf *raṭl*, die Juden zum Tragen eines ebenso langen und ebenso schweren Holzklotzes (Text: *qarāmīy* = pl. von *qirmīya*) nötigte und befahl, daß die Christen beim Besuch des Bades diese Kreuze und die Juden Schellen zu tragen hätten, damit sie sich von den Muslimen unterschieden (2,126/27).

Aus den Mitteilungen aller drei zusammen ergibt sich, daß al-Ḥākim zunächst, und zwar 398/1008[8], nur angeordnet hatte, daß die Ahl aḏ-ḏimma Unterscheidungszeichen bestimmter Form auf der Straße und im Bad zu tragen hätten, daß daraufhin mindestens die Christen aus der Not eine Tugend machten und die Unterscheidungszeichen als Schmuckstücke ausbildeten[9], was al-Ḥākim erst recht reizte und ihn veranlaßte, die erschwerenden Auflagen hinsichtlich Länge, Gewicht und Material der Unterscheidungsmarken zu erlassen.

Später, nach Ibn Ḫallikān im Jahre 408/1017, ordnete al-Ḥākim an, daß die Christen und Juden jeweils eigene Bäder haben sollten, und daß auf den Außentüren dieser Bäder bei den Christen die Kreuze und bei den Juden die Klötze[10] hinzumalen seien.

Es hatte zwar der Phantasie al-Ḥākims bedurft, auf solche für die Betroffenen entehrenden, mindestens aber recht lästigen Bestimmungen zu verfallen, doch kamen sie einem Bedürfnis auf seiten der muslimischen Obrigkeit entgegen. In den folgenden Jahrhunderten gehören Unterscheidungsmarken, die im Bad anzulegen sind, zu den festen Bestandteilen der *ġiyār*-Erlasse; auch werden hin und wieder für Muslime und Ahl aḏ-ḏimma getrennte Bäder befohlen.

Zwar enthält der Bagdader Erlaß von 429/1038 (*Muntaẓam* 8,96/97) noch keine Bestimmungen in dieser Hinsicht, die knappen Angaben

---

[8] Der Art. *al-Ḥākim bi-Amr Allāh* von M. Canard in EI[2] III, 80 gibt hierfür 399 an.

[9] Es erscheint recht unwahrscheinlich, daß die Juden ihrerseits einen goldenen Kalbkopf trugen.

[10] Es handelt sich also um das jeweils spezifische Unterscheidungszeichen. Deshalb ist bei Ibn ad-Dawādārī 6,260, wo die gleiche Nachricht mitgeteilt ist, wie bei Ibn Kaṯīr *qarāmīy* statt *qarābīn* (= ?) zu lesen.

Ibn al-Ǧauzīs über die dann doch nicht zur Durchführung gekommenen Vorschriften von 448/1056 und 450/1058 (*Muntaẓam* 8,171 und 190) erlauben kein Urteil, doch sind keine Unterscheidungsmarken genannt, aber der Erlaß des Kalifen al-Muqtadī vom 14. Ṣafar 484/7. April 1091 verpflichtet die Ahl aḏ-ḏimma, „eine bleierne Münze (*dirham*) mit der Aufschrift *ḏimmī*" am Hals zu tragen und ordnet an, „daß ihre Frauen eine ebensolche Münze am Hals tragen sollen beim Besuch des Bades, damit sie kenntlich seien"[11]. Mit dem bleiernen *dirham* wird ein Symbol wieder aufgefrischt, das im Iraq und den weiter östlich gelegenen Provinzen schon aus dem ersten Jahrhundert der Hiğra belegbar ist, wo es deutlich erniedrigenden Charakter hat; so hängte al-Ḥağğāğ b. Yūsuf seinen Gefangenen (bei der Einnahme von Mekka und Medina nach der Rebellion 74/693) eine Schnur mit einem Siegel um den Hals, darunter auch dem angesehenen Prophetengenossen Anas b. Mālik (Ṭabarī II, 854/855). Eine Bleimünze als Steuerquittung, am Hals zu tragen, nennen die syrischen Chroniken[12] mit dem Unterton von etwas Monströsem, eingeführt von dem abbasidischen Steuerpräfekten der Ǧazīra Mūsa b. Kaʿb[13].

Im 8./14. Jh. zählen die Unterscheidungsmarken der Ahl aḏ-ḏimma zu den Selbstverständlichkeiten — wenigstens der Theorie. Das in Ägypten und Syrien verbreitete Ḥisba-Buch des 729/1329 gestorbenen Ibn al-Uḫūwa erwähnt S. 41,16 nur ganz beiläufig das Siegel (*ḫātam*) aus Blei oder Kupfer/Bronze, das die Ahl aḏ-ḏimma im Bad anzulassen haben. Auch die in diesem Jahrhundert sich häufenden Neuverpflichtungen der Christen und Juden auf die Aḥkām ʿUmarīya sprechen immer davon: Der im Jahr 721/1321 im Anschluß an einen Pogrom ergangene Erlaß schreibt den Christen vor, im Bad Schellen zu tragen[14]. Ein Erlaß vom 22. Ǧumādā II 755/14. 7. 1354 bestimmt eine Schelle (*ǧaras*) oder ein Siegel (*ḫātam*) aus Kupfer/Bronze, Eisen, Blei o. ä. — also aus einem unedlen Metall — und verbietet den Frauen der Juden und Christen den Besuch der Bäder gemeinsam mit Musliminnen; sie sollen vielmehr eigene Bäder haben (*Sulūk* 2,923). Ibn Kaṯīr 14,250 berichtet von der Ver-

---

[11] Die sich anschließenden Bestimmungen, je einen schwarzen und roten Pantoffel und Glöckchen an den Füßen zu tragen, beziehen sich auf die Straßenkleidung.

[12] *Chronica minora* III S. 336; *Chronique de Denys de Tell Maḥré*, quatrième partie, Ed. et trad. J. B. Chabot, Paris 1895, S. 124 (Übers.); 148 (Text).

[13] Die Syrer nennen ihn Mūsa b. Muṣʿab. Nach Ṭabarī 3,375 = 8,47 wurde Mūsā b. Kaʿb 155 Statthalter der Gezira, aber 158 schon abgesetzt. Weitere Belege zur Verwendung des Siegels in De Goejes Glossaren zu Balāḏurī und Ṭabarī s. v. *ḫātam*.

[14] Ibn Kaṯīr 14,99; *Sulūk* 2,227.

kündung dieses Erlasses in Damaskus am 18. Rağab 755/8. 8. 1354[15]. Im Inhalt identisch aber im Ton schärfer ist ein Erlaß, der im Rabīʿ II 767/Dez. 1365 — Jan. 1366 in Damaskus verkündet wird: Die Frauen der Ahl aḏ-ḏimma dürfen nicht die Bäder gemeinsam mit muslimischen Frauen besuchen, sondern nur Bäder, die eigens für sie bestimmt sind. „Und wenn von den Ahl aḏ-ḏimma Männer zusammen mit muslimischen Männern ein Bad besuchen, so sollen am Hals der Ungläubigen (!) Zeichen sein, durch die sie kenntlich sind, wie Schellen oder Siegel" (Ibn Kaṯīr 14,317). Auch der 808/1405 gestorbene Aqfahsī sagt noch (fol. 71a), daß die Ahl aḏ-ḏimma, wenn sie gemeinsam mit Muslimen das Bad besuchen, ein eisernes oder bleiernes Siegel am Hals oder ein Glöckchen am Fuß tragen müssen[16].

Die häufigen Neuverpflichtungen zeigen indessen, daß diese Erlasse schnell wieder in Vergessenheit gerieten oder überhaupt kaum beachtet wurden. Hin und wieder wurden *ġiyār*-Erlasse sogar offiziell wieder aufgehoben, wie der oben genannte vom Jahr 494 am 12. Rağab 498 (*Muntaẓam* 9,14), oder die Durchführung wurde von vornherein verhindert, wie bei dem Erlaß von 448, gegen den Ḫātūn[17] ihren Einfluß geltend gemacht hatte (*Muntaẓam* 8,171).

1480 erwähnt Yūsuf b. ʿAbdalhādī die Unterscheidungsmarken nur noch beiläufig: „Neunte Frage: Man hat gesagt, daß den Ahl aḏ-ḏimma der Besuch des Bades erlaubt ist und daß ihnen befohlen ist, sich von den Muslimen zu unterscheiden dadurch, daß sie das Glöckchen oder das Bleisiegel mit ins Bad mitnehmen" (fol. 99a). Es deutet aber nichts darauf, daß zu seiner Zeit diese Frage noch eine Bedeutung für die Praxis hatte. Der rund 100 Jahre jüngere Traktat des Munāwī berührt diesen Punkt nicht mehr, obwohl er den Aqfahsī gekannt haben muß (s. S. 138).

Das muß nicht heißen, daß die Christen im Bad überhaupt keine Unterscheidungsmarken trugen. Es ist gut möglich, daß die goldenen

---

[15] 754 schreibt der Sultan aṣ-Ṣāliḥ den Christen vor, die Bäder nur mit umgehängtem Kreuz zu betreten (*lā yadḫulū l-ḥammāma 'illa waṣ-ṣalību muʿallaqun fī 'aʿnāqihim*), nach Ibn Iyās 1,143/201, zitiert bei Maḥmūd Rizq Salīm, *ʿAṣr salāṭīn al-mamālīk*, Kairo 1947—63, I, 1, 396. Leider war mir die Stelle nicht verifizierbar; sie ist mir bisher der einzige Beleg für Kreuze als Unterscheidungsmarken in der Mamlukenzeit.

[16] Noch Ibšīhī (790 bis nach 850/1388 bis nach 1447) schreibt in seinem *Mustaṭraf* (1,112) „an ihrem Hals soll sein ein Siegel aus Kupfer oder Blei, oder eine Schelle, mit der sie das Bad betreten . . . und was die Frau betrifft, so soll sie am Hals ein Siegel tragen, mit dem sie das Bad betritt".

[17] Mit *Ḫātūn* „Prinzessin, Dame" kann nur die Mutter des Kalifen al-Qā'im Qaṭr an-naḏā' gemeint sein, eine armenische Sklavin, also Christin, s. *Muntaẓam* 8,127.

Anhänger in Kreuzesform, die heute die orientalischen Christen, Männer wie Frauen, im allgemeinen tragen, schon damals, wie schon einmal unter al-Ḥākim (s. S. 125 oben), an die Stelle der Unterscheidungszeichen aus unedlem Metall getreten waren. Der Befund der Quellen widerspricht nicht dem Ansatz eines derartigen Kompromisses, mit dem die Christen einerseits der Forderung, sich zu unterscheiden, nachkamen, die muslimische Obrigkeit andrerseits auf die demütigenden Bestimmungen über Form und Material der Zeichen verzichtete.

Eine Notiz, daß den Ahl aḏ-ḏimma der Besuch der Bäder gänzlich untersagt war, wie in Rabat: „Les bains et les tanneries étaient *ḥorm* avant le Protectorat, c'est-à-dire que les juifs et les chrétiens ne pouvaient y pénétrer"[18], steht ganz vereinzelt da. Die Verhältnisse in den nichtmaghribinischen Ländern dürften dies aber nie gekannt haben.

Es erscheint problematisch, eine Beobachtung LANES hier anzuknüpfen. Er schreibt, daß es in Ägypten allgemein Brauch ist, bei Muslimen wie bei Christen, ein Kreuz über die Tür des Bades zu malen oder zu zeichnen, um den Ǧinnen den Eintritt ins Bad zu verwehren (S. 229, n. 1). Leben hier die von al-Ḥākim angeordneten Kennzeichnungen der von den Christen zu benutzenden Bäder (s. S. 125) umgedeutet weiter? Oder stehen diese Kreuze in einer anderen, noch älteren Tradition (s. S. 131) und sind von al-Ḥākim mit einem andern Sinn erfüllt worden?

---

[18] L. BRUNOT: *Textes arabes de Rabat.* Paris 1931, S. 166, n. 8. Es geht aus dieser Anmerkung nicht ganz deutlich hervor, ob nur die Bäder und Gerbereien, die *ḥabous* (*waqf*) waren, den Ahl aḏ-ḏimma verboten waren oder alle. Da aber alle Bäder mit einer einzigen Ausnahme *ḥabous* waren, käme es in jedem Fall auf das gleiche heraus. Brunot sagt nicht, wie alt das Verbot ist.

DAS BAD IN LEGENDE UND VOLKSGLAUBEN

Nach altem weitverbreitetem orientalischem Volksglauben ist das Wasser ein Sitz der Geister. Quellen und Grotten gelten als Wohnungen der Ǧinnen. Es ist daher verständlich, daß der Volksglaube auch die Bäder mit den Ǧinnen in Verbindung bringt und natürlich auch mit dem, der über die Geister gebietet, mit Salomon.

Salomon gilt als der indirekte Begründer des Bades. Die apokryphe Koranexegese schildert die in Sure 27,44 nur angedeutete Begegnung zwischen Salomon und Bilqīs (d. i. das koranische Pendant zur Königin von Saba) im Detail: Salomon läßt Bilqīs über eine spiegelnde Fläche schreiten, um zu sehen, ob sie, wie man ihm gesagt hat, Eselsfüße habe. Bilqīs hält den spiegelnden Boden für Wasser; sie schürzt ihr Gewand und ,,entblößte ihre Beine, um durch das Wasser zu Salomon zu waten. Da war sie an Beinen und Füßen am wohlgestaltetsten von allen Menschen, nur daß sie an beiden Beinen behaart war. Als Salomon dies gesehen hatte, wandte er den Blick ab.''[1] Die Geschichte endete mit der Bekehrung der Bilqīs, so daß einer Heirat nichts mehr im Weg stand. Doch als Salomon diesen Gedanken erwog, ,,empfand er Widerwillen gegen die starke Behaarung ihrer Beine, die er gesehen hatte[2], und sagte: 'Wie häßlich ist das doch!' Er fragte die Menschen, womit man derlei entfernen könne, und sie sagten: 'Mit dem Rasiermesser.' Doch die Frau sagte: 'Noch nie hat mich ein Rasiermesser berührt.' Darum zog Salomon das Rasiermesser nicht mehr in Erwägung. Er fragte nun die Ǧinnen, aber die wußten nichts, darauf die Teufel, aber die stellten sich unwissend. Aber als er weiter drängte, sagten sie zu ihm: 'Wir wollen dir etwas verschaffen, daß ihre Beine wie blankes Silber werden.' Und sie bereiteten ihr die *nūra* und schufen ihr das Bad.''[3] Salomon erfand bei seinem ersten Badbesuch auch die Kunst, ,,au!'' zu schreien. ,,Als er seinen Rücken an die Wand lehnte, schrie er: 'Au! (*'awwāh*), was für eine Strafe Gottes!'''[4]

Das von Ǧinnen bewohnte[5] Bad ist auch im islamischen Recht eine feststehende Realität. Die Fuqahā' erörtern z.B. den Fall, ob der Pächter

[1] AṮ-ṮAʿLABĪ: *Qiṣaṣ al-anbiyā'*, S. 285 unten.
[2] Aus Salomon spricht hier der typische vorderorientalische Mann. S. auch S. 77.
[3] ṮAʿLABĪ S. 286. [4] Ibid.; MUNĀWĪ fol. 64a.
[5] Umgangssprachlich: *maskūn*, SAUSSEY, BEO 7/8, S. 36.

eines Bades, bei dem später festgestellt wird, daß es von Ǧinnen bewohnt ist, die Pacht zu zahlen verpflichtet ist. Munāwī führt fol. 79a das Fatwa eines Ǧalāl al-Bilqīnī an, der dies verneint.

Wie aber hat der Badegast sich zu verhalten, wenn er im Bad einen Ǧinn antrifft? Auch das ist im Fiqh vorgesehen: Man spreche die Basmala, und wenn der Ǧinn daraufhin geht, kann man bleiben; andernfalls verzichte man auf den Badbesuch (Y. b. ʿA. fol. 136). Der Umgang mit den Ǧinnen ist nämlich nicht ganz ungefährlich. Wer schreit oder sonst Lärm macht, wird von den Geistern geohrfeigt, verliert die Sprache oder renkt sich den Unterkiefer aus[6]. Doch hält der Volksglaube auch sanftere Ǧinnen für möglich, wie die folgende Anekdote zeigt[7]: Der Traditionsgelehrte Abū Muslim al-Kaǧǧī kommt in ein völlig leeres Bad und wird von einer Stimme mit dem grammatischen Beispielsatz *'aslim taslam* begrüßt, woraus die Stimme Verse frommen Inhalts rezitiert. Der deshalb zur Rede gestellte *ḥammāmī* gibt die schlichte Auskunft: Das ist unser Ǧinn, der sich öfter zeigt und Verse aufsagt. Der Ǧinnenglaube war so lebendig, daß weder die Betroffenen noch die Berichterstatter eine realere Erklärung, etwa einen studierten Heizer (s. S. 109, Anm. 20), der ohne Schwierigkeit seine Stimme im Bad hören lassen konnte (s. S. 55-6), in Betracht ziehen.

Aber auch den Teufeln dient das Bad als Wohnung. Als Iblīs auf die Erde hinabgestürzt worden war, bat er den Herrn, als Ausgleich für das Buch und die Propheten, die Adam verheißen waren, um ein Buch und Propheten für sich, worauf der Herr ihm antwortete, sein Buch solle die Tätowierung (*wašm*) — nach andern die Dichtung — und seine Propheten sollen die Wahrsager sein. Diese Liste, was „des Teufels" ist, wird mit verschieden langer Fortsetzung überliefert, aber als Haus des Teufels ist immer das Bad aufgeführt (Y. b. ʿA. fol. 46a—47b). Gegen die Teufel hilft zunächst nur Vorsicht, nämlich *waqt intišār aš-šayāṭīn*, in der Zeit, da die Teufel ausschwärmen, nicht ins Bad zu gehen. Die „Geisterstunde" des islamischen Bereichs ist die Zeit zwischen den beiden letzten Gebeten *ṣalāt al-maġrib* und *ṣalāt al-ʿišā'* (*bain al-ʿišā'ain*), während der ein Besuch des Bades einhellig als *makrūh* gilt. Trifft man doch einen Teufel an, so muß man den *'aḏān* anstimmen, vor dem die Teufel unter lautem Furzen Reißaus nehmen (Y. b. ʿA. fol. 50b) wie unser Gottseibeiuns vor dem Kreuzzeichen. Weil das Bad Wohnsitz unreiner Geister ist, eignet es sich nicht als Gebetsplatz (s. S. 23), ebenso ist es *makrūh*, dort

---

[6] Abela, ZDPV 7,85; Saussey, BEO 7/8, S. 21, n. 21; Ibn al-Uḫūwa 155,5 *yakruhu l-kalām*.

[7] *Muntaẓam* 6,51 = Y. b. ʿAbdalhādī fol. 46a.

das heilige Buch laut zu rezitieren. Der Bannung der unerwünschten Geister dienten ferner die apotropäischen Masken auf den Türen der Bäder (s. S. 51), nach Lane (s. S. 128) auch Kreuze, deren apotropäische Kraft gegen die bösen Geister im Bad schon von den alten Kirchenvätern berichtet wird[8]. Doch auch von allen Geistern abgesehen ist das Bad ein nicht ganz geheurer Ort, denn es kann plötzlich in der Erde versinken, wie man sich vom Ḥammām Suwaid in Kairo erzählt (*Ḫiṭaṭ* 3,134), oder ist den Menschen nur gewisse Stunden im Jahr sichtbar (Saussey, BEO 7/8, S. 7).

Andrerseits schreibt der Volksglaube dem Bad geheime Kräfte und Wunderwirkungen, gute wie schlechte, zu. So ist der Geruch der gewöhnlichen Bäder, nicht aber des Palastbades, der Gesundheit in hohem Maß dienlich (*Ḥikāyāt* 401). Das Wasser, das zuerst in einem neuen Kessel heiß gemacht wurde, heilt mancherlei Hautkrankheiten, deshalb herrscht an dem Tag, an dem ein neuer Kessel aufgestellt wird, großer Andrang (ZDPV 7,117). Wer an 40 Mittwochen hintereinander das Bad besucht, dem gelingt alles in der Welt[9]. Man besucht das Bad, bevor man einen Zauber ausübt (Littmann 1,675) oder ein Amulett herstellt (ZDPV 7, 110), wie man auch Ḥammām-Erde und -Mist (*zibl*) für die Zaubermittel selber verwendet[10]. Frauen sollen nach dem Bad sich im Spiegel besehen, weil dies gegen Kopfweh schützt (ZDPV 7,108); demgegenüber glaubten die Damaszener, daß der Blick in den Spiegel nach dem Bad schädlich ist[11]. Schädlich war auch ein im Bad ausgeübter Geschlechtsverkehr, er sollte allerlei Krankheiten hervorrufen (Y. b. ʿA. fol. 49a). Wer aus dem Bad kommt, soll keinen Kranken besuchen, weil sich die Krankheit sonst verschlimmert (ZDPV 7,89). Jüdischem Aberglauben zufolge darf eine Frau, die aus dem Bad kommt, den Rest des Tages über nicht allein sein, sondern muß immer eine Person um sich haben.

[8] Zellinger S. 13—14. Ein Diakon kommt spät in eine Stadt und möchte ins Bad; das ist bereits geschlossen, weil nach Volksglauben dort ein Dämon wohnt, der mit sinkender Nacht den Besuchern zusetzt. Der Diakon geht doch hinein, bannt mit dem Kreuzzeichen den Geist und bleibt wohlbehalten. Ist der Geist nach Sonnenuntergang ein Einzelfall oder ist die Geschichte ein zufälliger einzelner Beweis, daß man auch in der Spätantike allgemein glaubte, die *šayāṭīn* schwärmten *bain al-ʿišāʾain* in den Bädern aus?

[9] Ibn al-Ḥāǧǧ 1,276: *yuftaḥu ʿalaihi bid-dunyā*. Der genaue Sinn ergibt sich aus dem dann folgenden: Badbesuch zu diesem Zweck ist *ṭalab ar-rizq bil-maʿāṣī* 'Erwerb des Lebensunterhaltes durch Frevel'. Hier sind drei magische Größen vereint: Die Zahl 40, das Bad, der Mittwoch, welcher im islamischen Orient ein wenig die gleiche Rolle spielt wie bei uns der Freitag.

[10] Nuwairī, *Nihāya* 12,217; Westermarck, *Cérémonies* S. 29.

[11] Y. b. ʿAbdalhādī fol. 47b; wo man فى المراه auch فى المرأة statt فى المرآة lesen könnte, was aber sprachlich schwer und sachlich unmöglich ist.

Wenn ihr Mann an diesem Tag abwesend ist, muß sie beim Zubettgehen einen Gegenstand, der ihrem Mann gehört, mit sich nehmen, sonst wird sie von den Dämonen mit Gewalt geraubt (ZDPV 7, 98/9). IBN AL-ḤĀǦǦ tadelt auch, daß die Frauen, wohl in Ägypten, an den Samstagen kein Bad aufsuchen, obwohl sie zur Wiedererlangung der rituellen Reinheit dazu verpflichtet wären, sondern lieber die *ṣalāt* unterlassen, und daß sie samstags keine Seife, *sidr* oder *'ušnān* kauften, was er für eine von den Juden übernommene Gewohnheit hält (1,273). Das kann gut stimmen[12], doch muß einer solchen Gewohnheit eine magische Vorstellung zugrunde liegen, ebenso wie dem Brauch, sich im Bad den Kopf genau siebenmal zu waschen (s. S. 72 und Anm. 28).

Verbreitet ist auch das Gedankengut einer superstitiösen Medizin, die natürliche Vorgänge nicht auf rationale, sondern magische Ursachen zurückführt oder natürlichen Vorgängen magische Wirkungen zuschreibt: So läuft, wer ins Bad geht, nachdem er Fische oder *laban* gegessen hat, Gefahr, verrückt zu werden (ZDPV 7, 108). Vier Jahrhunderte früher warnt YŪSUF B. ʿABDALHĀDĪ (fol. 59a, 4/5) ebenfalls vor dem Genuß von Fischen, besonders von Fisch zusammen mit *laban* (*ḏālika min al-'umūr al-muhlika*), doch steht das ganze dort in einem physiologischen Zusammenhang: diese Speisen gelten als schwer- bis unverdaulich. Völlig ein Rätsel ist mir die Anschauung, daß im Winter im Bad stehend zu urinieren der Gesundheit zuträglicher ist als ein Laxativ zu nehmen (*Iḥyā'* 1,139 = MUNĀWĪ fol. 87b).

Es ist für uns hier und heute indessen bei manchem schwer zu entscheiden, ob Aberglaube oder Erfahrungswissen zugrunde liegt, z.B. bei der Anschauung, daß das Abreiben der Fußsohlen mit dem *ḥaǧar al-ḥammām* (s. S. 78) Kopfweh vertreibt (MUNĀWĪ 91b). Auf dem Boden der Erfahrung steht jedenfalls die Überzeugung, daß häufiger Badbesuch die Läuse fernhält[13].

Außer diesen Eigenschaften, die dem Bad allgemein nach dem Volksglauben zukommen, wären noch die Wunderkräfte zu nennen, die von einzelnen Bädern ausgingen. S. 46 war schon von zwei Statuen in nordsyrischen Thermalbädern die Rede, deren eine zumindest die Kraft hatte, die Unfruchtbarkeit der Frauen zu heilen. Im Ḥammām al-Wāsānī in Aleppo gab es im Mittelalter eine schwarze Wanne, in der nach der

---

[12] Origines (gest. 254 oder 255) berichtet schon, daß die jüdischen Frauen am Sabbat nicht ins Bad gehen. Gregor der Große (Papst 590—604) verurteilt eine Strömung, die das Baden am Sonntag verbieten wollte, weil damit jüdisches Brauchtum in die Kirche übertragen werde, s. ZELLINGER S. 87ff.

[13] 134. Nacht = 1,263 = LITTMANN 2,107.

Legende Abraham sich gewaschen hatte. Das Bad besaß daher spezielle *barakāt*, und in ihm zu baden heilte Krankheiten, besonders der Frauen[14]. ÉCOCHARD/LECOEUR erwähnen kurz 2,52 n. 1 einige Legenden, die das Ḥammām as-Sulṭan in Damaskus mit dem Mystiker Ibn ʿArabī und dem Osmanensultan Selim I. in Verbindung bringen. Bei der Verehrung, die der Scheich Muḥyiddīn (= Ibn ʿArabī) in Damaskus genießt, möchte man vermuten, daß das Ḥammām as-Sulṭān deshalb ebenfalls seine eigenen *barakāt* hat, auch wenn ÉCOCHARD/LECOEUR nichts darüber melden. In hohem Ansehen standen auch die Heilquellen, die ja z. T. seit alters her bekannt und besucht waren, wie die von Tiberias. Die arabische Medizin wußte um die Eigenschaften und Anwendungen der verschiedenen Mineralwässer, vgl. die Exzerpte bei YŪSUF B. ʿABDALHĀDĪ fol. 17b. Der Volksglaube maß aber manchen Wässern Wunderkräfte bei: „In diesen Tagen Ende 908 (= Jan./Febr. 1504) verbreitete sich in Damaskus das Gerücht, daß in dem Dorf Qaṭanā eine Wasserquelle sei, die von den Gebrechen befreie. Da machten sich vom Volk auf den Weg dorthin Männer wie Frauen, um sich in dem kalten Wasser dieser Quelle zu baden, nackt oder nicht nackt, und eine ganze Menge von ihnen trug gesundheitliche Schäden davon" (IBN ṬŪLŪN 1,265).

---

14 SAUVAGET, *Perles choisis* S. 139.

LEXIKALISCHES ERBE

Mit dem Bad und den Badesitten war von der islamischen Kultur auch ein Teil des römisch-hellenistischen Fachvokabulars übernommen worden, von dem manches bis heute lebendig ist.

I. βαλανεῖον

1. *ballānāt* = *ḥammāmāt* (LA s.r. *bln*). LA zitiert als Beleg den Ḥadīṯ: „Ihr werdet Länder erobern, in denen es die *ballānāt*, d.h. die *ḥammāmāt* gibt", was zeigt, daß im 2.—3./8.—9. Jh., der Zeit der Ḥadīṯ-Aufzeichnung bzw. -Erfindung, dieses Lehnwort noch gebräuchlich war. — Ḍiyā'addīn b. al-Aṯīr (gest. 1239 in Bagdad) erklärt *ballānāt* aus *ballālāt* mit *'ibdāl* des *l* durch ein *n* (*Nihāya fī ġarīb al-ḥadīṯ* s. v.). Die Etymologie ist trotz ihrer Unrichtigkeit interessant, weil sie ein Nomen machinae von der Wurzel *bll* „naß machen" zugrunde legt, das Wort also als eine Parallele zu *ḥammām* ansieht. Nach arabischer Auffassung (die freilich auch aus der Spätantike stammt) hat das Bad die Aufgabe zu wärmen (Wurzel *ḥmm*) und zu feuchten (hierfür allgemein die Wurzel *rṭb*, doch ist *bll* fast synonym). Vielleicht hat eine unbewußte Verknüpfung mit **ballālāt* die Umgestaltung von βαλανεῖον oder eines davon abgeleiteten aramäischen Wortes (syrisch heißt es *bal(l)anī*) zu arab. *ballānāt* begünstigt.

2. *ballān, ballāna* 'Badediener(in)'. Ist sicher über das Aramäische entlehnt; syrisch heißt das Wort *bal(l)ōnōyō* bzw. *bal(l)ānāyā* — ob das *l* gelängt war, läßt sich nicht mit Gewißheit ausmachen —, was von den Arabern nur mit ihrer Nominalform für Handwerker und Gewerbetreibende *faʿʿāl* assoziiert werden konnte und *ballān(a)* ergeben mußte.

3. *belūn* 'Badeton' (s. S. 81). Das Wort ist schwierig direkt aus dem Griechischen abzuleiten, aber „wird letzten Endes mit balaneion zusammenhängen" (Littmann, ZS 4, S. 25). Barthélemy (s.v.) hält es für verkürzt aus *ṭrāb bēlūn* „Baderde", *bēlūn* selber für eine Nebenform von *ballūn*, einer zwar frei bildbaren, aber nicht belegbaren Deminutivform von *ballān*, das im syr.-arab. ebenfalls ungebräuchlich scheint; belegt ist *ballūn* nirgends.

II. δημόσιον

1. *dīmās*, pl. *dīmāsāt*, *dawāmīs* (s. S. 27), *damāmīs* (LA); Sg. auch *dāmūs*, *daumās* und anders (s. Dozy s. v.). In den ältesten Belegen scheint *dīmās* etwas anderes als *ḥammām* zu bezeichnen (s. S. 27). Bei Späteren ist *dīmās* aber lediglich ein antiquiertes Synonym von *ḥammām*. Yūsuf b. ʿAbdalhādī wie LA zitieren den gleichen Beleg, den Ḥadīṯ über den Antichrist (*daǧǧāl*) *ka'annamā ḫaraǧa min dīmās* „so als ob er aus einem Bad käme".

δημόσιον ist das absolut gebrauchte Attribut von βαλανεῖον δημόσιον. Da dieses Attribut auch bei andern öffentlichen Einrichtungen angewandt wurde, hat die für die arabischen Sprachgelehrten schillernde Bedeutung einige Interpretationsprobleme. Da es u. a. auf Gefängnisse (der Kerker des Ḥaǧǧāǧ b. Yūsuf hieß nach LA *dīmās*) und unterirdische Gewölbe wie die von Alexandria angewandt wurde, versuchen die arabischen Etymologen *dīmās* von *dāmis* 'dunkel, lichtlos' abzuleiten, doch scheint das Verbum *damasa* und seine Ableitungen selber von *dīmās* abgeleitet, welchen Verdacht schon Dozy äußert.

2. *fūl mudammas* = ein best. Gericht mit dicken Bohnen (s. S. 109 und Anm. 24). Der Topf mit den Bohnen wird zwar in der Asche des Bades vergraben, doch dürfte das Wort nicht direkt von *dīmās*, sondern von dem 'vergraben' (*dammasa*) abgeleitet sein. Da aber *dammasa* allem Anschein nach von *dīmās* abgeleitet ist, verdankt das Bohnengericht indirekt seinen Namen doch dem *δημόσιον*.

III. piscina

fisqīya 'Springbrunnen im Innern des Bades'. Die Schwimmbassins der antiken Thermen lebten in den Bädern der islamischen Zeit als Kalt- oder Warmwasserspringbrunnen weiter, behielten aber, wenigstens in Ägypten, ihren alten Namen bei (s. S. 29), der aber, wohl durch Kontamination mit der Wurzel *sqy* 'bewässern, Wasser heranleiten', umgestaltet wurde. In seiner ursprünglichen Bedeutung 'Teich' ist *fisqīya* freilich auch noch belegbar, so bezeichnet Bakrī (S. 26 = Übers. De Slane S. 60) das große Wasserreservoir, das der Aġlabide Aḥmad in Qairawān anlegen ließ, als *fisqīya*.

IV. castellum

qasṭal, *qasṭar* 'Wasserleitungsrohre im Bad'. Während das lateinische castellum nur den Wasserverteiler bezeichnet, haben die Araber durch ein nicht mehr zu klärendes Mißverständnis die vom castellum ausgehenden Rohre mit dem Wort bezeichnet, während sie für den Wasserverteiler ein arabisches benutzen, in Damaskus *ṭāliʿ*.

V. καμῖνος

qammīn (Aleppo), *qammīm* (Damaskus, wo auch *'iqmīm* gebräuchlich war, IBN ʿASĀKIR 2,130; *Waqf Lālā* S. 155) 'Feuerung des Bades'. Die damaszenische Form verdankt ihr auslautendes *-m* sicher einer Kontamination mit *qumāma* 'Kehricht', die ja im *qammīn* verheizt wird.

Die Ableitungen *qammənǧi* (Aleppo), *qammīmī* (Damaskus) und das mir nur aus YŪSUF B. ʿABDALHĀDĪ 93b belegbare *qammām* sind innerhalb des Syrisch-Arabischen von *qammīn, qammīm* gebildet.

VI. fornacem

furnaǧǧ gibt der *Vocabulista* an für die Feuerung des Bades. In Spanien blieb also der einheimische Name, hier lateinisch, wie im Orient der griechische, erhalten. Noch im heutigen Marokkanisch-Arabischen heißt die Heizung des Bades *fernači* (*fernatchi, farnatchi* bei MERCIER, TERRASSE).

furnēr/fornēr (*furnayr*) = fornarius für den Heizer gibt nur der Vocabulista an. In Tunis scheint er heute noch *frānqī* zu heißen (s. EI² III, 148), was wie eine Kontaminationsbildung von **furnāq-īy* (*al-fūrnāq* als Name eines Damaszener Viertels, wohl „der Töpferofen", nennt IBN ʿASĀKĪR II, s. Index) mit *'afrān(ī)* aussieht.

ANHANG

Die Ḥammām-Traktate

Die von mir benutzten Handschriften von Ḥammām-Traktaten waren Zufallsfunde. Erst bei näherer Beschäftigung mit ihnen ergab sich, daß sie Exempla einer eigenen literarischen Spezies mit einer langen Tradition waren. Obwohl ich mich schließlich auf die drei Traktate des Aqfahsī, Yūsuf b. ʿAbdalhādī und Munāwī beschränkt habe, erlaubten sie mir ein Urteil über Inhalt und Anliegen der Traktate allgemein.

Die klarste Gliederung des Stoffes bietet Munāwī. Sein *Kitāb an-nuzah az-zahīya* ist eingeteilt in drei Bücher:

1. *fī 'aḥkāmihī aš-šarʿīya* — juristische Bestimmungen,
2. *fī 'aḥkāmihī aṭ-ṭibbīya* — medizinische Bestimmungen,
3. *fī fann al-'adab wan-nawādir wa-mā 'unšida fīhi min al-'ašʿār* — literarische Exzerpte und Verse zum Thema Bad.

Die beiden ersten Bücher sind im Umfang gleich: Sie umfassen in der jetzt Tübinger Hs. je 30 Seiten, das dritte Buch dagegen nur 11 Seiten.

Yūsuf b. ʿAbdalhādī hat auf eine solche Gliederung verzichtet. In 50 Kapiteln behandelt er die einzelnen Punkte unter juristischem und wenn nötig gleichzeitig unter medizinischem Blickwinkel, sogar eine Anekdote findet hin und wieder Eingang zwischen seinen fachlichen Erörterungen. Außerhalb der Kapiteleinteilung finden sich in Form von Beilagen am Schluß der Hs. über gut 20 Seiten Exzerpte aus der historischen und der Adab-Literatur, Anekdoten und Gedichtbruchstücke. Wenn der Autor auch bei der Herstellung der Reinschrift — das benutzte und bis jetzt allein bekannte Ms. ist das Brouillon — manchen Schönheitsfehler getilgt, Wiederholungen und Weitschweifigkeiten gestrichen hätte, die Gesamtanordnung hätte er sicherlich beibehalten.

Ibn al-ʿImād al-Aqfahsī behandelt den Stoff meist unter juristischem Blickwinkel, daneben finden sich auch häufig medizinische Bestimmungen; literarische Stücke fehlen.

Das Anliegen aller ist es, den Badenden durch die Zusammenstellung der einschlägigen Bestimmungen einen in ritueller und medizinischer

Hinsicht perfekten Badbesuch zu ermöglichen, „auf daß der ins Bad Eintretende unterrichtet ist und sich an das hält, was ihm nützt, und meidet, was seinen Leib schwächt oder schädigt" (Aqfahsī fol. 59a). Das Streben nach Vollständigkeit schloß dann auch Bereiche ein, die einen Badegast nichts oder kaum etwas angingen, wie die Vermietung des Bades, die Stiftung usw.

Die drei benutzten Werke stammen aus dem 14. bis 16. Jh., also aus relativ später Zeit. Sie haben eine ganze Reihe Vorgänger, die sie mit und ohne Namensnennung zitieren. Yūsuf b. ʿAbdalhādī zitiert fast auf jeder Seite den Ibn Šaiḫ as-Salāmīya, von welchem Verfasser sich ein Buch *Aḥkām al-ḥammām* in der Liste aufgeführt findet, in der er seine der Madrasa ʿumūmīya in Ṣālḥīye gestiftete Bibliothek eingetragen hat. Bis jetzt ist das Buch, trotz eifriger Suche, nicht in der syrischen Nationalbibliothek aufgefunden worden, obwohl sich die meisten der von Yūsuf aufgeführten Bücher dort finden. Munāwīs Text stimmt öfter wörtlich mit dem des Aqfahsī überein, doch nennt er ihn nicht immer — bei ihm als Ibn al-ʿImād zitiert — als Quelle. Alle nennen noch eine stattliche Anzahl von Autoritäten, doch sind nicht alle Verfasser von Ḥammām-Traktaten; so berufen sie sich im medizinischen Teil auf die großen Ärzte von Hippokrates und Galen bis zu Ibn Sīnā, Masīḥī, Ibn Ǧumayyiʿ, in den juristischen Abschnitten auf die Autoritäten ihres Maḏhab, auf die kanonischen Ḥadīṯ-Sammlungen und auf Ġazzālīs *Iḥyāʾ*. Die Verse, die Yūsuf fol. 92b—93b auf den Rand gekritzelt hat, sind mit Sicherheit nachträglich gefundene Lesefrüchte, während er die andern Stücke von seiner Vorlage Ibn Šaiḫ as-Salāmīya übernommen hat. Bei Munāwīs 3. Buch ist ein solches Urteil nicht so einfach zu fällen, doch ist es unwahrscheinlich, daß seine Vorlagen dieser Adab-Einlagen entbehrten. Wieweit die Kompilationen seiner Vorgänger direkt aus Anthologien von der Art des Ġuzūlī übernommen sind, läßt sich nicht ausmachen. Viele von Munāwīs Gedichten decken sich mit den von Ġuzūlī zusammengestellten, doch macht die völlig andere Reihenfolge es unwahrscheinlich, daß sie von dort übernommen sind. Manches stammt allerdings mit Sicherheit direkt aus *Fawāt al-wafāyāt*, wie fol. 99a, 2—12 (oben S. 86f. übersetzt) aus *Fawāt* 2, 96.

Munāwī selber ist 300 Jahre später von Qasimi ausgeschrieben worden, allerdings ohne Quellenangabe. Die 15 Gedicht- und Reimprosa-Stücke, die Qasimi in seinem *Qāmūs aṣ-ṣināʿāt aš-Šāmīya* S. 109—112 im Anschluß an das Stichwort *ḥammāmī* bringt, stimmen bis auf geringfügige Textvarianten im Wortlaut und der Reihenfolge der Stücke mit 15 Stücken bei Munāwī überein, ebenso zwei Gedichte über den *ballān*

S. 146 mit zwei weiteren Stücken bei Munāwī fol. 98a. Zusätzliche Gewißheit, daß Qasimi den Munāwī selber und nicht einen Text der gleichen Tradition benutzt hat, verschaffte mir eine Bemerkung des Damaszener Buchhändlers und Gelehrten Aḥmad Abū ʿUbaid. Im Lauf einer Unterhaltung erwähnte er den Ḥammām-Traktat des Munāwī und erklärte auf weiteres Fragen, daß er im Lauf seines Lebens mehrfach Handschriften dieses Werks erworben und weiterveräußert habe. Ich sehe in der Tatsache, daß der Traktat gut 300 Jahre nach dem Tod seines Autors immer noch als ein Standardwerk seines Genre gilt, ein Indiz dafür, daß danach nichts Bedeutendes mehr verfaßt worden ist. Munāwīs Traktat war vielleicht der letzte Vertreter dieser Gattung überhaupt.

Der einzige antike Traktat über das Bad, den ich bei den arabischen Autoren als solchen zitiert gefunden habe, ist der Traktat des Rufus von Ephesus. Munāwī zitiert sein Buch *fī l-ḥammām* einmal fol. 94b, ebenso auch Rāzī, *al-Ḥāwī fī ṭ-ṭibb* 6,238. Es ist aber wenig wahrscheinlich, daß Munāwī den Traktat anders als aus zweiter Hand, in andern medizinischen Werken zitiert, kannte.

Nur dem Titel nach bekannt sind drei medizinische Traktate aus dem 9. Jh.:

Ein *Kitāb al-ḥammām* des Yuḥannā b. Māsoyā (Māsawaih) (gest. 243/857), aufgeführt im *Fihrist* Kairo S. 425 = Flügel 296,1.

Ein *Kitāb al-ḥammām* des Ḥunain b. Isḥāq (gest. 260/873), *Fihrist* Kairo 424 = Flügel 294,18.

Ein *Kitāb al-ḥammām* des Qusṭā b. Lūqā al-Baʿlabakkī (820—912), *Fihrist* Kairo 425 = Flügel 295,21.

Ibrāhīm al-Ḥarbī (198—285/813—899) ist nach *Fawāt* 1,4 der Verfasser eines *Kitāb al-ḥammām wa-'ādābihī*; nach seinem Titel und den Stellen *Qūt al-qulūb* 2,531 (s. S. 96 Anm. 16), Y. b. ʿAbdalhādī 74b unten, die wahrscheinlich Zitate aus diesem Buch sind, wenn auch formal nicht als solche gekennzeichnet (*qīla li-Ibrāhīm* bzw. *rawā Ibrāhīm*), ein Fiqh-Werk; das erste Werk der Fiqh-Traktate zum Thema Bad?

as-Samʿānī

Abū Saʿd ʿAbdalkarīm (506—62/1113—67): *Kitāb al-ḥammām* oder (nach Ḏahabī, *Taḏkirat al-ḥuffāẓ*, Hyderabad 1958, 4, 1317) *Kitāb duḫūl al-ḥammām*. Zitiert bei Aqfahsī (z.B. 63b, aber als Abū Bakr as-S.) und oft bei Yūsuf (z.B. 12a, 91a, 92b innerhalb eines Zitats aus Ibn Šaiḫ as-Salamīya), danach Fiqh-Werk.

Ibn Kaṯīr

ʿImādaddīn (701—74/1301—73), der bekannte Historiker. Ihm schreibt Suyūṭī in seinem Traktätchen *al-ādāb al-maʾṯūra*, Ahlwardt 5444, fol. 447 b, ein *Kitāb al-ḥammām* zu.

al-Ḥusainī

(715—65/1315—64): *Kitāb al-ilmām fī aḥkām al-ḥammām* (*GAL* II, 48—49, ²II, 77). Kurze Beschreibung einer Istanbuler Hs. mit Überschriften der 10 Kapitel von O. Rescher in MSOS 14, 169—170; reines Fiqh-Werk. Auch zitiert bei Yūsuf b. ʿAbdalhādī 51 b (als *K. al-ḥammām*), 65 a, 84 a. Das fol. 43 b seines Bücherverzeichnisses genannte *K. al-ilmām fī aḥkām al-ḥammām* ist sicher dieses Werkchen des Ḥusainī.

Ibn Šaiḫ as-Salāmīya

ʿIzzaddīn Abū Yaʿlā Ḥamza al-Ḥanbalī (gest. 769/1368, s. *Šaḏarāt aḏ-ḏahab* 6, 214): *Kitāb aḥkām al-ḥammām*, so Titel nach Yūsufs Bücherliste fol. 20 b. Das Werk ist von Yūsuf praktisch völlig ausgeschrieben, enthielt Fiqh, Medizin, Anekdoten und Verse (fol. 92 b ff.), die Anordnung des Stoffes ist aber nicht rekonstruierbar. — Eine Hs. des Werkes war in der Syrischen Nationalbibliothek trotz intensivster Suche nicht zu finden.

al-Aqfahsī

Ibn ʿImādaddīn bzw. Ibn al-ʿImād (geb. vor 750/1349, gest. 808/1405): *Kitāb al-qaul at-tamām fī ādāb duḫūl al-ḥammām* (*GAL* II, 93; S II, 110—11; hinzuzufügen Damaskus Ẓāhirīya *maǧmūʿ* 5255, fol. 59 a—76 b).

Yūsuf b. ʿAbdalhādī

(gest. 909/1503): *Kitāb aḥkām al-ḥammām*, so Titel nach seiner Liste fol. 7 a. Vollendet 23. Šawwāl 885/26. 12. 1480.

al-Qauṣūnī

Badraddīn (920—76/1514—68): *Maqālat al-ḥammām*. Hs. in Mossul, s. Loghat al-Arab 8, 3 (1930) 164—67; *GAL* S II, 666. Zitiert von Munāwī fol. 80 b, 81 a, 82 b.

al-Anṭākī

Dāwūd (gest. 1008/1599); *GAL* II, 364 nr. 6; S II, 492 nr. 5: *at-tuḥfa al-bakrīya fī aḥkām al-istiḥmām al-kullīya wal-ǧuzʾīya*. Hss. in Paris und Mossul bekannt. Zitiert von Munāwī fol. 81 a.

al-Munāwī

ʿAbdarraʾūf b. Tāǧ al-ʿĀrifīn (952—1031/1545—1621), *GAL* II, 303; S II, 417. Von seinem *Kitāb an-nuzah al-bahīya az-zahīya* etc. sind allein in *GAL* 8 Hss. aufgeführt.

BEILAGEN

Beilage 1

(Pseudo)Aristoteles: *Sirr al-asrār.* Der Abschnitt über das Bad.

Text: ʿAbdarraḥmān Badawī: *al-uṣūl al-yūnānīya lin-naẓarīyāt as-siyāsīya fī l-islām. Fontes graecae doctrinarum politicarum islamicarum.* Kairo 1954. S. 105—107.

Das Bad, o Alexander, gehört zu den merkwürdigsten Dingen, die es in der Welt gibt, und zum Wunderbarsten, was die Weisen der Erde zur Erholung des Leibes, Reinigung des Körpers, Entspannung der Glieder, Öffnung der Poren, Absonderung der Dämpfe und Ausscheidungen, und Befreiung der Haut von den Spuren von Schmerz und Krankheit erdacht und beschrieben haben. Dies wird dadurch bewirkt, daß es entsprechend den Jahreszeiten gebaut ist, denn der heiße Raum entspricht dem Winter, der folgende dem Herbst, der nächste dem Frühling und der letzte dem Sommer. Zum rechten Verhalten gehört es, daß der Badende im ersten Raum ein wenig verweilt, von dort in den zweiten geht und kurze Zeit in ihm bleibt und dann den dritten Raum betritt. Ebenso verhält er sich, wenn er hinausgeht: Er verharrt in jedem Raum eine Weile, damit er nicht plötzlich von starker Hitze in starke Kälte oder von starker Kälte in starke Hitze kommt. — Zur richtigen Disposition des Bades gehört ferner, daß es einen hohen Bau, viel Luft und süßes Wasser[1] hat, daß in ihm Räucherpfannen aufgestellt werden mit einem der Jahreszeit entsprechenden Räucherwerk: *nadd muṯallaṯ* im Frühling und im Sommer, *nadd muṯannā* im Herbst und Winter oder auch frischer *ʿūd*[2].

Dann (wenn er im dritten Raum angekommen ist) setzt er sich auf einen weichen gepolsterten Sitz[3], bis der Körper schwitzt, dann reibt (*yamsaḥu*) er den Körper von Zeit zu Zeit mit einem leinenen Tuch ab

[1] Geläufiger Topos, gewöhnlich im *saǧʿ*. Ältester datierbarer Beleg ist die Maqāma Ḥulwānīya des Hamaḏānī (s. Beilage 2).

[2] *nadd* bezeichnet nach den Wörterbüchern (TA) ein Räucherwerk auf der Basis von Aloe (*ʿūd*), die angefeuchtet (*muṭarrā*) ist mit Moschus, Ambra und Behen-Öl (*bān*). *nadd muṯallaṯ* wird die mit den drei Zusätzen, *nadd muṯannā* eine mit zwei (welchen?) versetzte Aloe sein. *raṭb*, hier mit 'frisch' übersetzt, kann auch bloß unterscheidendes Epitheton sein 'wohlriechendes Holz' = Aloe (s. Dozy s. v. *ʿūd*).

[3] *kursīy maḥšūw layyin*; aus dem MA sind sonst nur Marmor- oder Steinblöcke und Holzschemelchen bekannt.

und geht, wenn er genug geschwitzt hat, in den Raum des Bades, in dem man sich wäscht (oder: den *ġusl* vornimmt), und steigt in eine Wanne (*abzan*) mit lauwarmem Wasser. Wenn die Hitze ihn erfaßt hat und er völlig durchwärmt ist, gebraucht er eine gut reinigende Seife, je nach der Jahreszeit, und zwar im Frühling und Sommer „Kaiserseife" (*ṣābūn qaiṣar*), die mit Sandelholz und *'amlaǧ*[4] gemacht wird, im Herbst und Winter aber die mit Aloe (*ṣabir*) und *mā' as-salq* (= ?) hergestellte Seife. Er gießt sich mäßig warmes Wasser über den Kopf, dann reibt[5] er seinen ganzen Leib ab, damit Schmutz und Dreck weggehen, dann ölt er sich mit einem der Jahreszeit entsprechenden Salböl (*duhn*) ein, reinigt dann seine Haut mit klarwaschenden (*muǧlīya*) Aufgüssen oder allerlei hierzu tauglichen Pasten (*dalūk*). Dann steigt er wieder in eine Wanne mit um zwei Stufen gegenüber der ersten Wanne wärmeren Wasser (*'aḥarr min al-'awwal bidaraǧatain*). Dann hält er beim Hinausgehen die gleiche allmähliche Abstufung ein, die wir oben beschrieben haben.

Hierauf setzt er sich im letzten[6] Raum nieder, bis er „getrocknet" ist (*yaǧiff*) (d.h. bis er nicht mehr schwitzt). Er trocknet (*yunaššif*) seinen Leib ab mit Tüchern, die mit Rosenwasser und Ambra parfümiert sind. Im Sommer trocknet er sich mit feinen weichen linnenen, im Winter mit baumwollenen oder seidenen Trockentüchern (*manāšif*) ab. Wenn er Durst hat, trinkt er ungefähr $^1/_2$ *raṭl*[7] Rosenwasser oder mit Moschus parfümierten und mit kaltem Wasser vermischten Apfelsaft. Dann streckt er sich aus, indem er allerlei schöne kunstgerecht gemalte Bilder oder noch besser und trefflicher einen Menschen mit schönem Antlitz betrachtet und zarte Blumen[8] anschaut. Dann nimmt er sein Essen ein, trinkt das übliche Maß gemischten Trank, keinesfalls im Übermaß oder etwas Berauschendes. Dann parfümiert er sich mit einem der Jahreszeit entsprechendem Parfum, legt sich in ein weiches Bett und sucht zu

---

[4] Frucht von Phyllantus emblica oder Myrobalans emblica.

[5] Text: *yaġmuru* „er übergießt". Ich halte die Konjektur *yaġmizu* (يغمز statt يغمر) für unerläßlich. In den späteren Texten ist *ġamaza* = *dallaka* = *kayyasa*, die Tätigkeit, die den Schmutz, der sich auf und in der Haut ansammelt, beseitigt (s. S. 70), was hier ohne Zweifel gemeint ist.

[6] *fī l-'āḫir* statt Text *fī l-'aḥarr* (الآخر statt الأحر).

[7] 1 *raṭl* entspricht in Ägypten und im Iraq Werten von ca. 400—450 gr.; in Syrien und Palästina 1,85—2,5 kg, mit großen Schwankungen nach Zeit und Ort, vgl. Hinz, *Islamische Maße und Gewichte*, S. 29. $^1/_2$ *raṭl* Getränk kann nach dem Baden aber nur empfohlen sein, wenn diese Menge etwa 1 Glas, nicht 1 Liter entspricht. Dies und die Angaben über die beiden *abzan* mit verschieden warmem Wasser verweisen diesen Passus des Traktats nach Ägypten.

[8] Text: *rāsanāt*; nach dem Herausgeber: Inula helenium oder Aster officinalis; nach Siggel: Inula helenium = Alant; jedenfalls ein Korbblütler.

schlafen. Unmittelbar nach dem Bad und in der darauffolgenden Nacht
enthält er sich des Beischlafs, damit der Beischlaf die guten Wirkungen
des Bades, die wir erdacht und aufgeführt haben, nicht aufhebt.

(Es folgen weitere Gesundheitsregeln.)

Beilage 2

Badīᶜ az-Zamān al-Hamaḏānī (358—98/969—1008): Anfang der Maqāma Ḥulwānīya.

Text: *Maqāmāt Badīᶜ az-Zamān al-Hamaḏānī*, Beirut (al-Maṭbaᶜa al-kāṯūlīkīya)
1958, S. 171ff.

Es berichtet uns ᶜĪsā Ibn Hišām: Als ich von der Pilgerfahrt zurück-
kehrte, mit andern, die zurückkehrten, und in Ḥulwān abstieg, mit andern, die abstiegen, sagte ich zu meinem Burschen: Ich finde, daß mein
Haar lang und mein Leib verdreckt ist. Suche uns ein Bad, in das wir
hineingehen, und einen Bader (*ḥaǧǧām*), den wir gebrauchen können.
Doch sei das Bad von weitem Raum, reinem Boden, guter Luft und
mildem Wasser (*wāsiᶜ ar-ruqᶜa * naẓīf al-buqᶜa * ṭayyib al-hawā᾿ * muᶜtadil
al-mā᾿*) und der Bader von leichter Hand, scharfem Rasiermesser, reinen
Kleidern, wenig Geschwätz. Er blieb lange Zeit fort und kehrte spät
zurück und sagte: Ich habe eines gefunden, wie du beschrieben hast.
Wir schlugen den Weg ein zum Bad und gelangten zu ihm hin, aber wir
sahen nichts von seiner Größe (Var.: wir traten ein, aber ich erblickte
nicht seine Diener), doch ich trat ein und hinter mir trat ein Mann ein,
der ein Stück Ton hernahm, mir damit die Stirn zeichnete und es mir
auf den Kopf tat. Dann ging er hinaus, und ein andrer trat ein und begann,
mich zu massieren, daß die Knochen krachten, und zu reiben, daß die
Gelenke knackten, und pfiff, daß er den Speichel versprühte. Dann
machte er sich an meinem Kopf, um ihn zu waschen, und an das Wasser,
um es mir überzuschütten. Da trat plötzlich der erste wieder herein
und begrüßte das Genick des zweiten mit einer geballten (Faust), so
daß seine Zähne klapperten, und schrie: Du Hund! was hast du mit
diesem Kopf zu schaffen, der doch mir gehört? Da wandte sich der zweite
gegen den ersten mit der Faust, die seine Deckung durchstieß und rief:
Nein, dieser Kopf ist mein Eigentum und mein Besitz in meiner Hand.
Dann boxten sie miteinander, bis sie ermatteten, und zogen wegen
dessen, was sie durchlitten hatten, vor den Richter. Denn sie gingen
zum Herrn des Bades, und der erste sprach: Ich bin der Herr dieses

Kopfes, denn ich habe seine Stirn gezeichnet und den Ton auf ihn getan. Doch der zweite sprach: Ich bin sein Eigentümer, denn ich habe seinen Träger massiert und dessen Gelenke geknetet. Da sprach der *ḥammāmī*: Bringt mir den Herrn des Kopfes, daß ich ihn frage, ob dieser Kopf dir gehört oder jenem. Da kamen beide zu mir und sagten: Du schuldest uns ein Zeugnis. Nimm die Mühe auf dich! Da erhob ich mich und ging mit, ob ich wollte oder nicht. Der *ḥammāmī* sprach zu mir: Mann, sprich nur die Wahrheit und bezeuge nichts als das Rechte! Sag mir: Welchem von diesen beiden gehört dieser Kopf? Ich antwortete: O du, dem Gott verzeihen möge, dieser Kopf hat mich begleitet auf dem Weg, und ist mit mir um das Alte Haus (die Kaʿba) gelaufen. Ich zweifelte nie, daß er mir gehört. Doch er sprach zu mir: Schweig, Schwätzer! Dann neigte er sich an einen der beiden Kontrahenten und sprach: Du, bis wohin wollt ihr mit den Leuten um diesen Kopf euern Streit treiben? Tröste dich über seine geringe Bedeutung! Überlaß es dem Fluche Gottes und dem Höllenfeuer. Nimm an, daß dieser Kopf nicht existiert, und daß wir diesen Bock nie gesehen haben! ʿĪsā Ibn Hišām fährt fort: Da erhob ich mich von jenem Ort verwirrt, zog beschämt meine Kleider wieder an und verdrückte mich eilig aus dem Bad.

Beilage 3

ʿAbdallaṭīf al-Bagdādī: Beschreibung der Kairiner Bäder im Kitāb al-ifāda, vollendet Ramadan 600/Mai 1204.

Text: fol. 45b—46b des Autographs in der Bodleiana Poc. 230 = S. 182, 184, 186 der Faksimile-Ausgabe durch Kamal Hafuth Zand und John A. und Ivy E. Videan. London 1965.

Was ihre Bäder betrifft, so sah ich in keinem Land Bäder, die besser konstruiert, vollkommener geplant und schöner anzusehen waren. Erstens faßt jedes ihrer Tauchbecken (*ḥauḍ*) zwei bis vier *rāwiya* und mehr. In jedes Becken ergießt sich das Wasser aus zwei reichströmenden Röhren (*mīzāb*), aus einem heißes, aus dem andern kaltes Wasser; zuerst aber ergießt sich das Wasser in ein sehr kleines erhöhtes Becken, in dem es sich mischt; dann erst fließt es in das große Becken. Dieses große Becken liegt zu etwa einem Viertel über dem Boden, das übrige ist unter dem Boden. Der Badende taucht in ihm ganz unter.

Im Innern des Bades befinden sich Seitenkammern (*maqṣūra*) mit Türen; auch im Umkleideraum (*maslaḫ*) sind solche Seitenkammern für die vornehmeren Leute, damit sie sich nicht unter die gewöhnlichen Leute mischen und ihre Nacktheit nicht zeigen müssen. Das *maslaḫ* mit seinen Seitenräumen ist gut eingeteilt und schön gebaut, es hat in der Mitte ein marmorverkleidetes Wasserbecken (*birka*) und über diesem Säulen und eine Kuppel, besitzt verzierte Decken, gestreifte getünchte Wände und einen mit den verschiedensten Arten bunten Marmors belegten Boden, doch ist die Marmortäfelung im inneren Bad immer noch schöner als die im äußeren Teil. Dadurch und durch die hohen Gewölbe und die Lichtöffnungen (*ǧāmāt*) in den Kuppeln, die mit verschiedenfarbigem Glas von klarer Färbung verschlossen sind, ist das Bad sehr hell. Kurzum: Wer ein solches Bad betritt, der möchte es nicht mehr verlassen. Wenn nämlich ein Fürst sich einen Palast als Residenz baut und dabei Außergewöhnliches beabsichtigt, dann gelingt ihm das doch nicht schöner als so ein Bad.

Bei der Anlage der Feuerung (*mauqid*) zeigt sich eine bewundernswerte Klugheit. Sie besteht darin, daß die Feuerstelle (*bait an-nār*) mit einer offenen Kuppel gebaut wird, in die die Flammen hingelangen. Auf den Rändern sind vier bleierne Kessel eingemauert (*yurṣafu*, so am Rand von des Autors Hand verbessert; Text: *yuṣaffu* „sind aufgereiht"), wie die Kessel des *harīsa*-Bäckers, aber größer. Diese Kessel sind in ihren oberen Teilen durch Rohrleitungen (*maǧārin min 'anābīb*) miteinander verbunden. Das Wasser gelangt von der Brunnenleitung in ein großes Reservoir (*fisqīya*), von dort zu dem ersten Kessel, in dem es so kalt bleibt wie es war, von dort zum zweiten Kessel, in dem es sich ein wenig erwärmt, dann in den dritten Kessel, in dem es sich noch mehr erhitzt, dann zum vierten Kessel, in dem es seine höchste Temperatur erreicht. Von diesem vierten Kessel fließt das Wasser in die Leitungen des Bades. So ist bei den geringsten Kosten, der geringsten Mühe und innerhalb der kürzesten Zeit immer fließendes heißes Wasser verfügbar. — Mit diesem Verfahren ahmt man die Natur und ihr Wirken bei der Verdauung in den Eingeweiden nach. Denn bei der Verdauung wird die Nahrung ständig in den Därmen und den Verdauungswerkzeugen weitertransportiert, und jedesmal wenn die Nahrung in einen Darm(abschnitt) gelangt, unterliegt sie einer bestimmten Art der Verdauung und einem gewissen Ausmaß der Reifung, bis sie schließlich in den Enddarm gelangt und die Verdauung beendet ist.

Wisse, daß diese Kessel immerzu der Erneuerung bedürfen, weil das Feuer sie zerfrißt. Der erste Kessel, das Gefäß für das kalte Wasser, ist immer doppelt so stark zerfressen wie die Warmwasserbehälter. Das hat eine natürliche Ursache, (deren Erklärung) aber hier nicht am Platz ist.

Auf den Boden der Feuerung (*'atūn*), d.h. auf den Platz des Feuers (*maqarr annār*) streuen sie ca. 50 *irdabb*[1] Salz. So tun sie es auch bei den Backöfen (*'afrān*), weil das Salz die Hitze hält.

Beilage 4

Beschreibung eines Bagdader Privatbades aus dem 13. Jahrhundert

Text: Ǧuzūlī 2, 8—9; Maqqarī Leiden 2,235 = Kairo 4,322ff.

Bei der Erwähnung des Bades erinnerte ich mich an das, was Badraddīn al-Ḥasan b. Zafīr al-Irbilī al-Mutaṭabbib[1a] erzählt. Er sagt: Ich sah in Bagdad im Palast des Malik Šarafaddīn Hārūn, des Sohnes des Wesirs aṣ-Ṣāḥib Šamsaddīn Muḥammad b. Muḥammad al-Ǧuwainī[2] ein vollendet ausgeführtes, herrlich gebautes, lichterfülltes, von Blumen und Bäumen umgebenes Bad. Der Verwalter führte mich hinein, und zwar auf Vermittlung des Ṣāḥib Bahā'addīn b. al-Faḫr ʿĪsā al-Munšī' al-Irbilī. Dieser Verwalter war ein alter würdiger Äthiopier. Er führte mich im Bad umher und zeigte mir die Wasser, die Fenster, die Röhren, von denen manche aus blankem Silber, andere aus vergoldetem Silber gefertigt waren, andere wieder in Form eines Vogels, der herrliche Töne verlauten ließ, wenn das Wasser aus ihm austrat, ferner außerordentlich wohlgeformte Wannen aus Marmor. Das Wasser ergoß sich aus allerlei Röhren in die Wannen, und von den Wannen floß es in ein hervorragend gearbeitetes Bassin (*birka*), von dort in den Garten. Dann zeigte er mir ungefähr zehn Badekammern (*ḫalawāt*), eine schöner als die andere. Schließlich führte er mich zu einer *ḫalwa* mit einer Türe, die mit einem eisernen Schloß verschlossen war. Er öffnete die Tür und führte mich in einen lang-

---

[1] 1 *irdabb* oder *ardabb* entspricht um 1200 ca. 90 Litern, vgl. Hinz S. 39. Das Salz dürfte nicht offen ausgestreut gewesen sein, sondern unter einem Estrich oder Plattenbelag gelegen haben. Den genauen Platz des Salzes vermag ich nicht anzugeben, trotz des Vergleiches mit den Backöfen, in denen das Salz in den Boden des gewölbten Backraumes vergraben wurde, vgl. auch Gustav Dalman, *Arbeit und Sitte in Palästina*, IV, 127, denn die Feuerung der ägyptischen Bäder hatte sicher auch damals unten ein Aschenloch.

[1a] Identisch mit dem Verfasser des oben öfter zitierten *Kitāb madāris Dimašq wa-rubuṭihā wa-ǧawāmiʿihā wa-ḥammāmātihā*; gest. 726/1326.

[2] Der Vater Šamsaddīn war unter Hülägü 1263 zum Wesir ernannt worden und hatte dieses Amt, mit Unterbrechungen, unter dessen Sohn Abaqa beibehalten; er hatte riesige Reichtümer erworben. Der Vater wurde 1284 hingerichtet, der Sohn Šarafaddīn, der eine Zeitlang Gouverneur des Iraq gewesen war, im Jahr 1286, s. Art. *DJuwainī, SHams al-dīn* von B. Spuler in EI². Das Bad muß also zwischen 1263 und 1284/86 gebaut sein.

gestreckten Korridor (*dihlīz*), der ganz mit reinweißem Marmor getäfelt war und direkt auf eine *ḫalwa* stieß, die für vier sitzende oder zwei liegende[3] Personen Platz bot. Zu meiner großen Verwunderung sah ich, daß die vier Wände dieser *ḫalwa* poliert waren, und zwar so, daß kein Unterschied zur polierten Fläche eines Spiegels festzustellen war. So konnte man seinen ganzen Leib betrachten, in welcher Wand man wollte. Ich sah den Boden versehen mit Bildern aus roten, gelben, grünen und vergoldeten Steinchen, die alle aus teils gelb, teils rot gefärbtem Kristall hergestellt waren. Was die grünen betrifft, so heißt es, daß es ein Stein ist, der aus dem Land der Byzantiner kommt. Bei den vergoldeten handelte es sich um Glas, das mit Gold überzogen war. Die Gestalten waren von äußerster Anmut und Schönheit; sie waren in den verschiedensten Stellungen, liegend und anders, abgebildet und stellten dar, was zwischen „Subjekt“ und „Objekt“[4] geschieht, so daß sich bei einem die Begierde regen mußte, wenn man sie betrachtete. Der Verwalter sagte zu mir: „Dies ist für meinen Herrn so ausgestattet worden, damit, wenn er sieht, was diese miteinander tun, wie sie sich küssen, wie sie sich umarmen und einander die Hand auf den Hintern legen, seine Begierde schnell entfacht wird, so daß er sofort mit dem/der, den/die er liebt[5], verkehren kann.“

Der Erzähler fährt fort: Diese *ḫalwa* war im Gegensatz zu den anderen *ḫalawāt*, die ich gesehen hatte, speziell für diese Tätigkeit vorgesehen. Wenn der Malik Šarafaddīn Hārūn mit einem seiner schönen Mamluken oder Diener oder mit einer seiner Sklavinnen oder Frauen im Bad zusammenkommen wollte, dann war er stets mit ihnen in dieser *ḫalwa*, weil er alle Vorzüge der schönen Bilder (der Mosaiken auf dem Boden) auf den Wänden gespiegelt und in seinen Armen verkörpert fand und jeder seinen Partner auf diese Weise sah.

An der Wand gegenüber der Tür sah ich ein marmornes Waschbecken in Form eines Polygons und an der Wand hinter ihm angebracht eine goldene Röhre, die mit einem Drehverschluß (*laulab yudār*) geöffnet und verschlossen werden konnte, darüber eine gleichartige Röhre für das heiße Wasser und über dieser eine weitere für das kalte Wasser — die erste Röhre aber für lauwarmes (*fātir*) Wasser[6]; rechts und links des

---

[3] So bei Maqqarī; „zwei sitzende oder liegende“ wie bei Ġuzūlī ist unsinnig.

[4] *ma baina fāʿilin wa-mafʿūlin*, also Metaphern aus der Grammatik für sonst *ma baina ʿāšiqin wa-maʿšūqin* „was zwischen einem Liebenden und einem/einer Geliebten geschieht“.

[5] *man yuḥibbu*, was offenläßt, ob das geliebte Wesen männlich oder weiblich ist.

[6] Text in dieser Vollständigkeit nur bei Ġuzūlī. Die drei Röhren oder besser Wasserhähne sind mir trotz allem etwas rätselhaft. Am ehesten ließe sich der Hahn für das lauwarme Wasser als eine Art Mischbatterie erklären.

Waschbeckens kleine aus Kristall geschnittene Säulen, auf welche die Räucherpfannen mit *nadd* und *ʿūd* gestellt wurden. Ich sah, daß es eine strahlende, helle, prächtige, heiter stimmende *ḫalwa* war, für die viel Geld aufgewandt worden war. Ich fragte den Diener, aus was die strahlenden leuchtenden Wände gemacht seien, aber er antwortete, er wisse es nicht.

Der Erzähler schließt: Ich habe in meinem ganzen Leben nichts Schöneres gesehen oder von etwas Schönerem vernommen als von dieser *ḫalwa* und von diesem Bad, obwohl ich nicht vermag, es so zu beschreiben, wie ich es gesehen habe.

Beilage 5

Ibn Baṭṭūṭa über die Bäder in Bagdad, wo er 1327 weilte.

Text: *Voyages d'Ibn Batoutah.* Texte arabe, accompagné d'une traduction par C. Defrémery et B. R. Sanguinetti, 2, 105—07.

Bagdad besitzt viele außergewöhnlich schöne Bäder, die meist mit Asphalt (*qār*) verputzt und damit auch bedacht sind [d.h. Dächer und Terrassen sind mit einem Außenbelag von Asphalt versehen], so daß ein Betrachter meinen könnte, es sei schwarzer Marmor. Dieser Asphalt stammt von einer Quelle zwischen Kufa und Basra, aus der er ständig hervorquillt und sich wie Ton seitlich ablagert. Dort wird er abgegraben und nach Bagdad geschafft.

In jedem Bad gibt es viele Seitenkammern (*ḫalawāt*), deren jede am Boden und in der unteren Hälfte der Wände mit Asphalt und in der oberen Hälfte der Wände mit blendend weißem Gips verputzt sind, so daß die beiden Gegensätze hier vereint sind und beider Schönheit miteinander wetteifert.

In jeder *ḫalwa* befindet sich ein Waschbecken (*ḥauḍ*) aus Marmor, darüber zwei Röhren, deren eine das heiße Wasser, die andere das kalte Wasser liefert. Die Leute betreten diese Seitenkammer einzeln, ohne daß sie jemand begleitet, außer wenn man es wünscht. Im Winkel jeder *ḫalwa* befindet sich ein zweiter *ḥauḍ* für den *iġtisāl* [also ein Tauchbecken], ebenfalls mit zwei Röhren, aus denen das heiße und das kalte Wasser fließt.

Jeder, der ins Bad kommt, erhält drei Tücher (*fuwaṭ*), von denen er eines beim Hineingehen umbindet, das zweite beim Hinausgehen, während er mit dem dritten das Wasser von seinem Leib abtrocknet.

Diese Vollkommenheit habe ich in keiner Stadt außer Bagdad gesehen, wenn auch ab und zu eine Stadt ihm darin nahekommt.

Beilage 6

Usāma Ibn Munqiḏ (1095—1188) über den Mangel an Ehrgefühl und Scham bei den Franken.

Text: *Kitāb al-iʿtibār*, ed. Philip K. Hitti S. 136—37.

Wir hatten einen *ḥammāmī* namens Sālim aus al-Maʿarra in einem Bad, das meinem Vater selig gehörte. Er erzählte: „Ich eröffnete in al-Maʿarra ein Bad, um dadurch meinen Lebensunterhalt zu verdienen. Da kam ein Ritter von ihnen (den Franken) herein. Sie mögen es nicht, daß man im Bad sich einen *mi'zar* umbindet. Er streckte seine Hand aus, riß meinen *mi'zar* weg und warf ihn zu Boden. Er sah, daß ich erst kurz vorher die Schamhaare abrasiert hatte, rief: „Sālim!“, ich trat zu ihm hin, und er streckte seine Hand nach meiner Scham aus und sagte: „Sālim ist gut (*Sālim ǧayyid*; wohl das unbeholfene Arabisch des Franken). Bei meiner Religion, tu mir auch so!“ Er legte sich auf den Rücken, und da sah ich, daß er an der betreffenden Stelle einen Haarwuchs so dicht wie sein Bart hatte. Ich rasierte ihn, und er strich mit der Hand darüber und fand es schön glatt. Da sagte er zu mir: „Sālim, bei meiner Religion, mach es auch so bei der *Dāmā*!“ *Dāmā* bedeutet in ihrer Sprache *sitt* (ʿHerrin, Dame'), d.h. bei seiner Frau. Er sagte zu einem seiner Diener: „Sag der *Dāmā*, sie möge kommen!“ Da ging der Diener fort, holte sie und führte sie herein. Sie legte sich auf den Rücken und er sagte: „Tu, wie du mit mir getan hast!“ Da rasierte ich jene Haare weg, während der Ehemann dabeisaß und mir zuschaute. Dann dankte er mir und beschenkte mich für meinen Dienst!“

Eine ähnliche Geschichte passierte mir selber: Ich besuchte in der Stadt Tyrus [damals fränkisch] das Bad und setzte mich in eine *ḫalwa*. Da sagte einer meiner Diener: „Es ist eine Frau bei uns im Bad.“ Als ich herauskam und mich auf der *maṣṭaba* hingesetzt hatte, sah ich, daß die, welche im Innern des Bades gewesen war, nun auch herausgekommen war. Sie stand, bereits angezogen, auf der mir gegenüberliegenden Seite bei ihrem Vater, so daß ich nicht feststellen konnte, ob es eine Frau war. Da sagte ich zu einem von meinen Begleitern: „Bei Gott, schau nach, ob das eine Frau ist!“, womit ich sagen wollte, er solle nach ihr fragen. Aber er ging hin, und ich sah, wie er den Saum ihres Gewandes hochhob und nachschaute. Da wandte sich ihr Vater an mich und sagte: „Das ist meine Tochter; ihre Mutter ist gestorben, und sie hat niemanden, der ihr den Kopf wäscht. Da habe ich sie mit mir ins Bad mitgenommen und ihr den Kopf gewaschen.“ Da antwortete ich: „Daran hast du gut getan. Gott wird es dir lohnen.“

Beilage 7

Ḥunain Ibn Isḥāq (gest. 260/873) über eine Intrige seines Kollegen und Gegenspielers Baḫtīšūʿ.

Text: Ibn Abī Uṣaibiʿa: *ʿUyūn al-anbiyāʾ fī ṭabaqāt al-aṭibbāʾ*, Kairo 1299/1882, S. 193.

Der Quacksalber Baḫtīšūʿ b. Ǧibrāʾīl wandte eine Intrige gegen mich an, die ihm glückte und mich seinen bösen Absichten in die Hand gab. Er beschaffte sich eine Ikone (*qūna*), auf der die Hl. Maria und auf ihrem Schoß unser Herr Christus dargestellt waren, um sie herum Engel. Er ließ sie in äußerster Schönheit und nach allen Regeln der Kunst anfertigen. Nachdem er viel Geld dafür aufgewandt hatte, ließ er sie zum Beherrscher der Gläubigen al-Mutawakkil tragen. Er nahm sie aus der Hand des Dieners, der sie trug, und legte sie vor al-Mutawakkil nieder. Dieser fand sie sehr schön, und Baḫtīšūʿ begann, sie wiederholt vor al-Mutawakkils Augen zu küssen. Deshalb fragte ihn al-Mutawakkil: „Warum küßt du sie?" Er antwortete: „Mein Gebieter, wenn ich nicht das Bild der Herrin der Welt küssen soll, wen soll ich dann noch küssen?" al-Mutawakkil fragte weiter: „Tun das alle Christen?" — „Ja, o Beherrscher der Gläubigen, noch ausgiebiger als ich, denn ich habe Zurückhaltung geübt, weil ich mich in deiner Gegenwart befinde. Aber, obwohl sie die Christen hochschätzen, ich kenne einen Mann in deinem Dienst, der sich deiner Gunst und deiner Wohltaten erfreut, einen Christen, der sie (die Ikone) gering achten und auf sie spucken würde. Er ist ein *zindīq*, ein Abtrünniger, der sich nicht zur Einheit bekennt und an kein Jenseits glaubt, der das Christentum nur als Deckmantel benutzt, in Wirklichkeit aber ein *muʿaṭṭil* ist, Gott die Attribute abspricht und behauptet, die Propheten hätten gelogen." Da fragte ihn al-Mutawakkil: „Wer ist dieser, den du beschrieben hast?" Er antwortete: „Der Übersetzer Ḥunain." al-Mutawakkil sagte darauf: „Ich will ihn herholen lassen. Denn wenn es so ist, wie du sagst, will ich an ihm ein warnendes Exempel statuieren und ihn für immer ins Verließ werfen, zusätzlich zu den Bedrückungen und Strafen, die ich ihm früher schon auferlegt hatte." Da sagte Baḫtīšūʿ: „Der Beherrscher der Gläubigen möge noch warten bis ich fort bin und eine Weile vergangen ist. Dann möge er befehlen, daß er herbeigeholt wird." al-Mutawakkil willigte ein, und Baḫtīšū verließ den Palast und kam zu mir (nämlich Ḥunain) und sagte: „Abū Zaid, Gott erhalte dich! Du mußt wissen, daß dem Beherrscher der Gläubigen eine Ikone geschenkt wurde, die ihm außerordentlich gut gefällt, und die er für ein Bild aus Syrien hält. Er findet sie sehr schön, und wenn wir sie bei ihm lassen und vor ihm preisen, wird er sich über uns jederzeit ereifern und sagen: ‚Da ist Euer Herr und seine Mutter abgebildet.' Er hat zu mir gesagt: ‚Schau dir dieses Bild an, wie schön es ist! Was hältst du davon?' Ich sagte zu ihm: ‚Dergleichen befindet sich in den Bädern, Kirchen und Synagogen (*biyaʿ*) und bemalten Örtlichkeiten. Das ist etwas, auf das wir nicht viel geben und was wir nicht sonderlich beachten.' Er fragte mich deshalb: ‚Dann ist sie also in deinen Augen nichts wert?' Ich sagte: ‚Nein.' Da sagte er: ‚Wenn du die Wahrheit sprichst, spucke darauf!' Da spuckte ich darauf und ging von ihm weg, indem er über mich lachte und vor Vergnügen schrie. Ich habe dies aber nur getan, damit er (die Ikone) wegwirft und ihretwegen seine Erregung über uns nicht wächst und er uns immer tadelt. Wenn er dich rufen läßt und dich fragt, so wie er mich gefragt hat, dann ist es das Richtigste, wenn du so tust, wie ich getan habe. Ich habe mich bemüht, alle zu erreichen, die zu ihm Zugang haben, und sie gebeten, genauso zu handeln." Ich akzeptierte, was er mir riet, und fiel auf seine Täuschung herein. Er ging weg, und es verging keine Stunde, da kam ein Bote des Kalifen und holte mich zu ihm. Als ich zu ihm eintrat, befand sich die Ikone vor ihm. Er sagte zu mir: „Ḥunain, siehst du, wie schön und wundervoll dieses Bild ist?" — „Bei Gott," antwortete ich, „es ist so, wie der Beherrscher der Gläubigen sagt." Da fragte er weiter: „Was sagst du selber denn dazu? Was denkst du wirklich darüber?" Da antwortete ich: „Dergleichen ist häufig in den Bädern, Kirchen und den andern bemalten Lokalitäten gemalt." Er wandte ein: „Aber es ist doch das Bild eures Herrn und Seiner Mutter!" — „Gott bewahre", entgegnete ich, „von Gott gibt es keine Bilder, man kann ihn nicht abbilden. Dies ist ein Bild wie die andern an allen möglichen Örtlichkeiten, an denen es Bilder gibt." — „Dann ist dies also nichts wert?" fragte er. Ich sagte: „So ist es." Da befahl er: „Wenn das so ist, dann spucke darauf!" Da spuckte ich darauf, und im gleichen Augenblick befahl er, mich ins Gefängnis zu werfen.

BIBLIOGRAPHIE

I. Arabische Quellen

ʿAbdallaṭīf al-Baġdādī: *Kitāb al-ifāda wal-iʿtibār* [Faksimile des Autographs.]. Translated into English by Kamal Hafuth Zand and John A. and Ivy E. Videan. London 1965.

Abū l-Faraǧ al-Iṣfahānī: *Kitāb al-aġānī*. 20 Bde. Būlāq 1285. Kairo (Dār al-kutub) 1952ff.

(*Kitāb*) *Alf laila wa-laila*. 2 Bde. Būlāq 1252. Nachdruck Bagdad o. J. Abkürzung: 1001 Nacht, bzw. 53. Nacht, 54. Nacht usw.

Die Erzählungen aus den Tausendundein Nächten. Vollständige Ausgabe in sechs Bänden, zum ersten Mal nach dem arabischen Urtext der Calcuttaer Ausgabe aus dem Jahre 1839 übertragen von Enno Littmann. Wiesbaden ²1953. Abkürzung: Littmann.

The Book of the Thousand Nights and a Night. Translated and annotated by Richard F. Burton. Privately printed by the Burton Club. o.O., o.J. Abkürzung: Burton.

al-Aqfahsī, Šihābaddīn Abū l-ʿAbbās b. ʿImādaddīn: *Kitāb al-qaul at-tamām fī ʾādāb duḫūl al-ḥammām*. Handschrift maǧmūʿ 5255, fol. 59a—76b der Syrischen Nationalbibliothek.

(Pseudo)Aristoteles: *Kitāb as-siyāsa fī tadbīr ar-riyāsa al-maʿrūf bi-Sirr al-asrār*. In: ʿAbdarraḥmān Badawī: *al-uṣūl al-yūnānīya lin-naẓarīyāt as-siyāsīya fī l-islām. Fontes graecae doctrinarum politicarum islamicarum*. Kairo 1954. S. 65—171.

al-ʿAskarī, Abū Hilāl: *Dīwān al-maʿānī*. 2 Bde. Kairo (Maktabat al-Qudsī) 1352.

al-Bakrī: *Kitāb al-muġrib fī ḏikr bilād Ifrīqiya wal-Maġrib. Description de l'Afrique septentrionale*. Ed. De Slane. Alger 1857. Nachdruck Bagdad o. J.

al-Ǧāḥiẓ, ʿAmr b. Baḥr: *al-buḫalāʾ*. Ed. Ṭāhā al-Hāǧirī. Kairo (Dār al-maʿārif) 1963.

García Gomez, Emilio: *Unas "ordenanzas del zoco" del siglo IX. Traducíon del mas antiguo antecedente de los tratados andaluces de ḥisba, por un autor andaluz*. In: Al-Andalus 22 (1957) 253—316.

al-Ġazzālī, Abū Ḥāmid: *Iḥyāʾ ʿulūm ad-dīn*. 4 Bde. Kairo 1957. Abkürzung: *Iḥyāʾ*. Ghâzâlî: *Ih'ya ʿouloum ad-dîn ou Vivification des sciences de la foi*. Analyse et index par G.-H. Bousquet. Paris 1955. Abkürzung: § 32, 33 usw. (nach *Iḥyāʾ*-Zitat).

al-Ġuzūlī: *Maṭāliʿ al-budūr fī manāzil as-surūr*. 2 Bde. Kairo (Maṭbaʿat idārat al-waṭan) 1299—1300.

Haleby, Omer: *El Ktab des lois secrètes de l'amour d'après le Khodja Omer Haleby Abou Othman*, traduction, mise en ordre et commentaires par Paul de Régla. Paris 1893.

al-Hamaḏānī, Badīʿ az-Zamān: *Kitāb al-maqāmāt*. Ed. (und Kommentar) Muḥammad ʿAbduh. Beirut (al-Maṭbaʿa al-kāṯūlīkīya) ²1958.

al-Ḫaṭīb al-Baġdādī: *Tārīḫ madīnat Baġdād*. 14 Bde. Bagdad und Kairo 1931.

(Kitāb) al-Ḥikāyāt al-ʿaǧība wal-aḫbār al-ġarība. Das Buch der wunderbaren Erzählungen und seltsamen Geschichten. Ed. Hans Wehr. Wiesbaden 1956 (Bibliotheca Islamica 18). Abkürzung: *Ḥikāyāt*

Wunderbare Erlebnisse — Seltsame Begebnisse. Arabische Erzählungen. Übersetzung und Nachwort von HANS WEHR. Hattingen 1959.

HILĀL AṢ-ṢĀBI': *Rusūm Dār al-ḫilāfa. The etiquette, protocol and diplomacy of the ʿAbbāsid caliphate in Baghdād.* Ed. Mīḫā'īl ʿAwwād. Bagdad 1964.

AL-ḤIMYARĪ, IBN ʿABDALMUNʿIM: *Kitāb ar-rauḍ al-miʿṭār fī ḫabar al-aqṭār* (Teil-Ed. mit Übersetzung u. d. T). *La péninsule ibérique au Moyen-Age,* par E. LÉVI-PROVENÇAL. Leiden 1938.

IBN ʿABDALḤAKAM: *Kitāb futūḥ Miṣr wa-aḫbārihā. The History of the Conquest of Egypt, North Africa and Spain, known as the FutūḥMiṣr.* Ed. Charles C. Torrey. New Haven 1922. (Yale Oriental Series — Researches III).

IBN ʿABD RABBIH: *al-ʿIqd al-farīd.* Ed Aḥmad Amīn, Aḥmad aẓ-Zain, Ibrāhīm al-Ibyārī. 7 Bde. Kairo 1948—53.

IBN ʿABDŪN AT-TUǦĪBĪ: *Risāla.* Ed. E. Lévi-Provençal. In: JA 224 (1934) 177—299. *Trois traités hispaniques de Ḥisba.* Traduits par E. Lévi-Provençal. Kairo 1955.

IBN ʿASĀKIR: *Tārīḫ madīnat Dimašq.* Bd. II, 1, *Ḫiṭaṭ Dimašq.* Ed. Salāḥaddīn al-Munaǧǧid. Damaskus 1954.

IBN BAṬṬŪṬA: *Tuḥfat an-nuẓẓār fī ġarā'ib al-amṣār wa-ʿaǧā'ib al-asfār. Voyages d'Ibn Batoutah.* Texte arabe, accompagné d'une traduction par C. Defrémery et B. R. Sanguinetti. 4 Bde. Paris [5]1949.

IBN AD-DAWĀDĀRĪ: *Kanz ad-durar wa-ǧāmiʿ al-ġurar. Die Chronik des Ibn ad-Dawādārī. Sechster Teil: Der Bericht über die Fatimiden.* Ed. Salāḥaddīn al-Munaǧǧid. Kairo 1961. *Neunter Teil: Der Bericht über den Sultan al-Malik an-Nāṣir Muḥammad Ibn Qalā'ūn.* Ed. Hans Robert Roemer. Kairo 1960. (Deutsches Archäologisches Institut Kairo. Quellen zur Geschichte des islamischen Ägyptens 1f, 1i).

IBN DUQMĀQ: *Kitāb al-intiṣār li-wāṣiṭat ʿiqd al-amṣār. Description de l'Egypte.* [Ed. Vollers.] Kairo 1893.

IBN AL-ǦAUZĪ, ǦAMĀLADDĪN ABŪ L-FARAǦ: *al-Muntaẓam fī tārīḫ al-mulūk wal-umam.* Bd. V, 2—X. Hyderabad 1357—59. Abkürzung: *Muntaẓam*

IBN ǦUBAIR: *Riḥlat Ibn Ǧubair. The Travels of Ibn Jobayr.* Ed. Wright, rev. M. J. de Goeje. Leiden 1907 (Gibb Memorial Series V).

IBN AL-ḤĀǦǦ AL-FĀSĪ AL-ʿABDARĪ: *al-Madḫal.* 4 Bde. Kairo (Maṭbaʿat Muṣṭafā al-Bābī al-Ḥalabī) 1960. (Titel nach GAL II, 83: *Mudḫal aš-šarʿ aš-šarīf*).

IBN ḪALDŪN: *Kitāb al-ʿibar.* 7 Bde. Beirut 1961 (Das 1. Buch dieses Werks heißt gewöhnlich *al-Muqaddima*).

IBN ḪALLIKĀN: *Wafayāt al-aʿyān wa-anbā' abnā' az-zamān.* 2 Bde. Būlāq 1299. *Ibn Khallikan's Biographical Dictionary.* Translated by Mac Guckin de Slane. 4 Bde. Paris 1843—71.

IBN ḤAUQAL: *Kitāb ṣūrat al-arḍ.* Ed. J. H. Kramers. Leiden 1938—39. (Bibliotheca geographorum arabicorum II).

IBN ḤAZM AL-ANDALUSĪ: *Tauq al-ḥamāma fī l-ulfa wal-ullāf.* Ed. Ḥasan Kāmil aṣ-Ṣairafī. Kairo 1959.

IBN MUFLIḤ AL-MAQDISĪ: *al-Adab aš-šarʿiya wal-minaḥ al-marʿiya.* 3 Bde. Kairo (Maṭbaʿat al-manār) 1348.

IBN IYĀS: *Badā'iʿ az-zuhūr fī waqā'iʿ ad-duhūr. Die Chronik des Ibn Ijas.* Zweite Auflage, 3.—5. Teil. Ed. Muḥammad Muṣṭafā. Kairo 1963, 1960, 1961 (Bibliotheca Islamica 5c—e).

Journal d'un bourgeois du Caire. Chronique d'Ibn Iyas. Traduit et annoté par GASTON WIET. 2 Bde. Paris 1955. 1960.

IBN KAṮĪR: *al-Bidāya wan-nihāya fī t-tārīḫ.* 14 Bde. Kairo (Maṭbaʿat as-saʿāda) 1351—58.

IBN AL-QALĀNISĪ: *Ḏail tārīḫ Dimašq.* History of Damascus 363—555 a.h., with Extracts from other histories, by H. F. Amedroz. Leiden 1908.

Ibn Šaddād: *al-Aʿlāq al-ḫaṭīra fī ḏikr umarāʾ aš-Šām wal-Ǧazīra. Tārīḫ madīnat Dimašq.* Ed. Sāmī ad-Dahhān. Damaskus 1956.

Ibn Šākir al-Kutubī: *Fawāt al-wafayāt.* 2 Bde. Būlāq 1299.

[Ibn as-Šiḥna:] Jean Sauvaget: *Les perles choisies d'Ibn ach-Chihna.* Matériaux pour servir à l'histoire de la ville d'Alep. Beirut 1933.

Ibn Sīnā: *Urǧūza fī ṭ-ṭibb.* Avicenne, poème de la médecine. Texte arabe, traduction française, traduction latine du XIIIe siècle, établis et présentés par Henri Jahier et Abdelkader Noureddine. Paris 1956.

Ibn Taġrībirdī: *an-Nuǧūm aẓ-ẓāhira fī mulūk Miṣr wal-Qāhira.* Abu 'l-Maḥāsin Ibn Taghrî Birdî's Annals, entitled annujum etc. Bd. 2; 3,1; 5—7. Ed. William Popper. Berkeley 1911—29 (University of California Publications in Semitic Philology).

Ibn Ṭūlūn, Šamsaddīn Muḥammad: *Mufākahat al-ḫillān fī ḥawādiṯ az-zamān. The Chronicle of Ibn Tulun.* Ed. Muḥammad Muṣṭafā. 2 Bde. Kairo 1962. 1964.

Ibn al-Uḫūwa: *Kitāb maʿālim al-qurba fī aḥkām al-ḥisba.* Ed. Reuben Levy. Cambridge 1938. (Gibb Memorial Series, New Series XII).

al-Irbilī, Abū ʿAlīy al-Mutaṭabbib: *Kitāb madāris Dimašq wa-rubuṭihā wa-ǧawāmiʿihā wa-ḥammāmātihā.* Ed. Muḥammad Aḥmad Duhmān. Damaskus 1947.

al-Kāẓimī, Muḥammad b. Muḥammad Mahdī: *Iḥyāʾ aš-šarīʿa fī maḏhab aš-šīʿa.* Bagdad 1370/1951.

al-Kindī, Muḥammad b. Yūsuf: *Kitāb al-umarāʾ wal-quḍāt. The Governors and Judges of Egypt.* Ed. Reuvon Guest. London 1912 (Gibb Memorial Series XIX).

al-Makkī, Abū Ṭālib Muḥammad b. ʿAlīy b. ʿAṭīya al-Ḥāriṯī al-Wāʿiẓ: *Qūt al-qulūb.* 2 Bde. Kairo (Maṭbaʿat Muṣṭafā al-Bābī al-Ḥalabī) 1961. Abkürzung: *Qūt al-qulūb*

al-Maqqarī: *Nafḥ aṭ-ṭīb min ǧuṣn al-Andalus ar-raṭīb.* Ed. Muḥammad Muḥyiddīn ʿAbdalḥamīd. 10 Bde. Kairo 1949. *Analectes sur l'histoire et la littérature des Arabes d'Espagne,* par al-Makkari, publiés par Dozy, Dugat, Krehl et Wright. Leiden 1855—61.

al-Maqrīzī: *al-Mawāʿiẓ wal-iʿtibār bi-ḏikr al-ḫiṭaṭ wal-aḫbār.* 4 Bde. Kairo (Maṭbaʿat an-Nīl) 1324. Abkürzung: *Ḫiṭaṭ*

al-Maqrīzī: *as-Sulūk li-maʿrifat duwal al-mulūk.* Ed. Muḥammad Muṣṭafā Ziyāda. 2 Bde. Kairo 1939—58. Abkürzung: *Sulūk*
Histoire des Sultans Mamlouks de l'Égypte, écrite en arabe par Taki-eddin-Ahmed-Makrizi, traduite en français par M. Quatremère. Paris 1837—42.

al-Munāwī, ʿAbdarraʾūf b. Tāǧ al-ʿĀrifīn: *Kitāb an-nuzah al-bahīya az-zahīya fī aḥkām al-ḥammām aš-šarʿīya aṭ-ṭibbīya.* Handschrift Ms. Or. Wetzstein 1505, fol. 62—101 (Ahlwardt 6409) der Stiftung Preußischer Kulturbesitz, Depot der Staatsbibliothek.

al-Muqaddasī: *Aḥsan at-taqāsīm fī maʿrifat al-aqālīm. Descriptio imperii moslemici.* Ed. M. J. de Goeje. Leiden ²1906 (Bibliotheca geographorum arabicorum III).

an-Nuwairī: *Nihāyat al-arab fī funūn al-adab.* Bis jetzt 18 Bde. Kairo (Dār al-kutub) 1923—55.

al-Qalqašandī: *Ṣubḥ al-aʿšā fī ṣināʿat al-inšāʾ.* 14 Bde. Kairo 1910—20 (al-Maṭbaʿa al-Amīrīya). Nachdruck Kairo 1963.

al-Qāsimī, Muḥammad Saʿīd: *Qāmūs aṣ-ṣināʿāt aš-šāmīya.* al-qism al-awwal. — al-Qāsimī, Ǧamāladdīn und al-ʿAẓm, Ḫalīl: *Qāmūs aṣ-ṣināʿāt aš-šāmīya.* al-qism aṯ-ṯānī. Beide Bände mit durchlaufender Seitenzählung hrsg. von Ẓāfir al-Qāsimī u. d. T. *Dictionnaire des métiers damascains.* Paris und La Haye 1960. Abkürzung: Qasimi

[Aš-Šaizarī:] Walter Behrnauer: *Mémoire sur les institutions de police chez les Arabes, les Persans et les Turcs.* In: JA, 5e série, 15 (1860) 461—508; 16 (1860)

114—190, 347—392; 17 (1861) 5—76 (≡ Übersetzung von AS-ŠAIZARĪ: *Nihāyat ar-rutba fī ṭalab al-ḥisba*).

ṢIBṬ IBN AL-ĞAUZĪ, ŠAMSADDĪN ABŪ L-MUẒAFFAR YŪSUF B. QIZOĠLU: *Mir'āt az-zamān fī tārīḫ al-a'yān*. Bd. 8 (495—654/1101—1256). Hyderabad 1951—52. Abkürzung: *Mir'āt az-zamān*

AS-SUYŪṬĪ, ĞALĀLADDĪN: *Kitāb al-aḫbār al-ma'ṯūra fī l-iṭṭilā' bin-nūra*. Hs. Petermann 407 fol. 443b—447b, Stiftung Preußischer Kulturbesitz, Depot der Staatsbibliothek (Ahlwardt 5444).

AṮ-ṮA'ĀLIBĪ: *Yatīmat ad-dahr fī maḥāsin ahl al-'aṣr*. Ed. Muḥammad Muḥyiddīn 'Abdalḥamīd. 4 Bde. Kairo 1956—58. Abkürzung: *Yatīma*

AṬ-ṬABARĪ, 'ALĪ B. SAHL RABBAN: *Firdaus al-ḥikma fī ṭ-ṭibb*. Ed. M. Z. Siddiqi. Berlin 1928. Abkürzung: *Firdaus al-ḥikma*

AṮ-ṮA'LABĪ: *Qiṣaṣ al-anbiyā'*. Kairo o. J.

AT-TANŪḪĪ, ABŪ 'ALĪY AL-MUḤASSIN B. ABĪ L-QĀSIM: *Farağ ba'd aš-šidda*. Kairo (Maṭba'at al-Ḫānğī) 1955. Abkürzung: *Farağ*

USĀMA IBN MUNQID: *Kitāb al-i'tibār*. *Usāmah's Memoirs*. Ed. Philip K. Hitti. Princeton 1930 (Princeton Oriental Texts I).

(Kitāb) Waqf al-Wazīr Lālā Bāšā Muṣṭafā. Ed. Ḫalīl Mardam Bēk. Damaskus 1925. Abkürzung: *Waqf Lālā*

YĀQŪT, ŠIHĀBADDĪN ABŪ 'ABDALLĀH: *Mu'ğam al-buldān*. 5 Bde. Beirut 1955—57.

YŪSUF IBN 'ABDALHĀDĪ: *Aḥkām al-ḥammām*. Handschrift 'āmm 4549 der Syrischen Nationalbibliothek. (Beschreibung der Hs. in al-Mašriq 41 (1947) 423—25). Abkürzung: Y. B. 'ABDALHĀDĪ; Y. B. 'A.

ders.: *Fihrist al-kutub waqf Yūsuf b. 'Abdalhādī*. Handschrift *'āmm* 1749 der Syrischen Nationalbibliothek.

ders.: *'Uddat al-mulimmāt fī ta'dād al-ḥammāmāt*. Ed. Ṣalāḥaddīn al-Munağğid, in: al-Mašriq 41 (1947) 409—418.

II. Andere Quellen und zitierte Literatur

ABÉLA, EIJUB: *Beiträge zur Kenntnis abergläubischer Gebräuche in Syrien*. In: ZDPV 7 (1884) 79—118.

BARTHÉLEMY, A.: *Dictionnaire Arabe-Français. Dialectes de Syrie: Alep, Damas, Liban, Jérusalem*. Paris 1935ff.

BLOCH, ARIEL und GROTZFELD, HEINZ: *Damaszenisch-Arabische Texte mit Übersetzung, Anmerkungen und Glossar* herausgegeben. Wiesbaden 1964. (AKM 35,2) Abkürzung: *DAT*

BRIEMLE, VINCENTIUS: *Die durch die drey Theile der Welt, Europa, Asia und Africa, besonders in denselben nach Loreto, Rom, Monte-Cassino, nicht minder Jerusalem, Bethlehem, Nazareth, Berg Sinai etc. angestellte Andächtige Pilgerfahrt*. Anderer Theil: *Die Reisen von München durch Salzburg, Cärnten ... durch die Türckey in das H. Land* etc. Nürnberg 1729.

BRUNOT, LOUIS: *Textes arabes de Rabat*. Paris 1931.

BRUNSCHVIG, R.: *Métiers vils en Islam*. In: Studia Islamica 16 (1962) 47—60.

BÜRGEL, J. CHRISTOPH: *Die ekphrastischen Epigramme des Abū Ṭālib al-Ma'mūnī*. Nachrichten der Akademie der Wissenschaften in Göttingen. I, Philologisch-Historische Klasse. Jahrgang 1965. Nr. 14, S. 217—322.

DOZY, R.: *Histoire des musulmans d'Espagne*. Nouvelle édition par E. LÉVI-PROVENÇAL. 3 Bde. Leiden 1932.

ÉCOCHARD, MICHEL und LECOEUR, CLAUDE: *Les bains de Damas*. 2 Bde. Beyrouth 1942, 1943. Abkürzung: E/L

FRANZ-PASCHA, JULIUS: *Die Baukunst des Islam*. Darmstadt [2]1896 (Handbuch der Architektur. 2. Teil: Die Baustile. Bd. 3,2).

GALLAND, ANTOINE: *Journal d'Antoine Galland pendant son séjour à Constantinople*, édité par Ch. Schefer. Paris 1881.

GAUDEFROY-DEMOMBYNES: *Les cérémonies du mariage chez les indigènes de l'Algérie.* Paris 1901.

GLÜCK, H.: *Ursprung und Entwicklung des islamischen Bades.* In: Berichte des Forschungs-Instituts für Osten und Orient, Wien, 3 (1923) 91—101.

GONZALEZ PALENCIA, ANGEL: *Los mozárabes de Toledo III, doc. n°* 987, pp. 330—32. Madrid 1928.

HAMILTON, R. W.: *Khirbat al Mafjar. An arabian mansion in the Jordan valley.* Oxford 1959.

HOENERBACH, WILHELM: *Das Zunft- und Marktwesen und seine Verwaltung im heutigen Tetuan.* In: WI N. S. 4 (1956) 79—123.

KLEIN, F. A.: *Mittheilungen über Leben, Sitten und Gebräuche der Fellachen in Palästina.* In: ZDPV 3 (1880) 100—15; 4 (1881) 57—84; 6 (1883) 81ff.

KLINGHARDT, KARL: *Türkische Bäder.* Stuttgart 1927.

KRETZSCHMER, FRITZ: *Hypokausten.* In: Saalburg-Jahrbuch 12 (1953) 7—41.

LANE, E. W.: *Manners and Customs of the modern Egyptians.* London 1954 (Everyman's Library 315). — NB. Wenn ohne Seitenangabe zitiert, ist chapter XVI, The bath (S. 343—50) gemeint.

LEWIN, BERNHARD: *Arabische Texte im Dialekt von Hama.* Beirut 1966 (Beiruter Texte und Studien 2).

LÉVI-PROVENÇAL, É.: *Histoire de l'Espagne Musulmane.* 3 Bde. Paris und Leiden 1950—1953.

LOUIS, A.: Artikel *Ḥammām* (zweiter Teil) in EI² III, 148—49.

MANTRAN, ROBERT: *Istanbul dans la seconde moitié du XVIIe siècle.* Paris 1962.

MANZANO MARTOS, RAFAEL: *El baño termal de Alhama de Granada.* In: Al-Andalus 23 (1958) 408—17.

MARÇAIS, GEORGES: *Manuel d'art musulman. L'architecture.* 2 Bde. Paris 1926—27.

MARÇAIS, WILLIAM und GUÎGA, ABDARRAHMÂN: *Textes arabes de Takroûna.* I. *Transcription, traduction annotée.* Paris 1925. II. *Glossaire.* 8 Bde. Paris 1958.

MARTIN, F. R.: *The Miniature Painting.* London 1912.

DE MAUSSION DE FAVIÈRES, JACQUES: *Note sur les bains de Damas.* In: BEO 17 (1961—62) 121—131.

MERCIER, HENRY: *L'arabe par l'image. Textes ethnographiques.* Rabat 1946. Deuxième volume: *Traduction.* Rabat 1955.

MONTAGU, LADY MARY WORTLEY: *Briefe aus dem Orient.* Stuttgart 1962 (Bibliothek klassischer Reiseberichte).

AL-MUNAĞĞID, SALĀḤADDĪN: *Ḥammāmāt Dimašq.* In: al-Mašriq 41 (1947) 401—25.

MUSIL, ALOIS u. a.: *Ḳuseir ʿAmra.* 2 Bde. Wien 1907 (Kaiserliche Akademie der Wissenschaften).

PAUTY, EDMOND: *Les Hammams du Caire.* Kairo 1933 (Mémoires de l'institut Français d'Archéologie Orientale 64).

PERÈS, HENRI: *La poésie andalouse en arabe classique au XIe siècle.* Paris ²1953.

ROSENTHAL, FRANZ: *Das Fortleben der Antike im Islam.* Zürich und Stuttgart 1965.

SAOUAF, SOUBHI: *Alep. Son histoire, sa citadelle, ses monuments antiques et son musée.* Aleppo ³1962.

SAUSSEY, EDMOND: *Une farce de Karagueuz en dialecte arabe de Damas.* In: BEO 7/8 (1937—38) 5—37.

SAUVAGET, JEAN: s. IBN AṢ-ŠIḤNA.

VON SCHACK, ADOLF FRIEDRICH: *Poesie und Kunst der Araber in Spanien und Sicilien.* 2 Bde. Berlin 1865.

STERN, BERNHARD: *Medizin, Aberglaube und Geschlechtsleben in der Türkei.* 2 Bde. Berlin 1903.

SEETZEN, ULRICH JASPER: *Reisen durch Syrien, Palästina etc.* 4 Bde. Berlin 1854—59.

SIGGEL, ALFRED: *Arabisch-deutsches Wörterbuch der Stoffe aus den drei Naturreichen.* Berlin 1950.

SOURDEL-THOMINE, J.: Artikel *Ḥammām* in EI² III, 142—47.

TAESCHNER, FRANZ: *Zur Ikonographie der Persischen Bilderhandschriften.* In: Jahrbuch für asiatische Kunst 1925, 128—35.

TERRASSE, HENRI: *Trois bains mérinides du Maroc.* In: Mélanges William Marçais. Paris 1950, S. 311—20.

TORRES BALBÁS, LEOPOLDO: *Crónica arqueológica de la España musulmana* 30: *El baño de Torres Torres (Valencia) y otros levantinos.* In: Al-Andalus 17 (1952) 176—86. — 31: *El baño musulman de Murcia y su conservación,* ibid. 17 (1952) 433—38. 38: *La Judería de Zaragoza y su baño,* ibid. 21 (1956) 172—90. 44: *Salas con linterna central en la arquitectura grenadina,* ibid. 24 (1959) 197—220.— 45: *El baño de Dona Leonor de Guzmán en el palacio de Tordesillas,* ibid. 24 (1959) 409—25.

ders.: *Las ciudades hispanomusulmanas.* II. *Los edificios.* In: Revista del Instituto Egipcio de Estudios Islamicos 1 (1953) 102—111.

ÜLGEN, ALI SÂIM: Artikel *Hamam* in *İslam Ansiklopedisi* 5, 174—78.

WAGNER, EWALD: *Abū Nuwās. Eine Studie zur arabischen Literatur der frühen ʿAbbāsidenzeit.* Wiesbaden 1965.

WESTERMARCK, EDWARD: *Les cérémonies du mariage au Maroc,* traduit de l'anglais par J. Arin. Paris 1921.

WILD, JOHANN: *Reysbeschreibung eines Gefangenen Christen Anno 1604.* Stuttgart 1964. (Bibliothek klassischer Reiseberichte).

WULZINGER, KARL und WATZINGER, CARL: *Damaskus. Die islamische Stadt.* Berlin und Leipzig 1924.

ZAYYĀT, ḤABĪB: *aṣ-ṣuwar wal-ʾīqūnāt fī l-ḥammāmāt qadīman.* In: al-Mašriq 42 (1948) 321—27.

ZELLINGER, JOHANNES: *Bad und Bäder in der altchristlichen Kirche. Eine Studie über Christentum und Antike.* München 1928.

INDEX

Der Index verzeichnet die für Bad und Baden relevanten arabischen Termini, darüber hinaus lediglich solche Stichwörter, die sich an Hand des Inhaltsverzeichnisses nicht ohne weiteres finden lassen.

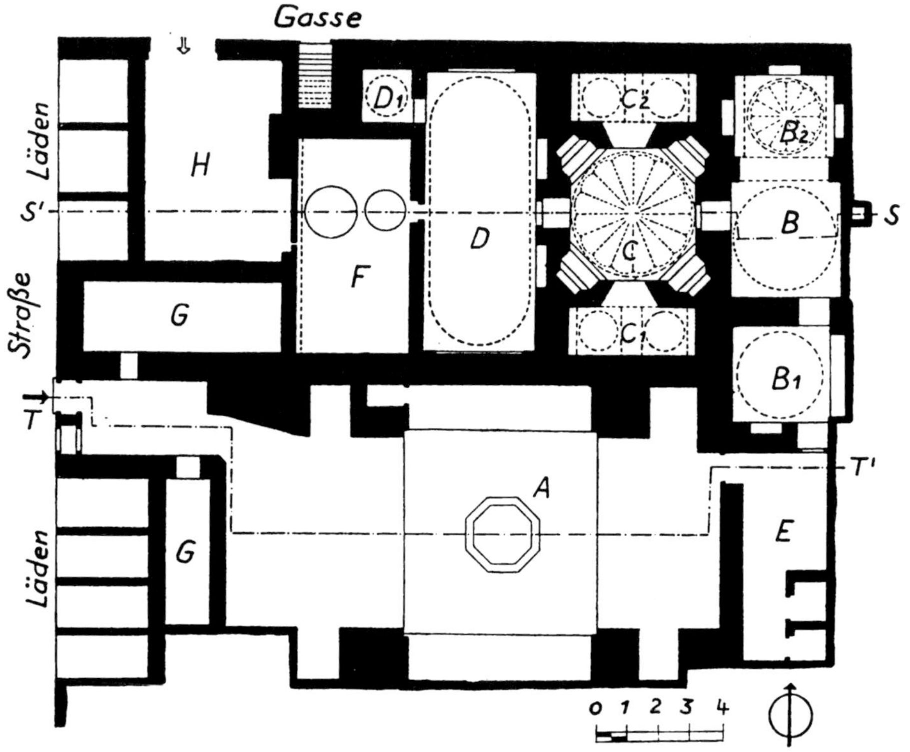

Ḥammām əl-Bzūrīye in Damaskus. Ursprünglicher Grundriß (nach Écochard-LeCœur I, 20, fig. VII) — A *maslaḫ*; B *al-bait al-ʾawwal* mit Nebenräumen B_1 und B_2; C *al-bait al-wasṭānī* mit Nebenräumen C_1 und C_2; D *bait al-ḥarāra* mit Nebenraum D_1, in dem sich das Tauchbecken befindet; E Aborte; F Heißwasserreservoir; G Kaltwasserreservoir; H Zugang zur Feuerung.

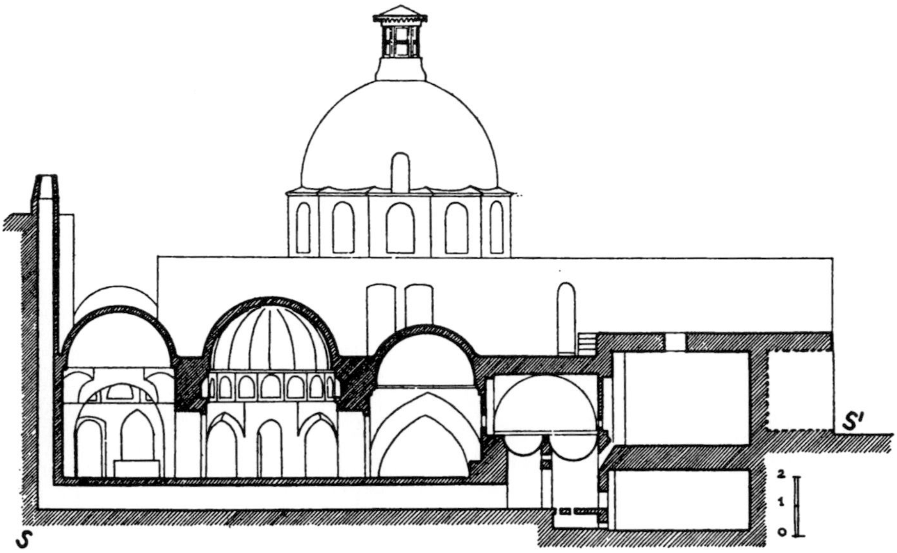

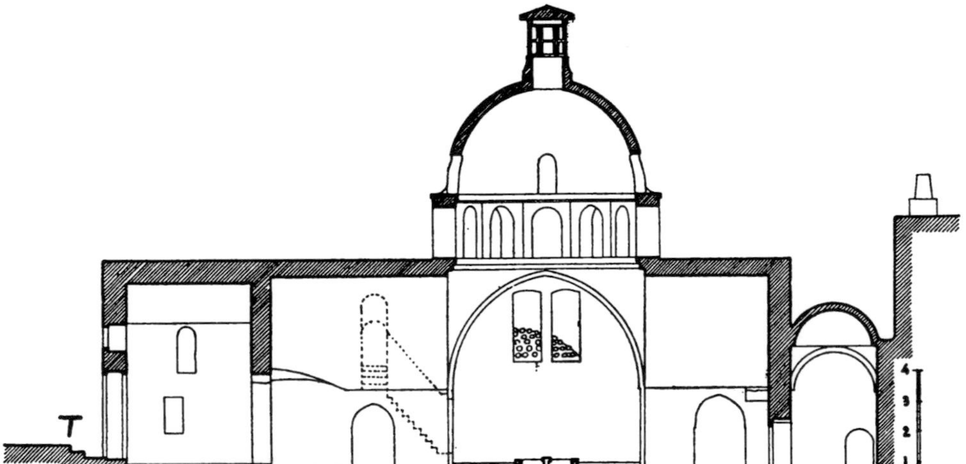

Ḥammām əl-Bzūrīye in Damaskus. Schnitte S–S′ und T–T′
(nach Écochard-LeCœur II, 18, fig. V und VI).

TAFEL V

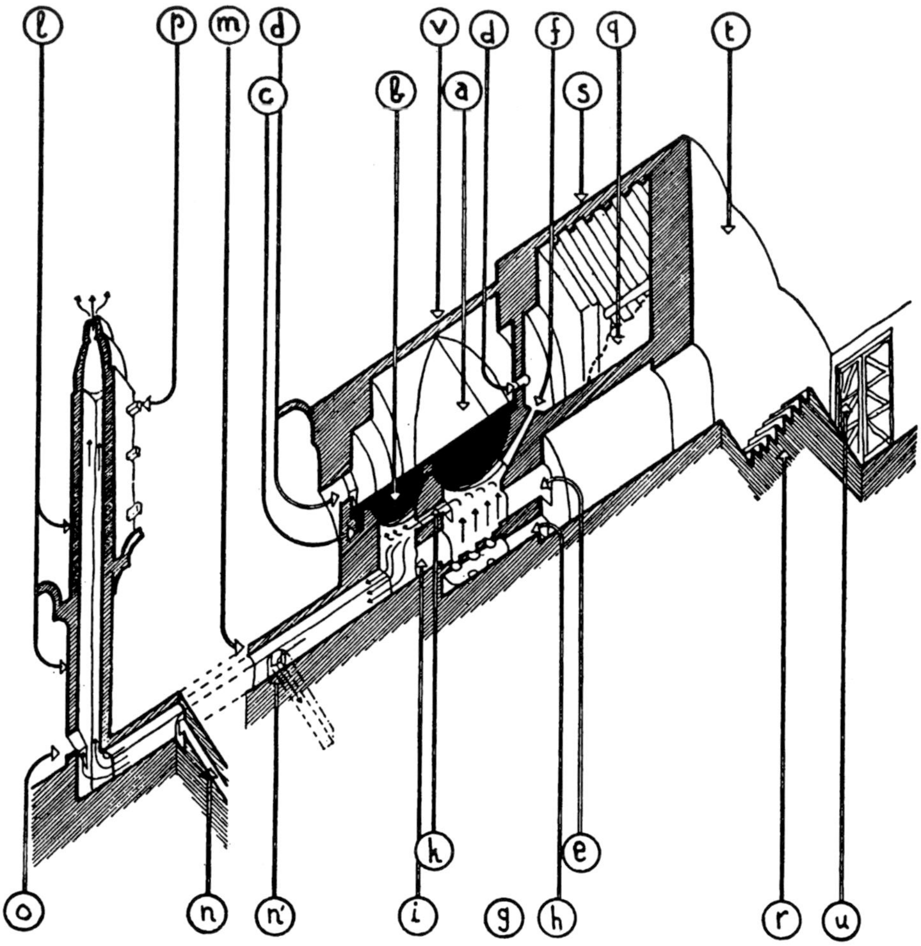

Schnitt und isometrische Darstellung (Blick von rechts unten) der Feuerung, Warmwasserbereitung und Heizung eines Damaszener Bades (nach Écochard-LeCœur I, 26, fig. XI)

a – großer Kessel
b – kleiner Kessel
c – Abfluß in die Warmwasserleitungen des Bades
d – Guckloch des Heizers
d' – Dampfluke zum *bait al-ḥarāra*
e – Schürloch
f – *ṭāqat al-waqqād*
g – Aschenraum
h – Aschenloch
i und k – Öffnungen im Feuerungszylinder, i nur zur Inspektion offen

l – Kamin
m – Fußboden des Bades, darunter der Heizkanal
n und n' – Abzweigungen des Heizkanals
o – Rußloch
p – Sprossen am Kamin
q – Brennmaterial (*zibl*)
r – Treppe zum Schür- und Aschenloch
s – Dach des Heizerraums
t – Hof des *mustauqad*
u – Tor zur Straße

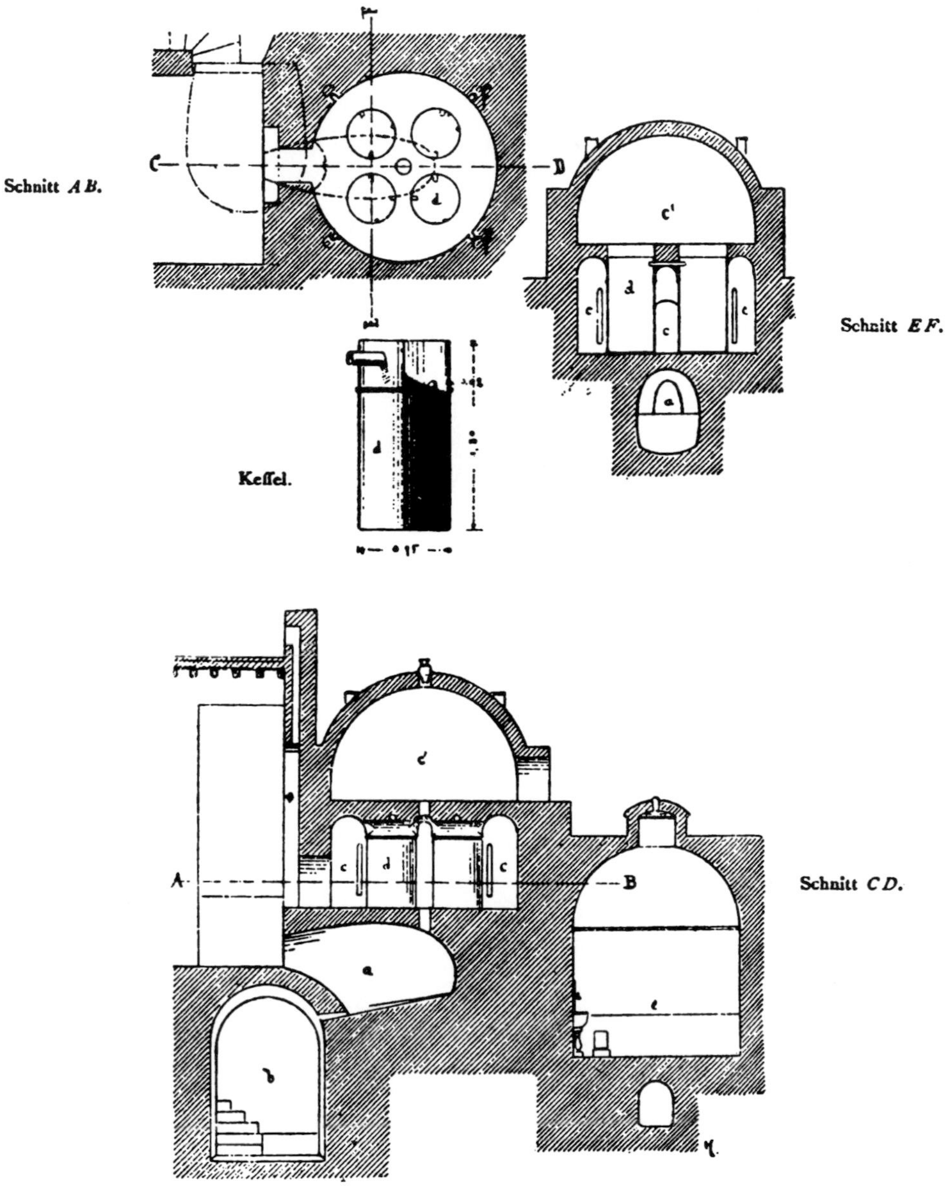

Heizeinrichtungen eines Bades in Kairo (nach J. Franz-Pascha, S. 163). a Feuerung; b Vorraum zum Entaschen; c Kesselraum; c′ Heißwasserreservoir; d vier Kessel aus Blei; e sog. *ḥanafīya*; f Rauchabzüge.

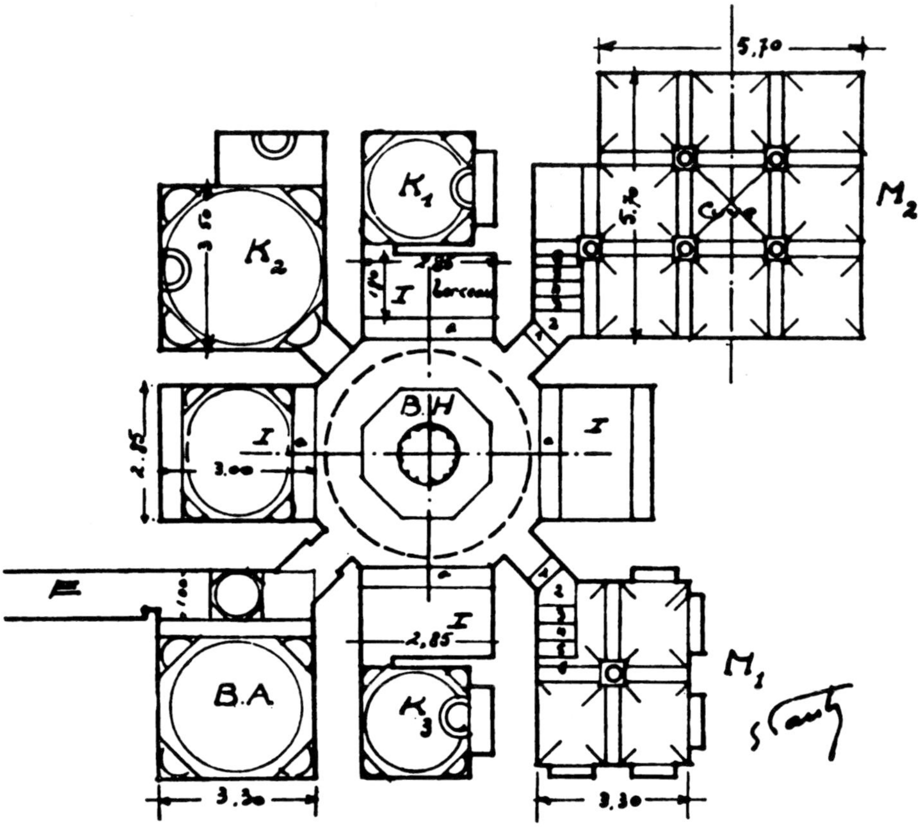

Ḥammām as-Sukkarīya in Kairo. Grundriß des inneren Bades (nach Pauty S. 31, fig. 8). E Eingang vom *maslaḫ*; BA *al-bait al-ʾawwal*; BH *bait al-ḥarāra*; I *ʾiwān*; K *ḫalwa* oder *ḥanafīya*; M *maġṭas*.

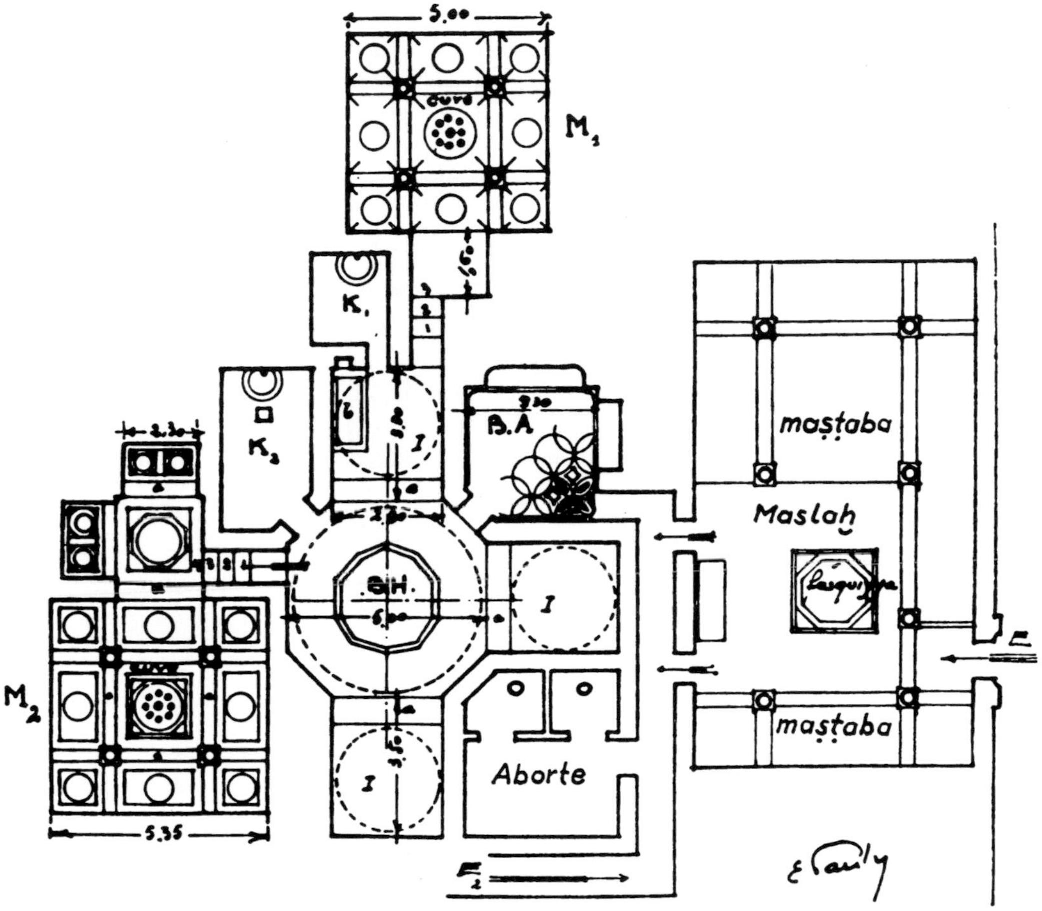

Ḥammām Tambali in Kairo. Grundriß (nach Pauty S. 35, fig. 9). E und E_2 Eingang zum Bad; BA *al-bait al-ʾawwal*; BH *bait al-ḥarāra*; I *ʾīwān*; K *ḥanafīya*; M *maǧṭas*.

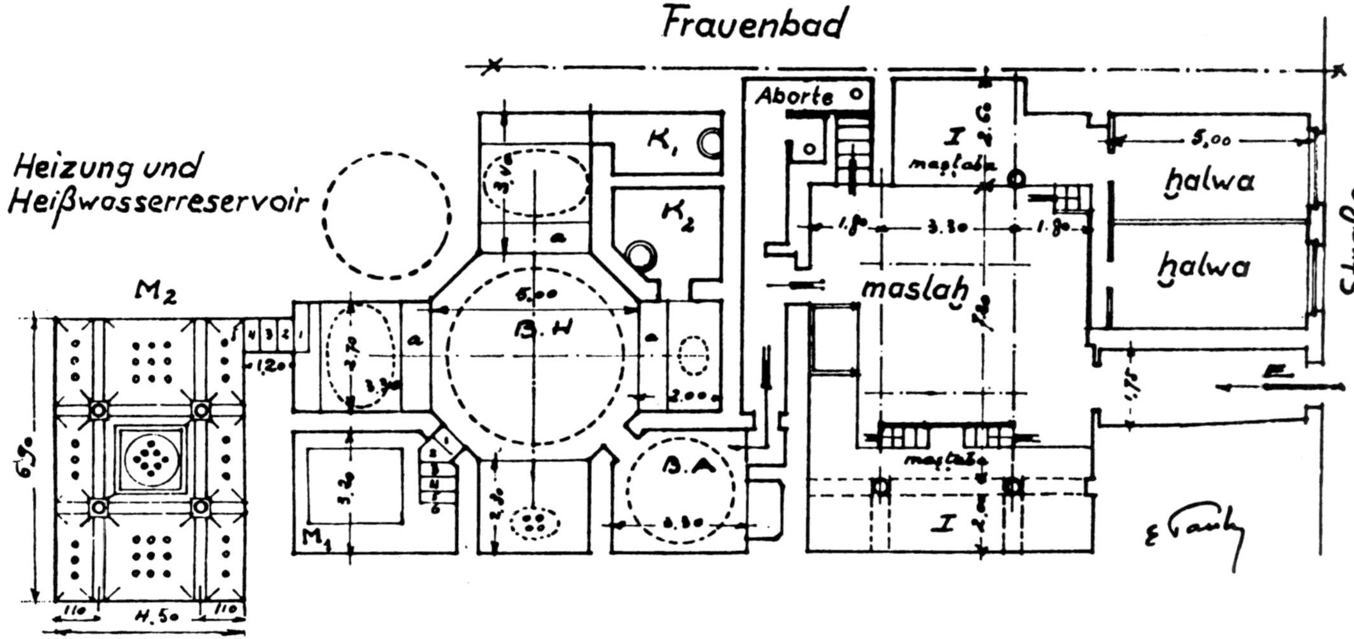

Ḥammām al-Malaṭyali in Kairo. Grundriß des Männerbades (nach Pauty S. 36, fig. 10). E Eingang; BA *al-bait al-ʾawwal*; BH *bait al-ḥarāra*; I *ʾiwān*; K *ḥanafīya*; M *maǵṭas*.

Originalskizze zu einer Miniatur mit Darstellungen des Badelebens (nach Ph. W. Schulz, Die persisch-islamische Miniaturmalerei, Leipzig 1914, Tafel 78).

Türkische Miniatur mit Darstellungen aus dem Frauenbad. Istanbul Yıldız 2824–73, fol. 145; datiert 1206/1791–2. (Wiedergabe nach Fehmi Edhem und Ivan Stchoukine, Les manuscrits orientaux illustrés de la Bibliothèque de l'Université de Stamboul, Paris 1933, fig. 21). Vorlage dieser Miniatur ist ein französischer Kupferstich des 18. Jh.s.

The Unified Black Movement
in Brazil, 1978–2002

The Unified Black Movement in Brazil, 1978–2002

DAVID COVIN

McFarland & Company, Inc., Publishers
Jefferson, North Carolina, and London

LIBRARY OF CONGRESS CATALOGUING-IN-PUBLICATION DATA

Covin, David, 1940–
The Unified Black Movement in Brazil, 1978–2002 / David Covin.
p. cm.
Includes bibliographical references and index.

ISBN-13: 978-0-7864-2438-2
ISBN-10: 0-7864-2438-9
(softcover : 50# alkaline paper) ♾

1. Blacks — Brazil — Politics and government. 2. Movimento Negro Unificado (Brazil) — History. 3. Brazil — Race relations — Political aspects. 4. Blacks — Race identity — Brazil. I. Title.
F2659.N4C69 2006
305.800981 — dc22 2006023502

British Library cataloguing data are available

Cover art: The official poster of the 1995 March for Zumbi in Brasília

Manufactured in the United States of America

McFarland & Company, Inc., Publishers
Box 611, Jefferson, North Carolina 28640
www.mcfarlandpub.com

To Judy, Wendy, and Holly

Table of Contents

Acknowledgments

Life has taught me that no human accomplishment is the product of a single person. From the act of creation, through nurturing, education, and whatever we do afterward, human life is group life. Human achievement is group achievement. This book is a testament to that reality.

I must, first of all, acknowledge the crucial role of my parents, Lela and Odell Johnson; without them I could not have completed this work. The impact of my whole family — my grandmothers, Mattie Mathis and Ruby Clements; my grandfather, David Covin; my aunts, Dorothy Bacon, Myrtle Thomas, Lily Sanders, Marjorie Dalton, Alice Murphy and Ruth Johnson, my uncles, Edward Clements, Fred Thomas, Clarence Bacon, Curtis Covin, Wilburt Covin, and Harold Johnson; my sister, Jacquie Johnson; and my many creative, playful, thoughtful, and creative cousins — gave me the background I needed to persevere in this effort.

Many people, too many to name, sustained me in each step of my growth as a human being and a scholar. The scholars and the activists who preceded me and who have been my contemporaries built the work to which this study is intended to contribute.

I have had many academic mentors, but in this work, several stand out as inspirations, as guides, to this place, this work: K.C. Morrison, in whose company I experienced my first trip to Brazil; Michael Mitchell, who pointed the way; Lélia Gonzalez, whose work opened my eyes to another world; Kim Butler, who showed me the possible in scholarship and in new ways of thinking; and Luiza Bairros, whose work as a scholar-activist is the gold standard.

The National Conference of Black Political Scientists (NCOBPS), through its aggregation of scholars interested in the study of the African world and the African diaspora, through its incisive, deeply informed, committed scholar-activists with rapier-like minds; through its panels, workshops, and plenary sessions; through its providing the context for the formation of the Brazil Group, made this work possible.

I turn now to the Brazil Group of NCOBPS, whose work, camaraderie, insights, critique, and deep friendship, have provided the academic soil and the nourishment for this work. It started out with Luiza Bairros, Ollie Johnson, Michael Mitchell, K.C. Morrison, Dianne Pinderhughes, James Steele, and me. To it were added Rosalind Fielder, Mark Sawyer, Heather Dash, Hawley Fogg-Davis, Rovana Popoff, Raquel de Souza, Melissa Nobles, Denise Ferreira da Silva, and Tonya Williams. The group developed a close association with Kim Butler and Anani Dzidzienyo. Michael Hanchard and Micol Seigel sometimes participated.

Through Luiza Bairros the Brazil Group developed a working relationship with a number of Afro-Brazilians, and the two sets of academics-activists came together to constitute the Race & Democracy in the Americas Project. Those joining under Luiza's initiative were Ubiritan Castro Araújo, Lindinalva Barbosa, Luiz Cláudio Barcelos, Vera Lucia Benedito, Edson Lopes Cardoso, Sueli Carneiro, Silvio Humberto Cunha, Muniz Ferreira, Flavio Santos Gomes; Gilberto Leal, José Carlos Limeira, Carlos Moore, Diva Moreira, Cloves Oliveira, Taynar Pereira, Walter Pinheiro, Martha Rosa Queiros, Vilma Reis, Romero Rodriguez; Ivete Sacramento, Luiz Alberto dos Santos, Gevanilda Gomes dos Santos, Helio Santos, Ivanar dos Santos, Dyane Brito Reis da Silva, Flavio Jorge Rodriquez da Silva, Maria Lourdes Siqueira, Joao Carlos Pio de Souza, Walter Souza, and Samuel Vida. These colleagues gave me entry to persons and places I never could have managed on my own as I researched the MNU.

The research was facilitated by grants from the American Philosophical Society, the CSU Sacramento Faculty Senate Awards Committee for Research and Creative Activity, the Ford Foundation, and the National Science Foundation. Without that support the work could not have been accomplished.

I am also grateful to the editor of the *Journal of Black Studies*, Molefi Kete Asante; the editors of the *Western Journal of Black Studies*, Talmadge Anderson and E. Lincoln James; Harold Isaacs of the *Journal of Third World Studies*; and the *National Political Science Review*, Georgia Persons, who in publishing my earlier articles on the MNU provided the academic validation for continuing the work.

I thank all the people in Brazil who opened their lives to me. I must start at the beginning with Laís Morgan, who placed in my hands, when I barely knew the Portuguese alphabet, *Lugar de Negro*, by Lélia Gonzalez and Carlos Hasenbalg. That started me on a journey I'd had no idea I would ever take. Antônio Rosario de Lima served as my first interpreter in Brazil, and a wonderful, magical opener of doors into worlds unknown and unseen by foreign visitors. He introduced me to the human creators of and participants in *movimento negro*, the black movement (a la Brazil). He has been a boon companion and a solid critic of my work for almost 20 years. His was the first Brazilian home I entered, and his mother the first to serve me a Brazilian home-cooked meal. His good friend, Julio Romario da Silva, has been a friend to me, too; showed me mysteries I had not known existed, and made me a gift of the first edition of *A Mao Afro-Brasileira*.

I thank Vera, an artist, who serendipitously with her husband and child moved from Fortaleza to Sacramento and was kind enough to tutor me in elementary spoken Portuguese.

I thank the Afro-Brazilian staff at the Hotel Tropical da Bahia, who over many years made my stays at a large, urban hotel a bit like home.

Ana Célia da Silva and Jonatas Conceição da Silva, an unbeatable sister and brother team, have added immensely to my knowledge and appreciation of things Brazilian and Afro-Brazilian. Ana Célia too invited me to her mother's home and provided a delightful dinner, topped off by lots of fried bananas. Jonatas invited me to MNU meetings, to the MNU headquarters, and shared a wealth of information and documentation with me. Jonatas has a wonderful sense of humor which he used liberally to underline the gaping deficiencies in my Portuguese.

Many MNU members in Salvador consented to interviews: Eliazer de Santano, Sayonora Onawale, Jonatas, Ana Célia, Luiza, Suely Santos, Eliaza Arajo Souza Leemos Tachero, Ana Cláudio, Elaine Costa Santos, Edmilton Cerqueira, and Congressman Luiz Alberto dos Santos. Gilberto Leal, a founder of the MNU in Salvador, no longer with the organization when I interviewed him, was immensely informative.

In São Paulo, Maria Palmira da Silva, Renata Melo Barbosa, Maria Célia Malaquias, Rosangela Borges, Carlos Lima da Paixao, Maria José Pereira dos Santos, Alva Helena de Almeida, Lauro Cornelio da Rosha, were all kind enough to share their time with me, and contribute to my understanding of Afro-Brazilian life and the black movement. Milton Barbosa invited me to MNU headquarters, consented to an interview and generously shared organizational documents. In Rio, Yêdo Ferreira was a perfect gentleman and interviewee, presenting me with a copy of his priceless *Dossier*. Amauri Queiroz Madalena also was particularly gracious in granting me an interview in Rio.

I acknowledge in Rio the hospitality of the Black Culture Research Institute, the Center for Afro-Asiatic Studies, and the Palmares Institute of Human Rights. Other people who were helpful in Rio include Osvaldo Dos Santos Neves, Luiz Carlos Ga, Luiz Carlos Alves dos Santos, Azoilda

Trindade, and Janete Ribeiro. Thanks to Carlos Verissimo who got me to the March for Zumbi and Against Racism and Racial Discrimination in Brasília, and thanks for the hospitality of the folks at BazAfro in Brasília.

Many thanks to Gevanilda Gomes dos Santos, of the Race & Democracy Project, and president of SOWETO, for her invitation to meet with SOWETO in São Paulo, and for her helpful interventions and introductions in São Paulo, including Milton Barbosa. I am grateful to the Center for Afro-Brazilian Studies at Candido Mendes University in Rio de Janeiro for providing meeting space and an opportunity to interview Yêdo Ferreira.

The Federal University of Bahia, particularly the Center for Human Resources and the Center for Afro-Asian Studies, have extended me innumerable courtesies over the years. The Steve Biko Cultural Institute has also been remarkably helpful, especially Dr. Silvio Humberto da Cunha. Dr. Ivete Sacramento, past president of the State University of Bahia, and her (former) deputy, José Carlos Limeira, have been perfect hosts, guests, and friends.

Carlos Moore and his lovely wife, Aeyola, were superb hosts to my wife, Judy, and to me in their apartment whose delightful rooms and balconies overlooking the incomparable Bahia de Todos os Santos were freshened every day by a sea breeze. The little marmosets who greeted us at their windows were the perfect touch. Carlos was also a matchless guest in our home, submitting himself there to an interview which proved immensely informative.

Michael Hanchard, Ollie Johnson, Michael Mitchell, and Dianne Pinderhughes were gracious enough to read drafts of various parts of the manuscript. Their critiques not only saved me from many errors and even provided corrections, they also enabled me to find new understandings of my own work. Tony Affigne rendered a careful and helpful reading of chapter 7.

Finally, I thank Judy, who added Wendy, Holly, and their offspring, Nicola, William, and Claire to my life, and who for years saw me disappear to a place called Brazil, who took care of everything while I was gone, who by phone even carried out rescues of my various missions by reaching people I could not contact from Brazil, and who finally traveled with me to Bahia to share the hospitality of our friends there, and to dine in the open sky, under the Southern Cross.

Preface

I was first introduced to the MNU in 1986. Since then it has been the major focus of my academic work on Brazil. My initial intention for this book was a political history of the MNU. But as I am a political scientist, a colleague advised me that such work was best left to historians. I have taken his counsel to heart. This is a study of the MNU that centers around political questions. I have framed this focus as the search for black political power. The study fills a significant void in the academic work on Afro-Brazilian politics. Many works, such as those of Hanchard, Marx, Fontaine, Fernandes, and Nascimento have looked at the role of the contemporary black movement in Brazil.[1] Even more have looked at the role of race in Brazilian politics,[2] and Edward Telles' critical opus has made an extraordinary contribution to *understandings* of race in Brazil,[3] but there has been less work devoted exclusively to the MNU. No books have been published in English. Only two have been published in Portuguese. One was published by the MNU itself in 1988.[4] The other was written by a black activist and MNU member, Marcos Antônio Cardoso, published in 2002.[5] It covers the black movement in Belo Horizonte and the MNU through 1998, and uses Belo Horizonte as its major point of departure. The late Lélia Gonzalez, an MNU founder, conducted the best-known studies of the MNU. While indispensable, they covered only the early years and were published in 1982 and 1985.[6] Members of the MNU encouraged me to conduct this study. They were aware of this void and wanted to have an extensive study of their organization on the record. That was one of the major reasons a number of them granted me interviews. As I interviewed them, they kept asking, "When will it be published?" I had to explain how long it would take to analyze the data I had collected and that even after that a publication date would not be up to me. Part of MNU members' concern was that there has been a significant loss of institutional memory within the organization as older members drifted away without leaving a solid documentation of their work, and as younger members joined without specific information or understanding of much of the organization's earlier work. That concern was coupled with a broader one that Brazilians in general and Afro-Brazilians in particular were not aware of the decisive role the MNU has played in the country's revisitation of the racial question.

A number of factors, then, led me to this study: the need for those who study the Brazilian black consciousness movement to have an extensive and contemporary study of the MNU at hand, the importance for the MNU itself to have much of its work documented and examined, and my own longing to develop a deeper and fuller understanding of this extraordinary human phenomenon.

I have taken on this examination of the MNU as a case study of a black organization's struggle to conceptualize and realize a political mission. My hope is that it will contribute not only to improving our understandings of the MNU, but also to our recognition of the legitimacy of this *genre* of scholarship, to help remove it from the methodological equivalent of "the last refuge of scoundrels." The following postulates frame the study.

Life is sufficiently complex that in the attempt to understand it scholars must simplify it. Simplification means that understanding is partial. Phenomena are deleted that may complicate understanding. Conceptualizations are the primary means used to reduce complexity.

The danger is *over*simplification. This is simplification to the point where rather than improving understanding, it confounds it — worsens it or leads it in totally inappropriate directions.

In contrast to oversimplification is the problem of configuration — enmeshing the scholar in so much detail that what results is not understanding at all, but description. This is description is such detail that it obliterates sense — "can't see the forest for the trees."

Contemporary social science argues that of these two dangers or wrongs, the far greater is configuration. While oversimplification may lead to misunderstanding, configuration leads to no understanding at all, and no possibility of understanding.

It's akin to the principle of the null hypothesis taught as a first principle of statistical analysis: it is better to have a false negative than a false positive. Except in the instant case that principle is stood on its head. *It is better to have a false understanding than no understanding.*

The premise of this work departs from such dominant trends in contemporary political science. This study assumes that social scientists have learned enough about the process of learning itself, about societies, about complexity — in short, that they know so much given current methods of thinking, presenting findings, and conveying information — that there is a much greater danger of oversimplifying than of providing too much detail, conducting studies that are *too* thick. What seems perfectly clear is that studies must be extraordinarily thick if they are to convey what researchers know and to have any chance of improving understandings. Thick as they might be, at the current state of the art they will never be sufficiently comprehensive to convey the complexity students of social science know is present. Conceptualizations must be as clear and as refined as possible. But that is not sufficient. They must be supported by deep contextualizations of the phenomena under scrutiny.

The contexts which frame this study of the MNU must be understood in light of these considerations.

Introduction

The Contexts of the MNU

What is the MNU? The initials stand for its name in Portuguese, *Movimento Negro Unificado*, the Unified Black Movement. But what is that? An organization is not a name. What is the organization and how is its trajectory to be discovered and conveyed? These are the primary questions at the center of this book.

The specific organizational footprints of the MNU are clear:

1. June 18, 1978, a group of activists met and created an organization they named the United Movement Against racial discrimination (MUCDR).

2. The organization held a demonstration against racial discrimination in São Paulo on July 7, 1978.

3. At a meeting in São Paulo on July 23, the word "black" was added to the organization's name, making it the United Black Movement Against Racial Discrimination (MNUCDR).

4. On September 9 and 10, the first National Assembly of the MNUCDR took place in Rio de Janeiro.

5. On November 4, 1978, the Second National Assembly was held in Salvador. That meeting established the National Day of Black Consciousness as November 20.

6. In September 1979, in a national meeting in Belo Horizonte, the MNUCDR prepared for its first National Congress, to be held in Rio de Janeiro.

7. December 14–16, 1979, the First National Congress of the MNU was held in the Municipality of Caixas in Rio de Janeiro. At the congress the name of the organization was changed to the Unified Black Movement, *Movimento Negro Unificado* (MNU).

But where did the people who participated in all these activities come from? Did they rise up out of the earth? Did they fall from the sky?

Who were they? What were their antecedents? Why did they choose to act as they did, when they did?

Neither racial violence nor racial discrimination was anything new to Brazil in 1978. Why, at that time, did some people react to it as they did? These questions can be satisfactorily addressed only by placing the organization and its origins in the multiple contexts from which they emerged and in which the organization persisted.

One of those contexts is race and its particular manifestations in Brazil.

This study attempts to inform the reader about the MNU by illuminating the contexts within which it can be understood, and by showing the operation of the MNU within those contexts. The first point to make about contexts of the MNU is that the plural is appropriate. The contexts are multiple. This study focuses on four: the international, the national, the historical, and the human.

International

While the MNU exists in Brazil and in specific places in Brazil, it also exists in the world. It is not immune from the effects of events in North America, the Middle East, Europe, Africa, and Asia. Rather, on the contrary, they have profound effects on the organization. The MNU also influences events in those distant quarters. The MNU must be placed and understood in its international context.

One significant aspect of its international context is the African diaspora. The African diaspora has conceptual, symbolic, and practical significance in the contemporary world. It has many manifestations: Pan African Congresses, Negritude, African liberation movements, the civil rights movement, the Black Power movement, the ANC, and the U.N.-sponsored third World Conference Against Racism (WCAR III). The MNU is a critical participant in the process.

Racialized societies and polities constitute another significant segment of the international environment for the MNU.

Another important international dimension is Iberian civilization with its languages, cultures, traditions, and political expressions such as corporatism, patriarchy, and clientelism.

Finally, multinational corporations constitute a major element of the MNU's environment, as do international organizations and NGOs, or in the Brazilian rendering, ONGs (pronounced "on-gees" [with a hard g]).

National

Within Brazil the MNU is present amid a plethora of social, economic, cultural, and political institutions. They include the church, the state at various levels, powerful families, the media, and the military as an independent arm of the state. They include businesses, large and small; Brazilian and foreign-origin ONGs; banks; colleges and universities; and the entertainment and tourist industries. Also present are civic and social organizations; sports teams; social movements; political parties; crime and criminals; other racial groups. Aside from organizations are the national systems of law, custom, and traditions and values, including regional variations. Brazil's unique cultural expressions include *carnaval*, other celebrations, religions, dance, music, art forms, foods, and games.

The MNU is not the only Afro-Brazilian presence. On the contrary, others are legion in scope and form, across the range of human activities.

Moreover, the MNU itself is not some monolithic, unitary entity. The world of the MNU includes the variations within the organization itself. It has numerous local and regional units, leaders not always in agreement and sometimes in contention with each other, policy and generational factions, the activities in which its members participate, its publications, fund raising, fund dispersal, recruitment, and maintenance issues.

Historical Context

The MNU's historical context is complex because it is associated with all the other contexts. There is a world historical context, a diasporic historical context, Iberian, Brazilian, Afro-Brazilian contexts, and the historical trajectory of the organization itself. In effect, the European colonization of the Americas, the development of societies and civilizations in Africa, the Atlantic slave trade, the colonization of large parts of South America by the Portuguese and Spanish, the development of Brazil as an independent state with an autonomous culture and society, the emergence of Afro-Brazilian peoples, and the creation and continuation of the MNU itself all contribute to the context the organization inhabits and to its character. They are important parts of this consideration.

The Human Context

The MNU is the people who constituted the organization in the past, who constitute it now, and who will constitute it in the future. It is the complexity within which each of these persons lived, lives, and will live. The MNU forms a space where each member interacts with other members. Yet for each member the MNU is only part of the context of the person's life. The MNU is more than the sum of its parts. It is what the individuals, interacting with each other, produce together. Individuals and their interactions, together constituting an organization, provide scholars with a powerful explanatory set of variables. They are an integral part of this analysis.

In Search of Conceptual Clarity

How does one bring conceptual clarity to the welter of variables suggested above? How does one filter through them and assess them to enlarge understandings of the MNU? *Very carefully.*

The truth is the capacity to give a serious examination to all such variables doesn't exist. But there are shortcuts which can be used to simplify them and still account for them. The objective must be to avoid *over*simplification.

The study uses two categories as conceptual lenses to focus on the MNU in its various contexts: the construct of racialized societies and the concept of the African diaspora.

1

Racialized Societies

Howard Winant's work has served to illuminate this pathway.[1]

Racialized societies are societies that function as they do in large part because of the meanings they ascribe to race. Racialized societies are characterized by the highly significant meanings they give to race and the effects these meanings give to the structures of the societies.[2]

Constructs of race may be present in nonracialized societies, but they do not act with such agency as to determine the very character of the societies. Even among racialized societies, some are more racialized than others.

Here, no attempt is made to identify all racialized societies. Instead, the focus is on racialized societies in the Western Hemispheric African diaspora. Most of all, the study uses the U.S. as a template.

It may be that African diasporic societies contain among them the most highly racialized societies in the world. Indeed, St. Claire Drake, among others, identified African descendants in the U.S. as the most racially conscious people in the world.[3] To the degree that this characterization is accurate, it may be a product of the society they inhabit, particularly as it affects them. While white people and others in the U.S. may be racially conscious, their racial consciousness pales beside that of black people in the country.[4]

The Meaning of Race in Racialized Societies

Here the meanings assigned to race by societies are considered — not any objective definition of race, as it has been effectively established that there is currently no definition of race which has genetic utility.[5]

Race is what societies say it is. People belong to the races to which societies assign them. The concept is one of the most flexible in human usage. Not long ago it was possible to speak in all seriousness about the

English race or the Roman race, the German race or the French race. Anglo-Saxons constituted a race, as did Slavs. People spoke knowingly about the Jewish race and the Aryan race.[6]

Essentially the term is used as a way of grouping people. Those who are deemed to have certain characteristics in common are identified as members of the same race. There are no uniformities with respect to what those characteristics are. They may be a language they speak in common, they may be supposed moral attributes, they may be observed physical characteristics, they may be where they live, their religion, their social customs, a supposed common ancestry, or any combination of such factors. It may be stated, categorically, that race is a catch-all category, a nonsense category. But it is dear to human beings. Its definitions vary not only from place to place, but over time in the same place. Census categories are instructive in this regard.[7]

In racialized societies definitions of race are among the most important social definitions. They assign characteristics associated with specific populations. They are definers of people. People are assigned social places, social spaces, and social roles on the basis of their racial characterizations. Racialized societies are hierarchical with place in the hierarchy determined to a great extent by race. Social place can be considered as designating a group's standing in the social hierarchy. It is a relative place. It is assigned with reference to other racial groups.[8] The various races are also assigned specific spaces in society: spaces where they can live, worship, work, play; spaces where they can eat, travel, study, receive treatment, invest, perform, have voice or presence, and spaces where they cannot.

The U.S. System as a Template for Race in the Western Hemispheric Diaspora

Primarily because of the significance the study attributes to contexts, this work devotes a good deal of attention to racial conditions in the United States in a study which purports to treat a Brazilian political organization. By looking at the U.S. context one can develop a better understanding of how a particular form of racialization developed there. By comparing that setting with Brazil, insights can be gained on the specific elements of racialization developed in Brazil. By appreciating some of the features which produced the Southern Christian Leadership Conference in the U.S., one may be more alert to *different* features which produced the MNU in Brazil. Looking at the United States is, nevertheless, a shorthand. The study does not look at the other countries in the Western Hemisphere with significant African populations. It would have been possible to choose a country other than the U.S. or even multiple countries for this learning by comparison. One reason for limiting this type of juxtaposition to one country is to simplify the comparison.

Another reason to consider the U.S. experience is because Brazil and the MNU inhabit a world, an international space, dominated by the U.S. Brazilians can't help being influenced by what has happened and is happening in the U.S. It is important to look at the MNU in this internationally hegemonic context. At the same time, despite U.S. domination of the world, Brazil is not the U.S. African-descended people in Brazil differ from those in the U.S. That reality can be made explicit by setting the two situations side by side. Despite the repression of African-descended people in both countries, and despite the U.S. setting itself up as a world model, there are powerful reasons why scholars should not expect black people in Brazil to build structures or to interact with each other as their U.S. counterparts do. A comparative examination of context enables the researcher to see that more clearly. To enable such comparison the work gives extensive consideration to racialization in the U.S.[9]

Jim Crow

The Jim Crow system in the U.S. serves as an *ideal type* of spatial assignment by race because the spaces were statutory, they were written into law. Within the Jim Crow area each state and locality defined the spaces accessible to particular races. While the particular assignments were not uniform, what was uniform was that races were assigned spaces by law. The laws generally applied to the "white" and "black" races, though occasionally they accounted for other races as well. When no special provision was made for a nonwhite or nonblack group, decisions had to be made about which of the two more prominent races' spaces the *third party* group had access to.[10]

The spaces were fungible to the benefit of the higher status group. For example, if the law required blacks and whites to be assigned separate sections in public buses, if the white section filled up, the black section of the bus could be reduced in size. This kind of section designation could work both ways — the black section could be expanded too if few white passengers were on the bus — but never to the point where white passengers could lose their seats. Black passengers were *always* at the risk of losing theirs. By the same token, if the law required that black and white people use separate public parks and there was only one public park, it was for whites.

White people were privileged by race though the legal fiction was that the law merely separated, it did not rank.

There were some spaces that were public in the sense that people of both races could use them: the public thoroughfares, public structures. But even within some public spaces the spaces *within* those spaces were limited to one race. Blacks and whites could not sit together in public theaters. One section of the theater was for whites, another for blacks. Blacks were not allowed to sit at lunch counters in public stores they were allowed to enter. Separation within public buses has already been noted. Sometimes spaces that were legally open to blacks were closed by custom. In some localities black people were not allowed to walk on the sidewalks, though such spaces were supposedly open to both races. In some localities black people had curfews — which meant they could use *no* public space after the designated hour.[11]

Roles were assigned on the basis of race. The role of subservient, inferior, was reserved for black people. The position of overlord, superior, was designated for white people. Black people were expected to be humble and meek before white people, to take off their hats, to lower their eyes, to keep their heads bowed. They were expected to address white people formally — Mr., Master, Mrs., Miss. They were expected to get out of a white person's way, to hold the door for white people. They were expected to do what a white person told them — *any* white person.

White people, on the other hand, could call black people whatever they pleased. Almost always they used terms of familiarity — first names; nick names; a title, such as "uncle" or "auntie." This contributed to the tendency of black people to give their children grandiloquent names: King, Queen, Princess, Famous, General, Napoleon, Duke, Precious. If their children were going to be referred to by their first names, they at least were going to be known by a term of respect.

White people were expected to act imperiously to black people, to command them, to tolerate no disrespect. Black people were understood to have no rights a white person was bound to respect.[12]

Politics were explicitly prohibited to black people by law and by custom. The political was exclusively "white folks' business."

All these patterns meant that there were certain roles forbidden black people. A black person couldn't be a judge, a mayor, a legislator. A black person couldn't be a police officer. No black person could be a physician who treated white patients or a lawyer who had white clients. A black person couldn't conduct a white orchestra or display a work of art in a white gallery. A black person couldn't teach white children or adults, or supervise white people in any way. Black people's collective role, space, and place was to be the bottom of society—by law, by custom, and in fact.

In Jim Crow society definitions of race were critical. There could be no ambiguity. Life chances were allocated by race. If you were black, you had no chance of becoming white, *i.e.,* escaping the place, space, and role assigned to you by race.

The one-drop rule provided certainty. If one had any known African ancestry, the person was black. This was a legal definition. It was also customary where it was not legal. Its rootedness in ancestry, not appearance, led to the phenomenon of "passing."[13]

Jim Crow, however, did not characterize all of the U.S. even when it was the legal order throughout the South. Its absence, however, did not change the racial hierarchy in places where Jim Crow did not exist. Nor did it alter the places, spaces, and roles assigned to black people—even when there was no legal order dedicated to enforcing it. The United States has been a racialized society from its inception. The meaning and the place of "blackness" was built into what it meant to live in the U.S. and to participate — or not — in its society. Jim Crow merely codified the *status quo*. The broader parameters of the order persisted in the absence of codification. Everybody lived within those parameters. Hence, whether in the North or South, segregation existed, either *de facto* or *de jure*. It was the same condition, merely at different levels of formality.

The Historical Trajectory of Race in the U.S.

During the Colonial Period

In each colony, over a period lasting up to half a century, through legislation, court decisions, and practice, the status of Africans and slaves was worked out.[14] They constituted the bottom of the social order. That was the place for them and their descendants *in perpetuity*. It was understood to be a *permanent* condition.

It was also through law and practice that the definition of the African, the black, was worked out. There was no instant, universal agreement in law. Indeed, a universal agreement in law was *never* established. But, nationally, in most places — in practice — the one-drop rule was accepted.

Anyone with any known African ancestry was "African," "colored," "Negro," or "black." This constituted the floor of society to which no one else — whatever the other circumstances of their lives — could ever fall.

The trouble with mulattoes and zambos, quadroons and octoroons, paternal identity and maternal identity, was that these notions made African identity amorphous and changeable, *as it came to be in Brazil.* In a slave society it is critical to know who the people are who can be enslaved. Because for white people the society *was* "free." That meant they could not be subject to enslavement. Who was not white — who *was* black — was a crucial element of identity. Without having a clear and standard practice on this matter, the slaveocracy could not function. *In Brazil another pattern developed. Who was white — not who was black — became the critical divider of persons.*

In a slaveocracy, the society had to be wholly racialized and the definition of race fixed. The tricky matter in the United States was that the fixed definition of race could not come through the definition of who was white — the variation among white people was too great. Racial definition had to be based on who *was not* white, *i.e.,* who *was* black. This was, explicitly, *racial* slavery. Not just any somebody could be enslaved. This was a fate reserved for Africans and their descendants.

Unlike the Brazilian case, in North America the definition of black was both extreme and fixed because there was no dearth of white people. There was no need to incorporate nonwhite people into the social and political population. There were no significant leadership or skilled roles which would go unfilled without such incorporation. The definition of the African could be as broad as possible — as it ultimately came to be. Authentic white people had to be separated from mere pretenders. Genuine whiteness came from the absolute absence of African ancestry.

In a slave society in which the condition of slavery is based on race, a racialized slaveocracy, race becomes a critical component of every feature of life, if nothing else, because the society's most valuable commodity is a *racial* commodity.

One feature of a racialized commodity is that true personhood cannot be associated with it. A human being is not a commodity. Africans were the equivalent of money in the bank, acreage under cultivation, or heads of stock. Except that as commodities they were more valuable than other commodities because they could *create* other commodities. They could clear fields, plant and harvest them, raise stock, and create income which could be put in the bank.

Their lives had value only as commodities and every other aspect of them could be eliminated. Because society was racially defined, every feature of society was both racially defined and had racial meaning. The English colonies in North America were racialized slaveocracies.

An African who was not a slave had no place in the society. Some were present, but they were anomalies. They had no place. That is why their status was ambiguous. No one knew what to do with them *because they shouldn't have been there.*

Race in the United States as an Independent Country

When the 13 colonies broke with England and established themselves as a single country, they did not change the status of Africans either socially or politically. The new country remained racialized. It remained a racialized slaveocracy.

In fact, eventually, that condition became incorporated into the country's basic political document, the Constitution. It was done in a curious way — one might say in a hypocritical way — without ever mentioning slavery, Africans, or black people. But it was done most thoroughly, shaping the very nature of the state and the polity which constituted it. It is not overstating the case to say that arrangements for slavery dominate the U.S. Constitution.

In provisions which establish that slave states shall be more heavily represented in the House of Representatives than free states, that slave states shall play a greater role in the selection of the president through the Electoral College than free states, through forbidding an end to the international slave trade before 1808, in establishing that a slave *cannot* escape slavery anywhere in the constitutional jurisdiction of the United States, and in specifying that the only provision of the Constitution which cannot be changed is that which enables the slave trade to continue until 1808, the Constitution's arrangements for slavery dominate the document. It places the control of the national government in the hands of the slave-owning classes and establishes their property values as preeminent in the national state.

The Constitution is a testament to the codification of a national slaveocracy. Moreover, it works on two levels, state and national. Each slaveholding state's government is a slaveocracy. The national government over the country as a whole is a slaveocracy. This places the state as a perpetrator and defender of slavery as deeply into the political order as possible. According to the Constitution slaves are not citizens.[15] They are not even counted among those who will be represented. Those who own them control the state.

A Democratic Social and Political Order?

This racialized slaveocracy purported to be a democracy, or in the parlance of the time, a republic. What these forms of government are popularly understood to mean is that the citizens are allowed some form of participation in the selection of the state and that they are guaranteed certain basic rights.

By that formulation the citizenry was much more restricted than it is today, but the general populace was nevertheless understood to receive the protection of basic rights. Not so for the enslaved who were understood to be neither citizens nor persons in the legal sense. Even when participatory citizenship rights were eventually extended to the general white, male population, they were not extended to the enslaved — who still did not possess legal personhood. As to the circumstance of free black people, it was tied much more closely to that of the slave population than to that of the free, white population.[16]

The racial aspect of citizenship compounds the difficulty as is made clear by the end of the Civil War and the passage of the Civil War amendments, attempting, by political means, to change the *place* and the *role* of African descendants in the society. Racialized slavery was political, but its political dimension was only one aspect of an entirely racialized society and polity. Class structure too was racial, as was status. Culture was racial. Families were racial. Wealth and social mobility were racial. Education, personal associations, and neighborhoods were racial, as were religions, language, cuisine, wardrobes, and customs. Identity was racial.

Getting rid of slavery was removing only the tip of the iceberg. As in Brazil, where abolition of slavery was much more gradual, abolition did not change the racialized character of the society. Because the whole society was racialized, "democracy" in the United States was racialized. One cannot have a democratic politics devoid of racialization when the class structure and culture are racial, when status and family relationships are racial, when wealth and social mobility are racial, when education and language are racial, when associations and wardrobes are racial, when neighborhoods, customs, and identities are racial. It is not possible. All these elements enter into politics and have political effects.[17]

Through African Eyes

To this point this work has considered racialization from the standpoint of the dominant beliefs in society and the overall social and political structures. It has not considered it from the point of view of the African.

A premise of this study is that the African is an invention born in the Americas. The people who boarded the "black ships" on the Atlantic's eastern shore were not Africans. They knew themselves as Mandinka, Wolof, Dan, Fanti, Ashante, Hausa, Yoruba, Ibo, Ewe, Congo, Angola, Fulani, and on *ad infinitum*. African was a conception unknown to them.

Except for residence on the continent of Africa they had little apparently in common. They came from separate nations. They spoke often mutually unintelligible languages. They practiced different religions, shared few customs, acknowledged no common identity.

For those who survived the crossings, they shared at least the awful initiation into a new world whose parameters they could not remotely discern.[18] But, other than that, they remained as distant from each other as their origins dictated.

Upon their recuperation from the horror of the middle passage, they were transported to many and varied places and commanded to undertake a wide variety of roles. There was nothing uniform about their situations — except that almost all of them were "owned" by other human beings.

Their "owners" imposed distinctions upon them which were both alien and incomprehensible: African savage (newly arrived), seasoned (adjusted to the slave system), home grown (born in the Americas), trusted, trustworthy, dangerous, manservant or womanservant, field hand, artisan, mixed race. The features of their daily lives were remarkably dissimilar.

Yet despite the measureless differences between them, and still further distinctions imposed upon them, these divisions were all trumped by their continent of origin, which they ultimately came to understand as race.

A terrible uniformity of place, space, and role was imagined for their persons — which as they knew — did no justice to the diversity and complexity among them. Over time many of them — particularly those who emerged as leaders of collective life — began to recognize the utility of a unitary identity for coping with their common oppression and exploitation. They then deliberately featured themselves as Africans, Afros, coloreds, Negroes, blacks, Africans again. They too came to recognize in themselves, their ancestors, and their fellows around the globe the presence of a people who had never heretofore existed, the Africans. They conceived of themselves as members of a specific race. Not only had their presence in the new world been racialized, so had their imaginations.[19]

The Racialized Societies of the African Diaspora in the Western Hemisphere

What happened in the U.S. happened, with significant variation, throughout the Americas. Societies were racialized. The preeminent racial distinctions were between Africans and Europeans. The role of indigenous peoples in racialization experienced the most variation from place to place. Often this was tied to survival rates of indigenous populations.

Revisiting what happened in the U.S. enables us to open a window onto what happened elsewhere. The U.S. experience provides examples both of variations and of underlying similarities among black people. Throughout the Western Hemisphere such differential experiences can be found within and between countries.[20]

In the U.S. the northern and southern regions of the country established separate patterns of racialization. Both regions were racialized, but the *patterns* were different. In the North slavery was gradually outlawed by state legislatures. In the South state legislatures not only continued slavery, but also strengthened the legislation and systems of enforcement under which it was maintained. While the number of black people in the North was comparatively small, most of them were free. The large black population in the South was almost entirely in bondage. An accompanying anomaly was that there was a tiny fraction of the free black population in the South composed of slaveholders.[21]

Nevertheless, in both the North and South, irrespective of the standing of free or enslaved, the black population constituted the floor, the bottom of society. They had the least social standing of any racial group, and owned the least wealth. They had the least education, were the most criminalized, had the shortest life spans, the highest infant mortality rates, lived in the most wretched environments, had the least social mobility, and the least political efficacy.

While in the South, after Reconstruction, Jim Crow laws required the separation of the population by race and the political emasculation of the black population, the same conditions were realized in the North in the absence of law, by custom.

A civil rights movement could be mounted in the southern states because there were laws requiring racial separation which could be challenged as alien to the national legal system. No such challenge could be mounted in the North where no such legal impediments to black people existed, but where they were imposed by custom. In the North a system of racial superiority and inferiority had been sustained without the imposition of a legal system which required it. *The absence of a legal appara-*

tus for maintaining a racialized social and political system is no indicator of whether such a system exists.

Racialized societies rooted in slavery were established throughout the Western Hemispheric African diaspora. The implications for understanding these societies is that the condition, *and its remedies*, can neither be understood nor dismantled by restricting considerations to one place.[22] What is critical to understanding race in the Western Hemisphere is understanding the collective position of African peoples there. Remedies, likewise, are most appropriate which take into account the situations throughout the hemisphere.

Take, for example, the respective African-descended populations of the U.S. and Brazil. Until the early 1940s the best evidence is that from the beginning of the 20th century the material conditions of black people in the U.S. and Brazil were roughly equivalent.[23] Beginning with World War II and continuing with the postwar ruin of most of the world's industrialized economies, the U.S. emerged as the dominant economic power in the world, the driving engine of industrial modernization. From its position as the world's leading investor, and hence the major recipient of returns on investment,[24] the national economy was transformed. An important aspect of that transformation was the creation of a *substantial* middle class—*a class which had never before reached such dimensions.*

Concomitant with this national increase in wealth, a significant black middle class, consisting largely of industrial workers, was created.[25] As the ranks of this class increased, the material condition of black people in the U.S. began to separate from those of Afro-Brazilians. By the year 2000, the U.S. black population, collectively, was unquestionably the wealthiest African-descended population in the world. On the other hand, the material circumstances of Afro-Brazilians had not dramatically improved over what they had been in the 1940s.[26]

Yet in *both* countries the diasporic effect is inescapable. In both the U.S. and Brazil the black population was at the bottom of its respective material and social orders, the least educated, the most criminalized, the weakest link in the countries' economic well-being.

In the presence of racialized democracies and in the absence of strategies to develop and incorporate diasporic strategies in addressing these conditions, how likely is it that these situations will be remedied? To further explore that question this work examines the specific context which produced the MNU.

2

A Consideration of Genesis: The Brazil That Produced the MNU

A Micro-History of Race in Brazil

Brazil as an Extractive Colony

Brazil, unlike the North American English colonies, Australia, or New Zealand, began as an extractive colony — not a settler colony.[1] That condition is central to understanding the underlying character of race in the country's history, society, culture, economy, and politics. The primary motivation for the Portuguese in Brazil was to make their fortunes and return to Portugal as wealthy men. They did not come with their families to establish their homes. They came alone to plunder and return to the land of their birth as lords and merchant princes.[2]

For the colony's purpose to be served, someone had to do the extraction. Who better than the people who were already there, the indigenous people? As a result, the Portuguese captured the local residents and turned them into forced laborers, slaves.[3]

Race in 16th Century Brazil

Race as a way of distinguishing the "Indians" from the Portuguese was useful in separating the enslaved from the enslavers, the workers from the owners, the chaff from the grain. Europeans were doing the same thing throughout the hemisphere. They had come to possess and rule. Those already present were the possessed and the ruled. The superior race owned and ruled the inferior race. Hence, from its inception, before the widespread introduction of Africans, the Portuguese order in the new world was racialized. Whiteness was a marker of superiority.

Portuguese enslavement of indigenous peoples in Brazil was extensive and severe.[4] The Indians, despised for being pagans and for their color, were brought under the "civilizing" dominance of the Catholic Church and the Portuguese state.

The Portuguese also brought their diseases with them. People of the Western Hemisphere, separated from the mainlands of human population for millennia, had no immunities against such vectors. They died with profligacy.[5] They were killed not only by disease, but also in combat against the Portuguese, French, Spanish, and the Dutch, and by the fearful brutality of slavery. With the decline and virtual disappearance of the native peoples, the Portuguese solution for stripping the wealth from their greatest colony foundered.

No matter. The Portuguese had long been engaged in the African slave trade. They established its endpoint farther west and expanded it. The Africans replaced the "Indians" as those distinguished from the Portuguese by race, as the owned, the enslaved, the laboring, the perpetual inferior.

In Brazil race was a definer—of persons, of nonpersons, of status, of function, of merit, of place, of beauty, of ugliness, of expendability. This feature—group definition by race—is an indicator of a racialized society.

Once the indigenous peoples reached the brink of extinction, they were replaced by Africans. The expanding markets for the products wrested from the Brazilian forests generated an unquenchable thirst for black labor. The European demand for captives out of Africa expanded at an exponential rate.[6]

The Atlantic Slave Trade

The expansion of the Atlantic slave trade cannot be disassociated from what it meant to be African, black, in Brazil.

A very small European population, mostly male, was present in Brazil. It could not hope to put a dent in the continent's vast wilderness, to make a profit from the dense and boundless landscape. Thousands, tens of thousands, hundreds of thousands of toilers who did nothing but the most demanding work were required for such a task. They had to come ... out of Africa ... in almost incomprehensible numbers.

That required bases in Africa. That required trading stations in Africa. That required connections with African rulers. It required "black ships" to cross the Atlantic with their cargoes. It required captains and crews for the ships, provisions, equipment. It required slave markets in the West. In short, it required a slave-trading industry, an industry which became the most lucrative industry in the world, an enterprise so profitable that a single ship's cargo could make a fortune, warranting the abandonment or scuttling of the very ships which made such stupefying profits possible.[7]

That industry contributed pointedly to the meaning of race in Brazil. It was perhaps the most brutal commerce in the world's history, one which lasted over 350 years.[8] Look, briefly, at how the trade was conducted. An examination of the historical record makes clear that there was great variation, but some generalities can be made without doing severe disservice to the accounts.

Cost saving was an important consideration. As a result, the enslaved Africans, while waiting in holding areas in Africa and while on the black ships, were fed very little and given minimal rations of water. They invariably lost much of their body weight from capture to arrival in the Americas.[9]

Because death rates were known to be high on the Atlantic crossings, as many people as possible were crammed onto the ships, so that even if a high percentage died on the crossing, enough would survive to make the voyage profitable. Accounts frequently note that the six feet of below-deck area common on the slave ships (most of the below deck was devoted to the hold where supplies were stored), was generally converted into three sub decks — which accounting for flooring between the subdecks — left only 18 inches of vertical space for each sub-deck. The Africans were arranged on these subdecks and frequently required to lie on their sides, where they were chained in place. Laying them on their sides enabled more people to be fit into the spaces. Both ship crewmen and survivors said it was often impossible for the Africans to change position unless everyone in a single file of captives turned at the same time. In the Brazilian trade, well into the 19th century, the human cargo was overwhelmingly male, at a ratio of about ten to one.[10]

Hygiene was minimal. Sometimes the subdecks were not cleaned at all. Other times they were cleaned once or twice in a whole crossing. Because of the fear of revolts and takeovers at sea — a well-founded fear based on experience[11] — the ships' captains were reluctant to allow more than a few Africans on deck at a time, and most of those were children. Until they had become emaciated by the conditions of the voyage, young, strong males were almost never allowed on deck.[12]

People were not only forced to lie in vomit, feces, and urine throughout the voyages, but also blood and sputum, amidst the bodies of the dead. Eventually the dead were removed, but there was no hurry. The stench is inconceivable. Indeed, many ships, after completed voyages, were abandoned because no one could be found to clean them. Usually only slaves who had absolutely no alternatives could be forced to undertake the horrid task. Unless the ships were thoroughly cleaned, the crews themselves could not stand to board them again. Disease killed many during the voyages. A large number of those who arrived on the western shore were ill, almost all were afflicted with some form of parasite.[13]

Only in exceptional cases did the black ships arrive in condition for their merchandise to be sold quickly. Frequently the people literally had to be carried ashore. They could not walk. They usually had to undergo a recuperation period lasting two to three months before they could be put on the bloc for sale. They had to be cleaned of vermin, gain back their body weight, regain the ability to walk and exercise. They had to overcome any diseases they had acquired. Only then were they ready for prospective buyers.[14]

That people, routinely—over a period of *centuries*, totaling millions—were subjected to such despicable treatment, establishes categorically the degree to which, as members of a group, conceived of as a racial group, they were held in contempt. Those who treated them in that fashion saw themselves as members of another, superior racial group. That routinely many people embarked on such ships were thrown overboard on the high seas, usually because they had died, speaks to how little account was given to them as human beings.[15]

The slave trade established in practice that the value of Africans was solely as property, not persons, and that their value as property was determined by the price rendered from those who purchased them. The number of people who started out as cargo was immaterial. *Their lives were worthless.* The only valuation that mattered was the number that survived and the price they brought in the slave market. Only those who survived had value—and their value was not in themselves, but in what someone was willing to pay for them.

While these factors were operative in all the slave-trading countries, in Brazil another feature of the industry made the contempt for black life particularly marked. It was that due to the comparatively short distance from West Africa to Brazil, the costs of the slave traders were relatively low.[16] They could charge lower prices for Africans and still make exorbitant profits. Lower prices meant that Brazilian slave owners had no vested interests in keeping their slaves alive once they had made a handsome profit off their labor. They could literally work them to death. They could easily buy a new one to compensate for the reduced output of an older, weaker, or debilitated worker. The record shows that is exactly what they did. The average life span of a slave in Brazil was seven years. Moreover, the slave owners often felt they were performing a good deed, that they were acting in the national interest by working their slaves to death.[17]

That is why the slave trade in Brazil was so extensive for so long. *The imports weren't augmenting the number of people in captivity. They were replacements. They were taking the places of people who had died.*[18]

Africans in Brazil were cheap and expendable. Since their humanity was worthless, their sole value was on the market. There they were cheap, too, a perpetual natural resource.

The meaning of this aspect of the slave-trading industry for race in Brazil is clear. Black life was worthless. Black labor was valuable, but black life was not. The resulting conception was that when black labor was no longer necessary there would be no need for black life in the country. Further, *there should be no black life in the country.*

The elite vision for the country was never that it should be an African or mulatto country. It was conceived of as a white country. When the last African laborers had completed their tasks, they would simply die off ... as generation upon generation had done before them. The population which remained would be white. Black labor was necessary to build the country. But black lives were not necessary to populate it once it had been built. The black role — and the black presence — would end when black labor no longer fulfilled its original purpose. One aspect of racialization in Brazil took the form of imagining and valuing the end of the African presence.

Black Slavery in Brazil

After most of the indigenous population had been extinguished, despite the startlingly high death rates among Africans, they constituted the overwhelming majority of the population. In that sense slavery in Brazil was like slavery in Haiti, Jamaica, Bermuda, the Bahamas, Suriname, Guyana, Martinique, the Virgin Islands, and eventually Cuba. The population was a vast sea of black people upon which floated a tiny, white elite.

This meant that despite harsh, despotic measures and instruments of control, there remained extensive spaces for Africans to carry on essentially African lives: in associations, rituals, language, religion, music, dance, philosophy, art, cuisine, clothing, forms of social and cultural organization and expression.

Escape was a realistic alternative to slavery, one often pursued. Known popularly as *quilombos, mocambos, palenques,* independent African-based settlements dotted the Brazilian landscape.[19] In addition to escape, revolts were frequent in Brazil and often impressive in scope.[20]

White elites were conscious of their demographically fragile position. They deliberately sought to counter it by a wide range of means. Many were based on the time-honored strategy of divide and rule. One use of this strategy was similar to what the apartheid regime attempted much later in South Africa. They sought to convert themselves from simply being the minority into being one of *many* minorities. As the richest and most powerful minority *of many minorities* they could thus be the legitimately dominant group in the country.

They made distinctions between an African who was fluent and one who was not fluent in Portuguese social practices and language. They called the partially assimilated person a *ladino*, not a *negro local*, who was an African untutored in Portuguese ways. They labeled descendants of Africans born in Brazil *crioulos*— distinguishing them from both *ladinos* and *negros locais.*[21]

They made distinctions between people born to unions of Africans and Europeans —*mulatos* or *pardos*— as different from other people with African ancestry.[22]

Africans who were freed were *libertos.*[23]

Africans were also distinguished by their points of origin and the identities they had known as Africans. While a clear majority of Afro-Brazilians came from the west coast of Africa, they were brought literally from all over the continent. In *each* area there were many *separate* African nationalities, languages, cultures, and religions. To white Brazilians these various groupings were *nações* which could be and were pitted against each other.[24] Hence, a prominent feature of racialization in Brazil is that Africans were not seen as a monolithic group, but as many disparate peoples with many different and often conflicting interests. What they had in common was that they were all pegged as inferior.

On the other hand, the white minority, which was initially almost entirely Portuguese, was ... white.

Another feature of slavery in Brazil was that, as in the Caribbean, it was nationwide. Slavery was a national practice. It was not, as in the United States after the colonial period, largely a regional phenomenon. Every part of Brazil practiced slavery. There were more Africans in some parts of the country than others, but Africans were enslaved throughout Brazil. There was no regional base for abolitionism. There was no region in which Africans could expect to be free to develop autonomous, enduring institutions. There were no *legal* spaces dedicated to populations of free Africans. A single, national legal system characterized racialization in Brazil.

White Brazilians used the distinctions they made between Afro-

Brazilians to create managerial, supervisorial, and subordinate classes to exercise guidance and control over the black masses. From such persons white elites chose mistresses — and sometimes wives, sometimes heirs, nursemaids, wet nurses, nannies, household personnel, artisans, craftsmen, minor bureaucrats, policemen, junior military officers, some priests, overseers, gang-bosses, and others. These subordinates were not white, but, more importantly with respect to dominant Brazilian perceptions, they were not black, either. There was no formal designation for them, such as one often found in French possessions, such as *gens de couleur.*[25] There were, indeed, many variations among them. What they had in common was that they had been rescued from the identity and the fate of blackness. Racialization in Brazil was more subtle than in North America.

Because of the comparatively small number of whites in Brazil, it was necessary that some nonwhites be assigned supervisory and highly skilled roles in the society, and that some even enter into white families. The form of racialization developed in Brazil prevented most such persons from being designated as white — though for a few that was possible — but it also "freed" them from official or customary designation as black. Though racialization in Brazil was less dichotomized than in the United States, the gold standard was still whiteness — an identity actively denied most Brazilians.

By the sheer magnitude of the African presence, Brazil was highly Africanized. In appearance the people did not look like the population of a European country. In language African languages were frequently heard on city streets, in the fields, in the mines, and in the forests. African words were incorporated into the Portuguese vernacular. African intonations and rhythms distinguished Portuguese language in the Americas from that spoken in Europe. European music, dance, leisure activities were Africanized — even, contrary to all announced preferences — were some phenotypical aesthetic values. How else is one to explain the bewildering significance of the *mulata* in a Brazilian society which proclaimed the Nordic model as the highest standard of human beauty?[26]

Indeed, aware of the pernicious character of African influences, the European elites consciously and persistently raged and fought against them. The public designation of superiority, beauty, and transcendent merit were bestowed only upon European representations. The other side of this coin was that everything African was inherently inferior — perhaps quaint, sometimes amusing, even tempting, but categorically inferior. Official values, sanctioned values, were highly racialized in Brazil.

Slavery was the ultimate mark of inferiority. Slavery was not restricted to people of a particular physical appearance, but was understood to be a condition limited to Africans and their descendants. So despite many variations among Africans and African-descended people, they all could be enslaved—*and only they could be enslaved.*

Only slaves were subject to the laws enacted to control and suppress them. Only slaves did the debased, grueling, and dangerous work understood as slave labor. If a slave did the work, no one else wanted to do it. If a slave did the work, only an African-descended person could be expected to do it.

Because of this understanding of work, increasingly to white Brazilians, except for crafts and skilled labor, physical work became anathema. It was, by precedent and ultimately by definition, slave labor. Whites did not do it, and those who did it were not white. Labor was racialized.

Because slavery was so intrinsic to Brazilian life and covered the country's whole expanse, there were many variations in its practice. It was not uncommon for soldiers to be slaves, even though soldiers could be used to put down slave revolts and root out *quilombos.* The officers, of course, were not slaves. Slaves frequently were not under the direct control of their owners. They often worked for wages or at street-selling or other entrepreneurial ventures, turning over a predetermined portion of their earnings to their owners.

Slaves often saved their own shares of their earnings and used them eventually to purchase their freedom. Slaves also founded voluntary societies, usually Catholic brotherhoods and sisterhoods. There they pooled their funds and used them to purchase their own freedom and that of their families.

Slave women were sometimes mistresses and even wives of powerful men, living in luxury and commanding significant numbers of fellow slaves. Sometimes their children were born free, their sons receiving expensive educations, at times in Europe.

Manumission was widespread. It was applied to many mistresses, wives, and children of slave owners. It was also used to rid owners of the expense of slaves who through age, injury, or illness were no longer productive workers.

Slave women were entirely at the mercy of whatever white men wanted them sexually unless they were under the protection of another white man, usually their lover or husband. Black men could not afford their wives, mothers, and daughters any such protection.

The church was complicit in slavery, often owning slaves of its own, often condoning the most egregious brutality of the slave-owning class.[27]

By the first third of the 19th century, Brazil's immense African population coupled with the odium the European powers were beginning to manifest against the institution of slavery, contributed to a growing sense of inferiority felt by Brazilian elites. Some of them began to campaign actively against slavery. They became abolitionists.[28]

Meanwhile, the enslaved population always had been almost entirely composed of abolitionists. Through their escapes, self-manumissions, manumissions of others, through their foundations of *quilombos and mocambos*, through their revolts, they had long campaigned for abolition by a wide variety of means.

Many, having freed themselves, paid their own passages back to Africa.[29] Through the efforts of black people, the numbers of free black people began to grow at a significant rate. Once the proportions of free black people in a given locale reached a critical mass, it became increasingly difficult to maintain others in slavery. Through these processes Afro-Brazilians sustained a kind of spontaneous abolition. Some became deliberate, outspoken abolitionists. These efforts gave greater momentum to the work of white abolitionists. Increasingly, slave owners began freeing some or all of their slaves. By the time Princess Isabella signed the *Lei Aurea*, the Golden Law, on May 13, 1888, abolishing slavery, only 5 percent of the Afro-Brazilian population was still enslaved.[30]

As a result, the *actual* abolition of slavery was gradual, not sudden or cataclysmic. It had been going on, incrementally, for at least a half century.

Nevertheless, throughout the whole period of gradual emancipation, the status of Afro-Brazilians continued being marked by the condition of slaves. This condition was also found in the U.S. The work emancipated black people did, by and large, was the work that slaves did or had done. White people would not do it. The positions held by emancipated black people, by and large, were those occupied by slaves. They were not considered fitting for white people. Because all these roles had been racialized.

Hence, though slavery gradually ended over a long period of time, the status of Afro-Brazilians, slave or free, had remained relatively fixed. In terms of work, respect, and acceptance by whites, free black people fared no better than enslaved black people. They were on the bottom of society, fit for only the most demeaning and arduous work, despised, considered of no human worth. These are clear indicators of the racialized nature of Brazilian society.

Indeed, the continued African presence, whether slave or free, was largely seen by white elites as an embarrassment, a ball and chain around the neck of the nation, preventing it from achieving the heights reached by members of the civilized community of European states. The elite Brazilians' conception of their country had been so racialized that its ideal rendering left it free of Africans.[31]

With a view toward overcoming the terrible African impediment to achieving the pinnacle of European ascendancy, in the mid–to late 19th century, Brazilian elites began to subsidize the immigration of European workers to supplant the slaves who were being freed. Additionally, they furnished many of the newly arrived Europeans with housing and subsistence support until they were gainfully employed, sparing no effort to see that they found jobs as rapidly as possible. The newly freed Afro-Brazilians were turned out to pasture, without jobs, without places to stay, without any avenue for self-improvement. The general hope and supposition was that they would die out.[32]

Post Abolition

More than an abrupt departure from the past, the post-abolition period was a continuation of what had gone on before. Slavery was no longer legal, but the condition of Afro-Brazilians had not changed. Both structurally and in the popular conception of their worth, they were on the bottom of society. Their lives were still worthless. By and large, they were restricted to the least remunerative and most odious jobs. Many, even worse, suffered a kind of permanent unemployment.

Nevertheless, the fiction was that because they had been freed, they occupied the same conditions as other Brazilians. This fiction was insupportable in practice because of the absolute racialization of the whole society.

Much more significant than abolition during this period was the country's change in 1889 from an empire to a republic. The republic had a very limited franchise and an even narrower stratum which could furnish candidates for public office. Afro-Brazilians had little presence as voters and almost none as possible candidates for office. They were excluded from the political process. In very concrete terms they were not citizens.

The influx of state-supported white immigrants continued to grow as the country set forth on a deliberate path of whitening. Miscegenation — though not intermarriage — was encouraged as an effective way of "lightening" the population.[33]

The general patterns of relations between persons persisted as they had been when slavery was legal: paternalism and clientelism. People's social places and, more particularly, their social security, was afforded through relationships with powerful, paternalistic figures.

This was true both for individuals and groups. Groups who were clients to such figures might be farm workers on their properties, workers in their factories or businesses, families, residents of a diocese, members of *Candomblé terreiros,* or *carnaval* groups.

The patrons were always white. While clients could be of either race, a black patriarch was unimaginable. Blacks were always dependent on whites — never the reverse. Roles were racialized.

Though Brazil was wealthy in resources, neither per capita income nor GDP was high. The distribution of wealth was highly skewed. Most wealth was possessed by a tiny, white aristocracy. A feeble middle class was dependent on their largesse, and the great masses of the population were deeply impoverished. Most of this latter group was of African descent.

Because most long-distance travel, whether of persons or items of trade, was by sea (most of the cities were on the coast), overland routes of transportation were poorly developed. Populations tended to be isolated from each other. Patterns of paternalism were regional or local rather than national.

Identities, influenced by the insularity of the populations, tended to be regional. People were labeled and self-identified as *baianos* (from Bahia); *cariocas* (from Rio de Janeiro), *mineiros* (from Minas Gerais), *paulistas* (from São Paulo), *gaúchos* (from Rio Grande do Sul), and other regional designations.

Black identities, similarly, were regional, affected also by links to patrons, to religion, to particular *Candomblé terreiros* or to *nações*, to *carnaval* groups, to physical appearance with respect to skin color, hair color, hair texture, or facial features. Their identities were not exclusively or primarily racial. Patterns of racialization in Brazil did not lend themselves to a unitary identity for African descendants.

There were no legal systems erected to enforce racial differences.

Residential segregation was not required by law.

Yet there can be no doubt that lawmakers, courts, civil and military authorities, regarded black people as members of the dangerous classes. Every measure was taken to minimize the dangers they posed to their betters.

In both the physical and human (social) sciences, conceptions were developed and promulgated that whites were genetically superior beings. Blacks were inferior, with "Indians" somewhere between.[34]

There were, however, no absolute distinctions between who was white and who was not. There were no legal standards, such as the "one-drop" rule widely applied in the U.S. Instead, people's racial identity tended to be determined by appearance. If you looked white, you were white. Passing for white, an established practice in the U.S., in Brazil, was by popular understanding, impossible. Because if you looked white, you were white. What your parents, cousins, siblings, looked like was of no consequence. When you appeared white, you were.[35]

If you did not appear white, however, it did not mean you were black. You might be a *mulato*. You might be *escurinho* (a little dark). You might be *pardo* (mixed), *moreno* (tan or brown), *moreno escuro com cabelos lisos* (dark brown with straight hair). You might be *claro com cabelos crispos* (light-skinned with kinky hair). You could be an infinite number of things without being black.

Nor did such variations completely account for the riddle of race. Black people could be determined not only by their appearance, but also by their work, their occupations, their wealth, their stations in life. The periods of slavery and post-abolition clearly established that drudgery and poorly compensated work was black. Black people did it. On the other hand, intellectual, highly compensated work was white. White people did it. White people were the leaders—in every area—cultural life, social life, politics, economics, intellectual life, the military. People occupying such positions could not be black. The wealthy were white.

Since the Brazilian population's ancestry was overwhelmingly African, limited though the opportunities were, there were invariably some few people of obvious African descent who had "white" occupations, who were leaders in some areas of life, who were even wealthy. By popular conception, such people *could not* be black ... whatever their physical appearance.

Their occupations, their status, their level of education, their wealth, their role in society had "whitened" them. "Money whitens" is a popular expression to this day. Whitening does not mean that a person was understood to have become absolutely white. In some instances that was true. In others, the person's exceptionality simply removed her or him various degrees from blackness. A person who had European facial features, straight hair, and a tanned appearance, might become all the way white as a result of great wealth, intellectual achievement, or a leadership position. On the other hand, a master craftsman with light skin, nappy hair, and African-identified facial features, might simply be "whitened"—clearly *not black*—but equally as clearly, not all the way white, either.

Appearance is an important value in Brazilian society and culture. It is represented in the beautiful bodies, male and female, on the beaches; in the exhibitionist sport of beach volleyball, in the display of *carnaval*, and "The Girl from Ipanema." It is represented in the skill and number of the country's plastic surgeons. Part of Brazil's self-love fixates on the beauty of its people.

It is, however, a hierarchical appreciation of appearance, with its highest expression the white-skinned, Nordic, fine-featured, blonde type. Other models of beauty are recognized and validated, but they are not the physical *ideal.* They may be erotic, exotic, vibrant, robust. They may be exceedingly attractive. They simply are not the classic form. "Good appearance" is a synonym for European appearance. The more European, the better, with respect to skin color, hair color and texture, facial features, eye color — with the possible exception of the *derriere.* Facing a person, the more European the aspect, the better. It is clear where the African falls in this ranking.

Many people are apparently entirely of European ancestry. In Brazil, whether they also have African ancestry, or not, their appearance makes them white. There are other people who by appearance are of African ancestry. Yet if they also have some European, indigenous, or Asian ancestry, that makes them *not* black. These are all patterns of racialization quite different from those found in North America. They represent the condition that *race* itself is profoundly different in the two settings.

The racial objective of Brazilian society writ large and the objective of most individuals was to be whitened and in the case of society at large to be whitened continually until nobody remained who was black. That is why, though the number varies significantly depending on who is furnishing it, there are almost 200 ways of identifying people according to physical appearance in Brazil. If one takes the estimate of 193 different racial identities as an example, what is critical to understand is that 192 alternatives to black are available. One can be identified as black — or as one of 192 other possibilities. The meaning is unmistakable. Blackness is the choice of last resort. The tendency to self-identify as black is very limited, particularly since everyone understands that the closer to white and the further from black you are, the better you are.

As noted earlier, this is the absolute racialization of a society. It must not, however, be mistaken for a racialization which is the same as in the U.S. There are similarities — the significance of African descent. But there are also striking dissimilarities. What it means *not* to be black is extraordinarily different in the two places.

Racial Consciousness

Given this state of affairs it should not be surprising that explicit, clearly delineated racial consciousness is hard to come by in Brazil. It exists. But it does not tend to be diffuse, part of the popular discourse, or clearly articulated. Notably, there tends to be a disconnect on the subject of race between the public discourse and private recognitions and expressions.

For example, everyone is aware of the broad range of phenotypes in Brazil. It is inescapable. But it is not generally associated with race. It is associated with "appearance" or "color."

In a similar vein, the Brazilian census does not categorize people by race, but by color: white, brown, black, yellow. In the last two decades the census has added one noncolor-based category, "indigenous." In the 1991 census it accounted for 0.3 percent of the population.[36]

Yet despite these recognitions, newspaper ads still appear asking for persons of "good appearance." While this depiction is not explicitly associated with race, everyone knows it means white. When people bother to account for this apparent contradiction at all (the significance of color and the insignificance of race)—most do not—they do so through their recognition that in Brazil, the more Nordic the appearance, the better; the more bantu the appearance, the worse. They are recognizing differences in appearance, not race.

In contemporary Brazil, most people don't recognize this set of circumstances—the insignificance of race but the significance of color—as a contradiction. Even when they do, for the most part, they accept both of the contradictory sets of beliefs into their consciousnesses. Color, appearance, is significant. Race is not. Both beliefs exist simultaneously in their thinking. They make no attempt to resolve the contradiction—since they *believe* both sides of it, there is no disbelief to be resolved.

People tend to think not in terms of race, not in terms of sharp cleavages within the population, not in terms of black and white, but in terms of shades.

Prior to the contemporary Black Consciousness Movement, in the public discourse race was a nonstarter. Again and again, one heard people say in conversation and in discussion, one read in the popular press and heard on television:

"There are no hyphenated Brazilians—there are only Brazilians."

"Everybody gets along—white, black, brown. Nobody sees any differences."

"The great glory of Brazilian civilization is that we have no color prejudices."

"Racial animosities are a North American way of thinking. They are not Brazilian."

Yet private observations and stereotypes settle on Africanity and Eurocentricity, regardless of shades. Afro-Brazilians, regardless of physical appearance, are routinely referred to in white-on-white and sometimes in mixed-race situations as "monkeys." They are offered bananas as a form of teasing. An Afro-Brazilian seen as a model for other Afro-Brazilians is referred to as having a "white soul." A popular police expression ran, "If a black man is walking, he's a suspect; if he's running, he's guilty."

White people routinely categorize black people as "*feio*," ugly.

Moreover, internationally, Brazil has attempted to portray itself as a white country (with a few, quaint African touches, especially in music, sports, and the state of Bahia, as well as popular folklore, but predominantly a white country).[37] The Brazilian equivalent of the U.S. State Department and Foreign Service, Itimaraty, is infamous for its dearth of black employees. The elitist domination of Brazilian life which has been present throughout the post-abolition period has been almost entirely white. It has also demonstrated many authoritarian tendencies.

It is, therefore, somewhat intriguing that despite all the incentives and inclinations to the contrary, since the 16th century, Afro-Brazilians have had among them people who sought to express and develop a distinctly African, black, or Afro-Brazilian identity. One expression of this tendency in the late 19th century and early 20th century was found in the publication of black newspapers.

These newspapers were often little more than printed one-sided or two-sided sheets. What distinguished them was that they were written by Afro-Brazilians for Afro-Brazilians. They were local, sometimes circulating no farther than a neighborhood. Their subjects varied from local social events or personalities to Africa, Brazilian history, and the diaspora. What was common was the identity between producer and public — African descendants all. Such newspapers appeared in various parts of the country — the south, south central, and northeast regions. They were primarily an urban phenomenon, even though at the time most Afro-Brazilians were rural dwellers.[38]

Black social clubs began to develop in urban neighborhoods with dense populations. In fact, the clubs often published the newspapers which sometimes began as no more than club newsletters.[39]

Black social clubs which were explicitly *black* social clubs spoke to the existence of a racial consciousness. This manifestation of racial consciousness was not political, but it was a consciousness based on a distinct *racial* identity.

Meanwhile, Brazilian social thinkers, observing the failure of the black population to wither away, began to reexamine the racial question. They noted the variability of the country's phenotypes. They cited the persistence of African cultural expressions, indeed, their adoption by broad sections of the white population. Widespread miscegenation was readily observable, as was the absence of racially defined legal systems such as were found in North America. They saw little evidence of widespread or deep racial animosity or violence.

Compared to the U.S., they concluded, Brazil was a racial paradise. It was also, in the sense that everyone was every other person's social equal, a racial democracy. There were no restrictions based on race to the exercise of one's citizenship. They also invented a history, including a kind of benevolent slavery, that explained their characterization of Brazil. This was a racial democracy, ironically, and as a complete contradiction to the precept of racial democracy, one which had the added benefit of whitening — that enabled escape from blackness. The thinking was that although no stigma was attached to race and people of all races were regarded equally, one could *escape* blackness and become white or almost white.[40]

Most Brazilians came to believe that the principal fractures in their society were across class lines. The undeniable greater poverty and absence of riches among black people did not result from racial prejudice or racial impediments, but from the inequities of a hierarchical society. It was obvious from the country's history of slavery that black people would be at the bottom of the class structure and face a difficult struggle to improve their position. This was not, however, the expression of racial prejudice or racial disadvantage, but of class obstacles in a rigidly paternalistic system.

Almost all the best and most far-sighted Brazilian thinkers eventually came over to this position. It was also popularized in the work of the most influential producers of Brazilian fiction, notably in the work of Jorge Amado.

When in São Paulo the black press and social clubs eventually gave rise to the FNB, *Frente Negra Brasileira* (the Brazilian Black Front) in 1931, theirs was a movement which called for the incorporation of black Brazilians into the whole Brazilian people, a call that affirmed their Brazilianness and the importance of finding ways to overcome the negativity that had been associated with blackness, to open to African descendants all the opportunities of racial democracy.[41]

This thrust ended with the dictatorship of Getulio Vargas. The FNB had transformed itself into a political party. Vargas outlawed all political parties in 1937 — killing the FNB — but he won the loyalty of its former adherents by incorporating Afro-Brazilians into his populist vision.

The FNB was never a mass phenomenon which deeply penetrated the Afro-Brazilian population.[42] Its major adherents were in the major cities — particularly São Paulo — at a time when most black Brazilians lived in the countryside. Even in the cities most black people who were actively engaged with the FNB were, compared to other — and most — elements of the black population, middle class. By any other standard, however, almost all of them were poor.

Vargas' dictatorship ran through 1946 when a new wave of democracy began. It was a democracy which with respect to the racial question incorporated all the clichés associated with racial democracy, including whitening.

Isolated black intellectuals, activists, and members of the black bourgeoisie, most notably those who participated in the TEN, *Teatro Experimental do Negro,* the Black Experimental Theater, founded by Abdias do Nascimento in Rio de Janeiro, resisted the dominant paradigm. But they scarcely constituted a drop in the bucket.

Posing a more serious threat to the national myth were white scholars who once again began to examine the character of race in Brazil. Initially commissioned by the U.N. in the 1950s to plumb the secrets of Brazilian racial exceptionalism with the hope of making them available to the rest of the world, Brazilian scholars, especially the renowned São Paulo school of sociologists, came increasingly to the conclusion that the object of their research agenda did not exist.[43] Brazil was racially a very compromised country. They sought to understand and lay out the characteristics of their country's racial condition.

Simultaneously, the democracy which had begun fittingly following 1945 started to become genuinely popular. Fearing that the country would launch a socialist government, the military intervened to prevent such an eventuality. In 1964 it executed a military coup and instituted a military dictatorship. A hallmark of the dictatorship was its enshrinement of Brazil as a racial democracy — under a *dictatorship* — one composed entirely of white men, in a mostly black country.

Teaching about race at any level, but particularly in the universities, because that's the only level where it had ever taken place, was expressly prohibited. The distinguished sociologists were fired. One of them, Fernando Henrique Cardoso, was also detained and exiled.[44]

It is under the military dictatorship that we must find the origins of the MNU. Contradictions are everywhere apparent in the human enterprise. That the beginnings of a black consciousness movement can be found within a racial democracy that was a military dictatorship is representative of the extremely contradictory character of racialized society in Brazil. Only social scientists in pursuit of understanding refrain from consigning this phenomenon to the realm of mystery.

3

The Brazilian National Context: Harbingers of Change

The Setting

The seeds that sprouted into the MNU were planted in a society operating under a contradictory dominant myth that it was a racial democracy within which one could improve one's position by *whitening.* A prominent belief was that the society was *not* racialized. The racialized character of the society can nevertheless be understood by looking at the politics of the republic during the last years before the military coup that resulted in 20 years of military dictatorship.

Brazilian politics were turbulent during the years 1961–1964. They coincided with the Goulart administration, an administration which entertained an increasingly populist agenda. It was a populist agenda which favored the unorganized rural poor, the organizing rural poor, the organized urban workers, and the semiorganized urban populations. What that means *in Brazil* is that it was an agenda which favored black and brown people, African-descended people. They constituted the overwhelming majority of the rural poor—organized, organizing, and unorganized. This is particularly true in one of the areas of their greatest political influence at the time, Pernambuco, a northeastern state which is overwhelmingly black.[1] There, peasant leagues threatened significant change to the prevailing social order. While most *organized* urban laborers in the southeast were not black, a significant percentage of them were, and the predominant semiorganized and unorganized people in the southeast were African descended. The Goulart agenda was increasingly a *black* agenda, one which would give greater influence to black populations and which would place significant numbers of black people in positions of political leadership.

Those most fiercely opposed to the Goulart reforms were the giant landowners of the northeast, the military officer corps, and the governmental technocrats.[2] These were all categories which were largely white — and whose leading and upper echelons were entirely white. The struggle from 1961–1964 was a struggle over incorporating the black population into the political equation. But, as in the case of the U.S. Constitution, it was never couched in those terms.

One only has to *look* at the populations involved in the two sides of the struggle *to see* what was going on. The actual character of the fight was cloaked by the leadership on both sides — all of whom were white. This was not a deliberate masking. They did not *see* the racial character of the contestation.

Black people, a majority of the population, had no role in political leadership. They were excluded from substantive participation. This exclusion operated under the guise of the disenfranchisement of the rural poor, the illiterates, the urban slum dwellers. But who were these people? They were not just anyone — they were black. Even those who were not physically black were black in the minds of the social elites because they lived like black people among black people.

Such political exclusion represents the place and role of black people during the most liberal and liberalizing years of the republic — absolutely omitted from the national political leadership and, indeed, from the substantive political process. The political was a world which belonged to white people, "white folks' business."

That recognition speaks to the character of black life. That it was marginalized there can be no doubt. Indeed, the word, "marginal," had come to be (and still is) synonymous with black. It was a code word without the need for a code. Everyone understood what it meant. Everyone also understood what "good appearance" meant. It was not a code. It was an established value. This is racialization so entirely incorporated into the normal operations of society that its racial quality is not perceived.[3]

In 1961 the Afro-Brazilian population was still mostly a rural population.[4] It consisted primarily of agricultural laborers. They worked land owned by others. Whole families worked. Their work on one landholding was often not sufficient to support themselves, so many family members often had to find other work as well, particularly seasonally. It was largely an illiterate population, suffering from many diseases and physical injuries, short life spans, and high infant mortality rates. It was absolutely impoverished.

While this rural, poor, black population was found all over the country, it was concentrated in the northeast, particularly in the states of Maranhão, Ceará, Rio Grande do Norte, Paraíba, Pernambuco, Alagoas, Sergipe, and Bahia. The northeast was the poorest part of the country. When the pressures on the land became too great, or when a particular area was beset by drought or flood, northeasterners moved in droves to the metropolitan areas of their states, and to the southeast, particularly the great cities of Rio de Janeiro and São Paulo.

In 1961 there was also a substantial urban black population. This population too was impoverished, though a bit more likely to be literate. They performed the most arduous and least compensated labor. Many of the women were domestic workers. Both men and women sought heavy labor and street work of various kinds. They lived, for the most part, on the peripheries of the cities where they built their own settlements without public services of any kind. They had no water, sewage, electricity, sidewalks, streets, garbage service, police, firefighters, or health services. They were *favaledos*, slum dwellers. Large numbers of the children were street children, children without permanent homes. They lived where and as they might, with no official records of their existence. Street children in urban Brazil were a long-standing phenomenon, a continuation of a pattern arising during slavery.[5]

There was a relatively small group of skilled black, urban laborers, many unskilled laborers, many unemployed, and a tiny collection of professionals and solvent entrepreneurs. But the people in the latter two categories were so few as to be statistically invisible.

In the political world, local, state, and national, those who decided the fates of these black people were white. One feature of the racialized character of the society was that this white monopoly of political power was seen as perfectly normal.

In the national government the PSD, PTB, and UDN political parties contended for influence and dominance.[6] Minor parties such as the PSB, PST, PTN, and the PCB, strove to have some impact on national policy.[7] These groups haggled and wrestled over policies which would have critical implications for the black population, while the black population itself was entirely a witness to the process, denied a presence in public life.

One feature of the personal, clientelist, patrimonial, influence-centered characteristics of Brazilian politics and political parties of the era is that none of them sought to build a mass base for anything other than voting.[8] Since illiterates were denied the franchise, they could be ignored altogether. But even for eligible voters, the objective of the political parties was merely to secure their votes through established leadership patterns rather than to mobilize, to engage the population itself in politics.[9] To do that would have meant incorporating the black population into politics — a prospect which was inconceivable.

In many senses, the struggles of 1961–1964 — particularly with the increasingly leftward lean of the PTB under Goulart, a lean driven by Leonard Brizola, and the struggles against that lean by the PSD, the UDN, the major rural landholders, and the military leaders — were struggles over race. Was the black population to be admitted to citizenship? Was the black population to be entitled to full participation in political activity and leadership? Were the material circumstances of the black population going to be addressed? Aside from personalities and rivalries between cliques, these were the deeper and nationally more germane questions of the Goulart presidency. But they were never the questions which were articulated or examined. In fact, they were never even perceived as salient questions. The particular manifestation of racialization in Brazil prevented anyone from recognizing what underlay the rhetoric about the working class, the rural peasantry, the dispossessed. This was the state of affairs during the republic *before the military dictatorship.*

What, then, transpired with the military's assumption of power?

First of all, the ousting of the civilian regime and the military takeover answered the racial questions. The black population was not to be admitted to citizenship. Indeed, citizenship in general was to be much more greatly circumscribed. The black population was to be excluded from full participation in political activity and leadership. The material conditions of the black population were not going to be addressed. Additionally, the further step was taken of assuring that no one was going to be allowed to take positions which would raise such questions — not even in the traditional form — which was to call for improving the material conditions of the poor and increasing their political participation while avoiding the issue of race altogether.

One can see the racial nature of these contestations inside the military. One of the major factors which influenced some of the military leaders who had been opposed to the military's removing the elected head of state was a revolt of navy and air force noncoms who seized control of Brazilia. Their principal demand was to be eligible to run for elective office. They were eventually arrested. They appeared, however, to have the support of the Goulart government. Even junior officers were opposed to the noncoms. When officeholders in the sailors and marines association were arrested for attending a meeting at a Communist Party Union headquarters, subsequently released without penalty, and paraded through the streets of Rio; and when Goulart spoke to a meeting of military police subofficials and sergeants, the die were cast. The military stepped in. Officers of all ranks, all white, united against the "mutiny" of noncoms, sailors, marines, subofficials and sergeants of the military police. The latter groups were all composed of marginals. In this decisive alignment, race was never publicly mentioned.[10]

Port workers, rural workers, largely black, as well as organized labor, military noncoms, private sailors and marines, were all being increasingly organized, increasingly mobilized, increasingly involved in entering the political process. The rising black tide had to be stemmed. The whites who ruled Brazil would be in no position to prevail in a genuinely popular politics. Yet *no one* in these struggles, either elite or downtrodden saw the struggles as racial. *Racial ideology* in Brazil obscured *racial practice* in Brazil, rendering it invisible to every element of the Brazilian population.

For Afro-Brazilians one aspect of life did not change drastically once the military was installed. In Brazil, whether under colonialism, monarchy, civilian, or military regime, the forces of order: the police, the militia, the military police, and the military when necessary, have always been ruthless to the dangerous classes. The dangerous classes are very visible. They have always been at the absolute mercy of the forces of order. That did not change under the military presidency initiated in 1964.

The military regime, however, meant that black *leaders* were specifically targeted for serious sanctions. As a member of the dangerous classes, it was safer to be part of the herd than to be set apart as a bell-cow, an agitator, a communist sympathizer.

But for most Afro-Brazilians their lives were no more perilous than ever. Because what was always dangerous about the dangerous classes were their daily lives. This continued to be every bit the case under the military regime.

The Lives of Black Folk

None of this looks like fertile soil for the emergence of a black consciousness movement. It wasn't. It was very poor soil indeed. But wherever there is free space, there is room for visions of alternative possibilities. There are places for those visions to be shared.[11] That's what made Palmares possible, and other *quilombos, mocambos,* and *palenques* that peppered the Brazilian landscape. That's what enabled the 1835 Male Rebellion in Salvador and the literally hundreds of other African rebellions throughout the duration of slavery in Brazil, and in every area of the country. It's what led to *Candomblé terreiros*, *capoeira* schools, and samba schools. It made possible the FNB, and for the period at hand, the TEN.

The TEN, *Teatro Experimental do Negro*, the Black Experimental Theater, was the creation of Abdias do Nascimento, perhaps the most significant and influential Brazilian black consciousness propagator in the 20th century. Nascimento was a member and participant in a wide range and number of political and cultural organizations, events, and campaigns. He joined the FNB in its waning days; hence, he was present in the hallmark black political organization of the first half of the century.[12]

Throughout the 1930s, '40s, '50s, and '60s, until his self-exile in 1968, Nascimento was a gadfly picking at the consciousness of the white elites and the white left. He was an instigator in the African Brazilian population trying to stimulate and originate black political and cultural organizations and activities.

In 1944 he created the Black Experimental Theater (TEN). The organization's name is decidedly misleading. The TEN, developed in Rio de Janeiro, was a theatrical group, but it was also a literary group, an organizing entity, a newspaper publisher, a beauty contest organizer, a propaganda machine, the sponsor of the Black Christ Art Contest, the host of the National Black Convention, the organizer of the First National Congress of Blacks, the originator of the Afro-Brazilian Democratic Committee, and a training school for black cultural workers and organizers.[13]

The TEN flourished until 1968, four years after the start of the military government — up to the point when the most serious repression began. At that time Nascimento took the occasion of an invitation to travel to the United States as an opportunity to stay abroad.[14] He was not to return, permanently, until 1978, appearing at the launching of the MNU.

The TEN is instructive because it is representative of the kinds of activities a minuscule stratum of the Afro-Brazilian population was engaged in from the 1930s through the 1960s. So few in number they barely made a ripple on the Brazilian political and cultural scene, they were nevertheless hard at work in the country's urban centers: Rio de Janeiro, São Paulo, Pôrto Alegre, Recife, and Salvador. Usually not as comprehensive as the TEN, separate organizations in other locations did the same kinds of things the TEN did in Rio. A tiny cadre of Afro-Brazilians, present in every major metropolitan area of the country, began focusing on concerns which were racially oriented. They began connecting with each other, particularly at the local levels, and to a lesser degree, regionally and nationally.[15]

Black Folk in Academia

Simultaneously with the development of the TEN and its smaller and more obscure counterparts around the country, another space opened up to small numbers of African Brazilians, the academy — the world of the university and white intellectuals. Nascimento knew that world. He earned a degree in economics, a rarity for a black person at that time. He knew its rarity, but there were other black people who knew it as well.[16]

As indicated in the last chapter, some white intellectuals had begun to develop an interest in Afro-Brazilian culture. They began to go into the *favelas*, into rural black communities, to study the inhabitants. They visited *Candomblé terreiros*. They began talking with black people, scouring archives, digging up old public records. UNESCO commissioned some to do a study on race relations in Brazil with a hope that through uncovering the secrets of the racial democracy, they could find ways to reduce racial problems elsewhere in the world.[17] Once the Brazilian sociologists had conducted their studies, their findings, simply put, were that if a racial paradise existed, it wasn't in Brazil. The myth of racial paradise camouflaged a pit of racial hell. Some black intellectuals and black students participated in this work. They came to see their country with new eyes.

They began to participate in black organizations such as those, like the TEN, which had begun developing all over the country. They started participating in *Candomblé* and *umbanda* themselves. Some started forming new organizations in the settings they were most familiar with — in universities and among the intellectuals with whom they worked. Not a great deal is known about what many of the people and organizations involved in these developments did during the '60s. The little that is currently known suggests startling possibilities for significant discoveries.

Some of these organizational efforts are identifiable, and there are people who cite names of figures involved. Nascimento alone identifies over a score of people.[18]

During the dictatorship, Afro-Brazilians, in addition to developing new organizational forms and spaces, continued to work with their white counterparts, primarily leftists of every stripe, including socialists and communists, many of whom were active in the formally approved political parties.[19]

Regime Change

For this study, the main point about the military regime is that the incipient popular activities which appeared threatening to the elites in 1964, and which resulted in a military coup, were largely dormant between 1964 and 1974. They were gradually reawakened from 1974–1984. In January, 1985, an electoral college selected the first nonmilitary president in 20 years. By then, popular forces had become fully unleashed in the country, despite the continuation of military rule.

This awakening included black people. Not all of their activities ceased under the dictatorship. Many were disguised.[20] Some went underground. Indeed, the dictatorship seemed to serve as a pressure cooker which compressed activists together and made them ready to explode into activity when the pressure was released. Among the organizations that served as the vehicles for that explosion was the MNU.

The military government had begun, from 1964 to 1967, by silencing the opposition. By 1968 it moved into a repressive phase. Under increasing economic difficulties and associated social pressures, the repression was lifted slightly beginning in 1974. The process of cutting back on repressive measures was expanded from 1979 to 1985. It was in the first month of 1985 that the regime change formally took place.[21]

The process of change had begun with the selection of Geisel as the leader of the military government in 1974. The most repressive phase of the dictatorship began to come to an end. Geisel sought a decompression, *distenção*. One of the major obstacles to the decompression was the question of how to begin to rein in the mechanisms and people responsible for internal security. Accomplishing this objective would reduce the hostility directed toward the government as well as the military and enable the loyal opposition to function in good conscience, to really contribute to the government rather than plotting against it and engaging in foot-dragging.[22]

Over time — and with the presidency of Figueiredo in 1979, the regime moved from a policy of *distenção* to one of *abertura*, opening. The policy of opening was intended to encourage increased political participation, to indicate that broader freedoms would be permitted. For example, censorship of the press was curtailed. The long-suppressed leftists rushed into this window of opportunity. They avoided directing most of their efforts to political parties, which were still limited to the two officially approved and sanctioned by the state (ARENA and MDB); instead, they involved themselves in a popular politics, identified as social movements. Some of these activities were explicitly identified as urban social movements. Among the activists in the social movements was an almost invisible scattering of black people.[23]

The Imprint of Racialization

Racialization did not legally bar Afro-Brazilians from any public spaces. At the same time, it did not give them legitimacy in many public spaces. Those public spaces in which they had most legitimacy were entertainment and sports. The public news media also featured their presence in criminal activity. Popularly, they were assigned roles as members of the dangerous classes.[24] When they were present in explicitly political public spaces, they were not legitimate participants unless they met criteria which established them as having been whitened to a particular degree.

Most Afro-Brazilians who were active in the left during the *abertura* had achieved some degree of whitening. They had assumed leadership roles in some kinds of activities. Or they had a lot of white friends and associates. They had higher educations. Or they had experienced some degree of success in the arts or political writing. Some combined all of these attributes. They had whitened themselves enough to be accepted — not just tolerated, but accepted — into the leftist organizations and sometimes into the higher circles of those organizations. They were not, however, accepted as decision makers in those organizations. The mantle of leadership was not bestowed upon them. They were legitimate participants as long as they accepted their role — which was to do as they were told. Every single recorded Afro-Brazilian militant who cut eye teeth in the leftist movements made the same recognition.

Benedita da Silva said, "The left has not paid attention to the racial question in its organizational structure. In Brazil, none of the parties.... Right ... center, or ... Left — makes race their referent point."[25]

Thereza Santos wrote,

> I realized that these people had a very condescending relationship with me, as well as with the other blacks who were on the Left. It was a kind of paternalism, as if we were ... stupid, and they were in charge of protecting us, guiding us.... Many times when I expressed an opinion, somebody would interrupt and ... translate what I was thinking.[26]

Ivanir dos Santos says, "I learned that a black man with a conscience within a political party dominated by a white intellectual middle class of students is never accepted...."[27]

Arani Santana was a member of a group of African Brazilians who were more or less privileged for the time. They had jobs, professions. She said,

> What the group had in common was that inside our heads we all had this preoccupation with racism. We'd experienced discrimination in the university, at work, and even in the theater. We felt this type of discrimination very thoroughly because we were in Bahia, a state that is overwhelmingly Black, and still in the theater there were few colored people.[28]

Abdias do Nascimento's statement is,

> African Brazilians were always treated as outsiders. At best we were the left's "folklore." At worst we were "divisionists" potentially responsible for the pulverization of working class unity.[29]

When political and social movements began to develop during the *abertura*, because the country was racialized, they could not be genuinely inclusive movements. White people were privileged in them. Black people in those movements were what they were in the society at large — marginalized. For that reason, for black people to begin to play an active role in organizations or movements which were dedicated to their deepest concerns, they were going to have to either join the nascent black organizations, or they were going to have to build entirely new ones.

Their breaks with their white mentors were often not clean. Influences lingered, especially for those whose mentors had been their professors. As students they had idolized their teachers. The white academics in the social movements were not only intellectually brilliant, they were also activists. They had committed their lives to social struggle. Many of them had been arrested, jailed, tortured, exiled. These were not tawdry characters. They were inspirational. Severing those bonds was extraordinarily difficult, and often never fully achieved. Like Adam and Eve, black people were driven from racial paradise because they were not deemed worthy. Reluctant refugees from a paradise which had denied them both justice and peace, their creation of explicitly black organizations, rooted in racial identity, was the last resort of a desperate people, grasping for hope.

4

Independent Black Organizations

From July 29 to August 1, 1982, representatives from 67 Afro-Brazilian institutions and 19 states, constituting 250 participants, came together at the Center for Afro-Asiatic Studies at Candido Mendes University in Rio de Janeiro for the National Afro-Brazilian Meeting. This meeting took place approximately four years after the launching of the MNU. To many it was seen as an expression of the black consciousness movement generated by the MNU. Indeed, six MNU chapters from six states were represented at the meeting. Yet it is instructive that no less than 20 of the organizations present predated the MNU, and it is likely that at least one-half of them did.[1] These independent black organizations which existed prior to 1978 were the direct progenitors of the MNU.

The Complexity of the Organizational Terrain

Looking at the places that independent black organizations in Brazil inhabited or occupied during the 1970s requires an examination of several spheres of Brazilian life: geographical, academic, cultural, religious, economic, social, gendered, and political.

Geographical Areas

While noting other geographical regions, this examination focuses on three: the states of São Paulo, Rio de Janeiro, and Bahia. Within them the emphasis is on the great metropolises of each state, respectively, the cities of São Paulo, Rio de Janeiro, and Salvador.

The three cities constitute the center of attention because the former two directly gave birth to the MNU, and because the third dominated MNU leadership at a critical period. Additionally, with some significant exceptions, urban Afro-Brazilian populations tend to be more consistently organized than their rural counterparts, and by the late 1970s the majority of the black population had moved to urban places.[2]

In São Paulo black organizational activity was most evident in the city of São Paulo itself and in the nearby city of Campinas. In the state of Rio de Janeiro black people were active in the city of Rio de Janeiro and its over-the-bay neighbor of Niteroi. Salvador and its immediate suburbs were almost exclusively the sites of intense black political activity in Bahia. This concentration is particularly significant in the case of Salvador, because while São Paulo and Rio de Janeiro states are relatively small with respect to physical size, Bahia is approximately the size of France.

Other areas that saw significant activity in the early to mid–'70s were Minas Gerais, Goiás, Pernambuco, Recife, Ceará, Paraíba, Alagoas, and in the South, Pôrto Alegre. With the exception of Pôrto Alegre, all of these areas have high proportions of black residents. While black residents in the state of Rio Grande do Sul and its urban center, Pôrto Alegre, constitute only about 15 percent of the total population, they have a tradition of intense black identity and high levels of political activism.[3]

Though organizational activities in each region tended to be independent, there were contacts between them. So while each set of people operated virtually alone, they weren't operating in a vacuum. They knew others were engaged in organizational activity as well. They also knew of significant activities in other parts of the world, activities which often inspired them and gave them confidence.

Synergy

An interesting synergy took place between the areas. It involved people working separately but being drawn into greater activity and hopefulness by the knowledge that they weren't the only ones who were crazy. This synergy was accented by simultaneous events around the globe, some of which were precedent setting. There was a serendipitous occurrence of similarly oriented activities over great spacial, social, and cultural distances.

Afro-Brazilians engaging in social-change-oriented activism during the 1970s experienced a double reinforcement of their work: globally, and in numerous settings within Brazil. Locally, a synergy, involving scholars, union activists, business people, religious confessionalists, cultural workers, and political activists, was taking place. Globally, striking events of social change in the Western Hemisphere and anticolonial struggles in Africa, particularly Portuguese-speaking Africa, were breaking through the barriers of the military dictatorship and into Afro-Brazilian consciousness. Some individuals and organizations straddled these different worlds globally, others domestically, but many who participated in only one arena reaped the energy of this *gestalt*.[4]

The Cultural and Social Spheres, Noites do Shaft

"Bread and Circuses." According to popular belief, that's how the Roman emperors kept the plebians amused and out of the business of government and politics. Contemporary black revolutionaries and activists have long maligned the backwardness of nationalists and others fixated on culture.[5] In Brazil itself, *carnaval* has been denounced by activists as a way of diverting the downtrodden and oppressed from their miseries. Even lyrics in the film *Black Orpheus* speak of the grand illusion of *carnaval* and how this once-a-year event serves to take the minds of the poor off their miserable lives.[6]

It is as a result somewhat amazing that a number of analyses associate dances, night clubs, and partying with an emergence of black consciousness in Brazil, particularly black *political* consciousness.[7] Why?

The answer lies in an appreciation for the meaning of race in Brazil: *nada*. Nothing. The *official* meaning of race in Brazil is nothing. That was especially true during the early and mid–1970s — during the very nadir of times brought on by the military dictatorship. "Nothing" as the meaning of race in Brazil during the same era was also the *popular* understanding. It was widely believed by every segment of the population. For all practical purposes, to most Brazilians, race did not exist.

It was in the cultural sphere that race began to have a clearly articulated meaning.[8] In this nonracial paradise, deep in the bowels of the most sophisticated city in the country, a set of people emerged who were listening, singing, dancing, dressing, and styling to the beat of a single rhythm — race. They immersed themselves in race music. It was music whose only meaning was race. It was not Brazilian. It was not reaching back to Africa, the ancestral roots of many Brazilians. It was music coming from the most racist country in the Americas, the United States of America, and from the most racialized aspect of that population — its blacks. It was music that was not only non–Brazilian, it was anti–Brazilian in that it stood for and flaunted everything that Brazil was not.

"Say it loud, I'm black and I'm proud!" They listened to songs about,

"A Choice of Colors." Songs denounced "police brutality." They asked, "What's goin' on?" They shouted, "Superfly!" Moreover, these songs were in a language that the listeners and dancers didn't understand, an alien language. They could sing the words, but they didn't know what they meant. Foreign words, foreign beats. Yet the energy, the stance, the posture, the dynamism of the music were all obvious. They projected aggression. Pride. Threats. They were dangerous. They were black.

Black is different from African. It is not an ancestry. Black is different from *preto, negra, moreno, mulato.* It is not, strictly speaking, a color. Black is racial. In the dances and parties featuring black music, the word "black" was imported from another language. It was not translated into Portuguese. In the usage adopted in Rio the specific word used was "black" and no Portuguese equivalent.

Night clubs and D.J.s started hosting parties and dances which they labeled, "*Noites do Shaft,*" Shaft Nights. Those dances celebrated a soundtrack written by Isaac Hayes from a film about an aggressive, black private detective, John Shaft. There is not a Brazilian-sounding utterance in that name. John Shaft. The very name *Noites do Shaft* epitomized the antiphonal dissonance of the craze.

Its adherents dressed in miniskirts and tight blouses, tight bellbottoms and platform shoes. They sported garish colors and wore their hair in sunburst afros. They wore gangster hats, moustaches and goatees. They danced in fast, jerky rhythms — eschewing the smooth, sensual moves of the samba. The partygoers were all black.

They were all black but they came from a wide variety of circumstances. There were laborers, hustlers, students from both high schools and colleges. There were self-employed street vendors and young professionals. They all got together on the dance floor. They all mingled in the street. They were different from each other, but they were all black. They saw that. They saw that despite their differences they all felt the same attraction for the scene.

The focal point of black soul was a black club, *Clube Renascença.* It was ground zero for the explosion. Lélia Gonzalez writes of participating in the weeks-long *Semanas Afro-Brasileiras* (Brazilian Weeks) of intense cultural exhibits, performances, discussions, workshops, daylong discourses on position papers on Saturdays, and then on Sundays, "Everybody went to Shaft's Night at the Renaissance Club."[9]

The phenomenon spread like wildfire among black *cariocas.* It was labeled black soul. Again, it was designated by an English term, an English term from North America. It was an obscenity flaunting itself in the cultural capital of Brazil.

Black soul was also a signal that young, black Brazilians knew what was going on in North America. They certainly knew what was going on in their own country. They knew it was a military dictatorship. They knew that black people were unspeakably poor. They knew that black people occupied no positions of authority. They knew that black people had no right to exist *as black people.*

Yet they saw films coming from North America, starred in by black people cast as black people, films written by black people, and directed by black people. They heard music written and performed by black people for black people. The music and the films reflected sensibilities not present among black people in Brazil — though the physical appearances of black people in the United States and Brazil were identical.

The civil rights movement. The Black *Power* Movement. Malcolm X. The Black Panthers. These things were going on in the U.S.A. They were explicitly political. The music, the films, came from this creative, explosive *black* population.

Young black Brazilians dancing in the clubs, strutting on the streets, partook of the spirit drifting southward from their northern cousins. *Race* was giving them a new attitude. People not only listen to music, sing, dance, and adopt the latest fashions. They also talk. Some black soul revelers talked about the ideas embedded in the culture they were celebrating. These were necessarily political conversations. They centered around patrons and members of the *Clube Renascença.*

Over time the music, the dances, the fashions, and the conversations spread to São Paulo. There they never developed the full electricity of their Rio predecessors, but they established an undeniable presence. A more diminished form of the phenomenon reached Salvador.[10]

Even had black soul participants been devoid of political orientations, they would have been politicized by the reactions of the dominant elements of Brazilian society to their nighttime extravaganzas. To Brazilian elites black soul participants were an anathema.[11] Black soul was publicized by its opponents as well as by its adherents. Of the two sets of people, the opponents were far more powerful and influential. The party was also not always a party. People got their heads busted attending *Noites do Shaft.* Police attacked, beat, and arrested the partygoers, both within the clubs and on the streets.[12]

The counterattack on black soul was direct. It was primarily couched in cultural terms, but its center was political. Black soul was a threat to the status quo because it celebrated the anti–Brazilian phenomenon of race.

As the expression of a poor, powerless people, black soul was subject to cooptation. White newspapers began writing about "Shaft Nights," "Soul Nights." They began glamorizing them. Through such coverage they started making the promoters celebrities. They encouraged these celebrities to promote such nights for young whites. White promoters — with deep resources — began themselves to promote Soul Nights for black people. The lavishly white-promoted Soul Nights became very popular for young black people, and their white promoters reaped the financial rewards. Those black people who weren't coopted developed a deeper political consciousness by watching how stronger economic interests took over their scene.

Black soul made an unmistakable statement about identity, a statement which contradicted the postulates of the prevailing order. Black soul opened up its participants to an awareness of political possibilities which differed from those present in Brazil. By so doing, it enabled a perception of some of the restrictions afflicting black Brazilians. Engagement in the whole black soul atmosphere required a posture of challenge — an acting out of challenge to an oppressive military authority. Black soul led some of its revelers in directions they'd never imagined, directions that were explicitly political. It also served as an opening — a continual opening to influences from the black neighbors to the North. At least initially, black soul and its striking departure from traditional Brazilian norms required spaces black people controlled, dominated. It found them on the streets black people frequented, in clubs such as *Clube Renascença*, and even in Samba nightclubs.[13] These were places black people shared where they could comport themselves as they wished.

The Cultural Sphere, the Arts

The TEN had initiated a black presence, *qua* black, in the theater. As Nascimento has noted, the TEN inspired the formation of other black theatrical groups. While with respect to its theatrical programs the TEN emphasized the presence, *qua* black, of black people within the theater, its emphasis was not on an entirely black theater. Audiences and authors, for example, were not always black. The TEN productions often played to virtually all-white audiences. *The Emperor Jones* and *Othello,* notably not written by black authors, were featured productions.

In the 1970s, however, black activists created theatrical groups to express political messages that were expressly prohibited in the political arena. They used the theater to conduct political education. Initially, most effective at this was *Grupo Evolução*, founded by Thereza Santos and Eduardo Oliveira de Oliveira in Campinas. They subsequently developed the *Centro de Cultura e Arte Negra* (CECAN) in São Paulo. With this political theater, the initiative shifted from Rio to São Paulo state, first in Campinas, then in the city of São Paulo itself.[14]

Theater groups also developed in Rio de Janeiro, and quite notably, in Salvador. In Salvador, particularly, the black people who founded the group, *Nego*, were theatrical persons. Their primary interest was in theater *per se*. But their experiences with mainstream theater were so disappointing—because they were black—they left to form their own theatrical group. While they were theatrical people and initially apolitical, because of the racial character of the society, the theater was racialized. The theater they created as an alternative to the racist mainstream theater incorporated their own racialized and politicized perspective.[15]

In Salvador people rooted in *Candomblé terreiros* developed an organization, SECNEB, the Society for the Study of Black Culture in Brazil. It was devoted to tracing African cultural roots found in *Candomblé* and other Afro-Brazilian social and cultural practices. SECNEB was not a political organization. It was a cultural organization, but one that was profoundly concerned with the continuities between Africa and Brazil, and with valuing the African components of black life in the country, an emphasis which clearly had racial overtones.[16]

Elsewhere, other organizations formed, such as the Center of Black Art and Culture (CECAN) in São Paulo, which celebrated visual and plastic arts.[17] It promoted black art shows, as well as networking among black artists. CECAN and organizations like it emphasized the training and development of young artists. While many of the people involved in the black art movement had solely a cultural perspective, there were others who deliberately endowed both their works and their activities with political substance.[18]

Black people were also engaged in dance. Most black dance groups were culturally oriented, though some developed political themes. Whether they were entirely cultural or not, they exposed participants and observers to positive black identities.

The consideration of the role of dance groups is complicated by the presence of one entirely Brazilian dance form, originated by Afro-Brazilians from Angolan origins, a dance form that had been illegal for much of the country's history because it is also a martial art, *capoeira*. In fact, Afro-Brazilians turned *capoeira* into a dance to disguise its teaching and practice from the authorities.[19]

While *capoeira* had not been limited to black participants, they dominated its practice. Black *capoeiristas* were the primary icons, the classic stylists, the legendary players, the mentors, the teachers, and the primary masters of the art. During the *distenção* and the *abertura*, certain masters began to emphasize the continuity of *capoeira* as both an African and a black art form.[20]

Poets too began forming literary circles and writing poetry that was specifically black, whether concerned with Africa, the diaspora, or Brazil. Much of this poetry had underlying political messages. It all expressed an explicitly black identity.[21]

The Cultural Sphere, Social and Celebratory Expressions

Particularly in Rio, the collective organizations for the staging and celebration of *carnaval* are the *escolas de samba*, the samba schools. Samba schools are found in all neighborhoods, in every class stratum, and among every racial or color group in the city.

In order to appreciate the significance of samba schools in the life of Rio and other locales, one must first appreciate the Brazilian phenomenon of *carnaval.* While carnival is not unique to Brazil — it is found in Europe (Venice's carnival is particularly distinguished; Dumas celebrates Rome's carnival in *The Count of Monte Cristo*), throughout the Caribbean, and as *Mardi Gras* in New Orleans — it is perhaps more dominant in the life of Brazil than elsewhere.

In Brazil *carnaval* is not a daylong or weeklong event. It is yearlong. Since year follows year, follows year, it is neverending.[22]

In places where samba schools are present, there are basically two types of *carnaval* participants: (1) members of samba schools, and (2) everyone else. For the most part, the "everyone else" category does not consist of people who are indifferent to *carnaval.* They are participants too. They watch, they dance, they sing, they applaud, they celebrate. They are engaged spectator-participants. They are simply not the featured performers. Those roles are reserved for the samba school members. Whether people are members of samba schools or not, *carnaval* is a neverending series of events.

Samba schools are centered in neighborhoods. The name for samba schools comes from the *carnaval* dance steps, which are based on the samba. Essentially a *carnaval* parade is a parade of samba dancing. Each samba school has a name. Sometimes it is named after the neighborhood. Sometimes it is not. The chief responsibility of the samba school is to represent the neighborhood during the public celebration of *carnaval,* which takes place in the week before Lent, culminating on the Tuesday before Lent's advent.

In Rio each year a theme is chosen for *carnaval.* The samba schools each decide how the school will express the *carnaval* theme. The expression is extremely elaborate. It requires a subtheme unique to the samba school. It requires composers to express that theme in music. It requires lyricists to write lyrics for the music which capture both the general theme and the subtheme. It requires samba school members to practice playing the music and singing the songs. It requires designers to create the costumes and tailors and seamstresses to fabricate them. For the most prestigious samba schools it requires magnificent floats which incorporate the theme. It requires months of practice, dancing, singing, playing the music.

The wealthiest samba schools employ year-round staffs: directors, composers, lyricists, set designers, costumers, conductors. There is tremendous competition between the schools for the best professionals. They are lavishly compensated. They are famous personages. A top composer or set designer can mean the difference between winning a *carnaval* competition and not even placing.

For the mass roles in *carnaval*— dancers, marchers, instrumentalists, singers — there are often neighborhood competitions. The samba school's year is geared to the sequential completion of the various tasks which result in a full *carnaval* production in February or early March. The two months before *carnaval* are devoted to intense practices.

Most of the year-long preparations are public. People listen to the songs as they materialize. They watch the dance patterns develop. A samba school's upcoming *carnaval* songs are sung throughout its neighborhood. The dance steps are repeated up and down the streets. The neighborhood follows these events and in a sense participates in them. In the contemporary period, the best known samba schools cut CDs of their music. They are played on the radio. The whole city lives to the sounds of *carnaval.* Once *carnaval* is over, the songs are played and sung until the new ones emerge.

People do not suspend their lives for these year-long rituals. They incorporate the rituals into them. Only during the last month, and particularly the last two weeks, do people actually alter their lives and abandon all normal pursuits in the climactic celebration of *carnaval.* But *carnaval* is not an isolated holiday. It is the peak, triumphal, and concluding event of the whole magic summer season in Brazil. It begins with the preparations for Christmas, accelerates with the coming of the New Year, and achieves its exaltation with *carnaval.*

Particularly in poor neighborhoods, samba schools are often neighborhood centers. They are places where people can gather all year long to work on and watch the preparations for the end of summer. Samba schools sometimes sponsor neighborhood dances. Fees charged for admission to the dances help cover the samba school's expenses. The featured music consists of songs which will be played in *carnaval.*

There are two gigantic samba domes in downtown Rio where the samba schools whose files have been dancing through the downtown streets end their performances. There they are judged. The spectacle is televised throughout Brazil and around the world.

Carnaval, like everything else in Brazil, is racialized. The richest and most flamboyant samba schools are white, while some of the oldest and most famous samba schools are black. Racialization of *carnaval* follows Brazil's unique expression of the phenomenon. Race itself is almost never mentioned. All the samba schools, regardless of color, parade together, compete against each other, and engage each other in ecstatic celebration. *Carnaval* in Rio is the country's most famous event.

Not all Brazil celebrates *carnaval* in the same way. Each area tends to have its own kind of celebration, its own traditions. In Salvador since the '60s and '70s, the celebrations have been dominated by *trio electricos.* They are large trucks or floats erected on motor-driven chassies. Bands and singers perform on top of them with giant speakers and hugely amplified sound. The *trios* may be accompanied by troops of costumed, dancing, singing performers on foot. As in Rio, these *carnaval* groups which march together, ride on the *trios* together, sing together, dance together, and are costumed alike, tend to be based in neighborhoods or clubs.

In Salvador neighborhoods and clubs the *carnaval* groups play the same roles that samba schools play in Rio. There is a year-long production process. There are all kinds of rehearsals. The home of the group serves as a neighborhood center. Whether in Rio, Salvador, or elsewhere, the *carnaval* groups are more important and play more significant roles in poor neighborhoods than in affluent ones, because the residents have fewer opportunities for other kinds of diversions. In effect, *carnaval* organizations are more important in black neighborhoods than in white ones.

During the *distenção* and the *abertura,* increasing numbers of samba schools in black neighborhoods began to develop a distinctly racial posture. The most striking innovation in *carnaval* groups occurred in Salvador, the *bloco afro.*

Blocos afros as distinct *carnaval* groups of color in Salvador were preceded by *afoxés* 20 years earlier. The first *afoxé* was *Filhos de Gandhi,* Sons of Gandhi. It was founded by stevedores with close links to a *Candomblé terreiro.*[23] *Filhos de Gandhi*, black and brown men, dressed in white robes and turbans, made a striking impression upon their first *carnaval* appearance. They intended to establish a distinct, nonwhite, colored presence in *carnaval's* celebration. They were fabulously popular and their files were soon joined by those of other newly formed *afoxés*. For 20 years *afoxés* were the pre-eminent black *carnaval* participants in Salvador.

In 1974 a group of young, black Salvadorans, centered at the *Candomblé terreiro Ilê Axé Jitolu* and led by Antônio Carlos dos Santos, known as Vovo, the son of *Mãe* Hilda, who was *Iyalorixa* and *Mãe de Santo*, the spiritual leader of *Ilê Axé Jitolu*, organized a new kind of group for *carnaval*. It was a group based in the *terreiro*. The *terreiro* was centered in *Curuzu*, a neighborhood within the district of *Liberdade*, the largest black district in the city. The group was intended to represent a distinctly black consciousness. Its themes were chosen as messages which were to be significant to black people. In Salvador, unlike Rio, each *carnaval* group chooses its own theme for *carnaval*. The new group chose the theme, "What *bloco* is this?" The lyrics went on to answer the question,

> What *bloco* is this
> I want to know
> It is the Black world
> That we came to show you
>
> "We are crazy darkies
> We are the bomb
> We have kinky hair
> We are Black power
>
> "Whitey if you knew
> the value of Blackness
> you'd take a bath in pitch
> And you'd stay Black too[24]
> ....

Every member was of African descent. No whites were allowed. It called itself a *bloco afro*, an African block. Its name was *Ilê Aiyê*.

In 1975 when *Ilê Aiyê* participated in its first *carnaval*, its parade formation of 100 celebrants used massed drummers, 40 deep. Resplendent in its costume colors of red, black, yellow, and white, led by the thunderous drum section, singing out, "What bloco is this.... It is the Black World!" The all-black troop created a sensation.

The city's most prominent newspaper, *A Tarde*, subjected the group to a vitriolic condemnation.

> Carrying placards emblazoned with inscriptions such as, "Black World," "Black Power!" "Black for You" ... Ilê Aiyê ... the equivalent of "Bloco of Racism," presented an ugly spectacle in this *carnaval.* Beyond the inappropriate exploitation of its theme and its North American imitation, it revealed an enormous lack of imagination.... Happily we don't have a racial problem. That is one of the great joys of the Brazilian people. [Brazilians] always oppose the rabble from outside and denounce the ideologies to which they are linked. It is unlikely that anything different will happen with these little juveniles from *Ilê Aiyê.*[25]

Black youth were carried away in ecstasy. By *Ilê*'s third *carnaval,* between 800 and 1,000 people had joined its marching, dancing file.[26] Black neighborhoods throughout Salvador launched their own *blocos afros.* They were all black. They were imbued with black consciousness, and they sang political messages.

The Religious Sphere

Both *Filhos de Gandhi* and *Ilê Aiyê* were rooted in *Candomblé terreiros. Candomblé* is the name given to certain African religions practiced in Brazil. This is no place for a treatise on *Candomblé* or African religions in Brazil. Both are extremely complex subjects. It is important, however, to touch on them because of the role *Candomblé,* specifically, played in the forces that gave rise to the MNU. There are many expressions of *Candomblé* in Brazil. The religion is most frequently associated with Yoruba beliefs and practices in West Africa, but there are versions of it associated with Angola, the Congo, and elsewhere. The general beliefs found in *Candomblé* are not limited to Africa and Brazil. Versions of them are found in *Santeria* in Cuba and Puerto Rico, voodoo in Haiti, Shango worship in the Caribbean, and other manifestations in the Caribbean, in Central, and South America. In Brazil they are also embodied in the practice of *Macumba* and *Umbanda.*[27]

In the Western Hemisphere most of these religions are frequently characterized as syncretic, meaning that elements of Catholicism and of African religions have merged into one faith. This interpretation has been challenged, particularly by *Candomblé* adherents, but it is true that *Candomblé* recognizes certain elements of Catholicism. Whether those elements have been incorporated into the religion of *Candomblé* is another matter altogether. Some versions of *Candomblé,* including that of *Ilê Axé Jitolu,* give significant recognition to indigenous peoples of the Americas.

Candomblé is the religious practice in Brazil which is most closely associated with African people and most dominated by African people. *Candomblé, Macumba,* and *Umbanda* all admit people of any race.

Indeed, people of all races are found in each of them. But in the order of *Candomblé, Macumba,* and, finally, *Umbanda,* there is a declining African presence, running from *Candomblé* to *Umbanda,* and a decline in the levels of African leadership. While all three religions are found throughout the country, *Candomblé* is most associated with the northeast and *Umbanda* with the southeast.

During the 1970s many *Candomblé terreiros* began to assert the centrality of Africanity to their religion and to challenge the notion that their religion was or ever had been syncretic. Since *Candomblé* was illegal for many years, they argued, Catholic accouterments were added to it to give it the trappings of legitimacy. True initiates knew all along, they asserted, that the Catholic symbols were camouflage.

In effect many *Mães* and *Paes de Santo* (respectively, the female and male leaders of *terreiros, or congregations)* began to say it is time we speak the truth. We are an African people practicing an African religion. One sees this expressly in *Ilê Axé Jitolu* and *Ilê Aiyê Opô Afonjá.*[28]

These developments took place in Salvador, but also in Rio de Janeiro, São Paulo, Recife, Belem, Manaus, and elsewhere.[29] Some *Candomblé terreiros* were serving as bases for black consciousness.

The Catholic Church had long been a home for exclusively black organizations. These originally took the form of brotherhoods and sisterhoods founded during the slavery period. Brotherhoods and sisterhoods were widespread organizations in the Catholic Church during Brazil's colonial period. Because of the racialized character of the society, white and black Brazilians could not belong to the same brotherhoods and sisterhoods. As a result, during the period of slavery black Catholics formed their own brotherhoods and sisterhoods. They were widespread. They were particularly effective at pooling their members' funds. They built churches. They arranged for funerals and burials. They purchased the freedom of their members and their relatives. Many of those organizations, founded during slavery, continue today.

They have always served as places where black Catholics could come together and discuss concerns most dear to them. With the emergence of liberation theology in Brazil, their members often constituted the base communities for black Catholics. Those communities became the seed beds for discussions of both religious and political reform.

The Academic Sphere

While Brazilian universities have always had black students, their numbers have continually been small. From their inceptions the universities have also had black faculty members. Their numbers too have been small, statistically negligible. The black presence in universities even to this day is notable largely for its paltry size.

But because of the extensive Afro-Brazilian presence in society, blacks have long been objects of study in the universities. Brazilians (read *white* Brazilians) study African history, religion, culture, art, families, and society — whether in Africa or Brazil.

By the 1970s these interests had resulted in several centers in the major Brazilian universities which concentrated on African or (often) Afro-Asian studies. These centers attracted some black faculty and students too.[30]

This small number of African faculty and students began to rethink what was taught at the universities, and what was known. They began to develop their own notions of African Studies and what it should be. They began to assert a distinctive presence in the universities.

During this time the African liberation movements in the Portuguese colonies were at their peak. This necessarily attracted great attention from the Portuguese-speaking African descendants in Brazil. These interests were reflected in the curricular concerns of the black students.

At the same time similar developments were occurring outside the universities. Black students and intellectuals were coming together, independently of any state or public structure to investigate their own history, culture, religion, society, and politics. They began to form organizations devoted to such projects. Some of these organizations met in university facilities. Hence, the 1982 meeting at Candido Mendes University referred to at the start of this chapter was one of many meetings of black organizations that had taken place at that university and in its Center of Afro-Asiatic Studies. Indeed, some of the organizations at the 1982 meeting had *originated* in meetings at the university.[31]

Black people formed their own centers and institutes of study. They founded museums and art galleries, sometimes affiliated with universities, sometimes not. During the *distenção* and the *abertura* some began to receive external funding from ONGs.[32]

Black people launched black publications with racial and political messages. They were usually quite small-scale with very limited circulation, but they delivered messages found nowhere else.

The Gendered Sphere

In the general lifting of restrictions on political activities which characterized the *distenção,* and even more the *abertura*, some black women had participated in the emerging women's movement — both nationally and internationally. Often they found themselves alienated from other women in the movement because of their race.[33] Many, nevertheless, persisted in their participation in women's organizations. Some of the women who had been active in the women's movement either shifted their interests to the black movement as it developed, or added their involvement in the black movement to their activities in the women's movement. Within the black movement, both women who were participants or had been participants in the women's movement, and those who had not, began to recognize the need to meet and organize themselves, as women, within the black movement. They saw the need to counter the undeniable male domination within the black movement.[34] Women within the black movement, both as separate groups and as part of the overall movement, became among the most articulate and forceful elements of the movement on the behalf of Afro-Brazilian people. They also became the majority in the movement.[35]

The Economic Sphere

During the *distenção* and the *abertura* black people took few, large-scale, cooperative economic steps. Most collective economic ventures were significantly undercapitalized and experienced little success. On the other hand, individuals were taking steps that would ultimately result in their accumulating considerable wealth.[36]

Brazil's economic world is primarily governed by connections. The country's degree of racialization, with few exceptions, precluded significant economic connections for Afro-Brazilians. That is why some Afro-Brazilians turned their entrepreneurial spirit to other horizons in search of opportunities — to the rest of the Americas, to Africa.[37]

The Political Sphere

Racialization made an Afro-Brazilian presence in the state and politics conspicuous by its absence. "Politics" and "governing" were white folks' business.

As noted earlier there had been collective black forays into politics, but their impacts had been forgettable.[38]

The military dictatorship had shut down virtually all popular political activity. The sole means for even nominal participation in politics was restricted to the two legal parties: ARENA (the governing party), and MBD (the loyal opposition). While black people were in each party, they were little more than fly-specks on the wall. Most black activists' sentiments ran considerably to the left of the permissible parties.[39]

The *abertura* legalized other political parties. Black people who had been talking politics with each other in a number of settings decided to engage the body politic in various ways. They took two principal routes. They (1) sought to build explicitly black political organizational structures within political parties. They (2) sought to build structures within the municipal, state, and national governments devoted to black people's concerns.[40] Prior to the formation of the MNU these were nascent efforts. But they were underway.

In Perspective

Though the narrative has indicated the presence of a wide range of black organizations undertaking a variety of activities in different spheres of interest all over Brazil in the early to mid–1970s, aside from participation in *carnaval* and religious participation, the total number of people involved in these efforts throughout the whole country could not fill a soccer stadium. The largest recorded crowds drawn to black soul events, for example, numbered 10,000.[41] Most of that number went for the music, the dancing, the styling, the women or men as the case might be. They were not there for black consciousness.

Indeed, the people involved in these activities who had explicitly racial and political orientations wouldn't fill a municipal auditorium.

In short, though there were a lot of racially and politically conscious activities of many kinds going on all over Brazil, very few black people were touched by it. Had a poll been taken of black Brazilians in 1982, it is unlikely that 1 percent of them would have heard of even one of the organizations meeting at Candido Mendes University.

Most black people, living in the *favelas*, or far off in the rural hinterlands, were as far removed from the politically and racially oriented themes mentioned here as they were from the halls of power in Brazilia. Most racial initiatives discussed above were undertaken by the tiniest fraction of the black population.

Yet while there was a paucity of black organizations, almost every black person in Brazil belonged to organizations or structures dominated by whites, where they were under the control of whites. At every level of the state whites were in charge. Almost all employers and supervisors were white. The Catholic Church was run by whites. Schools, public and private, at every level, including the university, were under the control of whites, staffed by white teachers and professors. Hospitals were run by whites, as were newspapers, radio and television stations, and media networks. Sports organizations were owned and run by whites. The commanding officers in the military and the police were all white. Every form of transportation was under white control. Most black people belonged to several institutions in which they were subordinate to whites. In all cross-racial patron-client relationships the patron was white and the clients were black. Superior was the role assigned to whites, inferior to blacks.

The reverse was rarely true. Brazil allowed only a few spaces where whites might be under black leadership. Those were specifically black spaces: *Candomblé, Macumba,* and *Umbanda terreiros; capoeira* schools; some samba schools; and various criminal activities.

Thus, the sprinkling of black consciousness activity and black political activity must be understood as existing within a comprehensive social, economic, cultural, and political framework that was under absolute white domination. Moreover, in the early and mid–1970s, this hierarchy was reinforced by the strictures of a military regime. Though there were a few spaces where black people were operating in new ways, they were virtually invisible.

The Seed Bed

The people referred to at the start of the book as setting the organizational footprints of the MNU — those who met in São Paulo on June 18, 1978, at the Center for the Study of Black Art and Culture — did not rise up out of the earth. They did not fall down from the sky. Nor did those who joined them in the demonstration in front of São Paulo's Municipal Theater on July 7, 1978. They were all products of a long and rich organizational, social, and cultural trajectory. By mid–1978 that trajectory had produced a rich constellation of independent black organizations. Within those organizations black people created, developed, and shared narratives about life in Brazil and about black life in Brazil present nowhere else in the country. Within such organizations they developed visions and a sense of possibilities that transformed their consciousnesses and imbued them with zeal for an extraordinary mission. Particularly in São Paulo and Rio de Janeiro, participants in independent black organizations had begun to conceive of themselves as part of a national, black population. They were thinking of ways to germinate that population into a national political presence. In that effort, the black organizations they belonged to constituted the seed bed for a national black movement.

5

A Confluence of Vectors: The Construction of the MNU

PRELUDE

A young, black athlete who believed in the premise of racial democracy was furious about what he'd read in the newspaper. The Tiete Country Club's volleyball coach said he'd dismissed four of the team's players because of their color. There was no place for blacks on his team.

The boy was outraged. Something had to be done about it.

But what?

He didn't know about such things.

The country, after all, was under a military dictatorship.

Though there had been some stirrings.

People were talking about change.

Even the government was talking about change.

He'd heard about Black people meeting. They'd been talking about justice.

What the coach had done was an injustice to Black boys. The Black people who'd been talking about justice would have to be concerned about this.

But he didn't know who they were or where and when they met.

He would find out. He knew people who knew.

And he did.

He went to the meetings.

He vented his righteous anger.

A number of things began to come together.[1]

Spontaneity has its place. But it is usually not the origin of a social movement. Spontaneity may act as a catalyst, but the correct conditions have to be present for the catalytic agent to work.

The popular understanding of these phenomena is not great.

Students of social movements, however, have learned a good deal about them. Rosa Parks, for example, didn't spark the Montgomery bus boycott in the United States during 1955 because her "feets was tired."

Planning to challenge the segregated system had long been underway. Black leaders in Montgomery had been screening incidents for a feasible opportunity. A feasible opportunity meant, at least, identifying an impeccable victim of segregation — somebody virtuous enough that the issue of segregation wouldn't get clouded over or even sidetracked by other issues such as crime, morals, or credibility.

Rosa Parks was the right person for the time. She was a respectable married woman. She was the secretary of the local NAACP. She had received social justice training at the Highlander School. She had participated in discussions about a possible boycott of the buses. When she refused to obey the bus driver's order to move further to the back of the bus, she made a deliberate, *political* decision. Her intention was to challenge the prevailing order. She knew the infrastructure was in place to make a fight out of it.[2]

One of the salient findings of the social movement literature is that in order to launch and sustain a prolonged social or political movement, instruments have to be in place. Otherwise, the inertia of the general population is too great to overcome. The response of the already organized and directed state will be too swift and lethal to resist.[3]

The instrumentalities for change, the social movement organizations (SMOs) should be deep and widespread. A light scattering of them will be too fragile for the serious business of battling an established regime — all the moreso when that regime presides over a police state — as was the case in São Paulo, the home of the Tiete Yacht Club.

There also should be an underlying population which, while not SMO members, will be responsive to the cause pursued by the SMO. The mindset of the targeted population must be receptive to the SMO's message.

Three concepts seem particularly useful in understanding social movement phenomena: free spaces, narrative, and social memory. Free spaces are spaces outside those controlled by the prevailing social order. They are places where people can freely engage the questions which concern them, and where they can come into contact with other people at odds with the prevailing order. Narrative consists of the dialogue or the content of the communication taking place within spaces. In free spaces the narrative is decidedly different from that within hegemonic spaces. It is a narrative which includes alternative perceptions both of reality and of possibilities. Social memory consists of group memories of important social or political events and persons. Social memory may differ between groups in the same society. Some persons or social events are absent from some social memories and present in others. For example, most white people in the United States have no access to the rich tapestry of social memory incorporating the black church, while most black people do. Some social memories of the same persons and events are different among different social groups in the same society. For example, the collective social memory of David Ben Gurion is different for Israelis and Palestinians, both residing in Israel. The Confederate flag has different meanings for southerners in the U.S., depending on whether they are black or white.[4]

All these conditions are exacerbated in racialized societies. Free spaces are often racially autonomous spaces. Narratives in such spaces often center around racial concerns. Social memory is frequently differentiated by racial standing. In Brazil of the 1970s, free spaces were often found in *Candomblé terreiros*, *capoeira* schools, samba schools, and the new organizations which had been forming as cultural institutes, centers of study, working groups, youth groups, theatrical groups, art groups, magazines, newspapers, newsletters, *afoxés, blocos afros,* even night clubs and street scenes.

The narratives found in such spaces differed widely from the norm. They focused on the beauty and creativity of black people. They conceived of black people as the country's founders, the ones who had actually built the country's physical structures. They dwelt on the tradition of social justice among black people, the role of black rebellions and *quilombos*, the virtue of black heroes such as Zumbi. They stressed the cruelty of slavery in Brazil, the oppressive and exploitative character of life in the country for black people, the pervasive and hypocritical character of racism. They treated the deep subtlety of Brazilian racism which tended to obscure its effects from the general population, including black people — the terrible and endemic violence of Brazilian society against Afro-Brazilians. They also stressed new possibilities — what was happening with black people in North America, the explosion in the number of independent African states, the African liberation movements — particularly within Portuguese colonies and South Africa. They revealed glimpses of the awakening of black people in Brazil as attested to by themes in *carnaval*, by theatrical productions, museum displays, by poems, essays, even by hairstyles and musical preferences of Afro-Brazilian youth.[5]

These narratives made direct appeals to Afro-Brazilian social memory — the legacy of slave rebellions and *quilombos*. May 13, the anniversary of the signing of the law abolishing slavery, the golden law, was denounced as a farce. The country recognized it as a national day of black celebration, but black militants said it should be recognized as a day of hypocrisy because the law had changed nothing for black people. What should be recognized as a national day for black people, they said, was November 20, the anniversary of Zumbi's death — Zumbi, legendary leader of the *quilombo Palmares*, who died fighting for the freedom of his people. Most white Brazilians didn't know who Zumbi was. The memory of Africans and their presence in Brazil was cultivated by black people, a memory which included specific origins in African regions and nations, a memory which white Brazilians could not share. Afro-Brazilians "remembered" white workers being recruited and *subsidized* to replace them. The white memory was different. Afro-Brazilians remembered "whitening" as a form of genocide, while whites saw it as a means of "improving" the country.[6]

Since 1976 militants in São Paulo and Rio de Janeiro had been meeting together and discussing the importance of launching a nationwide movement to improve the life conditions of Afro-Brazilians. They had deliberately developed cross-organizational and cross-regional networks. They had built an infrastructure which could serve as a base for a national struggle.[7]

When members of various black organizations began to talk about how to respond to the brash young athlete demanding justice, they began to ask themselves whether this was the time to set the apparatus in motion. They began to consult with each other about what they should do.

"'Sta na hora" — It's Time

What they decided to do was to stand up — to stand up for themselves and all black people in Brazil. What they decided to do was to launch an effort to transform Brazilian society, and in so doing to transform the role of black people in the society. They decided to fire the opening salvo in the launching of a national black movement. The various groups whose members had sometimes met collectively over the preceding two years, at times with activists from Rio de Janeiro, decided to meet once again. This time they were to have a very specific purpose, one which would be responsive to the young athlete's concerns, but one which would have far wider goals and implications.

They met at the Center for the Study of Black Art and Culture (CECAN) in São Paulo. They decided to name their movement. The name they chose was instructive: The Unified Movement Against Racial

Discrimination (MUCDR).[8] They labeled it the "Unified" Movement. That implies a union of multiple movements—or at least multiple organizations. They were not founding an organization. They were founding a movement—a movement composed of many organizations. Indeed, they were all *members* of organizations. They had no intention of leaving those organizations or of the organizations disbanding. They were forming, explicitly, a *movimento*, a movement. It was a *unified* movement, one in which many organizations were joined together, united in purpose.

Their purpose was to form a national movement to mobilize Afro-Brazilians to struggle for their collective well-being. Those who had been meeting and discussing such a project along with their cohorts from Rio de Janeiro for two years decided, "'*sta na hora.*" It's time. Let's do this.

The founding document was a call to arms. The people who signed it represented organizations from major categories of black social, cultural, and political activity in São Paulo. Black businesses, professionals, and economic interests were represented in the Afro Brazilian Chamber of Commerce. Culture and art groups were represented by CECAN itself; by the Center of Black Art and Culture (a reversal of the last two words from the designation for CECAN); by the Afro-Brazilian Art and Culture House. Afrolatino America represented a diasporan perspective. Youth and sports representatives were present in Brazilian Youth Recreation. Black Catholics were present in the Brazilian Christian Benevolent Association. The embryonic black press appeared in *Jornegro, Journal Abertura,* and *Jornal Capoeira,* the latter of which also included *capoeira* schools with activist perspectives. Black soul and the cultural dance phenomenon sent representatives: Company Soul and Zimbabwe Soul, the second of which incorporated the fusion of culture and contemporary political perspectives on Africa.[9]

Some of these organizations were longstanding. Others were newly formed or in the process of formation. All were autonomous, distinct from the others, with no plans of fading away. But for all of them the time had come to establish a national black presence in Brazil.

They were clear on their objective. The founding statement read, in part,

> We, Black organizations, meeting at the Center of Black Culture and Art on the 18th day of June, resolve to create a Movement with the purpose of defending the Afro-Brazilian Community against the racial exploitation and human disrespect to which the Community is subjected.[10]

They declared that the first act of this new movement would be a public demonstration on the Cha Viaduct in São Paulo on July 7. All who opposed racial discrimination would be invited to attend, from all over São Paulo and from all over the country. The demonstration would condemn the police murder of the worker and family man Robson Silveira de Luz, and the racial discrimination practiced by the Tiete Yacht Club which publicly verified that four black boys on the volleyball team had been thrown off because of their race.[11]

Like the Montgomery bus boycott of 1955, this demonstration was not going to take place in friendly territory. The government was an oppressive military regime. Neither the military nor the police took political protests lightly. Moreover, the national practice — for centuries, regardless of the attributes of the regime — had been to use whatever means were necessary, including prohibitive force, to suppress the black population and discourage it from race-based political activity. Black activity of that type was *heretical* in a "racial democracy" and was illegal. Robson Silveira de Luz had died because of the contempt in which the police held black life.

The first statement of the MUCDR was hence a bold and defiant act. It was also dangerous. *The statement was a crucial test.* No one knew if anyone, including the organizers, would show up.

Building a Demonstration

The fear that the newly fledged movement had bitten off more than it could chew was soon confirmed. Two signatories of the call to action were quick casualties. The Afro Brazilian Chamber of Commerce withdrew from the planning and the Center for Black Art and Culture began temporizing with the authorities, explaining to others why political oppression wasn't as bad as it seemed.[12]

Everybody engaged in the early organization of the MUCDR and in building the first demonstration at the Cha Viaduct emphasized the fear that permeated everything they did.[13] It was no news to anyone that the police and the military did not play. Some involved in the movement had been exiled. Others had been jailed. A few had been beaten, tortured. A number had gone underground. They were not suffering under any illusions. Nor were those to whom they made their appeals.

Nevertheless, though weakened by disaffections, and operating in an atmosphere of unveiled oppression, the remaining workers were inspired. They immersed themselves in the effort of building the demonstration. From June 18, they had only 19 days.

One of the dismissed athletes went to Rio where he distributed the call to action and spread the word among black organizations. A great hero of the black movement, Abdias do Nascimento, had just returned to Rio from self-exile in the United States. He immediately turned himself to the task of building the movement in Rio de Janeiro.[14]

Black organizations in Rio which ratified the call to action and then signed, and sent a formal letter of support to the organizers in São Paulo were *Quilombo*, the Renaissance Club, the Black Socialist Nucleus, (CEBA) the Brazil-Africa Study Center, and the (IPCN) Black Cultural Research Institute.[15] They represented, respectively, the cultural world, the sphere of black soul, the political left, the academic community, and the community-based intellectual and activist sector. In them a wide range of organizations in black Rio announced itself ready to participate in creating a national black social and political movement.

Back in São Paulo a collection of CECAN members took the lead in organizing the demonstration. They were supported by Afrolatin America, the Brazilian Institute of Africanist Studies, Young Brazil, Black Athletes, the Brazilian Christian Benevolent Association, and *Capoeira*.[16] Along with CECAN itself, they included five of the original 12 signatories, and two newcomers.

The organizers in São Paulo spread out over the city contacting black and progressive organizations, imploring them to participate in the demonstration on July 7. They circulated the call to action and other letters. They called for the denunciation of racial discrimination such as practiced by the Tiete Yacht Club and for the condemnation of police violence which had resulted in the death of Robson Silveira de Luz as well as another worker, Newton Lourenco.[17]

Like the Montgomery bus boycott over 20 years earlier, the MUCDR had good candidates to build the movement around: hard-working family men and respectable young athletes. The character of the victims would not serve as a hinge to turn against them.

The black *militantes* did not know what would await them on the morning of July 7, but they were determined to proceed. They didn't even know whether their brothers and sisters in the struggle, fellow militants from Rio de Janeiro, would arrive. Nothing remotely like what they planned had ever happened in Brazil.

The Public Demonstration

All the accounts of the demonstration on the *Avenida de Cha*, on the stairs of the São Paulo Municipal Theater, share a single feeling — euphoria, the sense of being present at a historical moment. Lélia Gonzalez captures it perhaps most fully.

> Emotion took control of us, causing a kind of vertigo. And a deep feeling took over each of us when we heard the Open letter to the population read by 2,000 voices.... The letter was, indeed, a revelation. "We are in the street here today in a campaign of denunciation. A campaign against racial discrimination, against police oppression, against unemployment, underemployment, and marginalization. We are in the streets to denounce the devastating conditions of life in the black community."[18]

The letter was very clear about how the people assembled before the Municipal Theater constituted a departure from the practices of the past.

"We are leaving the meeting rooms; the conference rooms, and we are going into the streets."[19]

People wept. One old man cried so he could not read the letter.[20]

This was not only an innovative political event, it was a powerful emotional experience. It changed people's lives. Throughout the Brazilian black movement, even in the 21st century, participants may not know the exact date of the MUCDR's founding, but they all know July 7, 1978. They all know the place: the steps of the Municipal Theater in São Paulo.

Despite the sometimes painful quality of people's experiences throughout their lives, on that day they were animated and exhilarated. They held placards aloft. They waved banners. They laughed. People sambaed in place. They helped pass out copies of the Open Letter so that everyone could have one to read aloud.[21]

Letters of support came from all over the country: Bahia, Pernambuco, Para, Rio Grande do Sul, and elsewhere. They were read to the assembled throng. Each was exuberantly applauded and cheered. One that had great impact came from prisoners in São Paulo, in the largest prison in South America, Carandiru. The prisoners called themselves "Grandsons of Zumbi." They denounced police violence and the total disregard for black people's human rights.[22] Many people gave speeches denouncing racism and calling for a movement against racism, against discrimination.[23] The Rio contingent was present in full force. The crowd was mostly black, but significant numbers of white Brazilians were present as well.[24]

Each person represented a profound act of personal courage.

Perhaps that knowledge contributed to the tears, the elation — that there were so many profoundly brave people, ready to risk all for the sake of racial justice.

Seize the Time

One of the hallmark slogans of the Black Panther Party for Self-defense in the United States was, "Seize the Time." To the Panthers the phrase had a double meaning, each part of which was indispensable.

The first meaning was that when an opportunity arose, one must pounce on it, grab it, not let it get away, exploit it fully. The second was that it was imperative to be prepared to act when opportunity appeared. It couldn't be pounced on, grabbed, prevented from escaping, or fully exploited unless one were ready to do so. The mechanisms had to be in place.

After the public demonstration on July 7, the task of the MUCDR was to "seize the time." They had to act aggressively to take advantage of the momentum afforded them by the shocking human explosion on the *Avenida da Cha*. They had to use every instrumentality accessible to them. Their objective was to build a national black movement. They had to strike while the iron was hot.

July 8

The day following the demonstration, São Paulo organizers held an assessment meeting at the Brazilian Christian Benevolent Association (ACBB) headquarters. They were still in a state of elation, but they had to focus on how to capture the momentum. They began to plan the next scheduled event.[25]

Rio

The event the MUCDR members in São Paulo were planning was a meeting on July 23, again in São Paulo. When the Rio members returned to their city on Guanabara Bay, they began to discuss proposals to introduce at the July 23 meeting. Among those they considered, one stood out: to add the word *Negro* (black) to the organization's name.[26]

July 23rd

The July 23 meeting was also held at the ACBB headquarters. The meeting was labeled, "The Assembly for Minimum Organization and Structuring." Representatives came from three states, São Paulo, Rio de Janeiro, and Minas Gerais. The delegates approved a number of resolutions proposed by the state delegations, including the Rio proposal which added *Negro* to the organizational name. The approval of that resolution officially changed the name of the organization to the United Black Movement Against Racial Discrimination (MNUCDR).[27]

During the meeting the more conservative organizations clearly stated their hesitancy to adopt a program as radical as that being proposed by the more progressive ones. Indeed, they began to disassociate themselves from the agenda that was emerging from quite heated deliberations.

Nevertheless, a provisional commission was elected with a charge to draw up the MNUCDR's basic documents: a letter of principles, bylaws, and an action program.[28]

Salvador

Days after the July 23 meeting, Lélia Gonzalez and Abdias do Nascimento were commissioned to go to Salvador, bring supporters of the MNUCDR there up to speed on organizational developments, and to seek their continued support.

They were the perfect ambassadors to the city. Lélia had helped black intellectuals in Salvador focus on the political question during a visit in 1976. Her stay had greatly increased organizational intensity among black intellectuals. In Salvador she was regarded as a premier leader in the black movement. Abdias do Nascimento was well known in all the city's activist circles. People were eager to see him, and excited to hear what he had to say about developments in Brazil after his decade-long exile.

The militants in Salvador received the two MNUCDR representatives enthusiastically and immediately pledged their allegiance to the organization and agreed to send a delegation to the second national assembly, scheduled for Rio de Janeiro.[29]

Belo Horizonte

At the end of August a group of black intellectuals from São Paulo and Rio de Janeiro went to the "Week of Afro-Brazilian Studies II," held in Belo Horizonte, the capital and major city of the state of Minas Gerais. The conference was hosted by the Minas Gerais Institute of History and Art. Almost every member of the São Paulo and Rio group was also a member of the MNUCDR; two of them had been elected to the provisional commission.

During the seminars the MNUCDR members convinced a couple

from Belo Horizonte to lead the formation of a MNUCDR group in the city. People from Minas Gerais at the conference agreed to send representatives to the second national assembly in Rio.[30]

The Second National Assembly of the MNUCDR

The Rio assembly was held September 9–11, 1978. The Black Cultural Research Institute (IPCN) hosted the meeting at their headquarters. Delegations came from São Paulo, Bahia, Minas Gerais, Espirito Santo, and from the city of Rio de Janeiro and delegates from the state of Rio de Janeiro who did not live in the city. There were 300 people all told.

The business at hand was the discussion, revision, and approval of the basic documents, the election of a national executive commission, and the establishment of the MNUCDR's position on the national elections on November 15. People defended their positions fiercely. The discussions were hot and heavy. Indeed, they were so rancorous that soon after the floor was opened for debate the Rio de Janeiro state delegation walked out.

The bylaws were approved on Saturday after a whole day of debates. The wrangling over the letter of principles and action program on Sunday was so volatile that the whole process almost broke down. One group whose positions had been rejected left under protest, heightening the level of animosity.

Despite the intense disagreements, most of the participants remained committed to completing the assembly's business. They argued into Monday morning. Although by then everyone was exhausted, none of the continuing delegates would leave.

When the delegates finally left Rio late Monday afternoon, they had approved the letter of principles and the action program. The bylaws called for the establishment of centers of struggle in each state. All the delegations except the one from Espirito Santo had chosen the representatives for their respective centers of struggle. Espirito Santo delegates, absolutely fatigued, postponed their selection to a later date.

The organization adopted a position on the national elections of November 15. It was to introduce the notion of a *racial vote*. This meant establishing a platform to identify the priorities of the black population. The strategy was to introduce the idea to black legislators, and in case they didn't accept it, to bring it to progressive white candidates in the opposition party.

The next national assembly was scheduled for November 4 in Salvador.[31]

The Third National Assembly

The meeting in Salvador almost perfectly depicted the manifestations of racialization unique to Brazil. The national coordinating committee, approved in the second national assembly, had designated the assembly to meet at the headquarters of the Bahia Public Employees Association. The local arrangements had been made by MNUCDR members in Salvador. On the morning of November 4, the day scheduled for the assembly to begin, the president of the employees association said its headquarters could not be used for the meeting because it violated the Afonso Arinos Law (which prohibits racial discrimination). While the law had been passed to protect black people from racial discrimination, it was weak and almost never imposed on whites. Most black people saw it as a law used only to impede initiatives by black people.

The national coordinating committee put out frantic telephone calls to local institutions for the study of race relations, asking them to support the assembly. Meanwhile, the federal police mobilized to prevent the meeting.

The alternative location the coordinating committee had chosen was the Vila Velha Theater, a theater that frequently staged black productions and productions with racial themes. It was a public theater. When the delegates went to the Vila Velha, the theater officials told them that the federal police had prohibited the assembly as a violation of the Afonso Arinos Law. While the theater operators were telling the delegates they could not come in, the police mounted a heavy presence in front of the theater and saturated the area with police cars.

The delegates moved *en masse* to the Germany-Brazil Cultural Institute, several blocks away. The institute, a private association, welcomed them. There they held the third national assembly of the MNUCDR.

Once they were finally in session, the delegates defined details of the action program, set a date for the preparatory meeting for the Congress of Black Culture in the Americas, and adopted an important resolution proposed by the *Grupo Palmares* from the state of Rio Grande do Sul that established November 20 as the National Day of Black Consciousness.[32]

The resolution identified November 20 as the date of Zumbi's death. Zumbi was the legendary leader of the *quilombo Palmares*. It also made another telling point. It said, in part,

"We deny May 13, 1888, the day slavery was abolished, as a day of liberation." Why? "Because that day a law was signed which exists only on paper, covering up a situation of domination under which to this day Black people encounter: abandonment in the *favelas*, hovels, floods, invasions ... prostitution, prisons, unemployment and underemployment, violence and police repression ... racism and every form of oppression in Brazilian society...."[33]

The National Meeting in Belo Horizonte

In September of 1979 the MNUCDR held a national meeting in Belo Horizonte to assess and adjust the organization's activities, and to propose its first national congress. The congress was scheduled for December 14–16, 1979, in Rio de Janeiro.[34]

The First National Congress of the MNU

In December 1979, delegates from Rio, São Paulo, Bahia, Minas Gerais, and Rio Grande do Sul met in Rio de Janeiro for the first national congress of the MNUCDR. The congress addressed the question of violence. The delegation from Minas argued that the black population was the object of *daily terror*. A campaign against violence was one of the two campaigns the congress voted to execute:

(1) A campaign of jobs for blacks.
(2) A campaign against police violence.

The campaign against violence differed considerably from that being waged by the government—which saw the major source of violence as the dangerous classes, the marginals. The MNUCDR turned that interpretation upside down. Its members said the most debilitating source of racial violence was the state. It committed official violence, police violence, governmental violence, against its own population, the black population.

Women delegates denounced the whitening of black men through marriage. They discussed elementary education for children, birth control, and the relationship of all these questions to the liberation of black people in the struggle against racism. They also analyzed how female domestics are the targets of racism, including racism practiced by the most militant whites in the women's movement.

Other discussions condemned the commercialization of black culture. Delegates talked about how black cultural producers should be compensated, how the actual producers of the culture should reap the material rewards it produced.

The action program was both deepened and broadened. Someone raised the question of whether the organization's name reflected its mission. Some argued that since its principle struggle was "against racial discrimination," including those words in the organization's name was redundant. They proposed the simplification of the name by dropping those words, and calling the organization, simply, the Unified Black Movement. Indeed, they noted, that was already how the organization was referred to conversationally. The congress approved the suggestion. The official name of the organization became *Movimento Negro Unificado* (MNU).[35]

An Assessment of the MNU's Genesis

Who is Black?

The simplification of the MNU's name underlined the organization's central perspective: *Negro.* Black. But an organization is not a set of documents. It is people. Within the Brazilian national context, the name "*Negro*" begs the question of which people are meant by the name. Who are Black Brazilians? Appearance was the only generally recognized guideline. But what specific appearances placed Brazilians in the "black" category? For reasons intrinsic to Brazil's racial system, that had never been codified or clarified. The MNU did not have the luxury of overlooking this shortcoming. Since its central thrust was to represent black people, it had to define who black people were.

The founders were a diverse group. Varied, conflicted, and contentious though they were, their marathon debates and constant quarrels brought the central questions into relief. Veterans of many organizations, movements, and struggles, their conceptual capacities were highly refined. Many of them were intellectuals, trained as complex thinkers. Though they themselves differed over who was black, the centrality of identifying, as clearly as possible, who constituted their constituency did not escape them.

The lengthy and fractious debate during the second national assembly of the MNUCDR in Rio de Janeiro on September 10 and 11, 1978, approximately three months after the founding of the MUCDR, and two months after the mass demonstration in São Paulo, was the occasion when the organization settled on its definition of the *Negro.* It set that definition forward in its letter of principles.

The first paragraph of the letter opens with the following words:

"We, members of the Brazilian Black population—understanding as Black all those who possess in skin color, in facial appearance, or in hair, signs characteristic of that race...."[36]

That definition was explicitly based on appearance—the possession of physical traits which could be associated with African ancestry. It did not identify specific degrees of skin color, attributes of facial features, or descriptions of hair. The general message is *anyone can tell who we are by looking at us.* In effect, we are *not* all the same skin color. We do *not* all have the same facial features. We do *not* all have the same hair color or texture. But *if you look at us,* you can tell we all had ancestors from Africa who were enslaved in this country.

This is, indeed, the general Brazilian understanding of what separates *whites* from all others in Brazil. If you look as if your ancestors were white, you *are* white. But in the conventional Brazilian conception, those who *are not white* are not all the same. In the *official* census, some are *pardos* (browns), and some are blacks. In the *popular* understanding there are many, many more differentiations than that.

The MNU turned this understanding around. It said, if you don't look white, you're black. We "*Negros*" are all Brazilians who don't look white (or Asian, or indigenous). But since the populations of these two latter groups are proportionately so small, they were readily identified as neither black nor white. Likewise, they are accounted for in the most recent census as "yellow" and "indigenous." This also clearly marks them as *not* white. White people are people who appear to have exclusively European ancestry.

The MNU defined race by using the same standard as the conventional one in Brazil, appearance. But it applied the standard in such a way as to produce totally different results. Instead of producing *pardos* and *negros,* browns and blacks, the MNU standard produced blacks. It evaporated the mulatto. Mulattos who didn't appear white were black. You could tell by looking at them they had African ancestry.

A Confluence of Vectors

The MNU was created by a wide range of actors—both individual and organizational. They fell into many categories. In each of the categories some of the participants were organizations and some of the participants were unaffiliated individuals. It is perhaps easiest to identify participants by organizational affiliations. Those included organizations of athletes and members of social clubs. Some organizations were samba schools, *blocos afros, afoxés,* African-based religious organizations, Catholic organizations, and economic organizations. There were theater groups, visual arts groups, writers' groups, newspapers, magazines, and *capoieristas.* There were study groups, university institutes, university centers for Afro or Afro-Asian studies, and youth organizations. There were political organizations. There were women's organizations. The organizations represented the widespread structural infrastructure that social movement literature indicates is necessary to mount and sustain a long-term social movement. All these organizations afforded black people the opportunity to participate in free spaces and to be privy to alternative narratives.

There were individuals who were affiliated with these specific categories, such as Eduardo Oliveira de Oliveira in São Paulo, who was a founder of the theatrical group *Evolução*; Milton Barbosa, also in São Paulo; and Arani Santana, from Salvador, who was a founding member of Nego, a black activist group in Bahia. There were also participants who were affiliated with other kinds of organizations, not centered around race. Some belonged to human rights organizations, others to homosexual, labor, or class-based organizations. Other individuals participated who had no organizational affiliations at all.

While the MNU originated in São Paulo, and while participants from Rio were intimately involved in that process, by the First National Congress in Rio, December 15–16, 1979, delegates from five states spread across the country were present. Some of the most important questions had been raised and solutions proposed by delegates outside of Rio and São Paulo. Just as importantly the organization had held national meetings not only in Rio and São Paulo, but also in Salvador and Belo Horizonte. Populations outside of the two largest cities had been able to attend these gatherings. In addition, people selected delegates and sent them to far-off locales to participate in building the organization and carrying out its work. They began to see themselves as part of a national organization, and a national population. They really began to *see* a national black population and to experience themselves as part of it. They began to feel themselves as representatives of a vast, countrywide people.

That the organization had undergone a kind of trial by fire and winnowing elevated the *esprit de corps* and sense of mission among those who remained. They shared a feeling of common purpose greater than that of their individual objectives or those of their particular local organizations.

A New Organization

Finally, the MNU did not end up being what had been intended. The people from São Paulo and Rio de Janeiro who began meeting in 1976 had the specific intention of creating a national black movement. They may have done so. But if they did, it was not the MNU. Despite its name, the MNU did not turn out to be a national black *movement.* It emerged as a national black *organization*. It had a letter of principles, an action program, and bylaws. Its bylaws provided a specific structure and established standardized procedures. It had categories of membership, specific internal structures, and officers.

Below the MNU organizational structure is diagrammed.

The bylaws provide that the MNU is a nonprofit corporation. They set forth requirements for membership and categories of affiliation, specifically: members, sympathizers, and supporters. Responsibilities and rights of members are detailed. Means of raising financial support,

National Coordinating Committee & National Executive Commission

↓

State Coordinating Committees
(Bahia; Espirito Santo; Minas Gerais; Rio de Janeiro;
Rio Grande do Sul; São Paulo)

↓

Municipal Coordinating Committees
(São Paulo; Rio de Janeiro; Salvador; Belo Horizonte;
Pôrto Alegre; Santos; Brasília)

↓

Work Groups
(Formed within individual municipalities for specific purposes,
such as the Robson Silveira de Luz work group in Salvador,
for education and political education)

↓

Base Nuclei
(Groups of around five people in places such as neighborhoods,
workplaces, *Candomblé terreiros, capoeira escolas*, and *samba escolas*.)[37]

Figure 1

managing assets, and maintaining and disposing of property are all laid out.

The bylaws spell out the responsibilities of each unit and each officer. Means of selection to the positions are specified. Considerable detail is developed with respect to each aspect of the structure and each operating procedure. At the municipal level, for example, each municipal coordinating committee shall have a municipal coordinator and coordinators for finance, organization, press and communication, political organization, culture, and a liaison to the base nuclei.

This documentation describes, specifically, an *organization*, and *not* a *movement*.

It may be argued that while the MNU turned out to be a specific organization, it spawned a national black movement. While there is some merit to that argument, it is more likely that *the effort to build the MNU gave rise to a national black movement*. Nor does the argument address the point articulated here: the MNU is not a social or political movement. It is an organization. As a result, with respect to that emphasis, whether or not the MNU generated the black movement of the 1970s and '80s is moot.

For a nuanced understanding of how the MNU developed, it is important to keep in mind what has already been pointed out — an organization consists of the people who constitute it. A somewhat detailed look at organizational involvement in the MNU helps illustrate what this means in practice.

When organizations such as CECAN, *Grupo Palmares*, or ACBB joined the MNU, they generally sent representatives of the organization as delegates to the MNU. Not all individual members of the organization went to MNU meetings or were directly affiliated with the MNU. The principal identification for most members of these organizations was with the organization to which they belonged directly — to CECAN, *Grupo Palmares*, or ACBB. Those organizations kept doing whatever they had been doing before the MNU was founded. They kept their own organizational agendas. Only in a comparatively few instances did the original organizations merge with the MNU and cease to exist as autonomous organizations.[38] Usually such mergers happened only with relatively new organizations. Organizations which had long, distinct identities — which had social memories of themselves — which often had their own headquarters, maintained themselves as separate entities. Nor did it ever enter their frame of mind to disband because the MNU existed.

As the narrative has shown, some organizations abandoned their connections with the MNU during its formative period — while it was still the MUCDR or the MNUCDR. What this means in practice was that they stopped sending representatives to MNU meetings. Such withdrawals had little impact on the organizations from which they had come. Most people in those organizations had *never* participated in the MNU. Withdrawal had no effect on them.

The call to action for the July 7 demonstration was as much a call to action from the organizations which had formed the MUCDR as it was from the MUCDR itself. At that time the MUCDR had virtually no structure or independent membership. When the MNUCDR established and implemented its own organizational structure, people who became members included people who retained memberships in their original, supporting organizations; people who left other organizations to become MNUCDR members; and people without other organizational affiliations. The founding organizations and their memberships were not swallowed up into the MNUCDR. While many MNUCDR members retained membership in the organizations they had belonged to before the MNUCDR, they no longer operated as those organizations' representatives within the MNUCDR or the MNU, or as delegates from those organizations. The memberships were independent and distinct.

The MNU as an independent organization was no longer one which included other organizations—except as sympathizing or collaborating members, not as direct members. People joined the MNU as individuals. The MNU did not unify other organizations within itself. Once the MNU became an independent organization, there was nothing "unified" about it. People belonged directly to it. There was no proxy relationship. It was one more membership organization.

While there is no doubt that the MNU became a separate, independent organization, and not a unified movement, there is still the considerable possibility that regardless of its own characteristics, the MNU—and the process of forming the MNU—spawned the national black consciousness movement. As the narrative in this chapter has shown, the MNU was not formed out of whole cloth. It did not spring, like Athena, fully formed from the head of Zeus. On the contrary, its origins can be traced deeply into Brazilian history. The MNU itself looks back to Zumbi and the state of Palmares in the 16th century. Closer influences are the FNB and the TEN. But there are more immediate predecessors in other organizations of the 1950s, '60s, and early '70s, as well as in cultural trends. In the National Black Meeting held during 1982 at the Center for Afro-Asiatic Studies of Candido Mendes University, at least 20 of the 67 organizations there predate the MNU. In short, the MNU emerged from a black consciousness movement that was already underway.

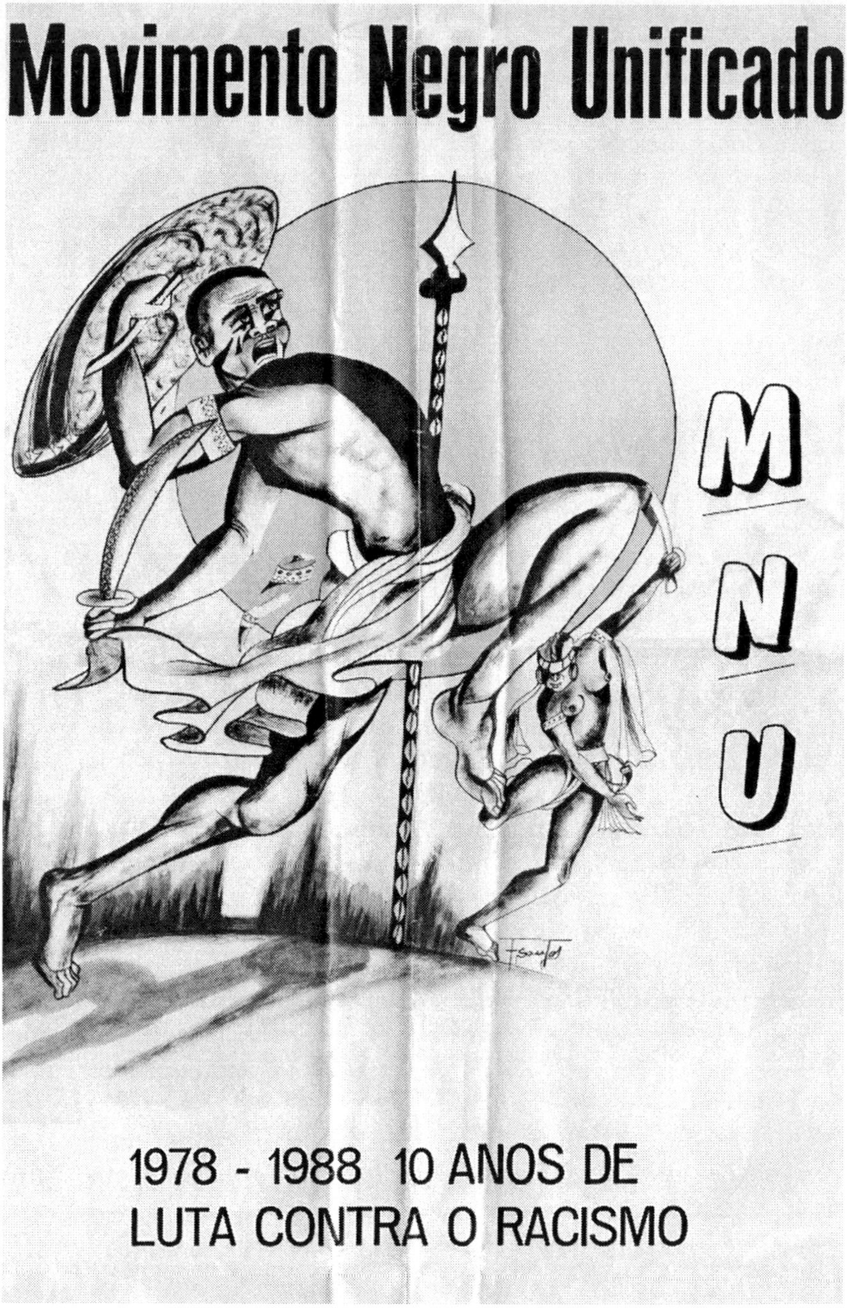
Movimento Negro Unificado
MNU
1978 - 1988 10 ANOS DE
LUTA CONTRA O RACISMO

MNU poster commemorating the 10th anniversary of the founding of the MNU. The bottom reads, "1978–1988 10 Years of the Struggle Against Racism."

The MNU put a political point on the spear of the black consciousness movement, but that is different from giving rise to the black consciousness movement. The MNU was the first *national* black organization to arise from the black consciousness movement, but there was a movement which was national in scope, if not in conception, which enabled the connections which the MNU leaders used to forge their organization. As noted a bit earlier, that effort — building the MNU — may have led to a national black movement. Building the MNU may have created a national black movement which was not only present in fact, but which also recognized itself as a national movement, which identified and made connections between its disparate parts. There is no doubt that the MNU was the most widely known and most significant black organization in Brazil from the late 1970s through the early 1980s. The MNU may well be what many claim it is, the most significant Brazilian black political organization in the second half of the 20th century. It may have given great impetus to the Brazilian national black consciousness movement. In a dramatic fashion, the MNU cast aside the invisibility that had cloaked explicit black political activity in the country. But there is currently not sufficient evidence to warrant its designation as demiurge.

By the end of 1979 the MNU had assumed the central characteristics still associated with it today. It was a national black organization. It had a political orientation. It denounced Brazilian racism, sexism, homophobia. It identified and pointed out the systemic character of racial violence in Brazilian society, including police violence directed specifically against black people. It championed the protection and uplift of Afro-Brazilians. It acknowledged the international character of racism and committed itself to participate in the international struggle against racism as well as the domestic one. It claimed November 20 as the official day of black consciousness. By the end of 1979 the MNU had stepped onto the stage of history.

6

A Dozen Years: The Organizational Foundation

Two Broad Spheres of Activism

The MNU's early program was ambitious. It was characterized by initiatives in two areas: the international and the domestic.

The International Dimension

Abroad, the MNU established an immediate presence. In 1979 MNU members attended meetings in both the United States and Italy. In the U.S. they were present at "The Women Under Apartheid" conference in New York City; "Economics and Politics in the Black World," in Los Angeles; and two meetings in Pittsburgh, the meetings of the Association of Latin American History, and the second meeting of the African Heritage Studies Association. In Italy they attended a meeting on "Human Rights and the Women's Mission," sponsored by the World Congress of Churches in Venice.[1]

The year 1980 saw MNU members attending meetings in five countries. They went to Panama for the Second Congress of Black American Culture. They went to the UN-sponsored meetings in Canada and Finland on "The Women Under Apartheid." In Los Angeles they attended the groundbreaking conference "Race and Class in Brazil," sponsored by the Center for Afro-American Studies at UCLA. That conference resulted in perhaps the most influential work to date on black politics in Brazil, *Race, Class, and Power in Brazil*, edited by Pierre-Michel Fontaine. The book included the revelatory chapter on the MNU written by Lélia Gonzalez, "The Unified Black Movement: A New Stage in Black Political Mobilization." The book, published in 1985, contained a later version of the paper Lélia Gonzalez had presented when she attended the 1980 meeting. Also in 1980, MNU representatives went to Switzerland for a preparatory meeting of the UN-sponsored Decade of the Woman Conference. An expression of the international impact of the MNU by 1980 was that on November 20, 1980, the Brazilian National Day of Black Consciousness was celebrated in London.[2]

MNU overseas activities continued in 1981. Members traveled again to Italy for a conference on "The Political, Economic, and Social Situation in Brazil;" and to Paris for a UN-backed discussion of sanctions against South Africa.[3]

Throughout the organization's first three years, MNU members participated in other panels, forums, and meetings in the U.S., Europe, Senegal, Upper Volta, and Mali. They were also interviewed by newspaper, radio, and television reporters on all three continents. They even participated in *demonstrations* in other countries, such as the widely celebrated African Liberation Day.[4]

By the end of 1981 the MNU had made an auspicious entrance onto the world scene. A number of its appearances at major meetings and conferences were linked to the African diaspora: a total of five dealt directly with the African diaspora, and three more (for a total of eight) had links to the diaspora. Early on the organization had incorporated both a diasporic perspective and diasporic work into its program.

The National Dimension

Within Brazil an important element of the MNU's early work was the conceptualization of the role of race in Brazil—both historically and in the contemporary period. The organization sought to demystify and demythify Brazilian society and culture, particularly, the role of race.

As the MNU had local, state, and regional organizations as well as a national organization, there was much variety in what its members did. The actions tended to be distinctive in each place.

MNU-Created Free Spaces

The MNU created a large number of free spaces, and a significant number of *kinds* of free spaces. These were spaces where MNU members and others associated with the MNU were free to express their own narratives—their own concerns, initiatives, and interpretations of various phenomena. They could be settings where human beings came together to be with each other in person, such as meetings, demonstrations, conferences, seminars, forums, speeches, and theatrical performances. They could be opportunities for human minds to interact while the people themselves were not physically together, such as articles, books, newspapers, fliers, letters, magazines, posters, and other documents. In all these instances, the MNU permitted, or offered under its auspices, chances for people to share substantive communication with each other in ways unavailable in venues controlled or dominated by Brazil's hegemonic populations.[5]

Nego

In 1981 the MNU in Salvador, Bahia, began to publish an information bulletin which it entitled *Nego*. The bulletin covered local and national MNU events — events that had transpired since the last publication, and those expected in the future. It offered editorials on prominent national policies, examining their implications for the black population. It published articles on specific conditions in Brazil, such as the impact of industrialization on the black labor market. It solicited opinion and analysis pieces on significant national policies from black scholars, activists, labor leaders, and political leaders. It printed articles on historical events and conditions and their associations with current conditions. It offered selections of poetry, printed photographs of events, activists, leaders, black movement sites, and artworks.[6]

The publication's name came from the activist group Nego. It met with Lélia Gonzalez during her 1976 visit to Salvador to strum up interest in a national black movement. After 1978 Nego metamorphasized into the Salvador section of the MNU and gave its former name to the organization's information bulletin.[7]

Nego was distributed to other MNU chapters, to other black organizations, at black meetings throughout the country, and became, in effect a national publication of the MNU. At first it was published irregularly, but beginning with no. 5, November 1983, it was published twice a year. Usually about 3,000 copies were published of each number. With the publication of no. 12, in May 1987, the MNU officially adopted *Nego* as its national newspaper. All sections of the MNU contributed to its publication, though the physical production and distribution were still conducted from Salvador. Production was raised to 5,000 copies per issue.[8]

The kinds of materials published in *Nego* were not found in the popular press, the dominant press. To read *Nego* was to enter another world whose existence the popular press never revealed. Almost all the voices and messages in the popular press were white, yet the society's racialization was so complete that almost no one saw anything wrong with that.

Position Papers

The MNU produced many official positions and documents, a number of which were cited earlier: the letter of principles, the constitution and bylaws, and the action program.

Additionally, the MNU developed position papers on specific issues and for presentation and discussion at various national and international meetings. For example, it produced a paper on "Birth Control and Its Implications for the Black Population."[9] It developed an official position on "Sexism and Racism." It laid out an assessment of the present and prospects for the country's future in "For an Authentic Racial Democracy."[10] It presented a paper at the "Symposium in Support of Self-determination and Independence of the Namibian People," held in San José, Costa Rica, in 1983.[11] These are only illustrations of the kinds of official messages the MNU put into writing and circulated. The actual extent of such publications was voluminous as following discussions will demonstrate.

The MNU Jornal

Once *Nego* became the MNU's national newspaper, four issues were published. The last was no. 15, published in November of 1988. In the national congress of 1989, the organization decided to change the paper's name to *MNU Jornal* (MNU newspaper). *Nego,* as a title, had run afoul of the vagaries of Brazilian regionalism. While it was a fitting appellation in Bahia, it was not appropriate at the national level. In the state of Goiás, in particular, the word was used as a slur against black people. In the interest of national legitimacy, catchwords and slang terms were excluded from the title of the national newspaper. Many terms might fall into the same regional buzz saw. The entirely straightforward and unequivocal title *MNU Jornal* was chosen.[12]

The *MNU Jornal* was scheduled for quarterly production. The newspaper carried the same range of information as *Nego*, but was characterized by more contributions from areas outside of Bahia than the first 12 issues of *Nego*. A national publication commission was responsible for editing and producing the *Jornal*, with the headquarters remaining in Salvador.[13]

In the early 1990s Brazil underwent severe economic crises highlighted by hyper-inflation. The country's economic weaknesses had their most destructive effects on the poor, which included the great bulk of the black population. Such economic shocks greatly effected the *MNU*

Jornal's ability to meet its production schedule as evidenced by this excerpt from an apologetic postscript added to the Editorial in no. 18.

> It was in the context of this crisis sketched in our editorial that our project of implementing a Free, Autonomous, and Independent Black Press had to be interrupted one more time.[14]

Number 18 was published to cover the period beginning in January of 1991. The immediately prior issue, number 17, was published for September–November of 1989.[15] The gap of over a year in the publication of the MNU's most important national vehicle, scheduled for quarterly publication, reflected the financial challenges the organization faced.

Dez Anos

In 1988, in celebration of the 10th anniversary of the MNU's foundation, the MNU published the book, *1978–1988 10 Anos da Luta Contra o Racismo* (*1978–1988, 10 Years of the Struggle Against Racism*). The edited book contained nine chapters sketching the emergence of the MNU, the origins of its Salvador chapter, principal position papers of the organization, policy documents developed and published by the MNU, as well as its letter of principles. The book was not only a celebration of MNU achievements, it was also a thoughtful critique and a useful assessment of its shortcomings during its first decade. It is a major source for studies of the MNU.[16]

National Congresses

Beginning with the first national congress of 1979 in Rio de Janeiro, the MNU hosted nine national congresses through 1991, including the ninth congress also held in Rio. Although book-ended by congresses in Rio de Janeiro, the nine congresses were held throughout the country: Belo Horizonte, Brazilia, Goiás. The MNU took its paramount free space to every region of the country where it had active local sections.

The congresses selected national and regional leaders; established and changed organizational structures and procedures; chose national themes and campaigns; assessed organizational activities; developed policy positions; scheduled further meetings; and reported on ongoing activities, collaborations, and plans. They also engaged in extensive discussions of international conditions; Brazilian society, economics, politics, culture; and the black movement.[17]

Sub-National Meetings

In addition to the national congresses, the MNU held organizational meetings at the state, municipal, and base levels. The subnational meetings developed means for implementing the national agenda at their respective levels, engaged in policy discussions, assessments, and goal setting for themselves.

Women in the organization created a women's group of the MNU. It held a national meeting in Recife in 1991. Although labeled "The 1st National Meeting of Black Women of the MNU," men were welcomed and some attended. Within the meeting, however, some sessions were divided by gender.[18]

Municipal and state MNU's also conducted training sessions for their cadres. Specific texts were developed and published for these sessions. They included histories of black resistance in Brazil, and of the Brazilian black movement in the 20th century.[19]

There were many informal gatherings of MNU members, including social occasions and trips to and from various meetings. In such settings, people often discussed subjects which were on the official MNU agenda. Though such sessions were technically outside the organization, since those participating in them were all members of the MNU, they allowed people to explore ideas and MNU policy concerns without having to make formal decisions about them. They allowed a freer form of communication than the organizational structure of even the MNU's "free" spaces.

Open to the General Public

Complementing its own meeting spaces, the MNU created areas *in public spaces* where the MNU's agenda and the black movement agenda were the substantive fare. The organization created a significant number and range of such venues. They included, but were not limited to: debates, film festivals, *feijoadas* (feasts), reggae nights, public meetings, public demonstrations, cultural celebrations, seminars, and essay contests for schoolchildren.[20]

Additionally, the MNU developed spaces that were intended to feature specific aspects of the black movement. It founded an antiapartheid committee intended for a wide constituency.[21] In Salvador, it established a municipal women's committee.[22] The MNU organized the National Black Convention.[23] The MNU in Salvador utilized the opening of its headquarters—a building the organization owned—as an opportunity to invite the residents of Salvador's largest black neighborhood (where the headquarters are located), *Liberdade,* into the facility to enjoy dancing, drinking, eating, and at the same time familiarize themselves with the organization and talk to MNU members.[24]

These were all MNU initiatives which were not internal to the MNU, which focused on the general Afro-Brazilian public, and with the exception of the Salvador headquarters grand opening, which did not take place in spaces controlled by the MNU. Even in the case of the headquarters opening, the MNU members present were vastly outnumbered by others — to the effect that the space was not dominated by the MNU but by the general Afro-Brazilian population of the area. In effect, the headquarters were turned into a public space as opposed to an MNU space.

These were all efforts the MNU took to get its message and its reach outside the narrow spectrum of black political activists and into the lives of Brazil's vast black population. The MNU used them to sponsor spaces which privileged counterhegemonic narratives.

The MNU's Primary Modus Operandi—Cosponsorship

Though the MNU was the sole sponsor of a wide range and number of public events, the lion's share of its sponsorship of popular activities was done jointly with other organizations. Most frequently they were black organizations, and particularly black organizations associated with the black consciousness movement. But the MNU was not racially exclusive in the organizations it worked with. Many events were cosponsored with the Catholic Church, Protestant churches, departments of government, socialist organizations, political parties, labor unions, ONGs, and various local organizations.

In Salvador the MNU cosponsored events ranging from poetry readings, debates, and panels, to marches, seminars, and expositions, with organizations such as the Salvador Association of Neighborhoods, *Ilê Aiyê*, the Baptist Church of Nazare, and political parties of the left.[25] In Juazeiro, Bahia, the MNU cosponsored demonstrations against the Sarney government in conjunction with the Diocese of Juazeiro and the Bahia Order of Lawyers. In Goiás, along with the Black Women's Group and the Black Pastoral Agency, the MNU sponsored the 1st Meeting of Black Women.[26] In Belo Horizonte, the MNU organized a march for November 20 as the day of black consciousness in solidarity with Union

Group and Black Consciousness.[27] It cosponsored demonstrations in São Paulo with the Popular Committee Questioning a Century of Abolition.[28] In Belo Horizonte the MNU, Union Group, the Black Pastoral Agency, *Casa Dandara*, and the Movement for Improving the Quality of Life for the *Salgado Filhoe* (a neighborhood) and adjacent neighborhoods all joined together to organize a demonstration for the National Day of Black Consciousness.[29]

The MNU followed the same pattern at the national level. It sent a delegation to the fifth meeting of blacks of the North and Northeast where the MNU Women's Group made a presentation.[30] The MNU prepared a text on black groups for the Calendar of Latin American People.[31] The organization sent representatives to the National Meeting of Social Assistants.[32] It participated in the regional meetings of blacks in the North/Northwest, South/Southeast, and Central-West.[33] The MNU was an active participant in organizing the 1st National Meeting of Black Organizations.[34]

The MNU was almost universally present at expressions of the black consciousness movement and of progressive social movements in localities wherever the MNU was organized; and at national gatherings, demonstrations, marches, or presentations of black or progressive causes. The organization was immersed in the black movement. At the local and state level it was integrally linked to planning and participating in events associated with the black movement.

The Transformation of Public Spaces: MNU Advocacy

Prior to the black consciousness movement, for black people to seek grievance restitution from the state as black people, and on the basis of racial affronts, was both rare and notable for its ineffectiveness. Michael Mitchell, for example, relates the case of Maria Aparecida Rosa in the city of Juiz de Fora, who complained about her exclusion from a nightclub on the basis of her race. The club was swiftly closed, but for her pains, Maria Aparecida was fired from her job and run out of town as a threat to social peace.[35] Her treatment was typical of what happened to black people who complained about racial injustices. As a result, the broad black population tended to acquiesce to the powerful social pressures for social peace at the expense of black dignity and rights. The MNU did not. It moved into public spaces in ways hither-to-fore largely avoided by black people, particularly with respect to collective contestation of racial issues.

The antiapartheid committee the MNU formed petitioned the state to break off diplomatic relations with the apartheid regime and to recognize the delegations of SWAPO in Namibia and the ANC in South Africa as the authentic representatives of the two countries in inter-state relations with Brazil.[36] In Salvador the MNU demonstrated against a state government project directed at street children, claiming that the program contributed to the continued marginalization of street children by reinforcing the children's roles as full-time street hustlers and vendors.[37] Also in Salvador, the MNU and other groups proposed that the State Department of Education adopt standards for a curriculum of "Introduction to African Studies," and that the course be introduced into the public schools throughout the state.[38] MNU members testified before the Salvador City Council on the subject of Women and Racial Discrimination. They published a paper analyzing the candidates for election to the Salvador City Council, basing the analysis on a black perspective.[39] They advocated for a Special Session of the Salvador City Council to investigate blacks and police violence. Once the session was held, they addressed it. In connection with that appearance the Salvador MNU published a manifesto against police violence.[40] The organization was instrumental in developing and participating in discussions with the city government about the creation of a department for women.[41]

Nationally, the MNU participated in demands for amnesty for political prisoners, for increased rights for the population at large, and in strikes sponsored by unions.[42] Members joined all these efforts, specifically, as black people, and, collectively, as a black organization.

The MNU, as the MNU, supported progressive black candidates for office at the municipal, state, and national levels throughout the country. Annually, the MNU participated in and organized demonstrations throughout the country on May 13, the anniversary of the "Golden Law," abolishing slavery; and November 20, the anniversary of the death of Zumbi, the National Day of Black Consciousness. In each instance the demonstrations emphasized the historical and contemporary endemic racism in the country and the elite's absolute hypocrisy on the question.[43]

In Minas Gerais the MNU sued Manpower — an employment agency for temporary workers — for placing newspaper ads seeking candidates for a technical, mechanical position with the qualifications that the applicants be of "good appearance, and white."[44] Also in Minas Gerais, in the city of Belo Horizonte, the MNU attacked the state secretary of education for distributing racist literature in the state's public schools. The MNU claimed that while the literature was nominally published to recognize the 100th anniversary of the abolition of slavery

(1888–1988), the document actually contained two selections on the creation of human beings which asserted categorically that God had created white people and the devil had created black people.[45] Prior to the black consciousness movement, neither of these practices would have been publicly challenged by an organized black constituency.

In Goiás the MNU joined forces with other groups to fight the building of a dam which would submerge the *quilombo* Calunga and flood the holdings of its residents, descendants of Africans who had escaped slavery in the 19th century and established their settlement in the highlands of eastern Goiás.[46]

In the city of Paulinia in the state of São Paulo, the MNU from Campinas organized demonstrations against the principal of a local public elementary school who was accused of racist acts against both teachers and students in the school. On one occasion before a host of faculty and student witnesses, she locked one black teacher out of the school, shouting, "The place for black people is the slave cabins!" Another time she kept the black students out of the cafeteria. Once when an eight-year-old black student fainted, she offered no help and said it was just a seizure, "stuff happens." She was crude, loud, racially abusive, and became the first person prosecuted for the practice of racism under the new federal constitution. The MNU was active in pursuing the prosecution and in supporting the black staff, faculty, and students in the school in their efforts to oppose her ruthless authority.[47]

In Goiás the MNU aggressively attacked a newspaper, *Diaria da Manha*, for swallowing whole the police version of the beating of a manual worker in police custody in the city of Anapolis. The MNU intensified its attack when the paper refused to publish the MNU's letter censuring the publication. The letter offered a sound and stinging rebuttal of *Diaria da Manha*'s report of the beating.[48]

The MNU opened spaces never before entered collectively by black people, as black people, launching narratives *from a black perspective*. In so doing the MNU transformed public spaces—formerly hegemonic spaces—into free spaces, spaces where the black movement could have voice. This was speech whose very existence the very same public spaces and the elites who had dominated them had denied. With the eruption of such a view of the world into public life, the Brazilian popular discourse on race was inalterably changed.

When the MNU spoke out and acted out against undeniable racist acts in public accommodations, police practices, criminalization of populations; when it showed racist conduct of employment agencies, state departments of education, hydroelectric construction projects, school principals, and newspapers; when the MNU called on the state to act against racist states abroad and to correct the racist character of public education; when the MNU campaigned for political candidates as a *racial* organization, it forced the state to act on conditions which the state had declared nonexistent. When grievants against racist acts presented themselves in courts of law with hosts of witnesses, when they testified before legislative bodies, when they demonstrated by the hundreds and by the thousands in public squares, when they took over the streets in marches denouncing racism, when they displayed photographs of people mutilated in police custody, they pulled the covers off of Brazil's "racial paradise." In speaking truth to power, the MNU forced power to reply.

The Illumination of Hidden Transcripts[49]

A review of MNU activities during its first decade leads to an appreciation for the unexpected. The most notable revelation about what MNU members were doing is not that they were attending meetings, staging demonstrations, sponsoring celebrations, holding marches, participating in strikes, sponsoring rallies, and acting as advocates for black people. The most surprising finding is that they were engaged in profound intellectual work.

They were, first of all, continually engaged with each other in deep conversations about race and racism in Brazil, about the international capitalist system, and about its manifestations in Brazil. They discussed the conditions of black people in Brazil, the history of the country, and the role of African descendants in that history. They examined the African continuum in Brazil, and they examined Africa itself. They discussed the character of the African diaspora and variations within it. They talked about what needed to be done to improve the African condition in Brazil, and how that fit in with what was going on and what needed to be done in the world at large. These discourses took place in numberless meetings, in car rides, in bus rides, at parties, over lunch, over dinner, in marathon night-long sessions breaking up after dawn. They took place inside individual persons, when someone sat down with pen and paper or typewriter and worked on a difficult problem.

Moreover, they took place in many territorial settings: in local working groups, municipal meetings, in regional conferences, in national conferences, in national meetings, and in international forums. The participants were continually exposed to differing, new, contrasting, and even supportive interpretations. They argued heatedly. They defended positions, shifted positions, and expanded their visions.

They not only talked, they read. They researched. They became deeply informed. They wrote. They wrote position papers, essays, articles, books. They presented at academic conferences—at home and abroad. They presented at political and cultural forums—at home and abroad.

Many MNU activists were intellectuals—teachers, professors, graduate and undergraduate students, and people who simply had deep intellectual interests. Many came from the labor movement and brought with them social consciousnesses profoundly informed by study groups and Marxist readings. People came from the student movement and from the ranks of political dissidents, often after spending time underground. There were participants steeped in liberation theology, in the work of Paulo Friere.

In a sense, they were a community of scholars, feeding off each other and enriching each other, akin to the collection of German physicists in the early 20th century or the group of scientists who worked at Los Alamos in the early 1940s. As with those groups, their work was expanded exponentially as a result of broad international perspectives and exposure. They became *masters* of their subject matter—race and the Afro-Brazilian. Like the Jesuits of old, they became peerless articulators of their faith.

As one MNU writer said in a *Nego* article, "In its early years the MNU was preoccupied with collecting and exposing all the evidence that racism was a reality and that a true racial democracy had yet to be built."[50] The writer continued, making the point that,

> Little by little, resistance was broken. Over time both inside and outside the Black community responses have become more positive. Even those who dismissed the organization through the first decade were unable ... to construct a more formidable proposal than that of the Unified Black Movement.[51]

This effectiveness was based on hard research. In the same issue of *Nego,* Ana Célia wrote,

> In research that I'm now developing, in 82 books (school texts) I found almost a total absence of Black people and their culture. In their rare appearances they were characterized as lazy, bad, ugly, incapable, crazy ... as a minority, without names, title, without family, caricaturized, humbled, resigned. Their culture, their religion, and their customs were "folklorized" and considered "primitive."[52]

She also noted the consequences revealed by her research:

> The rejection and symbolic violence imposed by the schools are injected into the child who reacts by rejecting the school and its content which humiliates her.[53]

In another edition of *Nego*, José Carlos Limeira traces the role of "Black people and the Labor Market," from the early slavery period to the present. In addition to considerable historical research, including texts in German, he probes and systematically analyses the most recent Brazilian census data (1980 at the time).[54]

These contemporary Jesuits were not only persuasive, they were grounded by the empirical data. In a public forum they were irresistible. Their impact on the national racial dialogue was unprecedented. Their scholarly labors reinvented the Brazilian racial paradigm. Like most innovative interpretations of the world, theirs was fiercely resisted. Nevertheless, their assault was relentless.

The Narratives: The MNU's Primary Lines of Analysis

The principal issues the MNU addressed during its first dozen years, the MNU's interpretations of them, and stances on them, are critical to understanding what MNU members thought was important and why, and to understanding what they envisioned should be done about them. These elements, discussed below, are the MNU's narratives: what the organization was saying in the spaces it controlled and influenced.

Racial Democracy

As perhaps the dominant myth of 20th century Brazil, the interpretation of the country as a racial democracy was one of the most deep-seated challenges facing the MNU. At its third national congress in Belo Horizonte, the MNU developed a position to confront this nemesis head-on.[55]

The document, entitled, "For an Authentic Racial Democracy," said forthrightly, "We deny the existence of a 'racial democracy' and we intend to demonstrate its falsehood and work to make it authentic, truthful, and humane."[56] The paper argued that capitalism doesn't favor the resolution of social schisms because it uses them to implement its basic *modus operandi*, exploitation deriving from inequalities. The paper asserted that black people were not equally distributed among Brazil's social classes as one might expect in a true racial democracy. On the contrary, they were concentrated in the lowest reaches of every social category. Additionally, the country actively hid the role black people had played as the major builders of the country. Instead, Brazil pictured black people as merely providing "flavor" to a country whites had built. Abolition, the MNU argued, had changed nothing for black people. It was the FNB—not any aspect of the white population—which had raised the level of struggle for black Brazilians in the 20th century. It was the FNB—not white leadership—which had sought to integrate black people into the woof and warp of Brazilian society. The concentration of black people into the lowest ranks of society was compounded by their concentration in the country's poorest regions. Nor could the MNU overlook the circumstance that those most exploited and abused by the horrific system were black women. The intent of the MNU, the statement made clear, and the MNU congress resolved, was to liberate black people from the massive, layered, and complex racial oppression unique to Brazil.[57]

José Carlos Limeira, photographed in Sacramento, California, 2001, at an event sponsored by the Sacramento Area Black Caucus in honor of Brazilians attending a Race and Democracy in the Americas Conference and academic workshop at California State University, Sacramento. Photograph by Faye Kennedy.

Militants of the MNU even used poetry readings targeted to the public to point out the farcical character of abolition. In Salvador, *Ilê Aiyê* and the Salvador Neighborhood Association cosponsored such events. In poem after poem—sharpened by wit, humor, and pathos—the writers raised the inescapable question, if abolition were such a transformative event for black people, what explained their miserable contemporary condition?[58]

In an editorial in *Nego* no. 10, May of 1986, the Salvador MNU addressed the role of the Constituent Assembly (the interim Brazilian Congress for the transition from military to civilian government, which was also writing the new constitution). The writers indicated that the Constituent Assembly was the best democratic instrument for drafting the constitution because it was composed of representatives from all political and social segments of the country, because it represented every region, and because it was expressly elected to discuss, lay out, and vote on the new constitution. As designed, it would be free, sovereign and independent.[59]

The editorial went on to say that, unfortunately, the promise contained in the proposal for the Constituent Assembly was not realized because the dominant class had decided that the Congress would write the constitution. This meant that its members would have to divide their time and efforts between writing the constitution and governing the country. The national elites had also decided that only members of political parties would be eligible for election to Congress. Yet Brazil had many political forms other than political parties which would not be eligible for election and whose constituencies would be unrepresented in the constituent assembly, *e.g.*, religious organizations, social movements, the MNU itself.[60]

The editorial said, "When a society decides to convene a constituent assembly, it signifies that the power structure is not operating in equilibrium."[61] But even given that reality, the piece asserted, the dominant class will try to guarantee that it remains in power — which, in effect, means impeding popular efforts for change. That is why, the MNU maintained, means must be found to use the weight of the overwhelming majority of the population to check elite domination. In that effort, the racial question would play a crucial role.[62]

The MNU argued that the new constitution must have laws which effectively guarantee equal opportunities for all social elements — which in practical terms meant, principally, blacks and Indians. For this reason it was necessary to withhold support from people external to the black movement and to back the black militants who had been actively working for a decade to end racial and social inequalities.[63]

In *Nego* no. 14, Paulo Bonfim, a former MNU member and at that time director of *Ilê Aiyê*, was asked to assess the MNU. His observations were deeply reflective. Bonfim said that the people who became the nucleus of the MNU in Salvador began political work when it was *verboten*. He said while there were always people willing to do cultural, social, and economic work, "politics was always very dangerous. When people talked about politics, they shook." He said, "People thought that talking about politics was subversive."[64] He declared that the emphasis the MNU placed on politics was its most positive accomplishment. "Today [1988] we have a wide range of black people in various leadership positions, serving diverse constituencies, who are active in many political parties...."[65] The objectives of the black movement were and are, he said, to render ourselves free from oppression without becoming oppressors.[66]

Bonfim said the society is not only racist, the MNU recognized it is also sexist. The creation of the MNU's women's group was an important marker of that condition and a step toward combating it. Sexism must be confronted inside the movement and out. This is how one makes the movement itself democratic so that it might be both a model and a contributor to the building of an authentic democracy.[67]

The group which built *Nego*—which transformed itself into the Salvador MNU—began under the most oppressive years of the military dictatorship. Bonfim says, "When we began ... we were very frightened...."[68] At that time, he said, orders were given to kill Nego people, to disappear them. He said, "We were all jumpy. When someone new came, that nervousness intensified."[69] They met outside—in a cemetery—so that everyone could see far and wide, be aware of all the approaches, and have many directions of exit. When they left the meetings, "not everybody could leave at once."[70] They left in ones and twos over a long period of time. "At that time," he reflected, "it was difficult, it was an epochal task to try to organize the black movement politically."[71]

He concluded by saying that by 1988 the black movement had momentum and the ability to act. What it lacked was power.[72]

Zelito Silva, of the Black Consciousness Movement, an organization based in the interior of Bahia state, was asked to make an assessment from her perspective in the same issue of *Nego.*

Speaking of the black movement as a whole, she said, "The movement grows with respect to the number of organizations, but the matter of quality leaves something to be desired."[73] About the MNU, specifically, she said, "The MNU, despite its mistakes, is without any doubt, the most respected organization in the black movement."[74] She said, "We attribute this recognition to its line of political work on the racial question, work which is comprehensive with respect to the black population's daily life."[75] According to Zelito, the black activists in the interior thought it imperative to address the racial question there, specifically with respect to agricultural life. Her group decided to contact the MNU to learn more about it because, traditionally, the racial question was addressed only in Salvador, and not in the rest of the state. She believed the MNU would build on its successes, learn from its errors, and align itself with the black population, not only in the capital of Salvador, but in the interior as well.[76]

In 1991, the *MNU Jornal*, no. 18, reprinted a text developed by a group of militants from Brasília and Goiás. It was written during a preparatory meeting for the First National Meeting of Black Organizations. The national meeting was scheduled for Rio in November 1991. The text was written as an organizing vehicle; its purpose was to explain the importance of the meeting to the public which should be most interested in attending.

The paper began by referring to the 1982 meeting at the Afro-Asian Center of Candido Mendes University in Rio de Janeiro, referred to earlier in this book's chapter on "Independent Black Organizations."[77] The paper said that the 1982 meeting was the last national black meeting. It said that the nine-year lapse between meetings was detrimental to the movement. The importance of the meeting after such a hiatus was staggering. During the intervening years there had been a sea change in the national political picture. Social movements had entered the political landscape. The international arena had assumed greater significance in internal developments. The fragility of the reigning concepts, philosophies, dogmas, and their authors had all been exposed.[78]

There had been time to assess the errors, successes, advances, and reverses of the antiracist struggle, a struggle which was largely the work of the black movement. A wide array of means had been used in the resistance struggle. They included cultural productions and explicit political actions to combat racism. All these steps had been taken by many organizations all over the country.

Yet, strangely enough, a central question remained unanswered: what does it mean to be against racism in Brazil? The country had developed a singular and efficacious model of race relations; that model had broad social legitimacy at the same time that it possessed a spectacular capacity to create inequalities between blacks and whites. This was done simultaneously with minimizing the phenomenon of race.

Though black militants and intellectuals had waged a hard battle against Brazilian racism over the preceding decade, placing the racial question in the context of Brazilian capitalism and focusing the objectives of the antiracist struggle, the effort was characterized by a pendular pattern. It seemed to oscillate between confirming black identity and reducing inequalities between blacks and whites. Though the efforts are not mutually exclusive, they require distinct and separate strategies. Nor was the movement less than blameless in its efforts at implementation.

The militants from Brasília and Goiás said the black movement still hadn't defined precise goals or developed a way to transform its rich collection of people and abilities into a broad social movement. Nor did the black movement of the '70s penetrate the left sufficiently to get the left to adopt the antiracist struggle as its own. The pursuit of the racial question continued to remain almost entirely within the purview of the black movement. At the same time, the state, which historically operated as the preeminent agent of cooptation, tended to adjust its reaction to the racial question, seeming to admit the existence of the problem, but doing nothing to alter the structures which keep the inequities intact.

The writers observed that the conflicted celebration of the 100-year anniversary of the Golden Law (abolishing slavery) saw the official message of deliverance and progress confronted by mass protest demonstrations. In Rio the demonstration was repressed. The contradictory manifestations of race in Brazil were amply realized in that centennial year. Debates over racism had been legitimized. The black movement had developed a visible and even striking presence. Yet racist structures not only remained in place, they retained the capacity to act decisively. Parts of the black population were, in effect, throwing quite loud and dramatic fits, but they were taking place entirely outside the field of play. They weren't even in the game.

This is what we must get across, argued the position paper. It is in this setting that the First National Meeting of Black Organizations will take place. More than an arena of political struggle, the meeting needs to constitute itself as a forum for reflection and collective examination. We need to be able to extract lessons from the past and spread the collective wisdom enabled by a review of the struggles of hundreds of men and women in the struggle against racism.

To the writers of the think piece, the national meeting presented a unique opportunity to develop an effective, collective political offensive against racism. "To paraphrase Spike Lee," the paper concluded, "it's time to do the right thing. It remains to be seen what the right thing is."[79]

The MNU recognized the strength of the concept of racial democracy even in its own ranks. In 1991, in the *MNU Jornal*, nos. 18 and 19, it devoted a two-part essay by Josafa Mota to the subject, "The MNU and White Ideologies." It stated a perception held by many of the most nationalist MNU members:

> In Brazil, there's a huge polemic about the Black movement. Whites of the left, right; liberals, conservatives, all of them, assume the right to theorize, validate or invalidate, or even admit the existence of such a form of political expression.[80]

Mota went on to say that many MNU members were members of leftist parties, especially the PT. What must be made clear to them, he

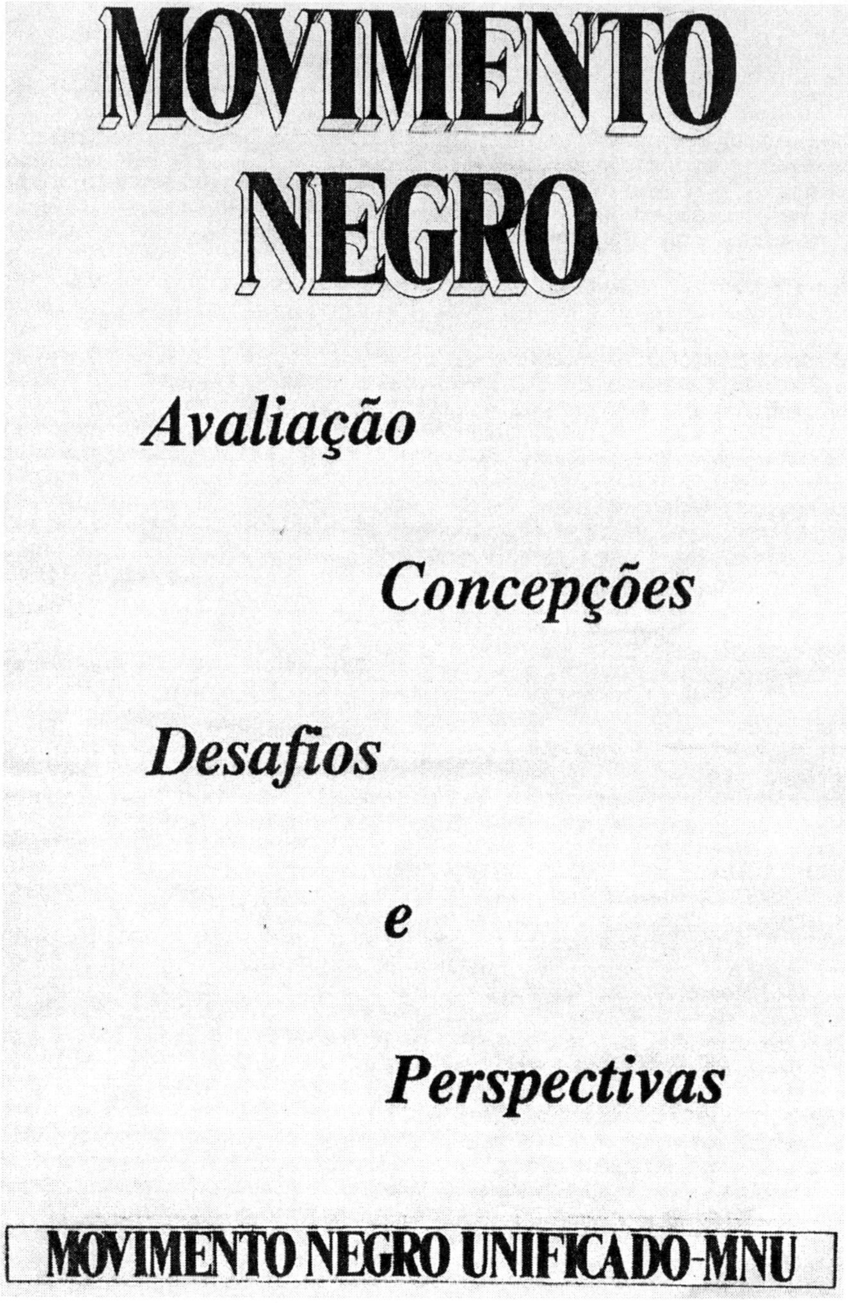

MOVIMENTO NEGRO

Avaliação

Concepções

Desafios

e

Perspectivas

MOVIMENTO NEGRO UNIFICADO-MNU

Cover page for MNU position paper presented at the National Black Conference in 1991. The paper made the MNU case for the black movement to create a national political project from the standpoint of the black population. The title reads, "The Black Movement: Evaluations, Conceptions, Challenges, and Perspectives."

said, is that they cannot be black in the MNU and white in the PT. This pattern represents mental slavery. It exists in every black person, every member of the black movement, including the MNU, and it has to be exorcised.

Black people have to recognize, he said, that we are legitimate representatives of civilization, that the black movement is not going anywhere without incorporating the liberating philosophy of Pan Africanism into its practice. This is a struggle that began with African people in Africa and has entered the diaspora. This specific trajectory is represented by Steve Biko and the Black Panthers.[81]

If, indeed, Brazil is a racial democracy, where are the great black business leaders? Where are the great black investors in the country's banks? Indeed—where is the country's black middle class?[82]

The second part of the article spoke to the impact of Part I on discussions in Pernambuco. The author said he had never seen such agitation, heard such an outcry. Truly he had struck a chord. The conception of white civilization had never been laid as bare as in Part I. The whole wide array of white ideologies had united to fight the MNU. He asked, "If, today, twelve years after the creation of the MNU, the white left still fights us, imagine where they stood 20 years ago."[83] And what he doesn't say in that quote, but implies is "20 years ago when they were our role models and heroes."

In 1991 the *MNU Jornal*, no. 19 presented a significant interview by Jonatas Conceição conducted with Lélia Gonzalez.

One of her observations illuminates how the MNU conceptualized what "racial democracy" must mean from the standpoint of the black population. She said,

> What we perceived is that the MNU identifies with the Black community in saying to it that it must speak for itself, even though it may not agree with the MNU.[84]

The central point of a democratic society in this conception is that people speak for themselves. It is in the tradition of speaking truth to power. The MNU argued that in the Brazilian paradigm of racial democracy, black people did not speak for themselves. Others spoke for them. Black people had no voice. The elites spoke for them—the incumbents of racial democracy—who were all affluent, yes, but who were also all white. Black people, collectively barred from political participation, had collective interests which were not at all represented in the state.

The prevailing notion was that since race didn't matter in Brazil, it didn't matter whether black people had political voice or not. In any case, the outcomes would be the same. There were no racial interests.

The MNU argued that the interests of black people were different from those of whites for many historical, cultural, political, economic, and social reasons—*racialization*—but whatever the reasons for the differences, they were genuine and black people needed to represent their own interests in the state. The deeper MNU position—and the one that Lélia Gonzalez articulated—was that maybe black people have different interests from whites, maybe they don't. We shall only know, however, when black people speak for themselves. Under the current order, that does not happen. We aim to bring it about.

How this works out in particular circumstances was epitomized in the First Goiana Week of Reaction to Racial Violence. The conference was held following the torture of Albino da Souza, a manual worker in Anapolis referred to above. In the conference many questions were raised with respect to political representation, sometimes indirectly. Organizers asked why the police brutality in Anapolis was a question of racism. Unlike the popular reaction to such acts, people involved in the first Goaina Week of Reaction to Racial Violence were not dismissing out of hand that racism had something to do with the mutilation. Conventionally, the beating might have been seen as an expression of the police carrying out their legitimate responsibilities, or even if they had overstepped their bounds, as a case of police brutality, pure and simple, with no connection whatever with race. The Conference planners rejected this conventional view. They said it was possible that the act was racist. They wanted to understand whether it was racist or not. To reach such an understanding, they said, there were questions which needed to be answered. From the standpoint of how this placing of the issue coincides with black political representation, their stance was *in the absence of black people, authentic black voices involved with the event, the question of whether the act was racist would never have arisen.*[85]

Black representatives also asked why the state was not making physical and social improvements in the black neighborhood of Anapolis. That was a political question which never would have arisen without the specific people present at the conference who had raised it. The lesson was that political meetings held to address questions of police violence open doors to other issues—*never seen as issues by traditional decision makers.* People who have been denied voice with respect to the state may well have perceptions of which the state has never availed itself and for such people to participate in the state is what *democracy*, and in the Brazilian context, *racial democracy*, must mean.[86]

Cover for the MNU action program and constitution, published in 1992.

The MNU members in Goiás had not known what people attending the conference would say. The MNU's position was that people should be able to use the political arena to express whatever was on their minds. This is entirely different from assuming that the incumbents of state office and political space, *ipso facto*, represent all the people. Such an assumption is even more unwarranted and less tenable in a racialized society than in any other.

At the First National Meeting of Black Organizations referred to above, the MNU proposed a political project. It developed a paper to represent its position. The organization identified the task before the meeting as the following: "The necessity of identifying a form of struggle capable of synthesizing the thought and aspirations of black people for Brazil. This is our challenge."[87] The document identified the great responsibility for black organizations as building a political project for Brazil from the black point-of-view.[88]

The MNU took the position that although racism was condemned by law and had no scientific standing, racial violence was still a reality, and that white people knew they had a privileged position and had no interest in surrendering it. All white leaders, including the left and the most progressive among them, contributed to promoting the view that the antiracist struggle was futile. As a result, a political project of black people for Brazil was imperative. That project had to express a general theory for transforming society which answered three questions:

1) What are the mechanisms which sustain contemporary society?
2) What society do we want to build?
3) What must be done to attain the society we want?[89]

This political project must be understood as a struggle for power. It will not be an instrument of black organizations, for black people; it will be a proposal for a multiracial Brazil from the black point of view. To achieve it, alliances with other social groups will be necessary, but those alliances will be on terms that will maintain black autonomy and will not compromise the goal of building a society that appreciates the different peoples who constitute Brazil.[90]

This document sets forth the MNU understanding of racial democracy and distinguishes it from the racial democracy subscribed to by ruling elites.

Luiza Bairros, elected first national coordinator of the MNU in March 1991, said during the ninth congress, that the MNU must use its experience to confront the country's racist practices. This could be done most effectively by turning the MNU into a mass organization. The goal is to construct a political force based on black people. This force will change the public discourse and the national agenda. This will mean creating alternative political visions and alternative means for realizing them. To do this the MNU will have to conduct deep research about Brazil's problems and about effective ways to address them. A great deal of that work was already going on in the MNU and the whole black movement could benefit by discussions that draw on it, discussions that would prove instructive to various wings of the movement about the whole range of viewpoints that the movement must be flexible enough to contain.[91]

The MNU assault on racial democracy was relentless, comprehensive, and penetrating. It took place across the whole scope of MNU activities and was, perhaps, the organization's dominant theme. More than simply an attack on the status quo, it proposed alternative possibilities.

Police Violence

A catalytic agent in the MNU's formation was the police act of torturing and murdering Robson Silveira da Luz. In the founding decade police violence against black people remained one of the organization's highest priorities. The MNU had a twofold task regarding police violence. First of all, it had to point out the practice and demonstrate its systematic presence. Secondly, it had to develop strategies to reduce it. While the MNU's stance resonated with Afro-Brazilians, accomplishing the two tasks remained a herculean objective. Unfortunately, the MNU proved to be no Hercules, but it expended great energies against the black population's uniformed nemesis.

In 1985 on the International Day for the Elimination of Racism in Salvador, the debate sponsored by the MNU was, "Racism, Imperialism, and Police Violence." The same year the MNU lobbied for a special city council meeting on blacks and police violence in the city, and also published a manifesto on police violence. *Nego* focused many articles and sections on police violence, including follow-ups on police officers who had been accused of violence against black people.[92]

A poem by Milton Barbosa on the back page of the *MNU Jornal*, no. 18, January-March, 1991, captures the MNU theme against police violence.

React to Racial Violence

Black one
If you don't react
you will be dead

Dead socially
culturally
economically
psychologically
Morally
precociously

Dead before birth
still in your mother's womb

You'll be dead without work
without school
without having anywhere to live

You won't have rights
or health
You will always be accompanied
by the curse of drunkenness
prostitution
pulled toward crime

You will be dead
In the prisons, in the streets
In the fields, in the cities
from hunger
from a police bullet

dead without history
with the anguish of not having studied
your dignity
stripped
of dignity[93]

Newly elected national coordinator Luiza Bairros, speaking of racial violence, said, "For us ... it is violence to keep a black person out of a building as it is violence for a black person to be murdered by police simply for being a suspect."[94]

The Oppression of Black Women, Including Birth Control and Sterilization

At the third national conference of the MNU, held in 1982, the organization developed its thesis on racism and sexism. It included the idea that gender and sexual preference were used as categories for oppression in capitalist societies. As a result black women and gays face a triple oppression (quadruple for lesbians?). This is a problem even within the MNU where many members pay lip service to antidiscriminatory beliefs, but in practice demean black women and homosexuals, and discriminate against them. The women's movement also marginalizes black women. The MNU indicated it was committed to an active campaign to eliminate all these inequities as well as achieving free abortions, the end of forced sterilizations, free and extensive birth-control literature, and eliminating the idea of illegitimacy—discrimination against single mothers. In addition the MNU backed repeal of legislation which criminalizes gays and prostitutes; supported legislation which provides preferential employment for women and gays, the extension of all rights, particularly to women—to the point of advantaging them (elsewhere known as affirmative action); and free, government-funded child-care, available for all children, open 24 hours a day. All MNU members were to be required to participate actively in these programs to get their own heads on straight.[95]

In 1985 the poetry reading cosponsored by the MNU, the Salvador Neighborhood Association, and *Ilê Aiyê* was dedicated to the black woman. At a seminar on racial domination sponsored by the municipal government in Salvador, the MNU Women's Group participated on a panel entitled, "The Black Woman in Society." Their specific topic was "The Black Woman and Beauty." The MNU Women's Group presented at the fifth meeting of blacks of the North/Northeast. In Salvador the MNU participated in discussions on creating a department for women in the municipal government. The MNU also convened a municipal women's council.[96]

Nego no. 10, under a section labeled, "Woman," published an article proclaiming, "Birth Control and Sterilization Equal Racism." It noted international rationalizations for efforts to sterilize black women. It said,

> Here in Brazil ob/gyns became international instruments for using Black and non-white women guinea pigs, testing birth control methods that were prohibited outside the country, prescribing them for their victims. They've received substantial funding from international organizations and domestic nazis.[97]

The article went on to say,

> We must be attentive to birth control which has one single objective: to exterminate the Black and non-white races. We say *NO* to official family planning, to birth control methods that mutilate women. We will discover natural methods. Family planning must be done by the couple and not by the government.[98]

September 27–29, 1991, in Pernambuco, Recife, the Women of the MNU held the first national meeting of the Women of the MNU discussed above.[99]

In an interview with Jonatas Conceição da Silva reported in the *MNU Jornal* no. 19, Lélia Gonzalez spoke to a problem endemic in racialized societies.

> A very great resentment arises among the women with respect to sexuality,

> because many Black men prefer the white woman. This is true, there's no point in trying to block out the sun with a sieve. They internalize the supreme value of whiteness, as we all do, only we are trying to get away from it. Even some leaders inside the movement only hook up with white women and this is a form of reproducing the racist viewpoint, without a shadow of a doubt.[100]

She offers a partial explanation for this pattern, "In a certain sense, the black man lives out his rivalry with the white man by fighting him over the white woman. He has a great need to assert his masculinity, and he finds it as 'the King of White pussy.'"[101]

This condition observed by Lélia Gonzalez and many women in the Brazilian black movement is not limited to Brazil. It seems a prevalent feature of racialized societies. Similar observations were often made about the Civil Rights Movement and the Black Power movement in the United States. Black male activists in the Black Power movement were often accused of "Talking Black and sleeping white."

When Lélia says, "They internalized the supreme value of whiteness, as we all do," her statement is one that resonates every bit as much with hair straightening and skin lighteners in the U.S. as it does with the vaster and more complex realm of "whitening" in Brazil.

These are powerful societal and cultural features which participants in black movements have to wrestle with. In 1992 a college student who was a member of the MNU held back as long as she could, but finally could refrain no longer. She asked, "Do black women in the U.S. straighten their hair?" Hearing that many did, she asked, "But why? Why?" Before her question could be answered, she rushed on to say, "We do the same thing in Brazil."[102]

Racialization so completely permeates racialized societies that it reaches into the deepest interstices of personal life to complicate and dampen efforts to build powerful, collective, political efforts.

Lélia Gonzalez recognized that and said such conditions mean, in part, that black women cannot develop the same feminism white women do. She said,

> Although I don't deny that one of the great things that happened in recent years was the Women's Movement.... We have to assume a position with more equilibrium in terms of the woman/man relationship, because I'm not a woman alone. I'm a woman with a man and it's in this relationship that I'm going to affirm my womanhood, in exchanges with the man. And these values of African culture are forgotten in our unconsciousness, and have much to contribute to equilibrium in the man/woman relationship.... We, Black women, must have a sharply critical vision of this feminist movement, because we don't have to keep reproducing established practices.[103]

The integration of questions of gender and race has been a signal accomplishment of the MNU.

The National Day of Black Consciousness

One of the goals the MUCDR enunciated on July 7, 1978, was the recognition of November 20 as the National Day of Black Consciousness. That has been a steadfast message of the MNU throughout its existence. For all practical purposes that objective is now a *fait accompli.* On November 20, 1995, the president of Brazil, Fernando Henrique Cardoso, traveled to the site of Palmares, in Alagoas state, to recognize the occasion and to pay homage to Zumbi in whose honor the date was chosen.[104]

The movement to recognize November 20 as the National Day of Black Consciousness was initiated in 1971 by *Grupo Palmares* in the city of Pôrto Alegre, in the state of Rio Grande do Sul.[105] The date was chosen after extensive research about the most likely date of the death of Zumbi, the last leader of the *Quilombo* of Palmares. After 100 years of resistance to Dutch and Portuguese attempts to overthrow it, Palmares was finally defeated in 1695 and Zumbi was killed. This —*Palmares*— said *Grupo Palmares,* was the beginning of organized black resistance to European oppression and exploitation in Brazil. It is in such ground that the National Day of Black Consciousness should be rooted. This was ground (in time and space) that black people had hallowed with their blood and their resistance.[106] It was not the frail, farcical time chosen by the Brazilian state and society to bestow recognition on black Brazilians. The Brazilian elites had chosen May 13, 1888, the day that Princess Isabela had signed the *Lei Aurea*, the Golden Law, abolishing slavery. As one MNU spokesman put it in 1988, "[May 13] is in reality the hundredth anniversary of the Golden Law, not of abolition."[107] November 20 is every bit as much a rejection of May 13, the white people's holiday, as it is a celebration of the resistance of Africans and the charismatic leadership of Zumbi.

The MNU struggle to realize November 20 as the National Day of Black Consciousness had, literally, numberless manifestations. Typical was the publication and presentation in Salvador during November of 1985 of the production, "Zumbi of Palmares," by Marechal Rendon and Sao Caetano.[108] Yet the greatest single rash of MNU activities in support of November 20 during the organization's first decade came in 1988, the 10th anniversary of the MNU and the 100th anniversary of the Golden Law.

In Salvador on May 13, 1988, approximately 5,000 people, mostly black, marched through the streets of Salvador and down the city's major thoroughfare, Seventh of September Avenue. They protested May 13 as a day that signified anything to black people. During the demonstration a picture of Princess Isabella was burned. The MNU, along with *blocos afros*, neighborhood associations, the Domestic Workers Union, the PT, and the Communist Party of Brazil were all among the march's major supporters.[109] A mass rally in Belo Horizonte on the same date trumpeted the same message — this time to the music of Gilberto Gil and Caetano Veloso. Participants shouted, "Long live Zumbi!" And, "Down with Racism!"[110] In Palmares a similar march was held, led by the MNU and the Unity and Black Consciousness Group. The march supported November 20 as the legitimate day of black consciousness — not May 13.[111]

In São Paulo more than 6,000 black people and several hundred whites marched for the same purposes.[112] In Rio a similar march was cut off, redirected, and harassed by the police for its perceived affront to the Duke of Caixas, a hero of the Brazilian military and elites.[113] Protests of a similar vein took place in Celándia.[114]

The second such wave of demonstrations during 1988 took place on and around November 20. On November 18, the MNU gathered in Belo Horizonte with many representatives of the Black Consciousness Movement to commemorate November 20 as the National Day of Black Consciousness.[115] A similar demonstration spearheaded by the MNU was held on the same date in Goiás.[116] In Belo Horizonte on November 19 there was a great cultural festival.[117] On the 20th — in Goiás — the MNU celebrated the fifteenth Zumbi week.[118]

In Salvador the MNU sponsored an essay contest for the primary level on the subject, "*Quilombos* and Black Resistance."[119]

The MNU's consideration of the National Day of Black Consciousness was not restricted to celebration. In *MNU Jornal* no. 20, 1991, for example, the paper devoted its cover story to, "20 Years of the National Day of Black Consciousness," showing the date's origin with *Grupo Palmares* in 1971. The article also sketched a history of *Grupo Palmares* and the wealth of scholarship which identified November 20 as the appropriate date.[120]

Culture

The cultural question has often been contradictory for the MNU. African culture, black culture, African and black cultural identity are nothing new in Brazil. It is the MNU's explicit political stance which differentiates it from the unbroken, historical tradition of black organizations in Brazil. At the same time, the MNU cannot deny the significance of cultural organizations or the contributions they make to Afro-Brazilian identity. That many of the cultural organizations are politically conservative or *aggressively* apolitical, many involved in patriarchal, clientelist relationships with traditional political elites, makes the MNU's relationships with traditional black cultural organizations all the more problematic.

Nevertheless, the MNU has always maintained the importance of culture in the black movement. That consistency, however, has been clouded by MNU disputes with specific cultural organizations and cultural leaders. As a result, what is to the MNU a consistent record in support of the importance of Afro-Brazilian culture is less clear to many outsiders.

Perhaps the clearest evidence in support of the MNU's case is that since its inception and in every region of the country, the MNU has always worked with cultural groups to plan, support, and carry out its race-conscious initiatives. Of the 12 organizations which constituted the MUCDR on June 18, 1978, five were explicitly cultural groups. Two of those organizations—joined by scores of other cultural organizations—tended to work with the MNU throughout its first decade. Many of their members held overlapping memberships in the MNU.

It is in the recognition that organizations are constituted by individuals that the root of the MNU's cultural continuity may be discerned. Activists with cultural orientations who remained in the MNU didn't tend to lose their cultural sensibilities. They were interested in and participated in a whole range of MNU activities, including writing articles, holding poetry readings, sponsoring art exhibitions, staging theatrical productions, hosting film festivals. They encouraged the *afoxés*, the samba schools, the *blocos afros*, the *Candomblé terreiros,* the *capoeira* schools they belonged to, to work with the MNU. The role of human actors who *are* organizations helps explain the extensive expanse of cultural activities the MNU participated in during its first decade—as well as the significant number and wide scope of political activities that cultural organizations participated in. A brief review of these tendencies illustrates the point.

In 1985 the MNU in Salvador launched a sustained critique of *Musica Fricote,* a popular musical form that the MNU then regarded as reactionary. It presented a play, "*Zumbi dos Palmares.*" In Alagoinhas the MNU presented "Reggae Night." The MNU sponsored a poetry reading, dominated by MNU participants.[121] The MNU consistently published poetry in *Nego* and the *MNU Jornal.* Ana Célia of the Salvador MNU published articles on African and Afro-Brazilian studies in *Nego* and later in the *MNU Jornal.* Both papers published historical sketches and analyses as well as articles on book signings, lists of books in publication, on *blocos afros* and *Candomblé terreiros*, and literature reviews. The *MNU Jornal* also announced cultural trends such as reggae in Maranhão and testaments on the influence of Bob Marley and his music.[122]

In 1988 the Goiás chapter organized a seminar on religion and *negritude.*[123]

Speaking specifically of the black movement, Lélia Gonzalez said,

> We brought the Black question to the attention of Brazilian society, especially in the area of political power, and in areas related to the cultural question.[124]

She became more specific, saying,

> I'm thinking, fundamentally, about Bahia, because I think Bahia is a great fulcrum in this sense of the experience of identity, particularly cultural. I'm thinking, specifically of *afoxés* and *blocos afros* for the role they had in raising consciousness both inside and outside the Black community.[125]

A letter to the editor of the *MNU Jornal* no. 20 on Nelson Mandela's visit to Brazil in 1991 put the contradictions between cultural and political organizations in sharp relief. The letter said, in part,

> The recent visit of Nelson Mandela to Brazil ... was opportune for militant *Negritude*: in an evident division between Afro-Brazilian cultural manifestations and Black Power.... For decades what has most interested the majority of institutions in the National Black Movement is the promotion of Afro-Brazilian culture. There is little interest in anything else.[126]

The letter's *coup de grâce* read, "few blacks perceived that Mandela didn't come to Brazil to dance."[127]

The letter-writer in part reflected one of the MNU's concerns with the purely cultural question. Cultural organizations and practices can be as reactionary as they can be progressive. Their *political* stance is often informed by their patrons. This is a tendency the MNU and the progressive black movement must be aware of and capable of addressing effectively. Otherwise, Nelson Mandela can be understood as a black leader whose primary attribute and mission, *qua* black leader, is dancing.

One element of the MNU position on the cultural question that alienated many cultural activists is that black culture is not, *ipso facto*, a boon for black people. The MNU held that black culture could be put to many uses — even the most retrograde. To the MNU, black culture must be used in progressive ways to be beneficial to the black population. Without a progressive political line, black culture is like a riderless horse. Anybody can ride it, and it takes whatever direction the rider chooses.

Quilombos

Since the MNU's inception its members have taken the position that the major forces in the abolition of slavery in Brazil were *quilombos* and slave rebellions. This flies in the face of the official tribute given to white abolitionists and the "Golden Law." That only 5 percent of the African-descended population remained enslaved when the "Golden Law" was signed gives credibility to the MNU interpretation. In the contemporary period the MNU's emphasis on *quilombos* is significant because *quilombos* persist to this day and the 1986 constitution gives them title to their historical settlements if they can establish continuous residence as descendants of the original *quilombo* inhabitants. As one might imagine, in a contemporary capitalist society there are plenty of challenges to the assertion of such ancestral rights.[128]

The MNU's theatrical production of "Zumbi dos Palmares" follows the theme of the lasting significance of *quilombos.* Articles in *Nego* recount the history of Palmares and cite scholarship on it.[129] A page-long cartoon points to the historical record of *quilombos* and rebellions.[130] The *MNU Jornal* printed poems on Zumbi and Palmares: "*Zumbi* lives! "Splendid Zumbi," and "Poems of Palmares."[131]

MNU Jornal no. 16 explores "Calunga," a *quilombo* in the northeast of Goiás whose ancestral lands were threatened by plans to build a massive hydroelectric dam which would flood the 150-year-old settlement. The MNU joined with others to form a committee to mobilize public opinion — nationally and internationally — to stop the project. The MNU said to continue the hydroelectric project would be an act of genocide because a significant number of the residents said they would drown rather than leave the place of their ancestors. This is the kind of heroic resistance the MNU celebrates in the *quilombos.*[132]

In *MNU Jornal* no. 18 the newspaper published a letter from the Association of the *Quilombo* Remnant Communities of the municipality of Oriximina requesting help from the MNU to stop ALCOA from continuing its projects of exploiting the land and destroying the forests of their homelands, a process that had been going on since the 1960s and '70s.[133]

The MNU was particularly involved in the struggle to rescue the *quilombo* of Rio das Rãs from subjugation by a brutal landlord.[134]

To the MNU *quilombos* are of both historical and contemporary significance. In both periods they represent both the resistance of black people to the control of their destiny by others, and the assertion of their legitimate autonomy. The significance of *quilombos* rests in their ongoing legacy. They are not fossils. To this very day they are vibrant, *political*, human initiatives.

Religion

Afro-Brazilians are conflicted over religion. While some of this conflict is between Catholics and devotees of African religions, a significant amount of it now arises from evangelical protestantism which tends to label *Candomblé* initiates as devil-worshippers. Though that is also the tendency of the Catholic Church, its position is more moderated, and many Catholics also belong to *Candomblé terreiros.* Such joint membership would be heresy to the evangelicals. In these struggles, the MNU sides squarely with African religions — though a number of individual MNU members are Catholic, Protestant, agnostic, or atheistic. Nevertheless, because religion is a significant part of Afro-Brazilian life, it is an arena where the MNU takes a principled stance in support of African values.

In 1985 the Salvador MNU presented neighborhood films in *Candomblé terreiros.*[135] The MNU held a meeting on the racial question in South Africa in a Baptist church in Salvador.[136] The MNU in Goiás organized a series of forums on religion and *negritude.*[137] Throughout the country the MNU cosponsored many seminars, forums, debates, demonstrations, and marches with *Candomblé terreiros* and *agentes pastoral negro* of the Catholic Church.[138]

In its principal strategy of cosponsorship of events all over the country the MNU consistently worked with religious organizations. This is true in part because MNU members belong to Catholic and Protestant congregations, to *Candomblé terreiros.* They bring their religion with them into the organization, and their organization goes with them into their places of worship.

The International Dimension, the Diaspora

After a wholesale plunge into international and diasporic affairs in its first three years, the MNU continued its international and diasporic perspectives in the following decade, though its physical involvement was at a more modest pace. It worked on the Calendar of Latino Amer-

RIO DAS RÃS — A LUTA
PELA POSSE DA TERRA
"UM CLAMOR PELA VIDA — CLAMOR DE JUSTIÇA!"
APOIO: Comissão Pastoral da Terra, Sindicato dos Trabalhadores Rurais de Bom Jesus da Lapa, Movimento Negro Unificado, Fundifran (Fundação do Desenvolvimento Integrado do São Francisco), Pólo Sindical de Ibotirama, Diocese de Bom Jesus da Lapa, Cediter (Comissão Evangélica dos Direitos da Terra), Pólo Sindical de Santa Maria da Vitória, Cedoca (Centro de Estudos Dona Carmem) e Calop (Centro de Apoio às Lutas e Organizações Populares).

MNU poster calling for public support for the *quilombo* of Rio das Rãs. Photos on the poster were taken at the *quilombo*. The top of the poster reads, "Rio das Rãs — The Struggle for Ownership of the Land." The bottom reads, "A Call for Life — a Call for Justice!"

ican Peoples, writing the sections on black events.[139] It organized the Anti-Apartheid Committee.[140] It worked on the International Day of the Woman.[141]

Nego and the *MNU Jornal* were replete with articles on Namibia, South Africa, the ANC, and Nelson Mandela. The MNU's consistent analysis examined the role of international capitalism, including the role of international ONGs as they impacted black people in Brazil and around the world. The organization's newspapers frequently cited visits of African diplomats. Whenever possible MNU members tried to make contact with such guests from the continent.[142]

Articles covered trips to Martinique and the international influence of reggae and Bob Marley.[143] Spike Lee's title, *Do the Right Thing*, was suggested as a mantra to direct the black movement.[144]

Both Lélia Gonzalez and Luiza Bairros spoke extensively about perspectives gained from their visits to the U.S.

Lélia said,

> With respect to the Black Movement in Brazil, our prospects are not the same as the Black Movement in the U.S. They're not, because in the first place, if we are in effect the majority, we have to fight for our rights, we don't have to stay in the ghetto, we have to begin to occupy spaces in society as a whole.... We have more democratic proposals. We have to effectively initiate those democratic proposals.[145]

Speaking on another perspective drawn from the U.S. while she was attending a conference in Africa, she said,

> In one of those Congresses that I attended in Africa, the question you pointed out was raised by an activist from the U.S. Black Movement. The great question was this, "We're here speaking of the past, whether of glories or defeats, but how are we situating ourselves in terms of perspectives for the future? The year 2000 is approaching, the world is increasingly automated at each turn — and us?"[146]

She went on to say that the MNU had to organize deeply in the black community throughout the country. It was no longer sufficient to keep demonstrating in the streets — though it's important to do that when necessary — but the black movement has the responsibility to develop long-lasting instruments of struggle.[147]

For her part, Luiza Bairros said her visit to the U.S. "served to re-enforce the conviction that the struggle against racism has to be internationalized."[148] She said, "Not the least possibility exists to make an anti-racist struggle in any corner of the world without understanding that racism is the master of exploitation even in advanced capitalist societies."[149]

Her sojourn in the U.S. also led her to revisit the possibilities of affirmative action, though from a distinctly Brazilian perspective.[150]

MNU cadres saw themselves as part and parcel of an international struggle against racism. They were clear and insistent upon the point that the Brazilian struggle against racism cannot be terminated until racism everywhere in the world is terminated.

Self-Criticism

MNU meetings, congresses, panels, workshops, publications were rife with self-assessment and self-criticism. The goal of the activists was to make the MNU—and the whole black movement—as effective as possible. This meant recognizing the good and bad in the organization, continuing the former and eliminating the latter. This meant being innovative. It meant looking at when new strategies and tactics were in order. It meant taking advantage of successes and minimizing the losses of failures.

This was a constant process, built into the standard operations of the organization. Members did not bite their tongues in pointing out flaws. But they were also quick to recognize their own accomplishments, whether others saw them or not. Chief among these was transforming the national dialogue on race in the country.

In 1991 this constant self-evaluation led to the restructuring of the organization. The nineteenth congress created the office of national coordinator—a structural feature that had been shunned because of a widely shared belief among MNU activists in collective leadership. Yet consistently the organization's internal critiques had noted minimal follow-up in MNU organizations across the country to initiatives that had been launched at national meetings and congresses. Additionally, reports and commentaries from activists had noted great regional inconsistency in the MNU. No structural component of the MNU and no one in the national leadership had either been given or had assumed responsibility for guiding organizational direction and development. To address this functional weakness, the congress decided to create the position of national director, charged with providing overall guidance, direction, and leadership for the organization—a person who would have not only leadership authority, but also leadership responsibility.[151]

At the same time the nineteenth congress sought to make the organizational structure more flexible from the bottom up—by actually creating base nuclei throughout the country. The central purpose of these elemental organizational units was to penetrate the black population sufficiently to create a mass organization.[152] This mass organization would enable the organization to develop a political project—intended for the whole Brazilian population, but developed from the point of view, the perspective, of the black community.[153]

That, said, Luiza Bairros, is the opportunity that contemporary Brazilian society provides, "to be able to think of this society, starting from our own point-of-view."[154]

The MNU in 1991

Luiza Bairros made an observation that edifies attempts to understand the character of organizations as consisting of individuals, and different individuals coming together over time for collective purposes:

> Something I've consistently represented to all participants in the MNU's National Coordinating Committee is that we are a privileged generation inside the MNU, in the sense that we can play a role inside the MNU and in Brazilian society as a whole. In a certain sense our role is as important as that of the founders of the Unified Black Movement in 1978. Because we have, today, the responsibility to restructure the organization internally, and to establish relations and alliances in society, creating conditions so that everything we've accumulated over thirteen years will enable us to effectively confront and reverse the racist practices inside this society.[155]

She is pointing to the condition that in 1991, by and large, the MNU was composed of different people and different leaders than it was in 1978. She makes a distinction between *us*, "our role," and *the founders*. Those who are in the MNU right now—*us*—are not the same people as the founders. Many of the founders, many of the early members, no longer belonged to the organization. They had withdrawn and gone their own ways. Many had returned to the organizations that had been the bases from which they had built the MNU. Others had founded or joined new organizations. Some became attracted to other aspects of the black movement. There were those who left political activity altogether. Some had died.

New people had come into the organization. Luiza Bairros had not belonged to the MNU in 1978. Lélia Gonzalez had left it by 1991. She was still in the black movement but no longer an MNU leader. Abdias do Nascimento, who with Lélia had marched off to recruit *baianos* into the MNU, no longer belonged to the organization. Paulo Bonfim had departed. Yêdo Ferreira in Rio had left at that point, though Milton Barbosa in São Paulo remained. Luiz Alberto from Salvador continued to be an active MNU member. But people who had graduated from college, people who had assumed demanding jobs, people who were struggling desperately to survive, people who had been picked for positions in the state or municipal black departments, who had been incorporated into the black councils of political parties, were gone. In their places were new generations of college students, activists in the Domestic Workers' Union, scholars and activists who'd had other priorities in the earlier years of the MNU — an era that had been, after all, a time of military dictatorship.

In 1991, with respect to the people who constituted the organization in 1978, the MNU was quite a *different* organization. With significant exceptions, it consisted of different people. Even some of the earlier members had changed significantly. One could not realistically expect the organization to be the same. In a very literal sense, *it was not the same.*

This was all the more true because the MNU had no secretariat, no staff. It was constituted entirely by its activists. This also meant that it lost valuable organizational memory. Some was retained, but much was lost.[156]

In 1991 the MNU had new leadership, with a new cadre of militants. It was an organization that had restructured and reinvented itself. In effect, it was a *new* organization that carried with it the legacy of the organization founded in 1978–1979.

7

A Journey in the Wilderness: The Quest for Black Political Power

What Is the Pathway to Black Political Power?

There are two holy grails for political organizations of African descendants in the racialized societies of the diaspora: (1) racial unity, and (2) a mass base. Like the sacred chalice itself the former is *never* found; the latter rarely.

The variety of Africans in every setting makes the pursuit of racial unity futile. On the other hand, the absence of a mass base, while impacted by the lacuna of racial unity, owes its presence as much to structural and resource deficiencies as it does to any other.

The former English colonies of North America in what is now the United States, both before and after their political independence, contributed more fully to the possibility of racial unity among African-descended peoples than any other European political formation in the Americas. Nevertheless, even such monumental efforts to establish a unitary black identity fell shy of the mark. The same features the Federalists said contributed to the unlikelihood of a central tyranny worked to minimize the possibility of unanimity among black people. There were too many of them, spread over too vast an expanse, in circumstances too divergent to effectively promote a common interest. Moreover, for most of them, their lives were so circumscribed in both time and space as to prevent the development of a consciousness which conceived of themselves as linked to others of their race and no one else.

That the English and their successors, the European-ancestored residents of the United States, deliberately used divide-and-rule tactics to make unanimity even more difficult, there can be no doubt. Nevertheless, without that twist, the circumstances themselves worked masterfully to prevent a common consciousness from arising among Africans who had certainly not come to the Americas as a single people.

The difficulty of overcoming these barriers has long been recognized by the very political actors who attempt it. They mask their true goal, their ambition, by speaking of "unity without uniformity," or of "achieving a minimum program." These are all ways of bringing black people together without articulating unanimity as a goal.

Black activists know both from their own racial history — their social memory — and from their own experiences, that such a meeting at the Great Campground will never take place.

It is, nevertheless, an unending quest.

Why?

It arises from the very character of racialized societies.

They are hierarchical.

They assign people roles based on racial identity.

Among roles assigned black people are those of subservient, inferior.

They cannot command the white population.

They certainly cannot command the white population to work for the well-being of the black population.

In fact, they are often commanded by the white population to work *against* their own best interests.

They are — by their position in the racialized society — powerless to do anything about it.

They often attribute their own powerlessness to their lack of unity.

"If we were united, they couldn't do this to us."

"If we were united, we could overcome this."

"Since we're not united, we are pawns in their hands."

But it is not their unity or lack of it which puts them in such a fix. White people are not united. But whites who rule, rule everybody. From the perspective of an outcast group, that looks like white rule — or as Maulana Karenga put it — "the ruling race-class."[1]

In a racialized society it is possible for some black people to participate in ruling as long as they do not rule for the benefit of most black people, but for the benefit of the hegemonic groups in society — just as it is possible for some black people to be slave owners in a racialized society. Black slave owners offer no threat to the prevailing order, rather, they reinforce it. Their vulnerability as black people (even when they are slave owners) persists.

To most black people, the few black people who participate in ruling, the few black slave owners, are traitors to the group. They betray the ideal of racial unity. But as a matter of actual practice, there is no racial unity. It is only an ideal. It is the hoped-for solution to the racial problem. It is, however, no solution at all, because even with racial unity, black people would still be oppressed. Indeed, their unity might contribute to greater unity among whites and make their oppression all the more severe.[2] Even white people in racialized societies assume that if black people were united, they could achieve something which they would not. They would not because black people are not collectively empowered in racialized societies.

Nonetheless, two points on this score remain clear. One is that self-identified black activists seek unity. They see it as a desirable goal. The other is that it has never been achieved anywhere in the diaspora. It is certainly possible to identify situations where there was or is more unity than in others. It is certainly possible to identify situations where greater racial unity led to more efficacious racial struggle. Such instances, however, are a far cry from saying one has ever witnessed a situation where racial unity, racial unanimity, has ever been achieved in the racialized societies of the African diaspora.

The Quest in Brazil

Both the MNU and the whole Brazilian black consciousness movement bear witness to the drive for racial unity. Most vividly, the MNU's name declares this objective, the *Unified* Black Movement. That was the founders' explicit objective. Once the objective was denied when the MNU emerged as merely one more, specific black organization, the black movement did not abandon the goal of black unity. People transferred the goal to other venues. There were regional meetings of black people — north/northeast, south/southeast, and so-on. There were the National Meetings of Black People, National Meetings of Black University Students, National Conferences of Black People. *We will find a way to be a united people. We must. We must because we must be united to save ourselves.*

With the development of the black consciousness movement in the 1970s in Brazil, militants of the MNU saw black people as the majority in Brazil. That led them to see the question of black empowerment, the question of the control of state power, in a way that is strikingly different from the way black people in the U.S. see the same question.

The political project the MNU initiated in 1991 was to introduce the black perspective as the governing perspective in Brazil. It was a perspective intended not to dominate nonblacks on the basis of race, but which would enable *race qua race* to be removed from the governing equation. The role of the state would not be to enthrone or oppress a race, but to incorporate the perspectives of the whole population—including the majority—into the deliberations and resolutions of its decisions. As Luiza Bairros put it,

> this must not be read as a separatist proposal or as reverse racism, we have fully explored these arguments, and they are questions which only sidetrack the discussion we are introducing and amplifying.[3]

The MNU view was that if societies *are not* explicitly racialized, if, instead, they are deliberately *nonracialized*, they can operate in such a way as to eliminate racial oppression and exploitation. This can be done, however, only by recognizing the full extent and role of racism in the instant society and in the world. One of the attributes of Brazilian racialization is denial of race, racism, or racialization. As long as that denial persists, nothing can be done to eliminate racialization's pernicious effects. It must be confronted head-on in every area of society and appropriate methods developed and implemented to root it out.

The MNU hurled itself into doing that work in 1991 and 1992. In that work the MNU set itself in search of the second holy grail, the mass base.

Very few black political organizations within racialized societies in the Western Hemisphere have acquired mass bases. One may cite a few: possibly the *quilombo* of Palmares in the Brazilian state of Alagoas in the 16th and 17th centuries, the Haitian Revolution, some of the Jamaican and Cuban maroons, the Garvey movement in the U.S., the U. S. Civil Rights Movement. The extent to which the Garvey movement can be considered political is somewhat problematical, but giving it the benefit of a doubt, there is no denying its mass base—and at the time and circumstances of its prevalence, a mass base, *ipso facto*, given its Africa-first orientation, may qualify it as political.

In any case, given the extent of the African presence in the hemisphere, its duration, and the phenomenal number of political organizations in its ranks, that so few achieved mass bases is noteworthy. Given the dominant features of racialized societies, however, it is perhaps more remarkable that *any* had a mass base.

The dominant elites were disposed to prevent any black *qua* black political activity at all. The elites were oriented toward fragmenting the black population. They aggressively employed all the institutions of the state and every expression of social and cultural power to intervene aggressively to prevent, crush, and exterminate political activity among Africans and their descendants.

On the other hand, Africans themselves had few resources, either in terms of trained personnel or material goods. They had no sanctioned and legitimized means for securing resources for themselves collectively from their own ranks. They had no population-spanning apparatus (such as the state) or means of communication that encompassed the entire population. As individuals they were entirely at the mercy of white individuals — as well as white political, social, economic, and cultural institutions.

Among black political organizations the drive for a mass base has at least two primary motivations: (1) to maximize the resources — human and other — accessible to the organizations; (2) to minimize the black resources available to others, including the societies' hegemonic powers.

The mass base also serves as a way of legitimizing the organizations — which with a mass base can be understood to speak not just for an organization's leaders or members, but for the whole — or, at least, a significant part of the whole. The mass base allows the organization to assert the claim, "We are doing what the people want us to do."

With the launching of its Black Political Project, the MNU began an earnest effort to establish a mass base. It's not overstating the case to say that the early MNU — including its first manifestations, the MUCDR and the MNUCDR — expected that once the movement and organization were initiated, the formation of a mass base would occur relatively spontaneously. Black people, given a political alternative, would flock to the MNU's banners, or — at the very least — to the black consciousness movement. That proved not to be the case. The MNU created a structure to which African descendants could adhere, in which they could involve themselves, but most black people never came.

After some time, it became evident that spontaneity was not going to happen. Something else would have to be done to build a mass base. By 1991 the MNU had decided to take specific actions to address this condition. It took the form of the Black Political Project — and it was accompanied by the expectation that the MNU would bury itself in this work, in the masses, become one with the Afro-Brazilian population, and secure a mass base.

That did not happen. Nor is it difficult to see why. The MNU was a frail reed upon which to rest such expectations. The 1980s and the early 1990s were extremely hard times for most of the Brazilian population. The country was burdened with conditionalities and external debt. The World Bank and the IMF were imposing harsh structural adjustments on the government. Brazil was entirely in the grip of unmitigated hyperinflation. The poor constituted the sector of society most devastated by these circumstances. The bulk of the population was poor, and most of the poor were African descended. It is from such an emasculated population that the MNU would have to draw its mass base.

But the MNU itself was composed entirely of volunteers. It had no paid staff. It had no national headquarters. It had no budget worthy of the name. It had chapters in only eight of Brazil's 26 states (plus the Federal District). It had no effective, consistent, communications system. Most of its members had full-time jobs — or were looking full-time for jobs. The time and effort such cadres could put into the organization was minimized. Also, MNU members did not fit the national profile of the black population. They were different enough from most Afro-Brazilians not to be seen as representative, even by other black Brazilians. They were different enough not to serve as beacons. They were highly educated. They were politically active. By black standards they were middle class. And there were not many of them. The Salvador chapter, which was the leading section of the MNU in the late 1980s and early 1990s — furnishing the core of the organization's national leadership, publishing the *MNU Jornal*, and driving the national agenda, had an active membership of only 40 members. It had a core support group of approximately 200 people.[4] This was in a city with a population of 2.5 million, 85 percent of whom were Afro-Brazilians. The Salvador chapter had the advantage of being the only MNU section to own its own headquarters, but this was a headquarters which was unstaffed, and most of the time, unused.[5] The *MNU Jornal* frequently had to suspend publication because there were no funds to put it out.

The MNU Black Political Project included the intention to establish base nuclei in every place black people were found: in work sites, in labor unions, in schools, in colleges and universities, in neighborhoods, in churches, in *Candomblé terreiros, blocos afros, samba escolas, capoeira escolas.* But in Salvador alone, with over 1,000 *Candomblé terreiros,*[6] not to speak of the other potential sites, where were all the initiators of these base nuclei to come from, when the whole chapter had only 40 members and many of them had major responsibilities at the municipal, state, and national levels, including running the national newspaper? If each active MNU member were assigned one *Candomblé terreiro* to recruit, that would still leave 960 *terreiros* untouched.

Where was the money going to come from to finance such an effort? At the very least, there had to be fliers, telephone calls, bus fares, paper and pencils, fees for meeting spaces. While the Salvador MNU headquarters were in the city's largest black neighborhood, not everyone could use it. The city is vast in extent and it would take some people half a day just to get there. Others could not reach it at all. There was no material basis for accomplishing the goals the MNU national leadership had adopted.

Salvador was at the time the country's most active, aggressive, capable, and inspired chapter of the MNU. What about places like Rio de Janeiro with a population of 8 million, or São Paulo, with at least 12 million people spread out over a huge geographical area? This does not include peripheral populations — where most black people live — because there is no way to count them.[7] To start base nuclei in such places would require an effort of heroic proportions. This is not even to consider organizing in the

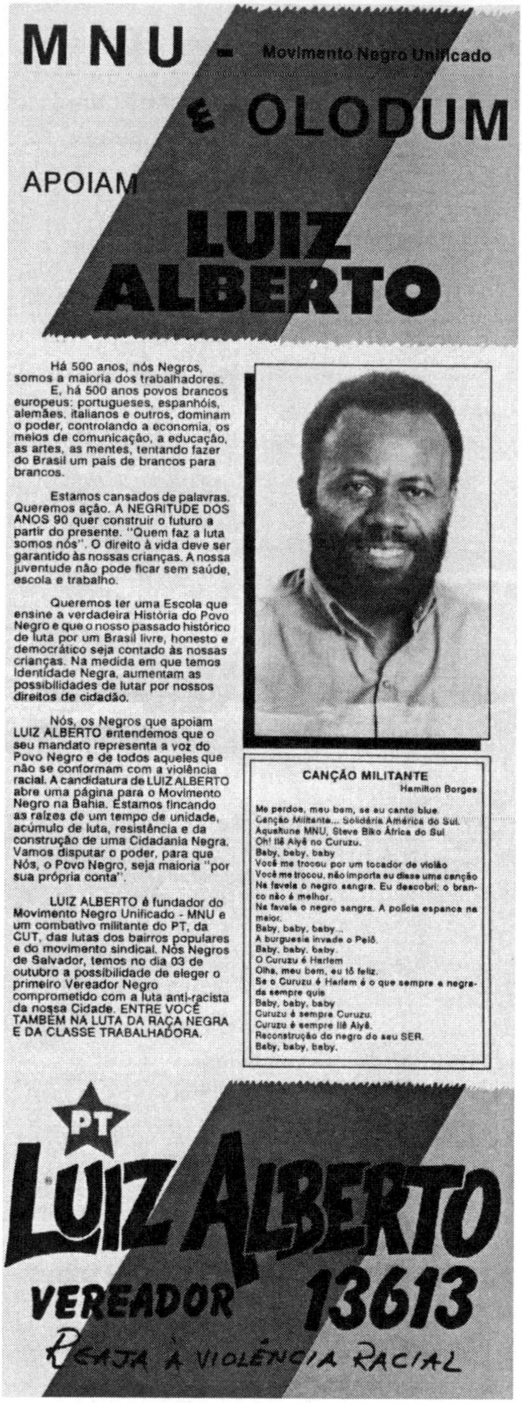
MNU - Movimento Negro Unificado
& OLODUM
APOIAM
LUIZ ALBERTO
Há 500 anos, nós Negros, somos a maioria dos trabalhadores.
E, há 500 anos povos brancos europeus: portugueses, espanhóis, alemães, italianos e outros, dominam o poder, controlando a economia, os meios de comunicação, a educação, as artes, as mentes, tentando fazer do Brasil um país de brancos para brancos.
Estamos cansados de palavras. Queremos ação. A NEGRITUDE DOS ANOS 90 quer construir o futuro a partir do presente. "Quem faz a luta somos nós". O direito à vida deve ser garantido às nossas crianças. A nossa juventude não pode ficar sem saúde, escola e trabalho.
Queremos ter uma Escola que ensine a verdadeira História do Povo Negro e que o nosso passado histórico de luta por um Brasil livre, honesto e democrático seja contado às nossas crianças. Na medida em que temos Identidade Negra, aumentam as possibilidades de lutar por nossos direitos de cidadão.
Nós, os Negros que apoiam LUIZ ALBERTO entendemos que o seu mandato representa a voz do Povo Negro e de todos aqueles que não se conformam com a violência racial. A candidatura de LUIZ ALBERTO abre uma página para o Movimento Negro na Bahia. Estamos fincando as raízes de um tempo de unidade, acúmulo de luta, resistência e da construção de uma Cidadania Negra. Vamos disputar o poder, para que Nós, o Povo Negro, seja maioria "por sua própria conta".
LUIZ ALBERTO é fundador do Movimento Negro Unificado - MNU e um combativo militante do PT, da CUT, das lutas dos bairros populares e do movimento sindical. Nós Negros de Salvador, temos no dia 03 de outubro a possibilidade de eleger o primeiro Vereador Negro comprometido com a luta anti-racista da nossa Cidade. ENTRE VOCÊ TAMBÉM NA LUTA DA RAÇA NEGRA E DA CLASSE TRABALHADORA.
CANÇÃO MILITANTE
Hamilton Borges
Me perdoe, meu bem, se eu canto blue
Canção Militante... Solidária América do Sul.
Aqualtune MNU, Steve Biko África do Sul
Oh! Ilê Aiyê no Curuzu.
Baby, baby, baby
Você me trocou por um tocador de violão
Você me trocou, não importa eu disse uma canção
Na favela o negro sangra. Eu descobri: o branco não é melhor.
Na favela o negro sangra. A polícia espanca na maior.
Baby, baby, baby...
A burguesia invade o Pelô.
Baby, baby, baby.
O Curuzu é Harlem
Olha, meu bem, eu tô feliz.
Se o Curuzu é Harlem é o que sempre a negrada sempre quis
Baby, baby, baby
Curuzu é sempre Curuzu.
Curuzu é sempre Ilê Aiyê.
Reconstrução do negro do seu SER.
Baby, baby, baby.
PT
LUIZ ALBERTO
VEREADOR 13613
REAJA À VIOLÊNCIA RACIAL

A 1992 campaign flier for Luiz Alberto dos Santos used for his race for a seat on the Salvador City Council. The flier reads, "MNU — the Unified Black Movement and Olodum Support Luiz Alberto."

countryside where black populations are separated by formidable terrain, immense distances, and where travel from one place to another requires time, deprivation, and relentless determination.

The strategy the MNU decided upon to begin its awe-inspiring effort at realizing the Black Political Project was to fully involve itself in the municipal elections of 1992, when city council members and mayors of the country's cities would be elected. It was an optimum time for mobilization and mass mobilization.

While MNU chapters across the country supported various candidates, there were only two who were official MNU candidates, and one more whom the national MNU endorsed. The two MNU candidates were Jurema Batista for city council in Rio de Janeiro and Luiz Alberto dos Santos for city council in Salvador. The other candidate the national organization endorsed was Benedita da Silva for mayor of Rio de Janeiro. All three candidates were PT candidates and on the PT ballot.[8] So while the two MNU candidates really were MNU candidates, they were, for official purposes, members of the PT and on the PT ballots, as only members of recognized political parties could stand for election. Both Jurema Batista and Luiz Alberto were also on the MNU National Executive Council.

In Rio and Salvador the MNU ramped up its members to begin the construction of a mass base through energetic participation in the local municipal election campaigns.[9]

Of the three official MNU candidates, only Jurema Batista was elected to office, though the other two did very well.[10] But the campaigns did not produce the intended mobilization. Nor did they achieve a breakthrough into a mass base for the MNU anywhere.

The policy for achieving a mass base was stillborn though it took some time for the MNU cadres to realize that. The pathway to black political power in Brazil still remained a mystery following the 1992 municipal elections.

The Paths Well-Traveled— Two Broad Spheres of Action

Despite the MNU's breakout decision in 1991 to charter new ground in its struggle to empower the Afro-Brazilian population, it had 13 years of work during which it had established its national reputation and its impressive track record. It is worthwhile to assess the extent to which in the years following 1991 the MNU integrated its ongoing work with its earlier initiatives. The way to black power might very well consist of a combination of the old and the new.

The International Dimension

While in the years following 1991, after its building period in the '80s, the MNU did not regain the high level of international involvement it had in its first three years, it nevertheless maintained an international perspective. MNU chapters worked with visitors from abroad—both from the Western Hemisphere and Africa.[11] MNU members traveled throughout the diaspora and wrote about their experiences and shared their analyses in the *MNU Jornal*.[12] Lélia Gonzalez introduced a two-part series on Martinique by saying,

> Martinique is an extremely beautiful island, a true tropical paradise.... As happened throughout the Caribbean, the indigenous population was practically eliminated and replaced by African slaves.... This explains the Black majority population of Martinique (more than 90%) and of the whole Caribbean.[12]

Prominent people from the U.S.—Spike Lee and his film on Malcolm X, and Henry Louis Gates—were featured in *MNU Jornal* articles.[13] A whole page of a 12-page edition of the *MNU Jornal* was devoted to "The Lessons of Los Angeles," following the eruption in that city after the acquittal of the police officers accused of beating Rodney King in 1992.[14]

Fliers the MNU published in support of its candidate for city council in Salvador, Luiz Alberto, called on an international pantheon of heroes as references—Steve Biko and Mahatma Gandhi among them.[15]

In São Paulo the MNU sponsored programs for a week of African unity, devoting forums not only to relations with African states and cultural organizations, but also supporting the defense of Mumia Abu Jamal in the Unites States.[16]

The MNU's international perspective also directed the organization's work in unanticipated ways, but ways that influenced how the organization's members operated in daily life. In Salvador in 1992, two Ghanaians who had hidden aboard a Chinese freighter when it left Liberia, were forced off the ship and incarcerated in Salvador. MNU members learned of this event and engaged lawyers to work to free the Ghanaians. They even used a U.S. citizen then in Salvador to contact a U.S. congressman to intervene.[17]

The MNU definitely maintained its international perspective and it was internalized into the lives of individual MNU members, though it was not the MNU's highest priority.

The National Dimension

Nationally, the MNU worked on building its mass base, on municipal elections, on supporting *quilombos* and the domestic employees' union. It maintained its focus on police violence and the need to combat it. It continued to fight every form of racial discrimination. The organization worked on establishing racial identity and the bases for such identity: Zumbi, *quilombos*, cultural organizations, African religion, the shared demographics of the Afro-Brazilian population, the long and lasting oppression and exploitation of black Brazilians by white Brazilians.

The MNU engaged in both wide-scale and very sophisticated attacks against the prevailing elites in Brazil and their regime, as well as their connections to the world's hegemonic elites.

Duality

Both national and international emphases by the MNU varied from chapter to chapter. These differences were more pronounced with respect to domestic emphases. Antiracist, antineoliberal narratives dominated the international work of the MNU in every chapter. But domestic emphases varied significantly with locale. For example, in some areas such as Pernambuco, there were many more *quilombo* sites than in places like Rio de Janeiro.[18] Hence the MNU work in Pernambuco placed more emphasis on *quilombos* than their counterparts in Rio de Janeiro. In the Federal District the local MNU tended to be more engaged with the work of the national government than in other areas. Regional variation was a marker of MNU activities in the domestic sphere.

While in some respects the MNU domestic and international postures constituted a seamless critique of neoliberalism and racism, pointing out the inseparability of their national and international dimensions, far greater efforts were expended both on the critique and the efforts to rectify wrongs on the domestic scene than the international one.

MNU-Created Free Spaces

Position Papers

The MNU continued to produce position papers on a wide range of subjects. They were produced in innumerable settings. MNU members were invited to testify before the federal government. They wrote papers for that purpose. Such papers were often widely disseminated. MNU members also wrote papers for MNU congresses and meetings as well as for other black assemblies. They wrote papers for forums, seminars, panels, and other settings. Invitations to MNU members to participate in such events were legion. They also wrote articles for the MNU's own flagship publication, the *MNU Jornal.* Some papers were entirely for MNU internal consideration.[19]

Subjects MNU position papers covered included *quilombos* and the role of the MNU in working with them, racial mixture as a myth, proposals for independent schools, genocide, analyses of historical figures, and the sterilization of black women in Brazil. No aspect of black life or Brazilian life that touched black people was exempt from serious scrutiny by MNU thinkers.[20]

The MNU Jornal

The *MNU Jornal* continued as the MNU's chief vehicle of expression. At the same time, it continued to offer space to other entities and individuals—whether through letters to the editor, guest editorials, poems, or articles. Many black voices and some nonblack voices were aired in the *MNU Jornal.*

Quilombos frequently wrote letters to the MNU, as did domestic workers and various participants in the black movement. Readers' concerns were wide ranging, as the letter quoted below illustrates.

> Screaming against racial discrimination and social injustice ... Rap penetrates the neighborhoods and favelas and invades Belo Horizonte....On the avenues, in bus terminals, in bars, and weekend hot spots, the bands BH Rap, Black Soul, AWRAD, Black Girl and others ... guarantee success. I'd like the *MNU Jornal* to provide a complete treatment of Rap in Belo Horizonte.[21]

Scholars were invited to submit their views for publication. The leader of the National Seminar of Black University Educators was asked to write about "the University the People Want."[22]

Contributors to the *MNU Jornal*, whether from the MNU or elsewhere, came from every part of the country. The voice of the *MNU Jornal* was eclectic. It was national and even international. It was both widely and deeply informative. It brought forth narratives either missing, obscured, or trivialized by the country's dominant publications.

At 5,000 copies per edition, it did not saturate the national market. Nevertheless, each copy of the *MNU Jornal* was apt to have multiple audiences, some of whom—because they were illiterate—heard it read aloud. If each copy of the paper is considered having an audience of 10 persons, at 50,000 readers (or listeners as the case might be), the *MNU Jornal*, for a national audience, was in too short supply to have a major impact on the national consciousness. In the world of the black consciousness movement, however, it provided a space of incomparable value. To MNU cadres themselves, it was the lodestone.

The *MNU Jornal* had one shortcoming that was a reflection of the MNU itself. Its publication costs often could not be met. *The MNU Jornal* was one of the major expenses of the MNU, an expense which fell more heavily on the Salvador section than any other.[23] In the hard times black people faced, the organization could not always bear the weight. How vast this gulf of information often was may best be illustrated by a few numbers. The *MNU Jornal* no. 22 was published in August of 1993. *MNU Jornal* no. 24 was published in August of 2001. A newspaper scheduled for quarterly publication published one edition during an eight-year period. The evidence of the actual strength of the MNU, its level of resources, couldn't be any plainer.[24]

National Congresses

The national congresses tell a story similar to that told by the *MNU Jornal*. The 10th national congress of the MNU was held in 1993. The 12th was held in 1998. There was one national congress within a five-year span. The 13th was not held until 2001. The national congress was the MNU's peak structure, its premier policy-making organ. Yet for the second half of the 1990s, the MNU was not functioning as a national organization.

A key factor in that dismal performance was the Afro-Brazilian economic condition. MNU members consistently listed the organization's three major expenses as: publishing the journal, maintaining the headquarters, and airline tickets.[25] It was simply too expensive for MNU members to get together annually or even biannually for a conference. They did it when they could — which was infrequently. During this period the organization averaged a national conference every three years, instead of every two years.

Though they did utilize faxes extensively, this was before the day of e-mails, so correspondence was of an extent and quality considerably less than available by use of today's technology. Long-distance phone calls were too expensive to rely on for regular communication.

The national organization was a paper construction. The MNU lived in its individual sections.

While it is true that the MNU still had a national presence, it was a presence deriving primarily from chapters active in specific locations. Others in the public world, in the black consciousness world, knew Milton Barbosa (São Paulo), Luiza Bairros (Salvador), Jerema Batista (Rio de Janeiro), and Waldemar de Souza (the Federal District). In that way they were aware of the presence of the MNU. They knew what those people were doing. They knew that they spoke with the voice of the MNU. In these people the MNU had a vibrant presence. But in many ways this was a symbolic presence — generals without troops.

Subnational Meetings

In the absence of national congresses, subnational meetings became of great importance. Most subnational meetings were local, municipal. The significance of statewide meetings varied from state to state, and from time to time. In states where there was only one active MNU section, state and municipal meetings were one and the same. The states in that situation varied over time. In some years there would be up to four active chapters in a particular state. Another year only one section in the state would be active. Hence, in the same state, one year a municipal meeting would be a state meeting. In another year, in the same state, a state meeting would require bringing representatives together from four chapters. In Rio de Janeiro and São Paulo states there tended to be at least two active chapters in each state. In both states statewide meetings were quite significant. Often — in each of those two states — the municipal branches of the MNU were rival factions. In the state of São Paulo there tended to be significant differences between the section in the city of São Paulo and the section in the city of Campinas. In the state of Rio de Janeiro there were often antagonisms between the section in the city of Rio de Janeiro and those who lived outside the city. While the differences between Rio de Janeiro and those residing elsewhere in the state were rarely as divisive as those between São Paulo and Campinas, in both settings one can understand why statewide meetings involved a very different set of dynamics from municipal meetings.[26]

In the post–1991 era, Bahia had four active chapters.[27] Nevertheless, in Bahia, the dominant section was always Salvador. MNU leaders in Salvador tended to be not only the municipal leaders, but national leaders as well. They were in a better position to maintain themselves as the hegemonic actors in the state MNU.[28]

In states such as Pernambuco where there were multiple chapters, statewide meetings tended to focus on problems shared across localities, such as police violence and *quilombos.*

Whatever their character, for most of the post–1991 period, subnational meetings were the "name-of-the-game" with respect to the substantive work of the MNU.

Open to the General Public

Unlike the earlier period, the post–1991 MNU did not act as frequently as sole host of open public events. Probably the public events the MNU hosted most frequently were the political campaigns of MNU members, particularly for municipal elections in 1992, 1996, and 2000, and for statewide and national elections in 1994 and 1998. On those occasions the MNU was active in hosting political events.

In some respects, however, the MNU National Congress served the purpose of being open to the public because important organizations and individuals in the national black consciousness movement were invited to the national congresses.[29]

Events representative of MNU hosting general public events included a program in 1998 when the São Paulo section sponsored a program in recognition of the MNU's 20th anniversary. The event consisted of a series of discussions held from July 17–July 19 entitled, "React to Racial Violence."[30] A similar kind of public event was also sponsored by the São Paulo MNU in 2000. Called "A Week of African Unity," it ran from May 24–26.[31] The MNU unilaterally sponsored public events post–1991, but at a much reduced rate than during the immediately preceding years.

The MNU's Primary Modus Operandi—Cosponsorship

In the post 1991 period cosponsorship of events continued as the MNU's primary *modus operandi.* This was true throughout the period and in every part of the country. Such events included the National Day of Black Consciousness; demonstrations against police murder; and most markedly, the 1995 extravaganza, the March for Zumbi of Palmares Against Racism, and for Equality and Life.[32]

The march was the highpoint of the mid- to late 1990s for the MNU, and for the whole decade for the Brazilian black consciousness movement. It was held to honor the 300th anniversary of Zumbi's death, November 20, 1995.

300th Anniversary March and Protest Demonstration for Zumbi of Palmares

Members of the black consciousness movement planned the march as an explicit expression of the black movement. They had targeted the date years in advance. They had not, however, reckoned on the election of Fernando Henrique Cardoso (FHC) as president of Brazil in 1994, and the unique perspective he would bring with him to the presidency.

As indicated earlier, FHC was one of the famous São Paulo school of sociologists. Outside of Brazil he was best known for his work on dependency. He is perhaps the most influential of all the dependency thinkers. Essentially, dependency posits that the world economic system is dominated by the center countries consisting primarily of Western Europe and those places inhabited primarily by Western European descendants, plus Japan, *i.e.,* the G-7. The view is that these countries created the contemporary international economic system. Since the center dominates the world economic system, other countries — the periphery — are dependent on the center. They have come into the world within a flourishing economic system. They cannot develop independently because they are already part of a world system, a world system in which they have been assigned a perpetually inferior role. The peripheral countries are dependent on the center because the center countries control the dominant forces of production, the major market forces in the world, and have deeply penetrated the internal economies of the peripheral countries. To operate in the international system, dependent countries have to operate in areas made available to them by the center and on the basis of rules established by the center. The dependency approach is heavily invested with Marxist perspectives and analyses. In the West FHC was seen primarily as a leftist thinker.

In Brazil, however, FHC was perhaps better known for his sociological studies which concentrated on race in Brazil, particularly the place of African-descended peoples. His views and teachings on race — not dependency — were what prompted the military government to drive him from the University of São Paulo, to prohibit his teaching, to detain him, and — eventually — drive him into exile.

Upon FHC's return to Brazil, he did not align himself with the organized forces and parties of the left. Instead, he became a stalwart of the ruling PSDB (Brazilian Socialist Democratic Party) coalition. He did not pursue a distinctive politics of the left, but he had a perspective on *race* which was decidedly atypical among Brazil's elite politicians.

FHC *heard* the black consciousness movement's pronouncements about Zumbi of Palmares. He heard them and he *got it*. He recognized the big push the movement was going to make to honor Zumbi at the 300th anniversary of his death. He understood the movement was going to campaign to make November 20 the Day of National Black Consciousness.

In fact, FHC said he would go, on November 20, 1995, as president of Brazil, to Alagoas state and the site of the ancient *quilombo* of Palmares to pay homage to Zumbi as a legitimate hero of the Brazilian people and a national icon.

This move stunned the black consciousness movement. How could November 20, 1995, be a day of national black protest if it were going to be embraced and celebrated by the president of Brazil himself? The *militantes* were not only stunned, they were outraged.

The thrust for the recognition of Zumbi's death as the Day of National Black Consciousness was intended — every bit as much as honoring Zumbi's legacy — to point out the hypocrisy of the contemporary Brazilian state and the country's "racial democracy." It was intended to dramatize the absolutely racist character of the country — and of the state. In traveling to Palmares, FHC was exemplifying the very highest expression of the traditional Brazilian approach to the racial problem — coopting and incorporating it — making it a nonissue. To the black movement this was unacceptable. Its members had to find a way to maintain November 20 as a day of racial protest, at the same time they maintained their autonomy from the state, and their own interpretation of Zumbi's legacy. How were they to do that, side-by-side with the president of the Republic in Palmares?

The striking decision the black movement produced was that they would not go to Palmares. Instead, they would attack the state — excoriate the state — reveal the state in its full dress of abject hypocrisy. While FHC went to Palmares, they would go to Brazilia, the national capital, to demonstrate what a farcical show the president's trip to Alagoas was. They set up a National Executive Commission of the March to Brasília Against Racism, for Equality and Life.[33] They said to the president, in effect, How can you go to Palmares on a pilgrimage to honor Zumbi, when his descendants—*whom you govern*—have the lowest incomes of any group in Brazil, have the lowest levels of education, the highest rates of unemployment and underemployment, are routinely murdered by the police, are the victims of sexual harassment and exploitation, live outside the cities in vast, teeming slums stretching from horizon to horizon? How can you pretend to pick up the banner of black people when their children are left to hustle homeless on the streets, victims of every social predator known to humankind, when the infant mortality rate of black

The official poster of the March for Zumbi of Palmares, Against Racism, for Citizenship and Life. The march took place in Brasília on November 20, 1995.

people approaches those of the days of slavery, when the black life span is cruelly shorter than that of other population groups, when black people are ridiculed and discriminated against in their daily lives? Such baldface arrogance on your part is intolerable, and we will show it up for the lie it is.

The driving force underlying the National Executive Commission and the March to Brasília was the MNU. It was the only black organization capable of mounting a nationwide campaign. It accepted the challenge and led the effort to mobilize the march on Brasília with unrelenting determination and incomparable ability.

The challenge was considerable. The initial impulse in the black movement had been to honor Zumbi where he lived and died — in the *quilombo* of Palmares in Alagoas state. The president's preemption of that mecca for the black consciousness movement had taken a huge draft out of the movement's sails. Many people were determined to make the best of a bad situation and meet the president in Palmares. They refused to change their intentions, their plans, just because the president had decided to go there, too. They *wanted* to make the pilgrimage to honor Zumbi.

On the other hand, most black people were not going anywhere on November 20, neither to Alagoas, Brasília, or anywhere else. They were too busy just trying to stay alive, to get by from day to day. They couldn't spend several days off work traveling to the ends of the earth. Brasília is a long way from the country's population centers. Relatively few airplanes fly there daily and airfare is beyond the reach of most Afro-Brazilians. The way most Afro-Brazilians travel long distances is by bus. From most heavily populated areas of Brazil a round-trip bus to Brasília takes *days.* Spending at least one day in Brasília, and a *minimum* of a two-day round trip is *at least* three days out of a work week. For most people the very prospect was nonsensical.

As a result, most activist organizations planned to hold local events to commemorate the 300-year anniversary: panels, seminars, conferences, speeches. They would analyze the work and life of Zumbi, and put them in contemporary perspective. They would do that in countless venues all over the country. Very few people could make a trek to Brasíla.

The MNU picked up the challenge to maximize the number who could. It used its standard operating procedure of working with other organizations to sponsor events at the national, state, and local levels. It encouraged organizations to sponsor people to come to Brasília. It fully mobilized MNU sections and cadres to participate in the march, to raise funds for the march, and to sponsor their own *militantes* for the celebration.

Brazilia[34]

In the late night of November 19, 1995, and the early morning of November 20, 1995, regularly scheduled buses from the states of Espirito Santo, Santa Catarina, Para, Parana, Piaui, Maranhão, and elsewhere rolled into Brasília packed with members of the black consciousness movement. Chartered buses arrived from Belo Horizonte, Recife, São Paulo, Rio de Janeiro, Salvador, Goiás, and other points. The buses parked, lining the streets that ran perpendicular to the giant esplanades which frame the seats of the Brazilian national government.

Early in the morning, in the cool, dewy air of the country's high plateau, Afro-Brazilians of every hue began moving about the sleeping city, the dawn only dimly illuminating the day. As the sun gained height, the splendor of the people forming ranks on the esplanade was striking, dressed in yellows, greens, dazzling blues, reds, white, orange, black. They started lining up abreast, sporting banners brilliant in red, gold, yellow, black, brown, green, blue, white. Flags and pennants rippled in the morning breeze. Drums thundered and tapped. Thousands of voices raised in song and celebration. The marchers filled the broad street, dancing, bobbing and weaving, stepping along to the rhythms of their drums, their calls, and their songs, the air alive with their movement, with the spectacle of their placards, streamers, and guidons. More numerous than any other — dominated by yellow backgrounds and black letters — waved the pennons of the *Movimento Negro Unificado*.[35]

The long mall to the low-silhouetted building of the National Congress, backgrounded by the twin towers of the Secretariat, is flanked by two broad avenues. The vast expanse of lawn is cut several times by cross-streets running from one avenue to the other. There is a slight scattering of trees along the mall side of the avenues with a few along the cross-streets. Mainly, the broad stretch of grass is open to the sky, with little shade. It is a vast, rectangular field of green, cut by the parallel lines of cross-cutting streets.

Along those streets vendors had set up tables, selling refreshments, T-shirts, posters, banners, and literature about the march, the black consciousness movement, and the sponsoring organizations. They added to the festivity and the spectacle.

The mall itself is sunken below its two flanking avenues. As the marchers left the avenues and descended into the squares of grass immediately before the National Chamber of Deputies, the avenues above them were filled with military police.[36] They stood, they sat in parked cars, on motorcycles. Each avenue was lined with them. They rode up and down the avenues that had been vacated by the marchers. They carried sidearms and automatic weapons. Most of them were black.

A stage had been erected next to the Chamber of Deputies. A powerful sound system carried the messages of the organizers to the far reaches of the crowd. As marchers gradually filled the space facing the stage, people milled about, talked, greeted each other. They filtered to the vendors, looked at the merchandise, and made purchases. They reveled at their own presences, at the sight of themselves. They delighted at what they had achieved.

They all knew this was a first for Brazil. Each person was exhilarated to be there.

Announcements were made from the stage. As people settled in, the leader of ceremonies came to the mike. It was Luiza Bairros, the MNU *militante* who in 1991 had been elected the first national coordinator of the MNU.[37] Her appearance in charge of the ceremonies was the affirmation — the *Marcha Zumbi dos Palmares para Brasília* was an MNU show.

Invigorating, inspiring, informative speeches went on throughout the day. Interspersed between them were performances of singers, dancers, drummers, instrumental musicians. Members of the march executive commission went into the Federal Chamber to meet with deputies of the National Congress and with the president, returned from Alagoas. In the evening Afro-Brazilian entertainers took over the stage, including the incomparable Milton Nascimento. The black movement, the MNU, had responded to the president's challenge. It demonstrated a national capacity for mobilization — in the face of daunting odds — that few had believed possible. After November 20, 1995, there was no doubt concerning the integrity, the autonomy, and the persistence of the National Black Movement.

Other Instances of Cosponsorship

The March for Zumbi of Palmares was the most striking example of the MNU's dominant strategy of cosponsorship as its primary means of promoting and conducting activities. Yet it was an example made possible by the extensive and long-term practice itself. Without the MNU's history and relationships developed and maintained over years, the MNU would not have been able to pull off such a feat. The deployment required for the March could not have been generated overnight. The possibility rested on long-term and effective preparation.

Throughout the country work with cultural groups, unions, neighborhood associations, black movement organizations, women's organizations, schools, and political parties, established the connections and relationships which resulted in an efficacious mobilization. Organizations had worked with the MNU on supporting MNU political candidates. The MNU had worked assiduously with organizations throughout the country for the rights of *quilombolas*. Many organizations had used the

MNU Jornal as a vehicle for spreading their messages. The MNU had even made connections with the national government which had facilitated the arrangements for the march and the meetings that took place in the Chamber of Deputies on November 20, 1995.

Luiza Bairros was the first national coordinator of the MNU, 1991–1992. Photo taken at the Seminar on Race and Democracy in the Americas, Salvador, May 2000. Photograph by Rita Brito.

Annually, in almost every state and many municipalities and even rural areas, the MNU had cosponsored celebrations of Zumbi and his martyrdom on November 20.

The MNU had actively participated in the creation of regional and national assemblies bringing various categories of Afro-Brazilians together for a common purpose. The MNU had invited national leaders and representatives of black organizations to its own national congresses.[38]

The pattern of cosponsorship did not end with the March on Brazilia. The MNU became an active participant in the Brazilian mobilization to free Mumia Abu Jamal. The MNU theme "React to Police Violence" was adopted formally by scores of black organizations.[39] The MNU pushed its involvement with black women's organizations and issues. The MNU maintained its cosponsorship of debates, forums, and conferences on the racial question in public, university, school, and popular settings in every part of the country where it was organized.

The Transformation of Space: MNU Advocacy

The MNU continued to enter the arena of public policy, giving voice to its analysis of social policy, often in concert with other black organizations. For example, the MNU, along with other black organizations, proposed the expulsion of the chain store Carrefour from the country for its treatment of black people, including a black elected official, by one of the chain's security officers.[40]

The MNU spoke out against the official IBGE collection of statistics, indicating the organization's undercount of the black population. The MNU asserted that Afro-Brazilians actually constituted a majority of the country's population.[41]

The MNU testified in a congressional inquiry in which the organization spoke out against the sterilization of black women, labeling it a form of genocide. As reported in the *MNU Jornal*, "Luiza Bairros swore to tell the truth, the whole truth, and nothing but the truth. She did. Her testimony was a statement that unmasked the racist sterilization used on women in Brazil,"[42] specifically, she said,

> In order to understand this question of birth control, including the mass sterilization of women, it must be seen as part of a broader pattern of racial violence in the country. It's racial violence expressed in many ways that are all linked to a goal of eliminating the Black population.[43]

The MNU was one of the organizations which took umbrage with FHC during his 1994 presidential campaign when he said he was a little bit of a mulatto, that he had a "foot in the kitchen," a phrase which means there was some African ancestry in his family. The MNU went public, denouncing the expressions and considering a demonstration against FHC.[44]

FHC denied any negative intent, saying he had always joked about having a foot in the kitchen, never saying anything further than that—which was, after all, only an accurate indicator of his ancestry.[45] But the MNU's position—along with other black organizations—was that people of African descent were to be taken seriously. Their feelings and identities were not playthings, joking matters. They pressed this point in the discourse over the presidential election.

The MNU spoke at the Federal Public Ministry, debating the rights of *quilombo* residents at the Hearings on the Rights of Indigenous Peoples and Minorities. The MNU called for the recognition of *quilombolas'* rights under Article 68 of the 1988 constitution.[46] The MNU used public demonstrations and meetings to call for the release of Mumia Abu Jamal.[47] Altogether, the MNU maintained its record as an outspoken advocate for the rights of black people, advocating in the halls of government, the courts, the streets, and in every kind of public space.

The Illumination of Hidden Transcripts

MNU members themselves noted the organization's intellectual work as its most notable characteristic, particularly for the militants themselves. Again and again they noted the MNU workstyle and emphasis on discussions, debates, and analysis. That is essentially what took place in MNU meetings, meetings that ranged from four to eight hours at the local level. The MNU congresses, the meetings of women of the MNU, followed the same pattern: extensive analysis, discussion, debate, and intellectual engagement.[48] MNU members involved their minds in the deep and specific contexts of their people's lives.

This intellectual preoccupation was reflected in the pages of the *MNU Jornal* where every major local, national, and international conundrum of African peoples was addressed and probed. The *MNU Jornal* undertook analyses of books, films, and cultural phenomena, in addition to standard political reporting and analysis (from a black perspective). Its intellectual compass was comprehensive.

This depth of analysis emanating from the MNU inevitably resulted in invitations to members to testify at hearings of the national government. It resulted in interviews by the national press.

The MNU developed position papers on educational policy and the development of schools dedicated to the education of Afro-Brazilians.[49] In conferences, symposia, workshops, and forums, MNU members presented papers on the black woman, the black movement and elections, Mumia Abu Jamal, and youth.[50] The intellectual thrust of the organization remained one of its unique and primary attributes.

The Narrative: The MNU's Principal Lines of Analysis

Racial Democracy

The MNU continued its castigation of racial democracy *a la* Brazil as a farce and a sham. That was the principal thrust of its *protest* march in the national capital for Zumbi of Palmares, for Equality and Life — to show up the hypocrisy of the national government and the leadership of FHC — *to demonstrate* the distinction between Brazilian racial democracy of cooptation, incorporation, and hypocrisy, and *authentic* democracy.

The attacks against FHC for proclaiming he had "a foot in the kitchen" had the same general purpose. They pointed out Brazil's so-called democracy's trivialization of black people. MNU themes denouncing 500 years of colonialism likewise expressed that message. Colonialism — the oppression of black people in Brazil — did not last 400 years, but

500—continuing in the present. This colonialism was *disguised* as racial democracy.[51]

The entrance of the MNU into municipal elections was a challenge to the nonparticipation of black people in politics which characterized the so-called racial democracy. Indeed, the whole political project—to develop a national political perspective and program from the point of view of black people (as the national majority)—was a direct challenge to the premise of racial democracy. The MNU position asserted unequivocally that racial democracy did not exist in Brazil, and that it would take the realization of the black political project to bring it into being.

Articles in the *MNU Jornal* such as "Race-Mixing as a Myth" attacked the underlying myth of racial democracy—that there was no racial discrimination in Brazil.[52] How, the MNU argued, can a racial democracy produce genocide? The genocide of Afro-Brazilian people is what public policy in Brazil has produced.[53]

MNU political campaign literature said, "For 500 years white Europeans ... have tried to make Brazil a country of whites for whites." This, of course, is not a racial democracy, or a democracy of any sort.[54]

Even past its second decade the MNU maintained its assault on the pretense of racial democracy in Brazil. That this much-discredited notion received so much attention from the MNU after two decades of assault on it points out its salience. Despite 20 years of deconstruction, it remained a mainstay of the Brazilian national consciousness—across racial groups.

Police Violence

Police violence was a primary emphasis of the MNU from its inception. Nevertheless, if at all possible, the MNU gave even more attention to police violence after 1991. The first national coordinator spoke of black people being killed by police because they were accused of crimes, with no evidence that they actually had committed them. She spoke of a death penalty administered to black people by extermination squads linked to the police, including murders of street children.[55] A major article in the *MNU Jornal* linked the police violence in Los Angeles associated with the beating of Rodney King to police violence in Brazil, indicating that police violence in Brazil was even more widespread and lethal than it was in L.A.

> If justice is suspect in the U.S.A., here it is the province of the police themselves and financed by business people. Extermination squads act with impunity, liquidating Black people in or out of police custody, and chil-

REAJA
À VIOLÊNCIA
RACIAL
20 ANOS
MNU
MOVIMENTO NEGRO UNIFICADO DESDE 1978
NA LUTA CONTRA O RACISMO

Program cover for a debate forum sponsored by the São Paulo MNU, 1998, commemorating the twentieth anniversary of the MNU. The cover reads, "React to Racial Violence: 20 years — MNU — Unified Black Movement — In the Struggle against Racism since 1978."

dren and adolescents in the streets.... In 1990 alone, 980 killed in São Paulo and 492 in Rio de Janeiro.[56]

In 1993 the *MNU Jornal* published major articles against police violence in Brazil, including the murder of 100 black inmates in São Paulo's

Carandiru prison. The MNU launched a campaign calling on black people to react to police violence. The way to react, the MNU said, was to demand punishment for the uniformed murderers. The campaign was supported by a significant collection of organizations in the black movement.[57]

In 1998 for the MNU's 20th anniversary, the organization made "React to Police Violence" the year's theme. In São Paulo the MNU spent a whole week of programs devoted to the subject.[58]

The Oppression of Black Women, Including Birth Control and Sterilization

The plight of black women as well as the importance for black women to organize continued as two major MNU themes. The women's organization of the MNU remained active and vocal within the MNU itself, opposing male domination within the organization as well as outside. As first national coordinator, Luiza Bairros was outspoken on the importance of women's issues. She spoke and wrote about the oppression and exploitation of black women in Brazil, including the practices of birth control and sterilization. Her analysis, however, was not limited to those twin evils. It encompassed the whole range of wrongs to which black women were subjected, including unemployment, underemployment, sexual exploitation, constituting the lowest paid workers in the country, and being absolutely denied respect and dignity by society.[59]

The MNU position and that of the women's group of the MNU was that it was necessary for black women to organize to overcome the frightful conditions they faced in Brazil. Their organizing would be most efficacious if they worked together with black men, with other women, and with gays in every instance where it was possible. In no case, however, were they to be subservient to such other interests, or put their own concerns behind those of others.[60]

The National Day of Black Consciousness

The most dramatic event the MNU sponsored, and the most dramatic event in the whole black movement during the decade of the '90s was the protest march for Zumbi in Brasília. The National Day of Black Consciousness—particularly its 300th anniversary—served as the most effective basis for mobilizing the black movement and the black population in the whole period.

Even everyday Afro-Brazilians were aware of the demonstrations associated with the 300th anniversary of Zumbi's death.[61] News of the protests was hard to avoid with the president of the country going to Alagoas to recognize Zumbi's legacy, and with 40,000 black protesters simultaneously marching and assembling in the national mall in protest against the president and his policies.

Throughout the decade of the '90s, November 20, the National Day of Black Consciousness, became a fixture in the Brazilian symbolic landscape. It became recognized by the state, by the media, by large segments of the Brazilian population, and by many civic organizations. It became incorporated into the civil society. Thenceforward, November 20 could not go unobserved.

Culture

While the MNU continued to work with cultural organizations, to participate in activities sponsored by cultural organizations, and to give heavy coverage to cultural events in the *MNU Jornal*, the MNU itself put increasingly less effort into cultural matters. It operated primarily in a supportive role — attending events sponsored by cultural organizations, publicizing them, particularly those it deemed progressive or significant in the maintenance of black identity. But the organization infrequently operated as an initiator or primary sponsor of cultural events. Instead, its greatest focus was on the establishment and development of its political project from the black point of view.

By the 1990s black cultural organizations had clearly established mass bases. That was not true of the MNU. Rather, the MNU sought to place itself in a position to draw some of its mass base directly from cultural organizations. Hence, significant MNU actors devoted themselves to penetrating black cultural organizations in the hope that they could garner recruits for the MNU. They sought to establish many of their base nuclei within cultural organizations.[62]

This was an emphasis, however, on using cultural organizations to build the MNU, not using the MNU to contribute to the growth of cultural organizations. Cultural organizations such as Olodum and Ilê Aiyê had far exceeded the reach of the MNU into the masses of the Afro-Brazilian population.[63]

Quilombos

In the 1990s the MNU devoted extensive attention to *quilombos*. Probably the single *quilombo* which received the most support from the

MNU during this period was Rio das Rãs in the west of the state of Bahia. It was threatened with destruction by a rapacious land baron. Though Rio das Rãs received probably the most support from the MNU, it was not the only *quilombo* which received substantial MNU attention in the '90s. The MNU was deeply involved with other specific *quilombos* and with the National Coordinating Council of *Quilombos.*[64]

The MNU worked for *quilombos* in the courts, through the state governments, through the National Congress, in the executive department of the national government, and in a vast array of public spaces, all with the objective of identifying, recognizing, and protecting the rights of *quilombolas.* The MNU joined and initiated legal suits. It sponsored legislation, and it testified at public hearings. It held and participated in demonstrations. It sent cadres to *quilombos* to work with local residents.[65]

It utilized both short-term and long-term strategies. Its short-term strategies were aimed at slowing and stopping predatory acts against *quilombolas.* Predations against *quilombos* were land takeovers that took many forms. Among them were attempts to use the courts to expel *quilombolas* from their ancestral lands; terror and intimidation by armed thugs working for landowners and other powerful interests; condemnation of *quilombo* property rights for public projects such as dams and power plants; and influence peddling with the intent to ignore laws and court orders. The MNU's resistance to such piracy had to be fought on the grounds where the *quilombos* were located, in the halls of the various levels and branches of government, in the media, and among the population at large.[66]

The MNU's long term strategy involved getting Article 68 of the 1988 constitution enforced. The article was supposed to provide means for identifying, recognizing, and protecting claims of *quilombolas* to their ancestral lands. The strategy also included strengthening Article 68 so that it would become a formidable resource for *quilombolas* rather than a paper tiger.[67]

The MNU was active on all these fronts, and in a significant number of specific *quilombos* throughout the decade.

Religion

During this period the MNU spent comparatively little direct action devoted to religion. The religious issue that most troubled MNU members was the attitude of Christian evangelicals toward traditional African-based religions. While the evangelicals continued the same stance articulated earlier in this book, they grew in numbers, percentage of the population, and scope. They became increasingly aggressive with respect to the heretics, pagans, and devil-worshippers they saw as constituting the celebrants of African religions. They often used violence to purge the heathens. They were *absolutely* intolerant of the African religions and sought their destruction.[68]

The MNU saw the evangelical posture as a serious and growing threat to African-based identity and to the continuity of African cultural practices. The MNU vehemently opposed the evangelicals, but did not take concerted, widespread, or effective steps to combat them.[69]

Tensions between evangelicals and African-based religions created serious problems for some black activists such as Benedita da Silva. Benedita was an evangelical Christian, yet endorsed by the black consciousness movement, including the MNU. She expressed both a tolerance for believers in African-based religions and a deep commitment to her own Christian faith.

> As a black woman I am not there to represent the militant wing of the Black movement, but rather, underpaid blacks who live in the slums, blacks from cultural blocs, blacks from samba schools, blacks from candomble rights, Protestant blacks, Catholic blacks, and blacks who are not part of anything at all.[70]

The MNU, while unequivocally siding with African-based faiths, was not a major actor in the increasingly vehement struggle between religious populations.

The International Domain — the Diaspora

The MNU maintained its international focus. It sent representatives to international meetings when funds allowed. It hosted forums and conferences on subjects vital to Africans and the diaspora.[71] It kept members of the MNU well informed about events in Africa and the diaspora. It consistently conducted analyses of domestic events from an international and diasporic perspective. It developed and proselytized international causes such as Mandela and the ANC in South Africa, the independence of Namibia, the release of Mumia Abu Jamal, and the oppression of black people by the U.S. state apparatus. Nevertheless, at this juncture, the MNU's primary focus was domestic and not international. Primarily, the MNU was "thinking globally and acting locally."[72]

CICLO DE DEBATES
SEMANA DA UNIDADE AFRICANA
24 à 26 de maio - 2000
às 19:00h
LOCAL: Sindicato dos Radialistas
Rua Conselheiro Ramalho, 992
Altura do 1.200 da Av. Brig.
Luiz Antônio

Program of forum sponsored by the São Paulo MNU, May 24–26, 2000.

Self-Criticism

The MNU began its reorganization and the launching of its political project from a black point-of-view in 1991 largely as a result of serious self-criticism within the organization. MNU members recognized the need for a mass base in order for the organization to have a significant impact on Brazilian politics. They set about trying to build one by: (1) structuring the organization in ways intended to facilitate the building of a mass base, and (2) self-consciously developing an action program intended to produce a mass base.

In 1992–1994 most of the organization's energies were expended in trying to realize the goals of the nineteenth national congress. The MNU's work style inculcated an ethos of criticism and self-criticism. As a result, the work spent on accomplishing the objectives set by the nineteenth congress was necessarily immersed in a continual process of self-assessment.

Sometimes, as in the case of the massive effort to build the march for Zumbi in November 1995, self-evaluation activities were minimized. The Zumbi effort began at least in 1994, with much thinking about it even earlier, and continued through the end of 1995. Hence, a significant bloc of time was devoted to one organizational effort rather than to an assessment of where the organization was going and how it was getting there.

There were also disaffections, many related to the country's broader domestic life. The organization did not address them in any systematic way. The dearth of national meetings made such reckonings very difficult, if not impossible. Criticism at the local level which was not shared in national conclaves resulted in a splintering and alienation between sections. Some people became disenchanted with this set of circumstances and walked away. Many left for other reasons: jobs, opportunities, personal life circumstances. Organizational memory dissipated, along with loyalty and dedication. There were people in the organization who were loyal and dedicated, but the qualities of loyalty and dedication were diluted by the reduction in the absolute numbers of people who had them. Many new members had no organizational background in the MNU to help sustain them or give them a sound perspective about the organization.

The left wing of Brazilian politics, including political parties such as the PT, had come to recognize the startling resourcefulness of the MNU. They began to conceive of it as a vehicle for bringing masses of the Afro-Brazilian population into the folds of their respective parties, and as voters for their candidates. Their systematic efforts throughout the country to get their stalwarts into the MNU and to influence MNU policy, accentuated the dynamic of internal MNU struggles. As usual, people's concerns were not muted. The struggle between the left and other members of the MNU became an important part of the MNU's internal narratives. But as the national congress was not meeting consistently, there was little opportunity for these tensions to be dealt with consistently and resolved at national meetings.[73]

A national organization which did not hold national meetings and hence could develop no responsible national critique or program, was incapable of substantive self-criticism at the national level. It is in this set of circumstances that the MNU found itself by 2000.

The MNU at the Cusp of the 21st Century

By 2000 the MNU found itself in a contradictory situation. Fundamentally, it was held together by personalities. These strong personalities were often inimical to each other. In effect, the centripetal force of the strong personalities was contested by the centrifugal force of their mutual animosities.

The organization's strong personalities were often regionally—or at least—locally centered. For example, the towering presence in the city of São Paulo was Milton Barbosa. In the Northeast, located in Salvador, Luiz Alberto, a federal deputy for the state of Bahia, was a dominant force. Also in Bahia, Luiza Bairros was a lightning rod both in drawing people to her and the organization, and to attacks against her intimidating presence.[74] A new leadership was arising in Pôrto Alegre. Next to São Paulo, within the state of São Paulo, in the city of Campinas, there was a counterweight to Milton Barbosa.[75] In Rio de Janeiro, a prodigal son who had left the MNU, Yêdo Ferreira, had returned with all the magnetism and celebration attendant upon the prodigal.[76] In some cases, the personalities took positions which were ideologically appositional — leftist or class-based vs. race-based. PT members such as Luiz Alberto were often associated with the class-based position, while activists such as Jonatas Conceição were associated with the race-based orientation. These tendencies were consistent with those characterized by some, as noted earlier in the text, as revolutionaries vs. culturalists. But it would be misleading to think of these ideological tensions as absolute. Most people held very complex and nuanced ideological positions. Nevertheless, the rivalries and contestations for influence were real.

The situation was almost feudal.

The MNU, in its scattered locales, was alive. It was often active. But it was not in any meaningful sense a national organization with a national and viable program. It was in many ways a question mark.

During its second decade the MNU had found neither black unity nor political power. Nor had it found *the way* to political power. By 2000 the MNU was no longer searching for black unity within a single organization. It sought to approximate black unity by supporting various national and regional conferences and meetings, by working with other black organizations to foster a wide range of events. Indeed, by the end of the 20th century the MNU had accepted that unity within the MNU itself was an elusive objective. All of its serious decisions continued to be hotly contested internally. In part, the creation of the national coordinator had been an attempt to create unity at the top. It had not produced that result.

Nor had the restructuring of the MNU in the early years of the '90s resulted in a mass membership by the end of that decade. The MNU remained a comparatively small organization of university-trained intellectuals, labor activists, political aficionados, and cultural workers. They had not obtained political power anywhere in any way, nor had they come close to doing it. Individual MNU members had achieved elective office, but one vote in one legislative body that has over 60, or over 100, or over 200 members, when there are literally hundreds of legislative bodies in the country, does not constitute capturing power — or much more than being able to see how power operates close up.

What the MNU had done — as the driving political force in the black movement — was to transform the public dialogue on race. Over the two-plus decades of its existence it had wrought what most *informed* observers had deemed impossible only a few years prior to its achievement.[77]

That possibility was afforded because of the unique characteristics of the MNU, characteristics which made it difficult to develop a mass base, but which enabled its amazing breakthrough into the minds of the country's policy elites. MNU cadres constituted a formidable intellectual force. They had mastered the study and articulation of a racial vision of Brazil developed expressly to destroy the country's popular self-conception as a racial democracy. In every forum where they were given voice, they proved irresistible. They were also well-connected — in academia, in labor unions, and in political parties. The traditional Brazilian influence of contacts, personal relationships, served them well in their gaining significant platforms — spaces — for the exposition of their compelling narratives.

During the 1990s the MNU neither forged black unity nor came remotely close to even scenting political power. Instead, it loosed its own narratives of society and politics into Brazil's hegemonic social spaces. It found neither of the African diaspora's holy grails, but it placed its foremost concern, the specter of racism, in the center of the country's public discourse.

8

Deus ex Machina: *The Centrality of Contexts Within Contexts: 2000 to 2002*

Introduction

Throughout, this study has posited the indispensability of considering the multiple contexts within which the MNU arose and persisted. For no period is this premise more validated than from 2000 to 2002. During those years, the national and international contexts, as well as the racialized and diasporan contexts interacted in such ways as to render an analysis which omits any of them inadequate. From 2000 to 2002 the MNU's multiple contexts merged with unprecedented effect.

The Afro-Brazilian National Context

With the striking exception of the march for Zumbi on Brasília, there is little question that the 1990s marked a period of decline for the MNU. Decline is not to be equated with insignificance, irrelevance, or absence of influence. It is to suggest that the dynamism, innovation, promise, and transcendence within the black movement once associated with the MNU was much less in evidence. In some respects the decline of the MNU was a relative phenomenon. Compared to what it once was, the MNU was no longer the hegemon of Afro-Brazilian affairs.

Many factors can be associated with this relative diminution of influence. One is the creation of other national organizations. Among them may be identified the Black Pastoral Agency (APN), the National Commission to Combat Racism and Racial Discrimination (CNCDR-CUT), the Provisional National Joint Commission of Rural Black

Quilombos, (CONA/CONERQ), the National Union of Black Women (NAMN), the National Forum of Black Organizations (FNEN), and the National Coordination of Black Entities (CONEN).

It is important, however, to distinguish the MNU from the other national organizations. Other national black organizations may be placed in two categories: One consists of organizations that were national in scope, but targeted for specific elements of the black population. The other consists of umbrella organizations such as the MNU was originally intended to be.

APN, for example, as an organization for a specific segment of the black population, was associated with the Catholic Church. It is nationwide, but its constituency consists of black Catholics. CNDCR-CUT, like INSPIR, the InterAmerican Union Institute for Racial Equality, was associated with organized labor. The two are nationwide organizations whose constituencies consist of organized laborers. CONA/CONERQ is an organization specifically for residents of *quilombos*. It is an organization which collectively represents the residents of *quilombos* throughout the country.

Unlike segment-oriented national organizations such as APN, CNDCR-CUT, and INSPIR, FNEN and CONEN were intended as umbrella organizations. They were peak organizations—which brought black leaders together representing organizations from throughout the country.

The MNU differed from all the other national organizations in that it remained the only organization intended to be inclusive of the whole black population, linked, through increasingly broader constituencies, to the organization's national leadership. Alone, it was a universal, national membership organization within a national framework rooted in state, municipal, and base-level structures. Nevertheless, the other national organizations had national presences, national voices, and national influence. They all had to be reckoned with in national Afro-Brazilian affairs.

Another factor which can be associated with the MNU's decline consists of changes within the MNU itself, its balkanization, its concentration on its Black Political Project, its incapability of creating a mass base, the irregular publication of the *MNU Jornal*, and the irregular convocation of national congresses.

Perhaps, however, the most significant element linked to the lesser role of the MNU was the explosion in the number, geographical dispersion, and influence of ONGs. This development was most fully realized at the local level, but it had national effects.

ONGs tended to be formed by people who worked together in local settings, such as GELEDES, the black women's organization in São Paulo; and *Instituto Cultural Steve Biko*, an educational organization in Salvador. The focus of ONGs tended to be specific, *e.g.*, women, education, culture. They were present all over the country, including locales where there were local MNU sections. This often brought them into partnership and collaboration with the MNU sections, but it also meant they were alternate voices for public policy and the direction of the black movement. This consideration is even more telling when one keeps in mind that many ONG members had once belonged to the MNU and left over policy and personal differences.[1]

ONGs, compared to the MNU, were well-financed. The MNU relied on donations from activists, from events it sponsored, and from affiliates.[2] ONGs got money from a wide range of sources. They solicited donations and contributions, but they also got money from governments — municipal, state, and national. They got money from international organizations such as the OAS, the UN, the InterAmerican Development Bank. And they got money from the great, international ONGs in Europe and North America, the Ford Foundation probably more than any other.[3] They hired staffs. They rented or bought headquarters. They had equipment, operating expenses, and travel money. Their resources were exponentially greater than those of their MNU counterparts. They had comparatively narrow agendas which enabled them to use their wealth of resources with much greater focus.

Within the national Brazilian context, and, specifically, within the Afro-Brazilian context, by the end of the 1990s, the world in which the MNU operated had been transformed. Yet that transformation was also influenced by actors from the international arena.

The International Context

At the beginning of the 21st century, the most striking impact on the MNU and the whole Brazilian black consciousness movement came not from Brazil, but from the international community. The effects of international events were not anticipated and were startling — like some external mechanism that suddenly descended into Brazil's domestic life, a *deus ex machina*.

Yêdo Ferreira put it perhaps most forcefully:

> The curiosity is that two political facts external to the Brazilian Black movement ... occurring five months apart, contributed, in the case of the

> *UN World Conference Against Racial Discrimination (WCARD)*—and is contributing—in the case of the *World Social Forum (WSF), 2002*, to a more effective unity not only among narrowly focused Black organizations, Black umbrella organizations, and Black ONGs in Brazil, but, above all, to the realization of unity within the Afro-American and Caribbean alliance ... [emphases added].[4]

Throughout the 1990s, and particularly the latter half of that decade, most Afro-Brazilian organizations, including the MNU, devoted most of their energies to domestic activities. In the case of many black Brazilian organizations, including the MNU, much of this activity had become routinized without much impact either on the organizations themselves or upon Brazilian political and social life.

The wind that blew in from the outside transformed the whole Afro-Brazilian activist scene. Scales fell away from militants' eyes and they saw horizons full of new possibilities. They realized, almost simultaneously, two riveting realities. These international occasions opened dramatic possibilities for the black movement (1) on the international front, and (2) on the domestic front.

Among black organizations there was a kind of universal recognition of the importance of inserting the black movement into the two new international settings, the WCARD and the WSF. Afro-Brazilians were, after all, the second largest national population of African peoples in the world. They had the responsibility to manifest that condition on the world stage. In the process they could activate and mobilize Afro-Brazilian people and organizations, introduce the international deliberations into domestic dialogues, and transform the discussion and conduct of the country's racial policy.

The World Conference Against Racial Discrimination III (WCARD III)

Chronologically, the first of the two worldwide events, and the more prominent, was the UN's World Conference Against Racial Discrimination. It was to participate in that event, scheduled to begin in August 2001, that Afro-Brazilian organizations first began to gear up. But for the second event, the World Social Forum, Afro-Brazilians had a comparative advantage. It was to take place in Brazil.

Because Afro-Brazilian militants were aware that the greatest impact both nationally and internationally would come from their *combined* efforts, from a *united* front, rather than from their piecemeal organizational activities, black organizations began at once to organize their own members and supporting casts, and began to find ways to implement a grand alliance among themselves. The MNU gave itself over to exhausting work on both fronts.

The MNU had one advantage over many other black organizations. It was in the person of one human being. One of the MNU's longest-term and staunchest members, who had also been the national coordinator of the MNU, was a member of the Brazilian National Congress, Luiz Alberto dos Santos of Salvador, Bahia. He was the only member of the National Congress who was a member of the black movement.[5] As a member of the National Congress Luiz Alberto could travel to planning meetings both at home and abroad. He had resources and contacts to help organize meetings of Afro-Brazilians. He constituted an MNU presence in every major aspect of the planning and work leading up to the WCARD III meeting in Durban, South Africa.

Afro-Brazilian umbrella organizations organized a National Plenary of Black Organizations (PNEN), as a means to forge collective Afro-Brazilian participation in the WCARD III.[6] The first meeting took place in the São Paulo City Hall, July 22, 2000. In the session the attendees agreed to create a National Forum of Black Organizations. Its national council would be composed of representatives from every state (one per state), chosen by state assemblies. A national executive commission (CEN) would be composed of two representatives from each of the major forces present at the PNEN.

The organizations to be represented on the CEN were: the MNU; the Black Pastoral Agency (APN), National Coordination of Black Entities (CONEN), National Collectivity of Black Women (ENMN), National Provisional Unity Commission of Rural Black Quilombos (CONA/CONERQ), the National Commission for Combating Racism and Racial Discrimination (CNCDR/CUT), and the Directing Council. The membership of the Directing Council was increased to three, in order to avoid tie votes.

While the attempt to organize a National Forum of Black Organizations contributed to a good deal of organizing at the local and state levels, and to substantive dialogues at the national level, with respect to its stated purpose, the effort ultimately proved barren. Within the National Forum two disagreements were never resolved: what to name the National Forum, and the participation of Luiza Bairros. One of the questions involved in her participation was who she represented. She was no longer a member of the MNU. At the same time she was not representing any other organization. Nevertheless, she was such a dominant force in Afro-Brazilian politics that she could not be denied membership

NATIONAL EXECUTIVE COMMISSION
MNU, APN, CONEN, ENMN,
CONA/CONGRO,
Directing Council

NATIONAL COUNCIL
Rep./State

NATIONAL FORUM OF BLACK ORGANIZATIONS
Intended organization prepared by
National Plenary of Black Organization PNEN.

Figure 2. Structure of the National Black Forum of the National Plenary of Black Organization.

Composition of the National Executive Commission (CEN)

Organization	*Number of Members on CEN*
MNU	2
APN	2
CONEN	2
ENMN	2
CONA/CONERQ	2
CNCDR/CUT	2
Directing Council	3

Figure 3

on the Directing Council. These disagreements placed part of the MNU and the Directing Council on opposite sides. This condition is ironic when one recognizes that Luiza Bairros was the MNU's first national coordinator.

The dispute over the name was a dispute over function. Was it to operate as a plenary session, or as a focused, directing group which developed a deep understanding of the salient issues and formulated an action strategy based on that understanding? Yêdo's position was the latter, he wanted a focused, directing group.

The differences between the MNU segment headed by Yêdo Ferreira and the Directing Council led to disputatious plenary sessions within the PNEN. The participants managed to agree that local organizations should organize into state forums and that a national seminar would develop papers for the WCARD in Durban. These would be used to educate Afro-Brazilians about the Conference and critical issues that would be considered there.

CEN, the body charged with carrying out PNEN's agenda, held its first meeting in Rio de Janeiro, September 9, 2000. Official representatives present were Luiza Bairros of the Directing Council, Joao Carlos de Souza of the APN, Edna Roland of the ENMN, Dina M. da Silva of Grupo Tez, and Domingos Maranhão and Luiz Alberto of the MNU. CONEN and CNCDR/CUT did not participate. About 30 activists altogether attended the meeting. Most of them belonged to the Center of Unity for Marginalized Populations (CEAP) and had been working on papers for the Continental Congress in Chile, December 4–7, 2000.

Because the PNEN had not indicated how state forums were to be implemented, only Rio de Janeiro had constituted a state forum. In effect, this *decision* by the National Forum was never implemented. Even though the Rio complement attempted to put its state forum in action, the effort was thwarted by the nonparticipation of the organizations representing organized black labor.

CEN's second meeting was held in November 2000, in Rio de Janeiro. Official representatives were Luiz Alberto, MNU; Yêdo Ferreira, MNU; Luiza Bairros, Directing Council; and Joao Carlos, APN. Those four representatives were divided three to one. The one was Yêdo Ferreira—again, ironic—because the MNU (constituting half of the representatives) was itself divided. The MNU could not and did not present a consolidated position in CEN. Its representatives acted like two independent individuals rather than as joint representatives of the same organization. Not represented were ENMN, CONEN, and UNEGRO. CNCDR/CUT and INSPIR decided not to participate.

The two labor organizations intended to establish a parallel organization to the National Forum of Black Organizations (FNEN). Their decision not to participate in activities of CEN, and, subsequently of PNEN, had a deleterious effect on the efforts to build a state forum of local organizations within the state of Rio de Janeiro.

The Rio black organizations decided to act on this bad turn of events

CEN Members Actually in Attendance at Meetings

Rio de Janeiro, September 9, 2000

Organization	*Number Present*
MNU	2
APN	1
CONEN	0
ENMN	1
CONA/CONERQ	0
Directing Council	1

Rio de Janeiro, November, 2000

Organization	*Number Present*
MNU	2
APN	1
CONEN	0
ENMN	0
CONA/CONERQ	0
CNCDR/CUT	0
Directing Council	1

Figure 4

rather than to be overwhelmed by it. Representatives from the MNU, Black Union for Equity (UNEGRO), The Center for Women of the Favelas and the Peripheries (CEMUFP), Palmares Institute for Human Rights (IDPH), Afro-Brazilian Institute for Social Research (ASPECAB), the Black Institute for Cultural Research (ICPN), and others, met at the ICPN headquarters to organize the Rio de Janeiro State Forum of Black Organizations. This was an effort that had the long-term view of black cooperation within the state in mind, rather than solely the WCARD III.

These were events external to CEN which had effects on CEN's second meeting. Within that meeting the two MNU members disagreed with each other over the recommendation to establish channels of communication with the Federal government and whether to discuss the alternative document developed by CEAP. The MNU Rio, *e.g.*, Yêdo Ferreira, opposed both courses of action. He did not trust the federal government. He envisioned the danger of CEN and subsequently PNEN being co-opted by it. With respect to the CEAP document, he believed that PNEN should develop its own. Indeed, he believed that was the major function of the seminar PNEN had agreed to hold. In his eyes, PNEN had the responsibility of developing a deep understanding of the critical issues black people would face in Durban, including the electrifying subject of reparations. Being the one against three, he lost the battle. Luiz Alberto sided with Luiza Bairros, representing the Directing Council, and Joao Carlos, representing the APN. CEN's official position, hence, was to establish channels of communication with the federal government, and to discuss the alternative document developed by CEAP.

On March 10, 2001, the PNEN met again at the State University of Rio de Janeiro (UERJ). The participants set a date and place for the national seminar that had been agreed upon earlier. The date set was May 11–13, 2001. The place was UERJ. They changed the form of the meeting, however, from a seminar to a plenary session. The initial decision had been to hold a seminar and the MNU Rio had supported a seminar. Yêdo had feared the abandonment of this form for the national gathering and that fear is one of the reasons he fought against considering the CEAP document. How were the members of PNEN to develop a nuanced understanding of their own if they had never considered the essential questions independently, in a deeply informed and intellectually rigorous way? A seminar, an informed, scholarly discussion, could accomplish that purpose. A plenary session could not. Yêdo lost. His position to have reparations as one of the major themes of PNEN was also defeated.

The MNU (at least the Rio MNU) was prevented from participating in a national conference summoned by Benedita da Silva in Rio, in early July of 2001. At the time Benedita was vice governor of Rio de Janeiro state. The purpose of the national conference was to develop a collective black position on WCAR III. The Rio de Janeiro section of the MNU was barred from the national conference because it had not participated in a statewide conference Benedita had hosted on a date that conflicted with other MNU Rio commitments. That statewide conference had chosen Rio state's delegates to the July national conference—a choice which excluded the MNU Rio—even though from its outset PNEN had established that participation in PNEN (where the MNU Rio had been one of the most consistent participants) guaranteed organizational representation at the national conference.

In short, while highly energized by preparations for WCARD III, the MNU found itself divided and ineffective in presenting a coherent position or vision to the collective black leadership which was planning for the conference.

While the MNU sent a significant number of representatives to Durban (the *MNU Jornal* listed 10,[7] though the number was indubitably higher because eight people went from the Salvador branch of the MNU alone),[8] the MNU, as an organization, did not play a leadership role in the preparation for Durban or in the Afro-Brazilian or Brazilian delegation in the parallel conference. It attempted to, but it was outmaneuvered by its adversaries. The leadership function was assumed by the major black ONGs, as well as — curiously, with respect to the parallel *nongovernmental* conference — by Afro-Brazilian *governmental* leaders, *e.g*, Benedita da Silva and Luiz Alberto (*himself a major MNU leader)*. Individual MNU leaders did play significant roles, but the MNU *as an organization* did not. One caveat must be made to that characterization. It is that *some* MNU chapters played greater roles than others. The Salvador chapter, the chapter of Luiz Alberto and former chapter of Luiza Bairros, for example, wielded great influence in Brazil's black delegation. Yet that recognition still highlights the condition that the MNU did not present a united front in Durban.

WCARD III actually consisted of two conferences. One was the official conference. It consisted of delegations from the member states of the U.N. This was the conference that the U.S. delegation — representing the U.S. government — walked out on. The other conference was the parallel conference, consisting primarily of nongovernmental organizations (NGOs). It was this conference which members of the Brazilian black movement attended in force. It was this conference that the U.S. black delegates — members of U.S. nongovernmental organizations — did not walk out on.

The total Afro-Brazilian role with respect to both the Brazilian delegation to the official conference, and the African-descended population in the parallel conference, was considerable. The Afro-Brazilian delegation of 350 people was the largest delegation from the African diaspora. It was a major presence and player in both Durban conferences. In the official conference it played a significant role, because some Afro-Brazilians were part of the official delegation, and because the official Brazilian position in the official conference closely approximated the positions that had been articulated by the Afro-Brazilian social movement organizations and NGOs in the long series of meetings and mobilization efforts that took place in Brazil prior to WCARD III. In the parallel conference the Afro-Brazilian delegation played a significant role because of its size and energy. It manifested a dynamic presence in every venue of the parallel conference.

The World Social Forum

In preparation for the World Social Forum, scheduled for early February 2002, in the city of Pôrto Alegre, within the Brazilian state of Rio Grande do Sul, black leaders held a preparatory meeting in Rio de Janeiro,

October 12–13, 2001. At that meeting they formed the National Afro-Comite (CAN). Participating organizations were MNU Rio; the Palmares Institute of Human Rights (IDPH), also of Rio de Janeiro; FNMN, the National Forum of Black Women; and organizations associated with CONEN: CEAP, Griot, and *Fala Preta,* Black Speech (São Paulo).

They agreed that CAN would constitute a vehicle of joint participation in the World Social Forum. They agreed that CAN would be composed of national black organizations and that local organizations and ONGs would be organized into state committees.

National organizations were divided into two categories: traditional black organizations, and umbrella black organizations. These categories were to include, additionally, organizations which had not necessarily participated in the formation of CAN. Traditional black organizations were the MNU and the APN, each with two representatives. The umbrella organizations were CONEN, with three representatives; FNMN, with two; CONA/CONERQ, with two; Black Workers of Central Unions (SNCS), with four; and the Afro Rio Grande do Sul Local Committee, with one. The Rio Grande local committee got a representative because of its responsibilities as the host organization for the black delegations. It had to know what was going on in CAN to be able to provide adequate logistical support.

National Afro-Comite (CAN)
organizations participating in the formation

MNU (Rio)
Palmares Institute of Human Rights (IDPH) {Rio}
National Forum of Black Women (FNMN)
CONEN
CEAP (São Paulo) CONEN associate
Griot (São Paulo) CONEN associate
Fala Preta (São Paulo) CONEN associate

From October 2001 to February 2002, CAN had five meetings. CEAP, one of the CONEN representatives, didn't participate in any. CONA/CONERQ didn't have money to send anyone and didn't. Two delegates from SNCS were inconsistent. From the unions only CNCDR/CUT participated consistently. Instead of the number of delegates formally allocated to the organizations (16), the actual, consistent participant numbers were: MNU, 2; APN, 1; CONEN, 2; FNMN, 2; SNCS, 1; Rio Grande do Sul local, 1. In short, a National Committee of sixteen was represented by a committee of eight for most of the five meetings.

Structure of CAN

Traditional Black Organizations	*# of representatives*	*# present regularly*	*# non-participating*
MNU	2	2	0
APN	2	1	1
Umbrella Organizations			
CONEN	3	2	1
FNMN	2	2	0
CONA/CONERQ	2	0	2
SNCS	4	2	2
Local committee	1	1	1

Figure 5

The MNU proposed the theme of reparations for the whole WSF. It also proposed a public demonstration in the form of a tribunal, a tribunal of the people. "The people" meant, specifically, black and indigenous people. The tribunal would put the Brazilian state and the hereditary families of slave owners on mock trial. Consideration in the trial was to be land. The mock court would consider whether to award land as reparations to the injured parties.

The MNU posited a number of principled and insistent positions throughout the CAN meetings:

(1) The WSF was an important space to meet black organizations from the Americas and social-ethnic institutions from the Caribbean and Africa. In such meetings they could discuss reparations much more fully than they had at WCARD III.

(2) Reparations should be a theme throughout the WSF, not abstractly, but with respect to how it could be conceptualized and implemented.

(3) Every WSF activity should incorporate reparations as a theme.

(4) Reparations should be established as a concrete objective of the struggle against racism.

In addition, the MNU pursued its call for the WSF to include a seminar on reparations which would include only people with outstanding international recognition and credentials on the subject. This was the same stance that the MNU, particularly the MNU Rio, had taken in the national meetings among Afro-Brazilian organizations in the run-up to WCARD III.

Throughout the CAN meetings there was a major divergence

between MNU positions and CONEN positions. For the most part, the MNU was successful in getting its positions adopted by CAN. CONEN, defeated in CAN, although a member of CAN, maintained its independent positions and publicized them.

While CAN produced no documents representing its positions and received no press coverage of them at the WSF, CONEN did both. Part of this was a function of CONEN's consisting of many organizations. Each could use separate constituencies and audiences for promoting CONEN's agenda. Indeed, at the WSF roundtable sponsored by the black movement, the theme was changed from reparations to Brazil-Africa. This was a direct repudiation of the MNU (CAN) position and the adoption of the CONEN position — even though the umbrella organization for black organizations at the WSF was CAN, which had rejected the Brazil-Africa theme and endorsed the reparations theme. Within CAN, CONEN was a single organization. Outside CAN it neither operated, nor was it seen as a single organization, but as the separate organizations which had come together to form it. As a result, the weight it carried in deliberations was that of multiple organizations, while CAN seemed to be a single organization.

Nevertheless, the MNU was given the responsibility to organize the tribunal of the people. In an attempt to sabotage the tribunal, at the last minute its date was switched from February 5 to February 4, and at a time which would place it in direct conflict with the most popular protest march of the forum.

To counter this threat, the MNU quickly formed a commission of organizations to plan a response. The commission immediately restructured the tribunal session and scheduled it to end before the popular march was to begin. By that means it was able to confound the attempt to sabotage the tribunal of the people.

While CAN was authorized by the WSF to issue a manifesto or declaration arising from the forum, because of sharp disagreements between the MNU and CONEN, the document was never published. CONEN, as part of CAN, was capable of crippling CAN's ability to act. But since CONEN did not include CAN, CAN could have no impact on its internal operations.

Through its role in CAN the MNU took an unequivocal role as the hegemonic black organization at the WSF, even though in the wider international and Brazilian communities it had been upstaged by CONEN. That its position was sabotaged at the WSF by CONEN did not detract from the MNU's victories within CAN, the assembled representatives of the Brazilian black movement. By the beginning of 2002 the MNU had made a decision to become a major player in the international arena, particularly on the questions of relationships with Africa, relationships with the African diaspora, and reparations.

The General Domestic Context

The MNU's thrust into global politics did not mean the abandonment of domestic politics. The international drive, necessitating engagement in PNEN, CEN, CNEN, and CAN, necessarily meant a great deal of interaction with other Afro-Brazilian organizations. Beyond that, however, the MNU realized an active presence in activities that were, specifically, domestic.

Generally representative of such activities was a march of liberty the MNU participated in commemorating November 20, held in Salvador, in 2002. The march went from Curuzu, the site of the MNU headquarters and the focal point of the largest black neighborhood in the city, Liberdade, to Pelhourino, the historic and major tourist district of Salvador, which is the home of the *bloco afro* Olodum.[9]

MNU members were involved in putting on the National Meeting of Black Legislators, held July 26–28, 2001, in Salvador. Indeed, one member of the MNU, Luiz Alberto, was the principal organizer. Yet, following the MNU's time-honored pattern, it was a collective effort. The MNU worked with CONEN, APN, CONA/CONERQ, and the Center for Afro-Asian Studies at the Federal University of Bahia.[10] The latter center hosted the gathering. This was the first Brazilian national meeting of black legislators from every level of government.

Milton Barbosa of the São Paulo MNU was responsible for heading the commission which organized the Conference to Combat Racism in Brazil. The commission consisted of many black organizations.[11]

In a number of settings the MNU continued to speak out against the life conditions of Afro-Brazilians. The MNU condemned the media's disinterest in black culture. It castigated political interests rooted in preserving the idea of black inferiority. It articulated the point of view that the idea of black inferiority was represented in the physical world by low levels of responsibility assigned black people, by low salaries, by low levels of admission to universities, and by exclusion from elite recreational activities.[12]

The MNU said that in 45 years of a national statute against racism, there had been only nine convictions under its provisions. That was obviously a travesty of responsible judicial practice.[13]

Albino Azeredo, former governor of the Brazilian state of Espirito Santo, at the Seminar on Race and Democracy in the Americas, Salvador, May 2000. Photograph by Rita Brito.

Observing the work of the MNU during this period, in a speech at the State University of Bahia, Carlos Moura said,

"It's not enough to have rights guaranteed in the Federal Constitution. More important is the existence of the ongoing work as being carried out by the MNU and by its non-white allies."[14]

As early as 1998 Brazilian social movements formed the Brazil Project, the Other 500, to commemorate the 500th anniversary of the European invasion of Brazil. That anniversary would take place in the year 2002. The theme of the Brazil Project, the Other 500 was: "500 years of Indigenous, black, and Popular Resistance." The MNU participated in the project from the outset and increased its project-related activities as the critical year approached. Indeed, for all participants most of the involvement from 1998 to 2000 consisted of conceptualizing and articulating what was to be done by way of commemoration. Practical activities effectively began in 2000.[15]

By late 2001 the MNU had begun to organize events around the theme of reparations. On October 15, in Rio, it promoted a National Seminar on Reparations. Its intention was to address the question of black people nationally and internationally.[16]

One week later, Stebenio de Souza Vieira represented the MNU at public hearings in Brasília, speaking to the Special Commission on the Racial Equality Law. He said black actors should occupy 50 percent of the roles in films and television, double the 20 percent quota envisioned in the law. He said even 50 percent quotas were insufficient to end racial discrimination. "Discrimination will not be ended by decree, but the law can provide social guarantees for marginalized groups."[17]

In the city of Campinas the MNU was a principal advocate for a law establishing November 20 as a municipal holiday. The law was passed December 5, 2001.[18]

In addition to advocating black causes in public and to the state, and seeking reparations for the exploitation of Afro-Brazilians, the MNU also examined dynamics within the black population. It promoted discussions of how black people might reduce black-on-black crime.[19]

The Reappearance of the MNU Jornal

In August of 2001, after a long hiatus, the *MNU Jornal* returned to print.[20]

The newspaper marked its reappearance with an appeal for black people to unite behind the struggle for reparations. It pointed to WCARD III, which was coming up at the end of the month, as an opportune time to launch the struggle for reparations.[21]

The *Jornal* identified 10 MNU members who would be representing the organization in Durban.[22]

At the microphone, Dr. Ubiritan Castro, at the Seminar on Race and Democracy in the Americas, Salvador, May 2000. Dr. Castro was at the time director of the Afro-Asian Center at the Federal University of Bahia (UFBA). In 2003 he was appointed director of the National Palmares Foundation, the principal Brazilian cultural institution in the national government. Photograph by Rita Brito.

A significant part of the edition was devoted to the 13th national congress of the MNU, held in Nova Iguaçu in the state of Rio de Janeiro, April 12–15, 2001. The theme of the congress reached back to the 10th national congress in 1993: deepening the concept of black consciousness by emphasizing the organization's political project, a political project for the whole country from a black perspective. In the 13th congress the MNU envisioned itself as the most radical Afro-Brazilian political organization, a condition which it deemed marked the MNU as the leader of the black political struggle, and a condition which would also determine the character of that struggle.[23]

The congress identified the stage of development the black struggle had entered as one that required tightly focused and centralized leadership—attributes which the MNU would incorporate into its own organizational structure. The congress determined that such a centralized leadership would not detract from the organizational objective of developing a mass base.[24]

The congress developed a plan for struggle, an action agenda. It was a detailed plan which can be characterized by the following elements:

a. Supporting and working with key sectors of the black movement: organized labor, cultural organizations, black women's organizations, and activities of religious resistance.
b. Building a youth movement.
c. Involving the MNU in a national health conference for black people.
d. Strengthening the constitutional and legal protections for *quilombos*.
e. Organizing MNU participation in WCARD III.
f. Uniting with other organizations in the black movement, beginning with establishing a minimum program.
g. Working for more black involvement in the formal political process.
h. Conducting political education on the effects of racism in every significant sector of society.
i. Engaging in international black struggles.
j. Supporting Brazilian agrarian reform.
k. Repudiating Brazil's payment of its external debt.
l. Supporting the creation of an international fund devoted to the development of public policies for the benefit of black people.
m. Developing an international strategy and linkages for black people.
n. Building socialism.
o. Developing a national political agenda from a black point of view, including making Zumbi a national hero.[25]

The same edition of the *MNU Jornal* which covered these decisions of the national congress also reported on work the MNU had conducted with other black organizations to support rights for *quilombolas* and with organizations representing nine separate *quilombos*. It revealed that the *quilombo* of Rio das Rãs had received title to its ancestral lands on July 14, 2000, partly as a result of this work.[26]

The *Jornal* reported MNU activities in the following states: Rio de Janeiro, Piaui, Bahia, Rio Grande do Sul, and Pernambuco.[27] Notably absent from the listing were the states of São Paulo, Minas Gerais, Goiás, Maranhão, and the Federal District, all of which had been characterized by high levels of activity in the past.

Those states whose activities were reported said they had extended their work into the interior areas of the states, hosted large numbers of African visitors at statewide MNU meetings, sponsored demonstrations against specific racist acts, established programs to help black students prepare for the vestibular examinations, partnered with progressive and *quilombola* organizations, developed links with the media, hosted and participated in national conferences, sponsored discussions, and held joint activities with black women's organizations.[28]

According to the *Jornal*, the national congress established a provisional collegiate council composed of representatives from each state present at the congress. The council was given the responsibility of establishing a viable process for transforming the MNU into an explicitly political organization which would be centralized, autonomous, independent, leftist, and committed to the construction of socialism.[29]

In making these commitments the MNU identified itself as the country's most important black political organization.[30]

Finally, this edition of the *MNU Jornal*, like its predecessors, reported on the work of significant political actors, particularly black political actors, outside the MNU.[31]

Other MNU Activities

In 2002 the MNU attacked an antismoking campaign promoted by the minister of health, José Serra, for depicting black people negatively. The MNU said,

> Composed of nine parts, the majority featuring whites, with phrases like, "Smoking causes sexual impotence," "Smokers don't have the breath to do anything," "Smoking during pregnancy endangers the baby...." Of nine parts published on the risks of smoking, only one of them includes the picture of a Black man, under the heading, "Nicotine is a drug and causes dependency," suggesting the idea that the Black man is smoking a marijuana cigaret, known in popular parlance as basing.[32]

In federal court the MNU accused Minister Serra of the crime of racism. According to Federal Deputy and MNU activist Luiz Alberto, the published ads represented a pattern of racism by Serra. "The public depiction was enormously unfortunate, and isn't the first time Minister

José Serra has used the image of the black man in a discriminatory way," said Luiz Alberto.[33] Along with other black organizations, the MNU sought Serra's removal from office for conduct incompatible with his duties as a federal minister.[34]

After the election of "Lula" to the Brazilian presidency in 2002, along with Governor Benedita da Silva, black legislative leaders, and other black organizations, the MNU sponsored a discussion in Rio de Janeiro on "Perspectives of the black Movement on the Lula Government."[35]

On March 22, 2002, the MNU was a major sponsor of a gathering marking the project, "Brazil, the Other 500" in São Paulo.[36]

In April, the MNU accused an employee of Aguia Branca, a company which operated a VIP lounge of a major bus station in Salvador, of racism for the harassment of Pires de Oliveira, member of the MNU and aide of Congressman Luiz Alberto, when he attempted to access the VIP lounge.[37]

In December the MNU participated on a panel on race, class, and gender relations at the University of São Paulo.[38]

In the elections of 2002 the São Paulo section of the MNU supported one of the two black candidates for the congress — Vincentinho, the leader of the country's most powerful labor union.[39] Vincentinho was elected. In the same election Luiz Alberto was elected to the national congress from Bahia. This was the first time that a member of a black SMO had been directly elected to the National Congress. Though Luiz Alberto had served two earlier terms in the congress, during each of those terms he had been appointed as the next-highest vote-getter after a person from the elected PT congressional delegation had resigned from the congress.

Inside the MNU

When the MNU held its 14th congress in Pôrto Alegre, during April of 2002, Milton Barbosa, a founder of the MNU, nationally known leader, and coordinator of the São Paulo city section of the MNU, chose not to go. This was the congress planned by a commission composed of delegates from the 13th congress in Rio de Janeiro state, a congress which had reorganized the national structure and leadership of the MNU. The São Paulo section had not attended that congress, either. Speaking of the 14th congress, Barbosa said, perhaps facetiously, he didn't know who convened it. He said he knew about it, but deliberately did not attend.[40]

Yêdo Ferreira, another founder of the MNU, said perhaps it was best that Barbosa hadn't attended, as the congress was able to accomplish a

Poster for the 14th congress of the MNU, held in the city of Pôrto Alegre, in the state of Rio Grande do Sul, May 31–June 2, 2002. The top line reads, "500 + 2 Years of Exploitation." The second line reads, "Reparations Now!" The upper photo on the right shows Benedita da Silva, former federal deputy, former federal senator, former vice governor of the state of Rio de Janeiro, former governor of the state of Rio de Janeiro. She hoists a sign over her head that reads, "Reparations Now!" Between the two rules near the poster bottom, the line reads: "Organization: an immediate necessity."

great deal, and with Barbosa present, he didn't know whether that would have been possible.[41]

One of the decisions of the Pôrto Alegre Congress was for the MNU to assume a significant role in the *Comite Afro do Brasil* (CAB). The organization was formed as *another* national organization, a national umbrella organization, with a specifically political orientation. Amauri Queiroz, a member of CAB, but not a member of the MNU, speaking of the role of the MNU in CAB, said that as a new, energized, unifying force, CAB would be critical to the success of the Afro-Brazilian struggle. He said the MNU would play a major role in CAB because of its indisputably clear political focus, and its greatest, most consistent attribute, its undeniable and widely recognized militance.[42]

Arguing for the decisions the 13th national congress and 14th national congress made, Yêdo Ferreira said that over time, the MNU had become dysfunctional. The internal divisions were so great that in the 12th congress, 1998, the organization had been unable to select a national coordinator and simply left the office vacant.[43]

He said the MNU had no theory of a political organization — what a political organization is, what it does, and how it should do it. As a result, the organization proposed many projects, but didn't know how to implement them.[44]

Ferreira indicated that the MNU had been a victim of its history. The organization had arisen from largely cultural organizations. As a result, though the MNU added a distinctly political dimension to its cultural base, its members had no clear idea of what it meant to be political. The MNU, like the whole black movement, was rooted in culturalism. But that was an insufficient basis for a political movement or a political organization. Additionally, the MNU was weakened by its association with white leftists. In the beginning those leftists had been academics, people who saw the black movement as culturally based (which it was) and as an indistinguishable part of the workers' struggle, the class struggle. They could not envision the black movement as a stand-alone political movement. This point of view was influential in the black movement and in the MNU because many black activists were mentees of leftist white intellectuals.[45]

In the contemporary period, he argued, the leftist influence stemmed from the political parties of the left. They had an undue influence on the political visions of the MNU — and the rest of the black movement as well.[46]

He said one position which the MNU had not enunciated sufficiently or clearly enough was that in Brazil there is a contradiction between the nation and the state. The nation is multicultural. The state is not. A restoration of the nation must overcome the contradiction between the nation and the state. White leftists couldn't see that. They certainly couldn't develop a strategy to do it. The articulation of this reality, the development, and the implementation of strategies to overcome it, must be the role of the black political movement and, specifically, the MNU.[47]

The changes implemented by the MNU congresses of 2001 and 2002 were intended to rectify these organizational deficits. One of the major problems with the MNU for a long time, according to Yêdo, was the national coordinator. The National Executive Council saw the coordinator as a leader and, in effect, yielded initiative to the coordinator. In the presence of an inactive, inept, or misguided national coordinator, this tendency resulted in disaster.[48]

The new leadership structure eliminated the office of national coordinator. The new National Executive Council consisted of seven coequal members. The leadership was collegial. There was no single national leader. Collective leadership was established as the model.[49]

Yêdo said that in 1991 the 10th congress had decreed the creation of base organizations; municipal assemblies and coordinators; state assemblies and coordinators; and the national leadership structure, based around the national congress, the National Executive Council, and the national coordinator. Yet no such hierarchy ever existed, he said. It was entirely a paper structure. There was no central leadership — or, which amounts to the same thing — what central leadership there was, was ignored at the lower levels. Each state organization, each municipal organization, each base organization — to the extent that any of them existed — did what it wanted. Just as importantly, however, many of the organizations did not exist at all. In many municipalities there were no base organizations. State organizations often did not meet. Some municipal organizations consisted only or primarily of an executive council or coordinator. As a national organization the MNU was a sham. It did not have a national policy uniformly executed. It was a collection of different organizations using the same name.[50]

And to Yêdo, perhaps most importantly, it had no political philosophy. As a whole, the organization didn't understand what being political meant.[51]

He said that in the 11th congress in 1993, the congress sought to pick up the political agenda established at the 10th congress with the same miserable result. Nothing happened. In 1998, the 12th congress, the political project was renewed again. It was at this congress, Yêdo says, that the MNU was restored as a political organization, but with precious few concrete results. Four days, he said, were spent in rancorous polemics over whether the central focus of the organization should be race and land or race and class. Again, the progress was negligible. With the year 2000 devoted to building the effort for participation in WCARD III, no national congress was held, so the central questions which had to be resolved were addressed at the 13th congress in 2001. The MNU was redefined as, specifically, a political organization. In 2002 its role in CAB was affirmed. The MNU was to take the point in a unified Afro-Brazilian thrust for political power.[52]

Other MNU members were also observant about what went on *within the MNU.* They noted that while the MNU officially had no connection with any political party, in practice, the MNU aligned itself with the PT. There were no organic links between the MNU and any other political party. They also noted that the major difference between 1978 and the present consisted of the context within which the MNU operated.[53] In 1978 the MNU was *the* national black organization. It was the only one. By 1982, there were four.

In critiquing the MNU they noted the small number of MNU members and the difficulties of publishing the *MNU Jornal* and raising money.[54] MNU members observed as a positive factor that by 2002 the MNU had chapters in 12 states. Many of those states had more than one MNU section.[55] While the organization had chapters in only 12 states, it operated in every state and the Federal District. Nevertheless, in the whole country, only one MNU chapter owned its own building, Salvador.[56]

Edmilton Cerqueira, a member of the National Executive Council, identified the early history of the MNU as focused on getting the government to recognize that racism existed in Brazil. Since that had been accomplished, the next step was to get government to do something about it.

> Now we're searching for a new reference—in the process of denouncing racism—making the point of racism in Brazil. Our efforts have resulted in its recognition by the government. Now, what's the government doing, what's being done to change it? It's not South Africa. Our big effort was to establish the recognition of racism. Another approach is necessary in Brazil from the U.S. and South Africa.[57]

He contended that the MNU had no single approach to the problems of race, racism, and the plight of Afro-Brazilians. He said, "In search of the truth, the MNU is plural."[58] This observation certainly applies to differences between the MNU in Salvador and Rio, and between Rio and São Paulo.

Some MNU members thought it was important to establish relationships with ONGs — black and otherwise. Edmilton said,

> MNU members tend to specialize in specific areas: education, women, labor, *quilombos*. They establish relationships with ONGs — not only Black ONGs — but with ONGs in other parts of the population — Churches, Protestant and Catholic, Workers' Centers, the collective movements of workers. Such members' work for the MNU leads them to play roles inside organizations. The role of the MNU in Black women's organizations and in Black labor organizations has been significant.[59]

MNU members can take advantage of those relationships both to strengthen the black movement and to build the MNU.

MNU members identified the march on Brasília for Zumbi as a major MNU accomplishment that probably no other organization could have pulled off. The MNU success at the march spoke to the salience of the MNU 17 years after it was established. It spoke to the critical role that only the MNU was positioned to play in the black movement. Another major accomplishment people identified was the unifying of the *quilombo* movement. Edmilton put an instructive take on it, "People used to think of *quilombos* as a thing of the past. No longer." He saw the MNU as having been effective in the politicization of *quilombos*.[60] To him, it took the political astuteness, the creativity of the MNU, to rescue what most people recognized as an artifact of the past and to bestow on it a dynamic role in the present and the future.

Assessment

The MNU cannot be understood apart from the complexity of contexts within which it is immersed. In the years 2001–2002, the international context was the dominant influence on the MNU. During those years the MNU developed its most ambitious international strategy, presence, and energy since its first three years. In 2001–2002, however, the MNU's international effort was more concerted and organizationally driven than in 1979–1981. The African diaspora played a big part in the MNU's international work, as the MNU was both heavily influenced by events in the diaspora and Africa, and sought to become a major player in diaspora and African affairs — as an organization — and not through the activities of individual members.

Nevertheless, while driven by external events in 2001–2002, the MNU still expended most of its resources on domestic efforts, even when such activities consisted of organizing domestically for international purposes. The domestic context remained central to the MNU's international work. The MNU collaborated and contended with other historically black organizations, with black umbrella organizations, and with black ONGs. The federal government was of crucial importance in the MNU's international initiatives, especially with respect to the WCARD III. The MNU developed strategies and tactics intended both to influence and benefit from the federal government.

The context of the MNU's own, internal environment was the major factor in determining the specific directions the organization took in developing its initiatives. That environment was most heavily impacted by the interplay of individuals. The schism between MNU Rio, and more specifically, Yêdo Ferreira, on the one side, and Luiz Alberto, probably the single, most influential MNU leader, on the other, is obvious. The absence of significant numbers of active and historically influential MNU members at the 2001 Rio de Janeiro Congress is another dramatic marker of internal divisions. Only sections which attended that meeting were eligible to serve on the committee which structured the critical 2002 meeting in Pôrto Alegre. That Milton Barbosa and the powerful São Paulo city chapter did not attend the 2002 congress in Pôrto Alegre raises serious questions about the national viability of the MNU. One may legitimately raise the question of whether in 2002 there was one MNU, two MNUs, more than two, or, in effect, due to an inability to determine who was the *real* MNU, no MNU at all. Had the problem identified by the 2001–2002 MNU reformers—the absence of a genuine national program—been rectified, continued, or exacerbated? At present there is no satisfactory answer to those questions. The evidence is far too incomplete.

There is no doubt, however, that divided though the MNU was, it played a crucial role in the black movement, 2000–2002. Nor is there much doubt that, especially through CAB, many expected it to play an even greater role—perhaps a renewed hegemonic role—in the black movement post 2002. But this was not a universal perception, nor was there a great deal of evidence to support it.

The MNU, organized in 12 states and operating in all the states of the republic, had a broad presence in Afro-Brazilian affairs by the end of 2002. Yet what that presence was, the entity that was actually operating, is difficult to discern. While the national congress had deliberately adopted a policy of democratic centralism, only five chapters fell directly under the democratic centralist leadership. Five of the most viable and historically active sections maintained themselves as MNU organizations, but with agendas quite different from those of the MNU mounting the national congresses.

As the WCARD III and the WSF made clear, consciously racialized segments of the organized Afro-Brazilian population sought a unified foreign policy agenda, one that had specific racial objectives, some of which were tied, categorically, to the African diaspora and Africa. That those elements did not *achieve* such a unified agenda does not diminish the reality that they all sought it, and that despite their disputes with one another, that the Brazilian international agenda at both conferences was highly racialized.

In the domestic agenda, black women belonged not just to women's organizations, but to *black* women's organizations as well. Black women's organizations had specific agendas, distinct from those led by their white counterparts.

Black workers — in addition to being organized as workers — were organized as *black* workers.

Black Catholics were organized as *black* Catholics. Black students organized as *black* students. Militant black cultural organizations — and many that were not militant — organized, specifically, as *black* cultural organizations. Black sections and departments were organized in political parties and at every level of government. Those black sections and departments sought public policy agendas specifically addressed to black people.

Such a level of organization and involvement among black activists meant, among other things, that black militants, for the most part, were hyperengaged in the country's social and political life. Many of them belonged not only to the organizations of their professions, neighborhoods, political parties, their cultural and religious associations, but also to parallel organizations which were entirely black, and to some black organizations which had no counterparts in the wider society. This imposed a heavy burden on them and their lives. It placed a particularly oppressive burden on militant black women, many of whom went without families, many of whom had children, but not permanent partners.[61]

A racialized country like Brazil is *entirely* racialized, in the same sense that the U.S. is entirely racialized, but the manifestations of that racialization differ in the two countries.

In both countries, Brazil as well as in the United States, it is not sufficient for activists of African descent to recognize the omnipresence of racism. The conundrum for them is what to do about it. This is the point Edmilton Cerqueira addressed specifically. He said the MNU had forced the state to admit that racism is present in Brazil, "The question is, what to do about it."

This is a very difficult business, a difficulty recognized by a man who

Left: A flier for Luiz Alberto dos Santos for his 2002 campaign for election to the Brazilian National Congress. He won the election and with that victory was the first militant of the black movement to be elected directly to the National Congress. Though he had served two earlier congressional terms, he had been appointed in each instance to complete terms of congressional deputies who had resigned. The slogan reads, "Federal Deputy Luiz Alberto for a just and equal Brazil." Compare this photograph with the photograph in Chapter 7, which shows Luiz Alberto when he ran for the Salvador city council in 1992. *Above:* Sueli Carneiro at the Seminar on Race and Democracy in the Americas, Salvador, May 2000. Ms. Carneiro is the leader of the São Paulo women's organization, GELEDES, possibly the most influential ONG in Brazil. Photograph by Rita Brito.

serves as the very embodiment of the possible for those who believe in the black movement, and in the MNU, Luiz Alberto dos Santos. Looking at the MNU, on the eve of the election when he was to become the first black *militante* ever to be directly elected to the national congress, he said,

> The Black movement in Brazil is going through a great crisis. The MNU is losing its capacity to influence politics because it has not understood the

> depth of this crisis or offered alternatives. It has been overtaken by the growth of ONGs that have undergone a huge explosion in politics that doesn't reflect the Black population, that indeed obscures the Black population.[62]

He was alluding to the condition that because of how ONGs are financed, they are not independent. They are not free to represent black people as they should. At the same time, they are becoming the dominant force in Brazilian black political life.

The popular mindset is that everyone knows the dangerous classes are mostly black. No respectable person wants them moving next to her or him. That's why, if people can afford it, they live behind walls topped with broken glass or iron spikes, and have armed guards, and fierce dogs patrolling inside the walls. Clearly, it's not a matter of racial prejudice, because a few black people who have escaped the dangerous classes live behind the walls as well, and the guards themselves are black. *It would be at this point in such a discourse that Luiz Alberto would suggest that not a few black people living behind those walls are members of ONGs and that only by sustaining issue-positions that don't directly challenge those who fund them can they maintain their residences.*

On the matter of quotas, most Brazilians believe it's not a question of race, but who is best prepared to take advantage of a university education, or a promising job opening. That line of thought is oblivious to the condition that in totally racialized societies the central problem is race in the aggregate. People in such societies have all kinds of personal, friendly, intimate, and familial relationships across racial divides. But the restrictions imposed upon oppressed racial populations that affect them in the aggregate are not mediated by such interpersonal relationships. In Brazil, the pattern has been to use such personal ties to mitigate oppressive conditions for individuals, families, or select groups of the restricted population — but never on such a scale as to effect the aggregate character of group life. One of Luiz Alberto's questions is: *Can ONGs affect the aggregate character of group life?*

The answer he implies is no. They cannot because they are not dedicated to radical transformation of the society. Indeed, their perpetuation depends on the perpetuation of their funding sources, to wit, the hegemonic social institutions. Moreover, they operate on such a minimal scale — focused in localities and on particular conditions within those localities — that they have no possibility of inducing broad or deep national change.

Remedies which may seem gross or heavy-handed — affirmative action or reparations — are proposed by the MNU, by radical organizations, because the injustices are gross and heavy handed. They are aggregate. Minimalist approaches will make no headway with them. They will be swallowed up by the magnitude of the deficit.

Despite its intellectual brilliance, as of 2002 the MNU had made little headway in changing the ways most Brazilians internalized race in their society. Where the MNU had made a substantial difference along with its comrades-in-arms in the black struggle was in the world of public discourse and public policy. Largely as a result of the black movement's mobilization in preparation for WCARD III and the World Social Forum, affirmative action not only became part of the public discourse,

Top: **José Carlos Limeira, a poet and founding member of the MNU, Salvador; Limeira was deputy to Dr. Ivete Sacramento, first black president of a Brazilian university, the State University of Bahia (UNEB). Photograph taken in Sacramento, California, July 2001. Courtesy of Dianne Pinderhughes.** ***Bottom:*** **Dr. Ivete Sacramento, first black president of a Brazilian University (UNEB), elected in 1998 and reelected in 2002. Brazilian public university presidents are elected by their faculties. Photograph taken at the author's home in Sacramento, California, July 2001. Courtesy of Dianne Pinderhughes.**

it was introduced as public policy in critical arenas of state activity — in sectors of the public universities and in sectors of state employment.[63] In 2002, a situation had emerged which was almost unimaginable 24 or even four years earlier: not only had affirmative action policies been adopted in some parts of the public sector, but the question itself was widely and intensely discussed throughout the country. In a *racial democracy* such discussions would have been moot. That they were not moot in Brazil and that they were prominent features of the national dialogue marked the MNU's impact on its primary analytical emphasis.

It was an impact hypercharged by events in the international arena. Similar awareness of the African world, the diasporic world, had characterized the awakenings which led to the creation of the MNU in 1978. The unanticipated impacts of the world outside of Brazil on Brazil itself from 2000 to 2002 served as dramatic reminders of the inseparability of the multiple contexts in which all people live, the MNU along with everyone else.

But as Luiz Alberto's reflections suggest, this is a world of contexts within contexts, where Africa and its diaspora are not dominant. Other actors are paying the piper and calling the tunes. Luiz Alberto asks: who will dance to them?

9

The Fate of Eschatology: How Do We Assess the MNU?

The Basis of Understanding

This book began with a set of conceptual concerns. It returns to them now. They rest on the two fundamental questions that all contemporary inquiry must address: (1) What do we know, and (2) how do we know it? The first question in this regard posed by the book was whether it is possible to know anything about an organization which, in the grand scheme of things, is as minimal as *Movimento Negro Unificado*. Can we have knowledge about a single organization, or may knowledge derive only from hypotheses which are tested across a wide range of subjects? One cannot, for example, from the etiology of disease in a single patient reach any conclusions about the etiology of the disease itself. Such knowledge can arise only from broadly generalizable results. One cannot generalize from a single case.

But what if the objective is not to generalize? What if the objective is to learn as much as possible about a single case? Can there be authentic knowledge about a single case? This work argues that, given current capabilities of knowing, there can be. It may be minimal, but it is genuine learning. It develops genuine knowledge heretofore absent. It is possible to learn about a single organization. It may be a good deal less than what can be learned about it in the future, but given current capacities, the learning provides more information than was available before the study was undertaken.

There is, however, another question latent in the concern with deriving knowledge from a single case. It is: even if one can have authentic knowledge about a single case, is it worth having? Is there any point in having it? What good is it?

The answer to that question suggested in these pages is that if one is curious about the organization, if one wants to know more about it, then the knowledge is worth having. It fills in gaps in information. It reduces ignorance about the organization.

With regard to the specific case of the MNU, the argument is more substantial. The knowledge is valuable for scholars of Afro-Brazilian life, Afro-Brazilian politics, Brazil, Brazilian politics, Latin American politics, Afro-Latin politics, the African diaspora, and Afro-diasporan politics. The organization is reputed to be the most significant Afro-Brazilian organization (and Afro-Latin organization) in the second half of the 20th century. Much is written about the MNU, but comparatively little is actually known about it. It is important to expand the knowledge base about this single organization because of the significance of the organization itself.

If it is possible to have knowledge about a single organization, how is it acquired? As the introductory chapter makes explicit, *very carefully*. This study approaches this task by conceptualizing the MNU within a complex set of contexts. It alleges that the MNU cannot be understood apart from the multiple contexts within which it's immersed. It also argues that conceptual approaches can bring clarity and focus to the work. Any contemporary study will necessarily simplify what the MNU is. Currently, social scientists do not have the ability to understand it in its full complexity. But by conducting a dense study, examining a wide range of circumstances which engulf the MNU, within which the MNU operates, and which constitute the MNU, one can avoid the significant danger of oversimplifying the organization. The intention of this work is to bring enough detail into the study to enable as full a rendering as scholarship is currently capable of producing.

The analysis relies primarily on two concepts: racialization and the African diaspora. Within the area framed by these two concepts, the study makes extensive use of the ideas of social space, social narrative, and social memory. It also examines these phenomena in multiple contexts: international, domestic, historical, and human. It uses finer divisions within each of these categories: publications, meetings, work styles, lines of analysis. Finally, the research derives information about the MNU from secondary sources, newspaper reports, MNU documents and publications. It uses fliers, programs, and other publications of organizations associated with the MNU. It incorporates listserves, Web sites, and e-mail exchanges among participants in the black movement. It makes use of a participant-observer approach: sitting in on MNU meetings, observing public meetings attended by the MNU, participating in demonstrations which the MNU either sponsored or participated in, and witnessing MNU electoral activities. The research includes interviews of non–MNU respondents, past members of the MNU, rank-and-file MNU members, and leaders of the MNU at the national and municipal levels. The organizing concepts help make sense out of this welter of information.

What Is the MNU?

What is the MNU? Or, more precisely, what is the MNU as depicted in these pages? It is fitting to offer two answers: (1) What may be understood as the MNU is represented in the entirety of the text. Or (2) it is possible to reply in the vein of Albert Einstein when he commented on a similar conceptual concern. He said, "Shorter, but less precise...." In following his lead, one may say, shorter, but less precise than (1) above, the MNU is a contemporary Afro-Brazilian organization with a singular focus on politics.[1]

The less-precise answer is not preferable.

This chapter highlights discoveries in the text which may moderate the imprecision of the short-answer response.

The MNU is not accurately represented by its name. It is not a movement. It does not represent the unification of Afro-Brazilian people. The MNU has never achieved racial unity or a mass base. It is not equivalent to or synonymous with the Brazilian black consciousness movement. It is one of over 1,000 organizations in the Brazilian black consciousness movement. It differs from other black organizations in its explicit political orientation, and in its combination of addressing every segment of the black population (class, gender, age, religion, rural, urban) and being national in scope. As of this writing, the MNU was formally organized in 12 states and operated in all 26 Brazilian states and the Federal District. The MNU was the first national black organization to arise out of the Brazilian black consciousness movement which originated in the early 1970s. Its strongest chapters were in urban centers. Such centers were found in the northeast, the southeast, the central, and the southern parts of the country. They included, but were not limited to the cities of Recife, Salvador, Rio de Janeiro, São Paulo, Brasília, Belo Horizonte, and Pôrto Alegre. There were significant regional differences within the organization. While by 2002 the MNU operated under the collective leadership of a National Executive Council, organized under the principle of democratic centralism, and oriented toward creating a socialist Brazil, not all the chapters actively participated in the national structure. The MNU had no permanent staff. It had a minimal budget. It was funded primarily at the local level. In 2001 the Salvador headquarters were designated as the national headquarters. The organization was primarily composed of intellectuals, professionals, union activists, the black middle class, and cultural workers.

Who Is Black?

The MNU's vision of its role in Brazil rests heavily on who it understands as its constituency. It identifies its constituency as Brazil's black population. How the MNU has defined the black population is critical to its conception of its mission.

The MNU has challenged the prevailing perception of who is black. The official census recognizes 4 percent to 6 percent of the national population as black, with 38 percent to 40 percent brown (descendants of Africans who are mixed with others). The MNU combines the two sets of figures, inflates them, and says that is the true black population — over 50 percent of the national population. According to the MNU, everyone who shows physical evidence of African ancestry is black. The MNU says its interpretation of the data is correct because, not only are black and brown people undercounted due to the prevalence of the practice of "whitening,"[2] but also because people who live in the peripheries, the *favelas*, are not even counted in the census, and the overwhelming number of such residents are black and brown —*black*. In effect, many black people do not identify themselves as black and are not identified as black in the census. Many other people who are black are not counted at all. As a result, the official figures of black people constituting 44 percent to 46 percent of the population greatly underestimate the black population. If there were an accurate count of the black population, as defined by the MNU, that population would constitute considerably more than 50 percent of the Brazilian population.

According to the MNU there is a sound basis for considering all people whose physical appearance denotes African ancestry as black. It is because in terms of education, income, occupations, rates of incarceration, life expectancy, infant mortality rates, rates of arrest and incarceration, housing conditions, wealth, and incidents of racial discrimination, such people in the aggregate have more in common with each other than with those who appear to be entirely of European ancestry.

Racialization

The MNU arises out of a deeply racialized society. It shares that characteristic with all the societies of the Western Hemisphere, a characteristic born out of the European colonization of the hemisphere — and out of the Atlantic slave trade.

Racialization has affected every aspect of Western Hemispheric societies. Change which is not comprehensive, which does not encompass the whole society, will be incapable of ameliorating racialization's deepest consequences. As Howard Winant put it, "We may gradually learn that the racialization of democracy is as important as the democratization of race."[3] In short, without explicitly recognizing the effects of racialization on a society, including a supposed democracy, and without addressing those effects as products of racialization, there can be no hope of substantially reducing them.

The MNU, necessarily composed of human beings, is a racialized entity. All of its members are racialized. It operates in a society — indeed, in a hemisphere — in which all the other elements of society, including its hegemonic elements, are also racialized. Moreover, it is a society in which the prevailing racial order benefits the elites.

All the dominant aspects of society support the prevailing sets of relationships. The MNU has set forth to transform these relationships.

The MNU has not been successful in that effort.

But what the MNU has done is to contribute, substantially, to the transformation of the *conception* of racialization in Brazilian public discourse. In doing that, in the over 24 years covered by this study, the MNU acted in the national and international domains, with international organizations, with peoples of the African diaspora, with the Brazilian state, with Brazilian civil society organizations, with a wide range of other Afro-Brazilian organizations, and internally within the MNU itself.

It is possible to more fully appreciate how the MNU has operated in these realms by examining the MNU's uses of social and political space, social and political narratives, and social memory. In the context of the MNU's work, all of these arenas contain substantive racial elements.

To understand how the MNU operates and why it operates as it does, it is necessary to use a lens which incorporates the MNU's vision of its environment. To the MNU, race is the great underlying and yet unarticulated theme of Brazilian history and society. It is the nonentity which is determinative. It is the 800-pound gorilla in the room whose presence no one acknowledges. A major role of the MNU is to point to the gorilla and proclaim, "Are you going to tell me you don't see this?"

It is an environment in which most other occupants of the room, including most Afro-Brazilians, seem to respond by saying, "Well, yes, there is some evidence that a gorilla was once in the room. There are some rather foul-smelling droppings. There are some stiff, coarse hairs scattered about the floor. Here and there are banana peels. But you can't really believe he's still here!"

Routinely, both academic and popular accounts of Brazil, while recognizing the presence of race, minimize its effect on the country's inhabitants. Hence, the historically minimal political participation of Afro-Brazilians is rarely mentioned. While much is made of Brazilian paternalism and clientelism, the racial dimension is infrequently explored. No one categorizes the political struggles between 1961 and 1964 that led up to the military coup as being rooted in struggles over racial inclusion. But if we *look* at the populations the elites were contending about admitting to the franchise, to political participation, to inclusion in a social contract, the reality is unmistakable.

As an aside, this minimization of race is not limited to Brazil — but is representative of the official view of societies subject to the Atlantic slave trade. In the United States, a 2004 network news commentary, resting on conventional political scholarship, indicated that John Kerry's having been a war hero challenging President George W. Bush was akin to George McGovern, also a Democratic war hero, challenging Richard Nixon. The commentary absolutely ignored the racial role in the McGovern–Nixon campaign: the Nixon "law and order" campaign — code for antiblack — a campaign which followed the Black Power movement; the long, hot summers; the widespread fear among whites of angry blacks — Black Panthers, Symbionese Liberation Army, Radical Action Movement; the Nixon southern strategy; all were involved in capturing racist whites in the South for the Republican Party. It was glossed over 30 years later and transmuted to a comparison of two political campaigns, in each of which a war hero challenged an incumbent president involved in waging war. Race is evaporated. Yet that same *ignored* racial element enabled the development of a *new* solid South which enabled a Bush election in the 2004 political contest.

In Brazil, few scholars or any one else note the racist treatment of black people in the social movements of the early 1970s as factors which led black activists to leave those movements and form autonomous black social organizations. The role of contemporary *quilombos* as fonts of black political struggle is given short shrift in both the scholarship and the media. The absence of black leaders in almost every area of life — politics, business, labor, the military, diplomacy, education, the media, most cultural and sports arenas — is taken for granted. The MNU set out to change such perceptions, and along with other sectors of the black movement, realized that objective within 17 years. With respect to *marking* the effects of racialization in Brazil, the MNU's work has been an unqualified success.

What Does the MNU Do?

The MNU is an advocate for black causes. It is against racial discrimination and racism all over the country. Its primary *modus operandi* is operating in concert with other black organizations, and to a lesser degree with progressive organizations generally, including those of women, gays, the landless, progressive unions, religious faiths, and political parties.

The MNU's forte has been articulating its position, clearly, persuasively, over a long period of time, and in so many and varied settings, that it carried the day in cracking the myth of Brazil as a "racial democracy," a "racial paradise." It also had great success with mass demonstrations that drew national attention and gave credibility to the black movement. The two most striking examples were the demonstration on the Cha Viaduct in São Paulo, July 7, 1978, and the March on Brasília for Zumbi and Against Racism and Racial Discrimination, November 20, 1995.

Internally, the MNU has been characterized by a culture of intellectual discourse, of criticism and self-criticism. Its cadres continually assess themselves and attempt to develop corrective actions based on those criticisms. In that process the MNU has reinvented itself several times. The organization has been characterized by intense disputes, rivalries, defections, coups, and countercoups throughout its history. It has a work style which emphasizes research, scholarly analysis, and deeply informed discussions. It has developed an organizational culture which highly values empirically grounded and fully articulated analysis. Much of the organization's work is devoted to developing and disseminating essentially intellectual products.

Since 1991, with varying degrees of dedication, the MNU has concentrated on its political project from the black point of view for the whole country. In addition to making the MNU an explicitly political organization, that emphasis has led to the MNU championing both affirmative action and, more markedly, reparations. Since 2001 the MNU has taken the position of explicitly seeking socialism as a national goal. In addition, the MNU, along with the whole Brazilian black consciousness movement, was revitalized by the World Conference Against Racism III, and by the World Social Forum. That revitalization led to significant changes within the organization as well as to its renewed interaction with other organizations in the black consciousness movement. The MNU eliminated the institution of a single national leader, embraced the practice of democratic centralism, and proclaimed a socialist Brazil as its goal.

The MNU and a number of organizations sought a national mechanism (CAB) that would enable them to use their separate organizations effectively in combination.

The MNU has worked in the electoral process. MNU members have been elected to office at every level in the Brazilian republic. Its most prominent leaders tend to be aligned with or members of the Workers' Party, though the organization has no formal relationship with any political party, and members belong to a variety of parties. In addition to the electoral process, the MNU has used the courts, the bureaucracy, lobbying, public speaking, public demonstrations, marches, boycotts, picketing, books, articles, and other publications to pursue its political objectives.

The Fate of Eschatological Movements and the Incomparable Burden of Black Organizations

Eschatological movements, whether religious or political, though they may last for millenia, are ultimately doomed. In a sense, they all fail. They never achieve an "end of time." They may be successful as organizations, but they never achieve their ultimate goal, which is to reach an end of time that will launch a new beginning of time. Instead, they simply become part of the ongoing scenario. It is a scenario which they may have affected dramatically, but one, which, nevertheless, is not "a new Jerusalem."

The MNU's vision, throughout the years considered in this study, was to reconstitute Brazilian society, to create an *authentic* racial democracy. The goal was to have all Brazilians full partners in the social, political, economic, and cultural life of the country. The MNU sought to end racism, racial discrimination, and distinctions between human possibilities based on race, gender, class, and sexual orientation. The MNU came to champion socialism as a preferable form for Brazilian political, economic, and social organization.

The MNU achieved not a single one of these objectives, and in the broader scheme of things came to be judged not on the basis of what it actually accomplished, but on the basis of its failure to realize its vision. This is not to minimize the credit that is almost universally given to the MNU for its ignition of the black consciousness movement (a judgment not fully backed in this study), or the significance widely attributed to the MNU as a national organization with an explicitly political focus.

Indeed, the importance credited to the MNU as a creator of the black movement is so deeply embedded in Afro-Brazilian political consciousness that almost any black figure with a towering racial image is identified as having been a founder of the MNU. While many such claims may be specious, they are difficult to refute, for who kept track of those in attendance at the many meetings which led to the creation of the MUCRD? Surely, no one can establish who was or was not present on the Cha Viaduct on July 7, 1978. Many people worked to put together subsequent gatherings of Afro-Brazilians sparked by these initial efforts. As a result, a person such as the eminent, late sociologist Carlos Moura has been identified in the press as a founder of the MNU, though the actual record as to his participation in the organization is scant.[4]

Despite the credit given to the MNU as the parent of the black consciousness movement, much commentary laments the organization's failure to realize its promise and seeks to elucidate reasons for its decline.[5]

The very proliferation of black organizations and the antagonisms among them are self-evident witnesses that the MNU did not achieve unity among members of the Afro-Brazilian population. The MNU did not establish, as various iterations of its own action plan called on it to do, penetration of every sector of the Afro-Brazilian population. It developed no mass base. Not only that, but people became disenchanted with the MNU. They left it. Many formed other, sometimes rival, organizations. Some left for jobs in government or in political parties.

The MNU's vision went unrealized. Black people remained on the bottom of society. Racism and racial discrimination remained rampant. Police continued to imprison, beat, torture, and kill black people at terrifying rates. *Favelas* were abandoned to drug lords. The numbers of black people who assumed positions of authority in almost every sector of Brazilian society and politics were negligible. Most black people, throughout the 24 years treated here, continued to live physical lives that were hopelessly impoverished.

As most interpretations would have it, this is a picture of organizational failure.

That interpretation is not restricted to the MNU or to black organizations and people in Brazil. It is the common marker shared by assessments of black people and black organizations throughout the diaspora of the Western Hemisphere. Black people, *everywhere in the diaspora*, are expected to unite, to establish organizations which build mass bases, to sustain a dynamic movement, to erect substantial and effective infrastructures, to implement creative fund-raising activities which actually raise lots of money on a continuous basis. They are expected to develop and successfully implement the correct strategies and tactics. When they fall woefully short of accomplishing any of these goals, they are deemed failures.

This is a standard to which no other population group is held. It is not even remotely proposed for any other human collectivity. Put simply, the standard is *perfection.*

The MNU is a human institution. Held to an inhuman standard, it is bound to fail. The *de rigeur* standard for black peoples and organizations throughout the diaspora condemns them to eternal inadequacy. By this standard, every state, every social organization, every people in the world, are dismal failures. In the United States, not only is the government a failure, the Republican and Democratic parties are failures. The country's vaunted economic institutions are failures. Brazil's highly touted Itamaraty is a failure. The Cuban Revolution and the Protestant Reformation were failures. The Renaissance was a failure.

Indeed, a patent manifestation of racism in Brazil and throughout the African diaspora is that African people are tasked at being what no human beings have ever been, at achieving the unachievable — and no matter how remarkable their actual achievements, when they fall short of doing the undoable, they are judged failures. The MNU, in this racialized world, has shared that fate.

It is time that as critics, as scholars, as human beings, we applied another standard. By following the MNU, by recognizing and assessing what its members actually accomplished, and under what circumstances, we may find our way to it.

Glossary

abertura (or **abertura democratica**)—opening to democracy, expression of expansion of freedoms in civil society, increased political participation, roughly, 1978–1985.

ACBB—Brazilian Christian Benevolent Association.

Afonso Arinos Law—law prohibiting racial discrimination in Brazil, passed in 1955, rarely enforced.

afoxé—carnaval group emphasizing black and non-white dignity.

APN—*Agentes Pastoral Negro*, the Black Pastoral Agency (lay black Catholic organization).

ARENA—one of two legal political parties during the military regime, the ruling party.

ASPECAB—Afro-Brazilian Institute for Social Research.

axé—soul force, spirit force; (as salutation) "May the Force be with you."

baíana(o)—native of the Brazilian state of Bahia.

bloco afro—black-only carnaval group, celebrating black identity and political assertiveness.

CAB—*Comite Afro do Brasil*, the Afro-Committee of Brazil.

CAN—National Afro Comite.

Candomblé—Afro-Brazilian religion derived from African religions, primarily Yoruba, Angolan, or Congolese; may have American indigenous elements.

capoeira—Angolan martial art form as practiced in Brazil.

carioca—native of the Brazilian state of Rio de Janeiro.

carnaval—Brazilian carnival, holiday of celebrations preceding Lent.

CEAP—the Center of Unity for Marginalized Populations.

CEBA*—Centro de Estudios Brasil Africa*, the Center of Brazil-African Studies.

CECAN*—Centro de Cultura e Arte Negra*, the Center for Black Art and Culture, a cultural and theatrical group in São Paulo.

CEMUFP*—Centro de Mulheres de Favelas e Periferia*, the Center for Women of the Favelas and Peripheries.

CEN— the National Executive Commission (of the National Forum of Black Organizations).

CNCDR-CUT*—A Comissão Nacional Contra a Discriminação Racial da Central Única dos Trabalhadores*, the National Commission to Combat Racism and Racial Discrimination.

CONA/CONERQ*—Comissão Nacional Provisória de Articulação das Comunidades, Negras Rurais Quilombolas*, the Joint Provisional National Commission of Rural Black Quilombos.

CONEN*—Coordenação Nacional de Entidades Negras*, National Coordination of Black Entities.

crioulo— an African born in Brazil under the slave regime.

distenção— relaxing of authoritarian controls under the military regime (roughly, 1974–1978).

ENMN*—Encontro Nacional de Mulheres Negras*, the National Collectivity of Black Women.

escola de samba— samba school, carnaval group (especially in Rio de Janeiro).

favela— slum.

favelada(o)—slum dweller.

FHC— Fernando Henrique Cardoso, president of Brazil, 1994–2002.

FNB*—Frente Negra Brasileira*, the Brazilian Black Front.

FNEN— First Nation's Environmental Network.

gaúcho— native of the Brazilian state of Rio Grande do Sul.

gens de coleur —in the French colony of San Domingue, people of mixed African and European descent.

Grupo Evolução— Câmpinas (São Paulo state) black theater group.

Grupo Palmares— black organization in the city of Pôrto Alegre, Rio Grande do Sul state; in 1971 it initiated the campaign for November 20 as the National Day of Black Consciousness.

IDPH— Palmares Institute for Human Rights.

Ilê Aiyé—first *bloco afro*, Salvador, Bahia.

Ilê Axé Jitolou— famous *Candomblé terreiro* in Bahia.

INSPIR—*Instituto Sindical Interamericano Pela Igualdade Racial*, the InterAmerican Institute for Racial Equality.

IPCN—*Instituto de Pesquisa das Culturas Negras*, the Black Cultural Research Institute.

Itamaraty— the Brazilian State Department.

Iyalorixa—*Candomblé* female religious leader.

Jim Crow—legal system of segregation in the southern U.S. (roughly 1905–1965).

ladino— partially assimilated African under the Portuguese and Brazilian slave regimes.

Lei Aurea— the "golden law," abolishing slavery, signed by Princess Isabella, May 13, 1888.

Macumba— Brazilian syncretic religion with similarities to *Candomblé* and *Umbanda.*

Mãe de Santo— Mother of the Saint, female who is leader of a *Candomblé terreiro.*

Malé Rebellion— Revolt of Africans in Bahia led by Muslims, 1835.

MDB—*Partido do Movimento Democrático Brasileiro*, the Brazilian Democratic Movement, one of two legal political parties during the military regime, the opposition party.

mineira(o)—native of the Brazilian state of Minas Gerais.

MNU—*Movimento Negro Unificado*, the United Black Movement.

MNUCDR—*Movimento Negro Unificado contra a Discriminação Racial*, the United Black Movement Against Racial Discrimination.

MUCDR—*Movimento Unificado contra a Discriminação Racial*, the United Movement Against Discrimination.

mocambo— independent settlement established by Africans who had escaped slavery.

morena(o)— brown person.

mulata(o)—person in Brazil of mixed African and European descent.

nação(ões)—Africans in Brazil who share African national origin or ethnicity.

NAMN—the National Union of Black Women.

Nego—*Jornal do Movimento Negro Unificado,* an information bulletin published by the Salvador section of the MNU, which in 1987–1988 was the MNU's official newspaper.

negritude—cultural, philosophical, and political movement launched by French-speaking intellectuals from Africa and the Caribbean during the 1930s.

negro local—unassimilated African under the slave regime in Brazil.

Noites do Shaft—Shaft Nights, dances originally held in Rio de Janeiro, celebrating black music and fashions from the U.S.; began in the early 1970s.

Olodum—*bloco afro,* in Salvador, situated in the neighborhood of Pelourinho.

ONGs—nongovernmental organizations.

Pae de Santo—Father of the Saint, male who is leader of a *Candomblé terreiro.*

palenque—independent settlement established by Africans who had escaped slavery.

Palmares—settlement, *quilombo,* established by Africans escaped from slavery in Alagoas state, approximately 1595–1695.

pardo—mixed-race person in Brazil.

passing—in the United States, said of a person formally classified as a Negro pretending to be formally classified as white (who physically appears to be white).

paulista(o)—native of the Brazilian state of São Paulo.

PCB—*Partido Communista Brasileiro,* the Brazilian Communist Party.

PNEN—National Plenary of Black Organizations.

preta(o)—black person.

negra(o)—black.

PT—*Partido Trabalhadores*, the Workers' Party.

PTB—*Partido Trabalhista Brasileiro*, the Brazilian Workers' Party.

PTN—*Partido Trabalhista Nacional*, the National Workers' Party.

quilombo—independent settlement established by Africans who had escaped slavery.

quilombola(o)—inhabitant of a *quilombo.*

SNCS—Black Workers of Central Unions.

TEN—*Teatro Experimental do Negro*, the black experimental theater.

terreiro—religious site and congregation, *i.e., Candomblé, Macumba, Umbanda.*

trio elétrico—motorized platform transporting formal carnaval participants in Salvador, Bahia.

UDN—*União Democrática Nacional*, the Brazilian Democratic Union.

UERJ—*Universidade do Estado do Rio de Janeiro*, the State University of Rio de Janeiro.

Umbanda—Brazilian syncretic religion with similarities to *Candomblé* and *Macumba.*

UNEGRO—*União de Negros Pela Igualdade*, Black Union for Equality.

WCAR III or **WCARD III**—World Conference Against Racism III, or World Conference Against Racism Durban III.

WSF—World Social Forum.

Zumbi—last leader of the *quilombo* Palmares; he died in defense of the *quilombo*, November 20, 1695.

Appendix I

MNU Letter of Principles

We, members of the Brazilian Black population — understanding as Black all those who possess in skin color, face, or hair, characteristic signs of that race — met in National Assembly, CONVINCED of the existence of:

— racial discrimination
— racial, political, economic, social, and cultural marginalization of Black people
— the worst conditions of life
— unemployment
— underemployment
— discrimination in hiring and racial persecution at work
— subhuman life conditions for the imprisoned
— permanent police repression, persecution, and violence
— sexual, economic, and social exploitation of the Black woman
— abandonment and despicable treatment of minors, the majority of whom are Black
— colonization, mischaracterization, crushing and commercialization of our culture
— the myth of racial democracy

WE ARE RESOLVED to join forces and struggle for:

— defense of the Black population in every political, economic, social and cultural arena in order to win
— greater employment opportunities
— better access to health care, education, and dwellings
— the re-evaluation of the role of Black people in Brazilian history
— the valuation of Black culture and the systematic combat of its commercialization, folkloricization, and distortion
— the extinction of every form of persecution, exploitation, repression, and violence to which we are submitted
— Freedom of organization and expression for Black people

AND CONSIDERING FINALLY THAT:

— our liberation struggle must be directed only by us
— that we want a new society where all really participate
— we are not isolated from the rest of Brazilian society

WE ARE IN SOLIDARITY:

a) with any and every struggle of vindication by the popular sectors of Brazilian society that seek the real conquest of their political, economic, and social rights;

b) with the international struggle against racism.

FOR AN AUTHENTIC RACIAL DEMOCRACY!
FOR THE LIBERATION OF BLACK PEOPLE!

Appendix II

The MNU Hymn

by Nethio Benguela

The certainty of Being
The Unified Black Movement
The Rage at having in mind
Every struggle of the Past.

In the public square, the liberated zone
Echoes through the air
The cry of Blackness
Zumbi is not dead
Palmares still lives!
In our Unified Struggle

Ah! What must be the taste of
A piece, a space of power.

And if power is good
The Black also wants power
Singing loudly
The Black also wants power.

Appendix III

The Preamble to the MNU Action Program

Approved in the IXth National Congress,
Belo Horizonte, April 13–14, 1990

The Process of sophistication and intensification of racist mechanisms elicit a radical change in the forms of struggle. **It is necessary for Black people to react to racial violence.** It falls to the **MNU** to create the objective conditions for this reaction, to constitute itself as an effective and secure partner for the whole Black people. This **Action Program** is a guide for the political activation of the **MNU,** oriented to the following Priorities of Struggle:

1. For an independent Black Movement.
2. For an end of police violence and against the "Industry" of criminalization.
3. For the end of racial discrimination at work.
4. For an education returned to the interests of Black people and all the oppressed.
5. For the end of the political manipulation of Black culture.
6. Against the sexual, social, and economic exploitation of the Black woman.
7. For the end of racial violence in the means of communication.
8. For international solidarity in the struggle of all the oppressed.

Appendix IV

The Constitution of the MNU

Approved in the National Extraordinary Congress II,
Rio de Janeiro, March 29–31, 1991

Title I

The movement and its objectives

Chapter I

Its designation and legal structure

ARTICLE 1—The organization's name is **MOVIMENTO NEGRO UNIFICADO—MNU.**

ARTICLE 2—The Unified Black Movement—**MNU** with its headquarters and forum in the street is a non-party entity constituted by the meeting of its members.

ARTICLE 3—The duration of the **MNU** is indeterminate and its dissolution can only occur with the approval of the National Congress, convened specifically for that purpose, requiring 2/3 of its members present at the time of its convening.

Chapter II

Definition of purposes

ARTICLE 4—The **MNU** is a national entity of a political character, democratic and autonomous, without distinction as to race, gender, education, religious or philosophical convictions.

ARTICLE 5—The **MNU** seeks to combat racism, color prejudice, and the practice of racial discrimination in all its manifestations, attempting to construct a society from which all forms of exploitation may be eliminated.

ARTICLE 6—The **MNU** will maintain interactions with congenial organizations from Brazil and other countries.

Title II

Members' Rights and Responsibilities

Chapter I

Members

ARTICLE 7—Any and every person who is involved in the struggle against racism and its discriminatory manifestations and prejudices can be a member of the United Black Movement as long as:

a) the person is in agreement with and assumes the positions defined in the basic documents: Action Program, Constitution, Letter of Principles, and the Political Project:

b) promises to agree to the organization's position, reached by collective decision.

Special Paragraph— membership in the **MNU** is active upon signing the membership card.

ARTICLE 8—the following forms of participation in the **MNU** will be recognized

a) member

b) sympathizer

c) supporter

ARTICLE 9—Sympathizers are those who, though they do not belong to the organization, act under the direction of the **MNU** in different areas.

ARTICLE 10—Supporters are those who propose only to contribute material, finances, and/or technical assistance of any kind.

Chapter II

Rights and obligations of all members

ARTICLE 11—Obligations of members are:

a) to learn and disseminate the basic **MNU** documents;

b) to recruit new members;

c) to participate effectively in raising the level of militant consciousness of the Black population;

d) to contribute to **MNU** finances by means of monthly contributions previously defined;

e) to work to implement the **MNU** Action Program;

f) to participate in one of the Work Groups and/or base nuclei in operation;

g) to follow the collective decisions and specific rulings of the **MNU**.

ARTICLE 12—Rights of Members are:

a) to vote and be voted on in terms of this constitution for any directive or organizational function of the MNU;

b) to criticize any work undertaken by the MNU;

c) to present work proposals for any MNU undertaking;

d) to defend herself or himself from accusations or imputations stipulated by internal regulations.

CHAPTER III

Responsibilities of Members

ARTICLE 13—MNU members don't assume and don't acquire, even at a distance, social and legal responsibilities assumed by the organization.

TITLE III

The Economic and Financial Regulations

CHAPTER I

Assets

ARTICLE 14—The Assets of the MNU are:

a) mobile and immobile goods acquired or that will be acquired by transfer, stipulation, or donation;

b) legacies and donations, legally accepted, with or without encumbrances.

CHAPTER II

Financial Resources

ARTICLE 15—Financial Resources of the MNU are:

a) donations of any kind from the National, State, and Municipal governments as long as they don't interfere with the organization's autonomy;

b) donations or contributions of any fiscal person or jurisdiction which is in agreement with the objectives of the MNU;

c) member contributions;

d) income generated by expenditure of the organization's funds;

e) other income.

Special Paragraph—The organization may use for non-profit purposes and without distribution to its members, proceeds from the sale of books, t-shirts, posters, and similar objects.

CHAPTER III

Social Practice

ARTICLE 16—The fiscal year of the **MNU** will coincide with the calendar year.

ARTICLE 17—**MNU** expenditures resulting from all acts required by this Constitution for the organization's maintenance and projects must be approved in assembly.

ARTICLE 18—Accounts must be approved annually in Municipal Assemblies, State Assemblies, and the National Congress of the Organization.

TITLE IV

Organizational Structure

ARTICLE 19—The organizational structure of the **MNU** is:

a) Base Nuclei

b) Work Groups

c) Municipal Council

d) State Council

e) National Council and National Executive Committee

ARTICLE 20—The Municipal Assemblies, State Assemblies, the National Meetings and National Congresses are the deliberative forums of the Organization.

CHAPTER I

Base Nuclei and Work Groups

ARTICLE 21—The Base Nuclei are advance points of the **MNU** connected to the categories of workers, and in schools, artistic and religious spaces, and places of recreation and residence.

a) The function of the Base Nuclei is to implement **MNU** policies in the respective areas of operation.

b) The Base Nuclei must be organized in accord with the particularities of the area where they are established, keeping in mind the **MNU**'s operational line and its basic documents.

c) Each Base Nucleus must have a minimum of three members and a representative in one of the Work Groups.

ARTICLE 22- The Work Groups are organs of development, dissemination, and integration of Base Nuclei actions.

a) The Work Groups have the responsibility of orienting the political action of the Base Nuclei:

b) A Work Group has a minimum of three members.

c) Each Work Group will elect one Coordinator with a one year term.

d) The Work Group will be empowered to create committees to carry on its internal functions.

e) The Work Group must hold plenary sessions every two months that include everyone involved in the Base Nuclei.

f) The continuation of the Work Group rests on its capacity to develop Base Nuclei; if after one year of its constitution the Work Group has not achieved this objective, its continuation will be evaluated in a Municipal Assembly.

CHAPTER III

Councils

ARTICLE 23— The Municipal Council (MC) is the organ responsible for directing policy of the Municipal **MNU**, as well as the development of its activities.

- Its existence is justified only when the municipality has more than one Work Group.
- The Municipal Council is composed of members elected in a Municipal Assembly convened for that purpose.
- The Municipal Council will meet once a month in regular sessions and in extraordinary sessions when necessary.
- Members of the Municipal Council must have been **MNU** members for a minimum of six months.

ARTICLE 24— The Municipal Council consists of:

a) one Municipal Coordinator.

b) one Finance Coordinator.

c) one Organizational Coordinator.

d) one Press and Communications Coordinator.

e) one Political Activity Coordinator.

f) one Cultural Coordinator.

e) one Base Liaison.

Special Paragraph— In municipalities with more than one Work Group where the organizational development is insufficient to support the structure indicated in Article 24, the Municipal Council shall consist of one Municipal Coordinator, one Organizational Coordinator, and one Financial Coordinator.

ARTICLE 25 —Responsibilities of the Municipal Council:

a) to undertake the realization of the decisions and duties approved by majorities of the Municipal Assemblies;

b) to administer and represent the **MNU** in the city, in matters legal and otherwise;

c) to maintain liaison between Work Groups to promote the expansion of the **MNU** in the municipality;

d) to orient the WGs politically and to establish conditions for the formation of more Base Nuclei and Work Groups;

e) to propose and execute programs for training activists;

f) to administer **MNU** finances in the municipality;

g) to maintain contacts, promote exchanges, and participate in activities along with other social movement organizations;

h) to maintain all necessary records for the operation of the organization in the municipality;

i) to convoke Municipal Assemblies three times per year;

j) to promote political events (presentations, courses, seminars, etc.) that elevate the level of militant consciousness among the Black population in general.

ARTICLE 26—The State Council (SC) is the political decision-making organ in the States, basing its decisions on the organization's national deliberations.

• The State Council is composed of three members elected in the State Assembly, convoked for that purpose. They hold office for two years.

• The State Council consists of one State Coordinator, one Secretary, and one Treasurer.

• The State Council will meet twice a year with meetings open to **MNU** members.

• Members of the State Council must have a minimum of nine months **MNU** membership.

ARTICLE 27—Responsibilities of the State Council:

a) put in practice at the state level, the **MNU** political line established by the National Council;

b) Put in practice the decisions of the State Assemblies;

c) Coordinate **MNU** activities in the state;

d) administer the **MNU** and represent it at the state level, in legal matters or otherwise, in the persons of the Coordinator, Secretary, and Treasurer;

e) publish a bulletin every other month and send it to Municipal Councils, WGs throughout the state, and to the National Council;

f) Convene State Assemblies twice a year or in accord with the necessities of the state;

g) keep the other Municipal and State Councils informed of corresponding state activities;

h) spread the **MNU** to municipalities, as well as strengthen those already existing.

ARTICLE 28—The National Council (NCO) is the highest organ of national leadership, responsible for deliberating and giving political direction to the **MNU** in conformity with the directives of the Congress.

• The National Council has deliberative power except for those matters over which the National Congress has exclusive competence as provided for in this Constitution.

• The National Council consists of seventeen members elected for two year terms by the National Congress.

• The National Council will meet every four months.

• In National Council meetings, decisions are reached by individual votes.

• The National Council will establish committees as a necessary means to develop general policies that guarantee the fulfillment of the Action Program and decisions of the Congress.

ARTICLE 29 Authority of the National Council:

a) put in practice the political line established by the National Congress at the national level;

b) direct **MNU** political and organizational activity throughout the country;

c) administer the **MNU** and represent it at the national and international levels in legal matters or otherwise, through the National Executive Committee;

d) publish an information bulletin every four months and send it to **MNU** organizational units;

e) prepare and organize National meetings;

f) prepare and organize the National Congresses.

ARTICLE 30—The National Congress will elect the members of the National Council, a National Executive Committee (NEC), composed of five members as follow:

a) National Coordinator

b) Political Activity and Organizational Coordinator

c) Finance Coordinator

d) Press and Communications Coordinator

e) International Relations Coordinator

Special Paragraph—The Executive Committee will meet bimonthly, and in extraordinary session when necessary.

ARTICLE 31—Authority of the National Coordinator:

a) to represent the organization, nationally and internationally, in legal and other matters;

b) to strengthen the political organization of the MNU;

c) to link the specific struggle to the general vindication of Black people;

d) to oversee the faithful fulfillment of the Congress' deliberations;

e) to coordinate the activities of the other Councils, achieving a confluence of activities to realize the organization's common objective.

ARTICLE 32—Authority of the Political Activity and Organizational Coordinator:

a) to analyze and interpret the needs of Black people, transforming them into the organization's fundamental symbols of struggle;

b) to organize, plan, and implement the training of militants at every level and in every corner of the country;

c) to promote national events that seek to strengthen the racial political consciousness of activists, based on the social, political, economic, and cultural reality of Black people;

d) to organize all the organization's records into a registry of members, sympathizers, and supporters, Work Groups and Basic Nuclei, for the purpose of facilitating the scheduling of activities;

e) Sponsoring studies that enable the organization to define its vision on the actual situation of Black people in the country, and to disseminate that information;

f) to define the organization's policies in relation to Black women, adolescents, and children.

ARTICLE 33—Authority of the Financial Coordinator:

a) to administer the organization's economic resources;

b) to present the organization's financial plans and programs biannually and submit them for approval to the National Congress;

c) Along with the Political Activities and Organizational Coordinator to open bank accounts, and to decide on the best way to use financial resources;

d) to contact and establish cooperative economic relationships with national and international organizations with a view towards meeting the organization's objectives;

e) to convey experiences and assess state treasuries in the development of financial plans and projects;

f) to develop specific financial projects and provide for their transmission;

g) to centralize all information on the organization's assets and submit recommendations to the National Congress for their disposal in case of the dissolution of the MNU.

ARTICLE 34—Authority of the Press and Communications Coordinator:

a) to publish the newspaper and any other national publications;

b) to produce videos, posters, slides, audiovisual materials that meet the organization's needs with respect to training, education, transmission, and propaganda.

c) to respond in writing to public expressions of racism circulated in the communications media and propaganda.

ARTICLE 35—Authority of the International Relations Coordinator:

a) to maintain permanent interchange with political organizations, social movements, and/or cultural organizations of other countries, focusing on the racial question;

b) to develop means to establish contact and permanent communication with diverse groups formed by Black people in the diaspora;

c) to create conditions that permit a direct link with the African continent, becoming profoundly acquainted with the living reality in Africa, and creating bonds of mutual solidarity.

Chapter III

National Meetings and Congresses

ARTICLE 36—National Meetings will be convened for discussions and deliberations of questions that involve sectors of or the total members of the MNU.

Special Paragraph—National Meetings shall be convened by the National Council, the National Executive Committee, or by two-thirds of the membership.

ARTICLE 37—The National Congress is the highest deliberative organ of the MNU.

a) The National Congress meets, ordinarily, every two years, and extraordinarily, when convened by two-thirds of the membership.

b) The National Council has the responsibility to decide the date, place, and to prepare the Congress.

c) In exceptional circumstances the National Council can change the date of the Congressional session.

d) The National Congress is constituted by delegates chosen in State Assemblies, in accord with criteria defined by the National Council.

e) The members of the National Council are automatic delegates to the MNU Congress.

ARTICLE 38—Authority of the National Congress

a) to define the political line of the **MNU**;

b) to approve or modify the basic **MNU** documents (Political Project, Constitution, Action Program, Letter of Principles) and Internal Regulations;

c) to evaluate the **MNU** over the preceding period.

d) to dissolve the **MNU** by unanimous consensus of the delegates meeting for that purpose, provided that two-thirds of the membership is present;

e) to elect members of the NCO and the NEC;

f) to resolve matters not covered by this Constitution.

Title V

General Dispositions

Chapter I

Elections

ARTICLE 39—The method of election of members of the National, State, and Municipal Councils will be by acclamation if there is a single ticket, or by secret ballot if there is more than one ticket.

Special Paragraph—The final composition in these instances will be proportional to the number of votes obtained by the concurrent tickets.

Chapter II

Administration of the **MNU**

ARTICLE 40—Members of the National, State, and Municipal Councils, will have the powers, respectively, to manage and administer the **United Black Movement**—**MNU** at the national, state, and municipal levels, authorizing them:

a) to open back accounts and issue checks for the organization;

b) to rent headquarters, as well as to acquire furniture and fixtures.

ARTICLE 41—It is expressly prohibited to directors, as well as any other member, to use the organization's name in foreign commerce for these objectives, principally, the issuing of titles, bonds, finances, and endorsements in favor of third parties.

Special Paragraph—The right to place responsibility on directors for acts inimical to the material or political assets practiced in contradiction to what the present Constitution establishes is denied.

ARTICLE 42—No one representing the National, State, or Municipal Councils, or any other member will be authorized to retract *Pro-labore.*

ARTICLE 43—The resignation, incapacity, legal impediment, or death of any member of the State and Municipal Councils will not dissolve the organization, the election of a new member shall be the responsibility of the respective deliberative forum.

Special Paragraph—With respect to a member of the NEC or the NCO, the organization, convened for this purpose, will elect a new member.

ARTICLE 44—A Forum will be elected to decide any other questions of a juridical nature.

CHAPTER III

Distribution of Assets

ARTICLE 45—In case of dissolution, the material assets of the organization will be donated to an organization of the same character.

Notes

Preface

1. Hanchard, Michael (ed). *Racial Politics in Contemporary Brazil.* Durham, NC, and London: Duke University Press, 1999; Hanchard, Michael. *Orpheus and Power: The Movimento Negro of Rio de Janeiro and São Paulo, Brazil, 1945–1988.* Princeton: Princeton University Press, 1994; Marx, Anthony. *Making Race and Nation: A Comparison of the United States, South Africa, and Brazil.* Cambridge: Cambridge University Press, 1996; Fontaine, Pierre-Michele (ed). *Race, Class, and Power in Brazil.* Los Angeles: Center for Afro-American Studies, UCLA, 1985; Fernandes, Florestan. *Significado do Protesto Negro.* São Paulo: Corez Editora/Autores Associados, 1989; Nascimento, Abdias do, and Elsa Larkin Nascimento. *Africans in Brazil, A Pan African Perspective.* Trenton, NJ: African World Press, 1997.

2. A very minimal sampling would include Andrews, George Reid. *Blacks and Whites in São Paulo Brazil, 1888–1988.* Madison: University of Wisconsin, 1991; Butler, Kim. *Freedoms Given, Freedoms Won: Afro-Brazilians in Post Abolition São Paulo and Salvador.* Brunswick, New Jersey: Rutgers University Press, 1998; Hamilton, Charles V., Lynn Huntley, Neville Alexander, Guimareases, Antônio Sergio Alfredo, James, Wilmont (eds). *Beyond Racism: Race and Inequality in Brazil, South Africa, and the United* States. Boulder, London: Lynne Rienner Press, 2001; Nascimento, Abdias do. *Brazil: Mixture or Massacre?* Dover, MA: The Majority Press, 1989; Nobles, Melissa. *Shades of Citizenship: Race and the Census in Modern Politics.* Stanford: Stanford University Press, 2000; Nogueira, Oracy. *Tanto Preto Quanto Branco: Estudos de Relacoes, Racias.* T. A. Queiroz. São Paulo: Editor LTDA, 1985; Pierson, Donald. *Negroes in Brazil: A Study of Race Contact at Bahia.* Carbondale, IL: Southern Illinois University Press, 1967.

3. Telles, Edward. *Race in Another America: The Significance of Skin Color in Brazil.* Princeton: Princeton University Press, 2004.

4. MNU. *1978–1988, 10 Anos de Luta Contra o Racismo.* São Paulo: Confraria do Livro, 1988.

5. Cardoso, Marcos Antônio. *O Movimento Negro em Belo Horizonte: 1978–1988.* Belo Horizonte: Mazza Edicoes, 2002.

6. Gonzalez, Lélia. "The Unified Black Movement: A New Stage in Black Political Mobilization," *Race, Class, and Power in Brazil.* Pierre-Michele Fontaine (ed). Los Angeles: Center for Afro-American Studies, UCLA, 1985; Gonzalez, Lélia. "O Movimento Negro na Ultima Decada," *Lugar de Negro.* Lélia Gonzalez and Carlos Hasenbalg (eds). Rio de Janeiro: Editora Marco Zero Limitado, 1982.

Chapter 1

1. Winant, Howard. "Racial Democracy and Racial Identity," *Racial Politics in Contemporary Brazil.* Michael Hanchard (ed). Durham, NC, and London: Duke University Press, 1999, pp. 106–112, especially, p. 112: "We shall gradually recognize that the racialization of democracy is as important as the democratization of race." Cedric Robinson wrote about racialization much earlier in *Black Marxism,* and more extensively in *Black Movements,* but Winant was the first to draw my attention to the term.

2. Other variables such as gender, class, ethnicity, religion, language, may function in similar ways, but they are not the subject of this work.

3. Drake, St. Clair. "The Black Diaspora in Pan African Perspective," *The Black Scholar*, 7, no. 1, September, 1975, p. 3; Also, Covin, David, "Pan Africanism in the Caribbean," *The Journal of Pan African Studies* 1, no. 1 (1988).

4. These are aggregate considerations and do not apply to individuals.

5. *Science Daily Magazine* for a discussion of some of the genetic issues involved. The late 19th century and early 20th century gold-standard for races — negroid, mongoloid, caucasoid — has been much discredited.

6. See, for example, Lawrence, Thomas Edmund. *Seven Pillars of Wisdom*. New York: Viking Penguin, 1986. This famous book was first privately printed in 1926 and first published in 1933. On p. 31, Lawrence, a well-educated man, uses the term "race" twice to refer to the designation of the following groups: Egyptians, Hittites, Philistines, Persians, Greeks, Romans, Turks, Franks, and Semites.

7. See, for example, Nobles, Melissa. *Shades of Citizenship: Race and the Census in Modern Politics*. Stanford: Stanford University Press, 2000, p. 44. In the U.S. from 1850–1990 she lists the following racial designations, which on any given year range from three (1850) to 18 (1990): white, black, Negro, mulatto, Indian (American), Chinese, quadroon, octoroon, Japanese, other, Mexican, Aleut, Hawaiian, Korean, Hindu, Filipino Vietnamese, Asian Indian, Vietnamese, Guamanian, Samoan, other Asian-Pacific Islanders (a total of 23).

8. There are always individuals who fall outside the standings assigned to their racial group as a whole.

9. Making such comparisons is nothing original on my part. There is a rich history of scholars making comparisons between the United States and Brazil, and yielding significant improvements to our understandings of race and nationalities. It is a history far too lengthy to cite in any detail. I will note, however, a few significant examples to mark the tradition: Nogueira, Oracy. *Tanto Preto Quanto Branco: Estudos Relacoes Raciais*. São Paulo: T.A. Queiroz, Editor, Ltda, 1985; Telles, Edward E. "Ethnic Boundaries and Political Mobilization Among African Brazilians: Comparisons with the U.S. Case," *Racial Politics in Contemporary Brazil*. Michael Hanchard (ed). Durham, NC, and London: Duke University Press, 1999; and Nobles, Melissa. *Shades of Citizenship: Race and the Census in Modern Politics*. Stanford: Stanford University Press, 2000. To such books we might also add those which include South Africa as a third racial paradigm, for example, Marx, Anthony. *Making Race and Nation: A Comparison of the United States, South Africa, and Brazil*. Cambridge: Cambridge University Press, 1996; Hamilton, Charles V., Lynn Huntley, Neville Alexander, Antônio Sergio Alfredo Guimaraes, and Wilmont James (eds). *Beyond Racism: Race and Inequality in Brazil, South Africa, and the United States*. Boulder, London: Lynne Rienner, 2001. The latest addition to this tradition is Telles, Edward. *Race in Another Country: The Significance of Skin Color in Brazil*. Princeton: Princeton University Press, 2004.

10. See Kluger's discussion of *Gong Lum v. Rice*. Kluger, Richard. *Simple Justice*. New York: Alfred A. Knopf, 1976, p. 121.

11. The author experienced one of these customs during a visit to Little Rock, Arkansas, in 1964. He was out for an evening stroll with black students from Philander-Smith College when they suddenly left the walkway for the street, pulling him along. When he asked why, he was told, "Negroes aren't allowed to walk on the sidewalk on this block."

12. As Taney, writing for the majority in the Dred Scott decision put it, "... they had no rights which the white man was bound to respect."

13. "Passing," is short for "passing for white." A person technically black who appears white, "passes" by living as a white person with all the attendant privileges.

14. Winthrop Jordan's whole book is devoted to this process, though his Part Four, "Society and Thought, 1783–1812," focuses in on the concluding stages.

15. Taney made that clear in the Dred Scott decision, "It is too clear for dispute that the enslaved African race were not intended to be included...." Further, "It would not in any part of the civilized world be supposed to embrace the negro race, which, by common consent, had been excluded from civilized Governments and the family of nations, and doomed to slavery...." Finally, "So far inferior that they had no rights which the white man was bound to respect." While, as Matthew Holden has reminded me, this was

only the majority opinion, there were dissenting opinions which renounced this view, it is the majority opinion, nevertheless, which prevails — which says what the Constitution means. Taney made sure he left no room for ambiguity. Many of the questions regarding the constitutional status of black people discussed here are also broached in Gary Will's study, Wills, Gary. *The Negro President: Jefferson and the Slave Power.* Boston, New York: Houghton Mifflin, 2003.

16. Franklin, John Hope. *From Slavery to Freedom: A History of the Negro Americans.* 3rd ed. New York: Alfred A. Knopf, 1967, p. 113.

17. Such identifications go back at least as far as *The American Voter* and *The Civic Culture*: Campbell, Angus, Philip E. Converse, Warren E. Miller, and Donald E. Stokes. *The American Voter.* New York: Wiley, 1960; Almond, Gabriel A., and Sidney Verba. *The Civic Culture.* Princeton: Princeton University Press, 1963. There have been innumerable spinoffs, further explorations, and updates of such studies, to mention only a few of the more obvious ones: Almond, Gabriel A., and Sidney Verba, (eds). *The Civic Culture Revisited.* Boston: Little, Brown, 1980; Dawson, Richard E., Kenneth Prewit, and Karen S. Dawson. *Political Socialization.* 2nd ed. Boston: Little, Brown, 1977; Nie, Norman, Sidney Verba, and John R. Petocik. *The Changing American Voter.* Cambridge: Harvard University Press, 1976.

18. Uya, Okon Edet. "The Middle Passage and Personality Change Among Diaspora Africans," Joseph E. Harrison (ed). *Global Dimensions of the African Diaspora.* 2nd ed. Washington, D.C.: Howard University Press, 1993, pp. 83–97.

19. Describing and explaining this set of circumstances is one of the major contributions of Anthony Marx. Anthony W. Marx. *Making Race and Nation: A Comparison of the United States, South Africa, and Brazil.* Cambridge: Cambridge University Press, 1996.

20. Kim Butler's marvelous book on two Brazilian cities provides excellent demonstrations of this point: *Freedoms Given, Freedoms Won: Afro-Brazilians in Post Abolition São Paulo and Salvador.* Brunswick, NJ: Rutgers University Press, 1998.

21. This situation was primarily found around the areas of Charleston, South Carolina, and New Orleans, Louisiana. An interesting fictional treatment of this phenomenon in Virginia, based on historical accounts of several black families is: Edward P. Jones. *The Known World.* New York: Harper Collins, 2003.

22. Particularly see Kim Butler's Introduction, pp. 1–9, Butler, 1998. Her work has been the most profound influence on my thinking with respect to this condition.

23. Hasenbalg, Carlos and Nelson de Valle Silva, "Notes on Racial and Political Equality in Brazil," *Racial Politics in Contemporary Brazil.* Edited by Michael Hanchard. Durham, NC, and London: Duke University Press, p. 160. The authors discuss the work of George Reid Andrews, 1992, wherein, "Various measures show that until 1950, racial inequality tended to be greater in the United States than in Brazil."

24. Goldstene, Paul N. *The Crisis of Liberal Empire: Science and Revolution in the Twentieth Century.* New Haven, CT, and London: Yale University Press, 1972, pp. 60–72.

25. This is a middle class which is internal to the U.S. black population, not to be confused with a national or white middle class. Most of the members of the black middle class would be lower class, or poor by comparison with most members of the white middle class in the U.S. Particularly in the 1940s and '50s, the stratification of the black population into three classes (upper, middle, and lower) based on the four criteria of income, wealth, occupation, and education, was possible only if a different standard were used from that used to put the white population into the same three categories. By income and wealth, very few black people could reach the middle class standard for the white population. If one includes occupation and education, the absolute numbers of black people who could reach the white middle class standard expands, but marginally.

26. Hasenbalg and de Valle Silva, "Notes," "Until 1950, racial inequality tended to be greater in the United States than in Brazil. *After this date ... the indexes of inequality began to decline in the United States, while in Brazil, they remained stable and in some areas worsened"* (emphasis mine).

Chapter 2

1. Though few achieved this result, it was the transcendent goal.

2. Page, Joseph A. *The Brazilians.* Reading, Massachusetts: Addison Wesley Publishing, 1995, p. 48. "Portugal's colonial policy sought to milk Brazil rather than to develop it." See also, Schneider, Ronald M. *Order and Progress: A Political History of Brazil.* Boulder, San Francisco, Oxford: Westview Press, 1991: 27, "In the middle of the sixteenth century.... Portuguese immigration to Brazil ... had been minimal...."

3. Schneider, *Order and Progress,* p. 28; Page, p. 40.

4. Schneider, *Order and Progress*, p. 28; Page, p. 42. "The Governor of Grao Para and Maranhão Informs the Portuguese King of Cruel Punishments Inflicted Upon Indian Slaves (1752)," Conrad, Robert, Edgar. *Children of God's Fire: A Documentary History of Black Slavery in Brazil.* University Park: University of Pennsylvania Press, 1994: pp. 289–292.

5. "Brazil's indigenous population would be reduced ... until there were only 250,000 natives by the 1970s," Schneider, Ronald M. *Brazil: Culture and Politics in a New Industrial Powerhouse.* Boulder: Westview Press, 1996: 36.

6. Lovejoy offers a table on p. 51 that shows the number of Africans exported in the African slave trade. Before 1450 the number was 0. This is a curious finding as Lovejoy himself says the Portuguese began exploring the African coast in 1430 as a means of avoiding the Arab middlemen in the slave trade. Of course, Lovejoy distinguished between the Arab slave trade, some of whose merchandise may have ended up in Portugal, and the Atlantic slave trade, which is associated with Europeans, and not Arabs. His table shows that from 1450–1600 (150 years) the Atlantic slave trade was 409,000. From 1601–1700, it was 1,348,000. From 1701–1800, it was 6,090,000 — the peak of the industry. Another 3,466,000 were exported after 1801, Lovejoy, Paul E. *A Escravicao Na Africa.* Rio de Janeiro: Civilizacao Brasileira, 2002: 75. These are only estimates, but they clearly show what is not questioned — the magnitude of the increase.

7. "An Ex-Slavetrader's Account of the Enslavement Process in Africa and the Illegal Traffic to Brazil (1848–1849)," Conrad, pp. 36–37 "Many vessels after they came in are abandoned from the impossibility of getting any person to clean the vessel." Further on, "Also (a) vessel was worth about 9,000 Lbs sterling, but the ... slaves ... gave to parties such a famous profit that there was no need troubling themselves about the vessel (that had been grounded)." Conrad, p. 35.

8. There are no clear, exact dates. Schneider and Page both cite 1538 as the date of the first arrival of a slave ship in Brazil. No one, however, would contend there were no African slaves in Brazil prior to 1538. The first major Portuguese settlement in Brazil was established in 1531. Moreover, since slavery was widely practiced in Portugal, enslaved Africans undoubtedly arrived in Brazil before then — at least by 1520 when minor bases had been established. The Portuguese aversion to manual labor during this period is well-established. Portugal claimed Brazil in 1502. Almost two decades later it is likely that people from Africa were chattel labor in the colony. De Queiros, Katia M. *To Be a Slave in Brazil: 1550–1888.* New Brunswick, NJ: Rutgers University Press, 1986, gives the date of 1550 for the origin of slavery in Brazil, though on what basis is not clear as she cites plantation slavery using African labor in the Cape Verde Islands from 1460.

9. "Nature is reduced to the very last stage consistent with life?— To the lowest stage in which it's possible to say that they are living." Conrad, p. 36.

10. "Can you tell the committee anything as to the proportion of the sexes in the Africans who are brought to Brazil?— About one to ten." Conrad, p. 31.

11. Conrad, pp. 39–42. "A Slave Revolt at Sea and Brutal Reprisal." Also, Uya, Okon Edet. "The Middle Passage and Personality Change Among Diasporan Africans," *Global Dimensions of the African Diaspora.* 2nd ed. Washington, D.C: Howard University Press, 1993.

12. "'It was the Same as Pigs in a Sty': A Young African's Account of Life on a Slave Ship (1849)," p. 39, Conrad.

13. "An Ex-Slaveholder's Account of the Enslavement Process in Africa and Illegal Traffic to Brazil (1848–1849)," pp. 36–37; "A British Physician Describes the State of Africans Upon Their Arrival in Brazil (1841–1843)," pp. 43–47.

14. Conrad, pp. 36–7.

15. "'It was the Same as Pigs in a Sty,'" p. 38. The former slave recounts deaths as high as six to 12 on given days.

16. The numbers tell the tale. Recife in Brazil is 30 degrees W, Dakar in Senegal is 18

degrees W. That leaves 12 degrees of longitudinal separation between them. Adding a latitude separation of 34 degrees yields a total separation of 46 degrees. By comparison, Haiti at 70 degrees W. is separated from Senegal by 52 degrees of longitudinal separation alone. Virginia at 72 degrees W. is separated from Dakar by 54 degrees longitudinally and 35 degrees latitudinally, for a total of 89 degrees. The total separation from Accra, Ghana to Recife is 45 degrees, which is the same as the total separation from Salvador to Angola. The distance from West Africa to Brazil is only 60 percent of the distance from West Africa to the Caribbean and is less than 20 percent of the distance to the Southern United States.

What this means in travel time cannot be specified with any precision except to say that the time from West Africa to Brazil was much less than to any other place in the Americas, and incomparably less than the time to North America. The difficulty in stating and comparing times is complicated by the condition that there were three components of the voyage: the voyage to Africa, either from the Western Hemisphere or Europe; the voyage along the coast of Africa, including time spent at ports where human beings were purchased, loaded, and sometimes simply purchased and picked up later while the ship continued its forays along the coast; and the voyage from Africa to the Western hemisphere. Pierre Verger tracks a number of ships in the early 18th century and the early 19th century for the whole voyage. In the 18th century, the longest voyage of the ships he recorded was 882 days (almost two and a half years). The shortest was 402 days. He gives an average round trip, however, of 364 days — a figure not matched by any of the ships he followed. For the 19th century, the corresponding numbers are a long of 378 days, a short of 139 days, and an average of 231 days. Nevertheless, he says for the whole period of the legal slave trade, the average round trip was 18 months. He is looking, specifically, at ships leaving Bahia and returning to Bahia. Verger, Pierre. *Fluxo e Refluxo: Do Trafico de Escravos Entre o Golfo do Benin e a Bahia de Todos os Santos.* São Paulo: Pierre Verger e Editora Corrupio, 1987.

Hugh Thomas looks only at the times from Africa to the Western Hemisphere. His documentation is less satisfactory than Verger's, but the trend line is consistent. He cites times for the late 18th century as 35 days from Angola to Pernambuco in Brazil, 40 days to Bahia, and 50 days to Rio. While he cites a voyage of 44 days from Guinea to the Caribbean in 1670, this seems quite an anomaly, as in the 18th century it was normal for French ships to take 70 days from West Africa to Saint Domingue, 80 days for the Dutch to Curacao, and a long voyage of nine months from West Africa to Saint Domingue. For the 19th century, he says it took ships 25 days to get from Angola to Brazil and 45 days for them to get from Benin to the Caribbean. Thomas, Hugh. *The Slave Trade.* New York: Simon and Schuster, 1997.

In all cases, by any and every reckoning, ships saved weeks, and even a month or more going from Africa to Brazil as compared to the rest of the Western Hemisphere.

17. "Even before the abolition of slavery, in 1882, the black labor force was 'leftover,' rejected by the system, whose declared objective was the liquidation of the African and his descendants in Brazil." Nascimento, *Brazil: Mixture or Massacre?* p. 195. Darcy Ribeiro says, "That's why they had to be under maximum guard during their active lives of seven to ten years of labor. Their destiny was to die of back-breaking work." Ribeiro, Darcy. *O povo brasileiro: A formação e o sentido do Brasil.* São Paulo: Editora Schwarz, LTDA, 1995.

18. "A Brazilian Senator Comments on the High Mortality Among Rural Slave Children in the First Half of the Nineteenth Century." Conrad, p. 100, "There are no statistics to tell us, but if only 9 or 10 percent survived of those abandoned in the capital, as the Viscount Abaete once proved in the Senate, of those born into slavery certainly not more than 5 percent survived."

19. See Nascimento, *Brazil: Mixture or Massacre?* pp. 32–37, for an extensive notation and discussion of *quilombos* in Brazil.

20. In addition to *quilombos*, which were found all over the country and in every epoch, we may note the MNU article, "Documentacao do Formacao do Quadros," pp. 52–63, of MNU, *1978–1988*, which identifies — in addition to Palmares — revolts in the states of Minas Gerais, Pernambuco, Bahia, ranging from the 16th to the 19th centuries.

21. Conrad, pp. 489–493. (Glossary).

22. See, Nobles, Melissa. *Shades of Citizenship: Race and the Census in Modern Politics.* Stanford: Stanford University Press, 2000, p. 105. She has a table of terms used in the

Brazilian census, 1940–1991 (1970 omitted as no color question was asked).

23. Conrad.

24. Butler, Kim. *Freedoms Given, Freedoms Won: Afro-Brazilians in Post Abolition São Paulo and Salvador.* New Brunswick, New Jersey: Rutgers University Press, 1998.

25. Appiah, Kwame Anthony, and Henry Louis Gates (eds). *Africana: The Encyclopedia of the African and African American Experience.* New York: Basic Civitus Books, 1999: 904.

26. Nascimento, p. 64. He quotes the popular saying which captures the aesthetic: "White to marry, black to work, Mulatto to screw." (My translation, not his).

27. Penetrating discussion in Nascimento, *op. cit.,* pp. 67–69. See also, Conrad, *Part 4: From Babylon to Jerusalem: Slavery and the Catholic Church,* pp. 154–199.

28. Conrad, pp. 463–466.

29. Nascimento, Abdias do, and Elsa Larkin Nascimento. *Africans in Brazil, A Pan African Perspective.* Trenton, NJ: African World Press, 1997: 138.

30. Butler, p. 7.

31. Nascimento, quoting from Thomas Skidmore, on Joao Batista de Lacerda, speaking in London, in 1911, "In virtue of this process of ethnic reduction it is logical to expect that in the course of another century the *metis* (half-breeds) will have disappeared from Brazil. This will coincide with the parallel extinction of the black race from our midst" (Skidmore, p. 66).

32. Ibid.

33. Nascimento, p. 60, "As ethnographers assure us, and as can be confirmed at first glance, race mixing is facilitating the prevalence of the superior race here. Sooner or later it will eliminate the black race. Here this obviously already is happening" (Skidmore, p. 73).

34. Niani (Dee Brown). "Black Consciousness vs. Racism in Brazil," *The Black Scholar* 2, no. 3 (January-February, 1980), p. 61.

35. Nogueira, Oracy. *Tanto Preto Quanto Branco: Estudos de Relacoes Raciais.* São Paulo: T.A. Queiroz, Editor, 1985: 80, "In Brazil there is no sense of the phenomenon of "passing," since the individual, bearing "caucasoid" traits, will be considered white, even if his black ancestry is known, or his parents were black individuals."

36. Nobles, p. 105.

37. Except in Africa, where Brazilian diplomats make much ado about the African-descended population in Brazil, African-influenced culture, and the natural affinity between Brazil and Africa.

38. Butler, p. 69.

39. Ibid., pp. 89–115.

40. Nogueira, p. 79, "In a Brazilian recreational club it is easier to oppose the admission of a person of color than a white person; however, if the individual of color counter balances the disadvantage of color with some unmistakable advantage, in intelligence or training, in education, profession, or economic condition, or if the person is skillful, ambitious, and persevering, it's possible to get the club to grant access, admitting that person as an 'exception,' without obliging the club to do the same thing for another person with the same physical characteristics, or even a lighter-skinned person."

41. Hanchard, *Orpheus and Power,* pp. 35–36.

42. Michael Mitchell takes exception to this characterization. He says the FNB was a mass movement, "both in terms of organization as well as membership.... The majority of members were regularly underemployed or unemployed black folks (mostly male). The leadership tended to be middle class ... but members were not."

He says further, "Also, it was a movement with vast geographical reach."

Mitchell's position is not terribly different from my own. Where we differ is with respect to what constituted the black middle class, 1931–1937, and the extent to which the vast, rural black population (as opposed to pockets of that population) was incorporated into the FNB. Personal communication, Michael Mitchell, May 31, 2004.

43. MNU. "Por Uma Autentica Democracia Racial." MNU, *1978–1988, 10 Anos de Luta Contra o Racismo.* Salvador: MNU, 1988: 23. Also, there is a significant retrospective of the sociological studies in an homage paid to Thales Olympio Góes de Azevedo published in *Afro-Asia*: Brandao, Maria de Azevedo. "Thalez Olympio Góes de Azevedo (1901–1995), Thalez de Azevedo, A Intstitucionalizacao das Ciencias Sociais na Bahia e o Ciclo dos Estudos das Relacoes Inter-Etnicas," *Afro-Asia,* no. 17, 1996, pp. 213–229. The most well-known and possibly most influential of these scholars was Florestan Fernandes.

44. Infoplease.com. Supplemented and rectified by personal communication from Michael Mitchell, May 31, 2004.

Chapter 3

1. Roett, Riordan. *Brazil: Politics in a Patrimonial State,* Fourth Edition. Westport, Conn.: Praeger, 1992: 114–115. Rural workers were also active and organized in the southern state of Rio Grande do Sul, where the black population does not exceed 16 percent. But in 1961 the percentage of black people in that state's countryside was higher than in the cities.

2. See Johnson, Ollie. *Brazilian Party Politics and the Coup of 1964.* Gainsville: University Press of Florida, 2001: 80–84; Schneider, Ronald M. *Brazil: Culture and Politics in a New Industrial Powerhouse.* Boulder: Westview Press, 1996: 84. Roett, pp. 91–94.

3. Commentaries in the literature about the Brazilian propensity to self-identify as close to white as the imagination can stretch are too numerous to cite. It is the consensus. The almost inescapable conclusion that follows from this is that with official census figures citing 44.6 percent of the population as either brown or black, that the actual number is surely above 50.1 percent. Scholarly estimates have gone much higher. Eduardo de Oliveira put the figure at 67.8 percent of the Brazilian population: de Oliveira, Eduardo. "Manifesto a Nacao Brasileira e a Comunidade Negra de São Paulo," *Estudos Afro-Asiaticos,* 8–9, 1983, p. 24. In the same volume, Jorge Candido, an economist, cites a U.N. study which puts the Afro-Brazilian population at 70 percent — 75 percent of the Brazilian total. Candido, Jorge. "Perfil Historico-Cultural da Discriminacao Racial e da Violencia Urbana," *Estudos Afro-Asiaticos,* 8–9, 1983, p. 165. Additionally, many Afro-Brazilians simply are not counted in the census. In a conversation during July of 2002 with Yêdo Ferreira, a mathematician who works with the census, Ferreira said, "The census takers don't even go into the *favelas.* They're afraid." He was speaking on the basis of his direct experience with census takers. I will summarize the thrust of the literature on the subject by quoting Melissa Nobles who explicitly studied the Brazilian census. Nobles, Melissa. *Shades of Citizenship: Race and the Census in Modern Politics.* Stanford: Stanford University Press, 2000, p. 217: "Brazilians who are 'nonwhite' (*mulatos, pardos,* etc.) do not view themselves or others like them as black." Edward Telles finds the tendency to overcount whites and undercount blacks in the census, both among respondents and census takers. Telles, Edward E. *Race in Another America: The Significance of Skin Color in Brazil.* Princeton, Princeton University Press, 2004, p. 90: "Respondents and interviewers preferred white over black...."

4. The following discussion is based on a number of sources: Roett: Gonzalez, Lélia, "The Unified Black Movement: A New Stage in Black Political Mobilization," *Race, Class, and Power in Brazil.* Edited by Pierre-Michel Fontaine. Los Angeles: Center for Afro-American Studies, UCLA, 1985; Nascimento, Abidas do, and Elsa Larkin Nascimento. *Africans in Brazil, A Pan African Perspective.* Trenton, New Jersey: African World Press, 1997; Schneider, Ronald M. *Brazil: Culture and Politics in a New Industrial Powerhouse.* Boulder: Westview Press, 1996; Schneider, Ronald M. *Order and Progress: A Political History of Brazil.* Boulder, Oxford: Westview Press, 1991; Page, Joseph A. *The Brazilians.* Reading: Addison-Wesley, 1995.

5. Many of them during slavery were runaways. Many were set out on the streets by their owners to earn money the best way they could and to bring a certain portion of their earnings back to the owner.

6. PSD, *Partido Social Democratica,* (Social Democratic Party); PTB, *Partido Trabalhista Brasileiro,* (Brazilian Labor Party); and UDN, *Uniao Democratica Nacional,* (National Democratic Party).

7. PSB, *Partido Socialista Brasileiro,* (Brazilian Socialist Party); PST, *Partido Social Trabalhista,* (Socialist Workers' Party); PTN, *Partido Nacional Trabalhista,* (Nationalist Workers' Party; and PCB, *Partido Communista Brasileiro,* (Brazilian Communist Party).

8. Roett uses the term patrimonial to refer to the Brazilian political style, combining the elements of patriarchy, clientelism, personally and influence-driven politics.

9. In Schneider, Ronald M. *Order and Progress: A Political History of Brazil.* Boulder, San Francisco, Oxford: Westview Press, 1991, find an extended discussion of these practices. They are not limited to the 1961–64 period, but are dominant throughout Brazilian his-

tory. They are representative of the patterns Roett labels patrimonial.

10. See the discussions in Roett, and Schneider, *Brazil: Culture and Politics* and *Order and Progress*.

11. My thinking on the subject of social space has been influenced by Couto, Richard. "Narrative, Free Space, and Political Leadership," *The Journal of Politics* 55, no. 1, 1993; Scott, James C. *Weapons of the Weak: Everyday Forms of Peasant Resistance*. New Haven: Yale University Press, 1985. Evans, Sara M., and Harry C. Boyte. *Free Spaces: The Source of Democratic Change in America*. New York: Harper, 1985. I have utilized the concepts in Covin, David, "Narrative, Free Spaces, and Communities of Memory in the Brazilian Black Consciousness Movement," *Western Journal of Black Studies* 21, no. 4, 1997; "Black Activists During the Ebb Tide of a Social Movement," *National Political Science Review* 8, 2001; and "Social Movement Theory in the Examination of Mobilization in a Black Community," *National Political Science Review* 6, 1997.

12. For a discussion of Nascimento's life and work, see Nascimento & Nascimento.

13. *Ibid.*, pp. 24–49.

14. *Ibid.*, p. 49.

15. Nascimento himself, in addition to founding the TEN in 1944, founded a Convict's Theater prior to that, the Afro-Brazil Committee for political work to keep the TEN out of politics in 1945, the National Black Convention in 1945, reconvened in 1946, the National Conference of Blacks in 1949, the *Quilombo* newspaper which published in 1949 and 1950, and originated the Black Affairs Department of the Brazilian Workers' Party. *Ibid.*, p. 24 ff. Thereza Santos moved from the Popular Center of Culture of the Union of Students in 1961 to founding the Feminine Department of the Samba School of Mangueira in 1966. Santos, Thereza, "My Conscience, My Struggle," *Racial Politics in Contemporary Brazil*. Edited by Michael Hanchard. Durham, NC, and London: Duke University Press, 1999, p. 190. Lélia Gonzalez was active in the Clube Negro de Cultura Social and Grupo Evolução during the 1970s. Gonzalez, Lélia, "O Movimento Negro na Ultima Decada," *Lugar de Negro*. Edited by Lélia Gonzalez and Carlos Hasenbalg. Rio de Janeiro: Editora Marco Zero Limitado, 1982, p. 24.

16. Dos Santos, Ivanir. "Blacks and Political Power," *Racial Politics in Contemporary Brazil*. Edited by Michael Hanchard. Durham, NC, and London: Duke University Press, 1999; Santos, Thereze.

17. Fernandes, Florestan. *Significado do Protesto Negro*. São Paulo: Cortez Editora/Autores Associados, 1989, p. 7. Fernandes refers to the well-known study, often cited in the literature. He was one of its authors. Ostensibly, the study was concerned with how to correct *social* as opposed to *political* inequities between the races as the country was understood to already be a "racial democracy."

18. Aguinaldo Camargo, Wilson Tiberio, Theodorico dos Santos, José Herbel, Rodrigues Alex, Natalino Dionisio, Fernando Araújo, Aladir Custodio, Lea Garcia, Ironides Rodrigues, Caudiano Filho, Harolda Costa, Joao Ellisio, Nelson Rodgriges, Geraldo Camos, Solano Trindade, Mercedes Batista, Sebastiao Rodrigues Alves, Ruth de Couza, and Marietta Campos.

19. Eduardo de Oliveira was active in the Party of the Brazilian Democratic Movement (PMDB), de Oliveira, p. 19; and Nascimento in the Brazilian Workers' Party (PTB). Nascimento and Nascimento.

20. In academia and even in institutions outside of academia, such as the ICPN, *Instituto Cultural de Pesquisas Negro*, The Institute for Black Cultural Research, organizations and departments were labeled as centers or institutes for the Study of Black Culture or history, or of Afro-Asians. The idea was that it was "safe" to study culture or history, but not the politics of such designated groups, and not contemporary manifestations of their identities which distinguished them from other Brazilians. These centers, nonetheless, served as spaces where people with suspect political viewpoints could come together under cover.

21. Schneider, *Order and Progress*, pp. 238–345; Schneider, *Brazil: Culture and Politics*, pp. 88–112; Roett, pp. 129–158.

22. Schneider, *Brazil: Culture and Politics*, pp. 145–151.

23. Dos Santos, Ivanir; Nascimento and Nascimento; Santos, Thereze.

24. For a pointed discussion of the "dangerous classes" in Brazil, see Mitchell, Michael. "The Racial Dimensions of Crime, Violence and Public Order in Brazil," unpublished paper. Presented at the annual meeting of the

National Conference of Black Political Scientists, Hampton, VA, March 2–5, 1994.

25. da Silva, Benedita, "The Black Movement and Political Parties: A Challenging Alliance," *Racial Politics in Contemporary Brazil.* Edited by Michael Hanchard. Durham, NC, and London: Duke University Press, p. 181. Of the people quoted here, Benedita was the one most committed to leftist social movements, particularly the political party, PT. Nevertheless, her ambivalence is represented in the title of the article cited here.

26. Santos, Thereze, p. 191.

27. dos Santos, Ivanir, p. 208.

28. da Silva, Jonatas, "*Historia de Lutas Negras: Memorias do Surgimento do Movimento Negro na Bahia,*" *1978–1988, 10 Anos de Luta Contra o Racismo.* MNU. Salvador: MNU, 1988, p. 13.

29. Nascimento and Nascimento, p. 47.

Chapter 4

1. I have not been able to identify founding dates for all of the organizations. Considerably more than half may have predated the MNU, but I can establish with verification only half of them. The proceedings of the meeting were published in *Estudos Afro-Asiaticos*, 8–9, 1983. The journal was a publication of *Centro de Estudos Afro-Asiaticos* (CEAA) of Candido Mendes University.

2. Exceptions include the *ligos camponeses* referred to in an earlier chapter, and in the current period, the MST (*Movimento Sem Terras),* as well as some *quilombolas. Qilombolas* are residents of historical *quilombos.*

3. Gonzalez, Lélia. "O Movimento Negro na Ultima Decada," *Lugar de Negro.* Edited by Leila Gonzalez and Carlos Hasenbalg. Rio de Janeiro: Editora Marco Zero Limitado, 1982, p. 15.

4. *Ibid.*, p. 41.

5. In the U.S. this position was articulated most pointedly by Huey P. Newton, minister of defense of the Black Panther Party, Newton, Huey P. *To Die for the People,* Vintage Books, 1972. He said, "Cultural Nationalism, or pork chop nationalism as I sometimes call it…." Hanchard also discusses this point of view in Brazil. Hanchard, Michael. *Orpheus and Power: The Movimento Negro of Rio de Janeiro and Sau Paulo Brazil, 1945–1988.* Princeton: Princeton University Press, 1994: 121. Another glimpse of this perspective can be found in da Silva, Jonatas Conceição, "Historia de Lutas Negros: Memorias do Surgimento do Movimento Negro na Bahia," MNU. *1978–1988, 10 Anos de Luta Contra o Racismo.* São Paulo: Confraria do livro, 1988: 13–14.

6. *A Felicidade*, from the soundtrack of the film *Orfeu Negro*.

7. Hanchard, *Orpheus and Power,* pp. 111–119; also MNU, "*Movimentos Negros Socias e Politicas no Seculo XX*": 75–76; and Barcelos, Luiz Cláudio, "*Mobilizacao Racial no Brasil: Uma Revisão Critica,*" *Afro-Asia*, no. 17, 1996: 198.

8. The following consideration is taken from many accounts which associate emphasis on culture with the emergence of black identity and black political identity. They include, Bairros, Luiz. Personal communication with the author, June 2000; many articles in *Nego* and the *MNU Jornal*; Barcelos, Luiz Cláudio. "Mobilizacao Racial no Brasil: uma revisão critica," *Afro-Asia,* no. 17, 1996; Da Silva, Célia Ana. Interview with the author, Salvador, Bahia, July 1992; Da Silva, Ana Célia. Personal communication with the author, Salvador, Bahia, August 1986; Da Silva, Jonatas Conceição. Personal communication with the author, Salvador, Bahia, June 1994; Da Silva, Jonatas Conceição. "Historia de Lutas Negras: Memorias do Surgimento do Movimento Negro na Bahia," *1978–1988 10 Anos de Luta Contra o Racismo.* MNU. São Paulo: Confraria do Livro, 1988; Do Catende, Moa. "A Politica Afoxesista," *Estudos Afro-Asiaticos,* 8–9, 1983; Godi, Antônio Jorge Vitor. "Musica Afro-Carnavelesca: Das Multidoes para o Successo Das Massas Eletericas." Edited by Livio Sansome and Jocelio Teles. *Ritmos em Transito: Socio-Antropologia da Musica Baiana.* São Paulo: Dynamis Editorial, Salvador: A Cor da Bahia, 1997; Gonzalez, Lélia, *op. cit.*; Hanchard, Michael (ed). *Racial Politics in Contemporary Brazil.* Durham, NC, and London: Duke University Press, 1999; Hanchard, *Orpheus and Power*, Ilê Aiyê. *Ilye Aiyê: 25 Anos de Resistencia.* Salvador: Ilê Aiyê, 1999; Morgan, Laís, Personal communication with the author, Salvador, Bahia, August 1986; Nascimento and Nascimento, *Africans in Brazil.*

9. Gonzalez, p. 34.

10. Hanchard, *Racial Politics*, p. 119.

11. *Ibid.*, p. 115.

12. *Ibid.*, p. 114.

13. *Ibid.* and MNU, p. 76.

14. Hanchard, *Racial Politics*, p. 120, and MNU, p. 75.

15. Arani Santana, interviewed by Jonatas Conceição da Silva, makes this clear. da Silva, "Historia de Lutas Negras," pp. 13–14.

16. dos Santos, Juana Elbein, and Nei Lopez. *Projeto Egungun: Ancestralidade Africana no Brasil.* Bahia: SECNEB, *Desenbanco, Fundacao do Patrimonio Artistico e Cultural* da Bahia, 1982.

17. Gonzalez, p. 44.

18. MNU.

19. This is the most widespread view, but it is not universal. For another interpretation, see Capoeira, Nestor. *The Little Capoeira Book.* Berkeley, CA: North Atlantic Books, 1995: 9. Capoeira disputes this view. He says since specifically African dance forms — other than capoeira — were outlawed, what would be the point of disguising capoeira as a dance form?

20. Indeed, *Jornal Capoeira*, was one of the founding organizations of the MUCDR, MNU, p. 77.

21. da Silva, p. 7.

22. For the following discussion, see note 8 above, especially, Da Silva, "Historia de Lutas Negros"; Do Catende; Godi; Sansome and Teles; and Gonzalez.

23. do Catende, Moa. "A Politica Afoxesista," p. 252. Godi, p. 74. He also writes about "*blocos de indios*" as predecessors to the *blocos afros*. The *blocos de indios* were composed mostly of young black people, and while they celebrated the samba, black music, they named themselves after North American indigenous peoples they had seen in movies from the U.S. The *blocos* had names such as "Apaches," and "Comanches."

24. da Silva, "Historia de Lutas Negroes," p. 11.

25. *Ibid.*, p. 10.

26. *Ibid.*, p. 17.

27. This treatment relies heavily on dos Santos, Descoredes Maximiliano. *Historia de Um Terreiro Nago.* São Paulo: Carthago and Forte Editorias Associadas, 1994; Siqueira, Maria de Lourdes. *Ago Lonan.* Belo Horizonte: Mazza Edicoes, 1998; and the author's personal observations.

28. See, *Ilê Aiyê. Ilê Aiyê: 25 Anos de Resistencia.* Salvador: *Ilê Aiyê*, 1999 and dos Santos, Descoredes Maximiliano.

29. *Estudos Afro-Asiaticos*, 8–9, 1983.

30. Grupo de Trabalhos Andre Recoucas. "Em Busca de Um Espaco," *Estudos Afro-Asiaticos*, 8–9, 1983, pp. 64–66.

31. *Ibid.*

32. Hanchard, *Racial Politics*, p. 129.

33. Santos, Thereza. "My Conscience, My Struggle," *Racial Politics in Contemporary Brazil.* Edited by Michael Hanchard. Durham, NC, and London: Duke University Press, 1999: 198.

34. Gonzalez, pp. 34–35.

35. In an interview by Jonatas Conceição da Silva, Luiza Bairros, then the first national coordinator of the MNU, and certainly in a position to know, said, "We women are the majority inside the organization [the MNU] ...." da Silva, Jonatas. Entrevista, *MNU Journal*, October-November-December, 1991: 11.

36. In Bahia two good examples are the contractor-entrepreneur Mario Nelson da Silva, and the founder of *Lasbonfim*, the prominent jeweler.

37. In Rio such people as Luiz Carlos Alves dos Santos, Osvaldo dos Santos Neves, and Amauri Queiroz became associated with the *Centro de Estudos e Assessoramento de Empreendacoes.*

38. Such activities include the FNB as well as black activists in the '50s and '60s.

39. I make a distinction between black activists and other black participants in political parties. By black activists I mean people who stress black identity and tend to identify themselves both as black and as members of the left; whereas black people who participate in politics are spread across the whole ideological spectrum, including those who don't consider themselves black, and across the political spectrum of political parties from reactionary to revolutionary, without being concentrated in any particular sector.

40. dos Santos, Gevanilda Gomes, "Racism: A Contradiction Within the Brazilian Democratic System." *National Political Science Review* 9, 2003: 87–95. Hanchard, *Racial Politics*, also discusses these two approaches.

41. Hanchard, *Racial Politics*, p. 113.

Chapter 5

1. This is the sequence found in Gonzalez, Lélia. "The Unified Black Movement: A

New Stage in Black Political Mobilization," *Race, Class, and Power in Brazil.* Edited by Pierre-Michel Fontaine. Los Angeles: Center for Afro-American Studies, UCLA, 1985: p. 123.

2. See the accounts in Lewis, David L. *King: A Critical Biography*. Baltimore: Penguin Books, 1970; and in Branch, Taylor. *Parting the Waters: America in the King Years, 1954–63.* New York: Simon & Schuster, 1988: pp. 124–125, 128–130.

3. See discussions in McAdam, Doug. *Politial Process and the Development of Black Insurgency, 1930–1970.* Chicago: University of Chicago Press, 1982; Morris, Aldon D. *The Origins of the Civil Rights Movement: Black Communities Organizing for Change.* New York: The Free Press, 1982; Morrison, KC. *Black Political Mobilization, Leadership, Power, and Mass Behavior.* Albany: State University Press, 1984; Tarrow, Sidney. *Politics and Reform: Collective Action, Social Movements, and Cycles of Protest.* Cornell: University Center for International Studies, Western Societies' Program Occasional Papers, no. 21, 1989; and Tarrow, Sidney. *Social Movements, Collective Action, and Politics.* New York: Cambridge University Press, 1994.

4. Evans, Sara M., and Harry C. Boyte. *Free Spaces: The Source of Domestic Change in America.* New York: Harper, 1986; Couto, Richard A. *Ain't Gonna Let Nobody Turn Me Round: The Pursuit of Racial Justice in the South.* Philadelphia: Temple University Press, 1991; Couto, Richard A. "Narrative, Free Space, and Political Leadership," *The Journal of Politics* 58, no. 1, 1993; Covin, David. "Narrative, Free Space, and Communities of Memory in the Brazilian Black Consciousness Movement," *Western Journal of Black Studies* 21, no. 4 (Winter 1997).

5. Covin, "Narrative, Free Spaces, and Communities of Memory"; Covin, David. "The Role of Culture in Brazil's Unified Black Movement: Bahia in 1992," *Journal of Black Studies* 27, no. 1 (September 1996).

6. Covin, David. "Black Consciousness in the White Media: The Case of Brazil," *Western Journal of Black Studies*, Vol. 15, # 2, 1992; Gonzalez, "The Unified Black Movement"; Gonzalez, Lélia. "O Movimento Negro na Ultima Decada," MNU, *1978–1988, 10 Anos de Luta Contra o Racismo*; Nascimento.

7. Gonzalez, "O Movimento Negro na Ultima Decada," pp. 41–42. Also, da Silva, Jonatas, "Historia de Lutas Negros: Memorias do Surgimento do Movimento Negro na Bahia," p. 7; MNU, "Movimentos Negros Sociais e Politicos no Seculo XX," MNU. *1978–1988, 10 Anos de Luta Contra o Racismo.* MNU. São Paulo: Confraria do Livro, 1988, p. 76.

8. Gonzalez, "O Movimento Negro," p. 43, da Silva, MNU.

9. Gonzalez, "O Movimento Negro," p. 45.

10. *Ibid.*, p. 43.

11. *Ibid.*, pp. 43–44.

12. *Ibid.*, p. 45.

13. *Ibid.*, pp. 46–47; da Silva, "Historia de Lutas Negroes," p. 16.

14. Gonzalez, "O Movimento Negro," p. 45.

15. *Ibid.*, p. 46.

16. *Ibid.*, p. 45.

17. MNU, p. 78.

18. Gonzalez, "O Movimento Negro," p. 48.

19. *Ibid.*, p. 49.

20. *Ibid.*, pp. 50–51.

21. *Ibid.*, pp. 48–51.

22. *Ibid.*, p. 48; and MNU.

23. Gonzalez, "O Movimento Negro," p. 48.

24. *Ibid.*

25. MNU.

26. Gonzalez, "O Movimento Negro," p. 51.

27. MNU, 1988.

28. Gonzalez, "O Movimento Negro."

29. *Ibid.*, pp. 51–52.

30. *Ibid.*, p. 52.

31. *Ibid.*, pp. 51–52. Translations of the documents referred to are in the appendices.

32. *Ibid.*, pp. 56–57.

33. *Ibid.*, pp. 58–59.

34. MNU.

35. *Ibid.*, and Gonzalez, "O Movimento Negro," p. 64.

36. *Carta de Principios do MNU.*

37. Based on the description in the MNU *Estatuto.*

38. See, for example, da Silva, "Historia de Lutas Negroes," p. 16, his reference to Nego in Salvador, which changed its name to the MNU and was the base for the MNU chapter in that city.

Chapter 6

1. Gonzalez, "O Movimento Negro na Ultima Decada," pp. 61–62.
2. *Ibid.*
3. *Ibid.*, p. 62
4. *Ibid.*
5. These specific uses are extensively documented in Covin, "Narrative, Free Spaces, and Communities of Memory," pp. 272–279.
6. See, for example, *Nego*, no. 10, May 1986: 2–8.
7. da Silva, Jonatas Conceição, "Historia de Lutas Negras," p. 16.
8. da Silva, Jonatas Conceição. "Nego, mais um fato na imprensa negra brasileira," *MNU Jornal*, no. 16, June-August 1989: 2.
9. MNU. "Control da Natalidade e suas Implicacoes na Populacao Negra," *1978–1988, 10 Anos de Luta Contra o Racismo*. São Paulo, Confrario do Livro, 1988: 34–39.
10. MNU. "3rd Congresso do Movimento Negro Unificado — Tese: Sexismo e Racismo," *1978–1988, 10 Anos de Luta Contra o Racismo*. São Paulo, Confrario do Livro, 1988: 26–33.
11. MNU. "Movimento Negro Unificado — Brasil Documento Apresentado no 'Symposio em Apoio a Luta Pela Auto-Determinacao e Independencia do Povo Namibio, São José, Costa Rica, 16 a 19 de agosto de 1983," *1978–1988, 10 Anos de Luta Contra o Racismo*. São Paulo, Confrario do Livro, 1988: 40–47.
12. da Silva, "Nego, mais um fata."
13. *Ibid.*
14. *MNU Jornal*, no. 18, January-March 1991: 3.
15. *Ibid.*, p. 1 and *MNU Jornal*, no. 17, September-November 1989: 1.
16. Movimento Negro Unificado, *1978–1988*.
17. The congresses were extensively covered in both *Nego* and the *MNU Jornal*.
18. MNU Secao Pernambuco, "I Encontro Nacional de Mulheres do Movimento Negro Unificado," *MNU Jornal*, no. 20, October-December 1991: 6.
19. Movimento Negro Unificado, *1978–1988*: 48–79.
20. *Nego: Boletim do Movimento Negro Unificado — Bahia*, no. 10: 6 and 8; da Silva, Jonatas Conceição, "Nego, mais um fato": 2.
21. *Nego*, no. 10, May 1986: 8.
22. *Ibid.*
23. "I Enen — Um Passo a Frente," *MNU Jornal*, no. 18, January-March 1991: 6.
24. *MNU Jornal*, no. 18: 10.
25. *Ibid.*, pp. 6 and 10; "Passeata no centro de Salvador," *Estado de Minas*, May 13, 1988.
26. "Inteletuais debatem a Semana Zumbi," *O Popular*, November 25, 1988; *Nego*, no. 14: 5.
27. "Comemoracoes reunem negros em passeata," *Diario da Tarde*. Belo Horizonte, MG, November 19, 1988.
28. "Negros divididos denunciam racismo," *O Estado de São Paulo*, May 14, 1988.
29. "Comemoracoes reunem negros em passeata," *Diario da Tarde*, November 19, 1988.
30. *Nego*, no. 10: 8.
31. *Ibid.*
32. *Ibid.*
33. *Nego*, no. 14, "Opiniao": 2.
34. "I Enen — Um Passo a Frente," p. 6.
35. Mitchell, Michael, "Blacks and the Abertura Democratica," *Race, Class, and Power in Brazil*. Edited by Pierre-Michel Fontaine. Los Angeles: Center for Afro-American Studies, University of California Los Angeles, 1985, note 33, pp. 118–119.
36. Movimento Negro Unificado. "Movimento Negro Unificado — Brasil Documento Apresentado no 'Symposio em Apoio A Luta Pela Auto-determinação e Independencia do Povo Namibio, São José, Costa Rica, 16–19 de Agosto, de 1983": 45–47.
37. *Nego*, no. 10, p. 6.
38. *Ibid.*, p. 8.
39. *Ibid.*
40. *Ibid.*
41. *Ibid.*
42. In addition to MNU publications, including *Nego* and the *MNU Jornal*, evidence of such activities can also be found in the popular press reports all over the country.
43. See press reports referred to above, especially notes 17–21.
44. "Racismo," *Estado de Minas*, March 29, 1988.
45. "Cartilha da Abolicao inclui tese racista," *O Globo*, April 2, 1988.
46. "Calunga: sobrevivencia ameacada," *MNU Jornal*, no. 16, June-August 1989: 6–7.
47. "Racismo vai a Julgamento em Paulinia," *MNU Jornal*, no. 18, January-March 1991: 5.

48. "Goaianos reagem a violência racial," *MNU Jornal*, no. 19, May-July 1991: 10.
49. This subject heading is taken from the wonderfully evocative title of James Scott's work, Scott, James C. *Domination and the Arts of Resistance: Hidden Transcripts*. New Haven, CT: Yale University Press, 1990. My usage is to indicate that the deep intellectual labors of MNU members are hidden transcripts.
50. *Nego*, no. 14, p. 6.
51. *Ibid.*
52. *Ibid.*, p. 9.
53. *Ibid.*
54. "O Negro e o mercado de trabalho," *Nego*, no. 10, p. 3.
55. Movimento Negro Unificado, *op. cit.*, "Por uma Autentica Democracia Racial," pp. 20–25.
56. *Ibid.*
57. *Ibid.*
58. *Nego*, no. 10, p. 6.
59. *Ibid.*, p. 1.
60. *Ibid.*
61. *Ibid.*
62. *Ibid.*
63. *Ibid.*
64. "Crioulo Fala," *Nego*, no. 14, pp. 6–7.
65. *Ibid.*
66. *Ibid.*
67. *Ibid.*
68. *Ibid.*
69. *Ibid.*
70. *Ibid.*
71. *Ibid.*
72. *Ibid.*
73. *Ibid.*
74. *Ibid.*
75. *Ibid.*
76. "I Enen — Um Passo a Frente": 6.
77. *Ibid.*
78. *Ibid.*
79. *Ibid.*, "O MNU e as ideologias brancas," p. 11.
80. *Ibid.*
81. *Ibid.*
82. "O MNU e as ideologicas brancas (II)," *MNU Jornal*, no. 19, May-July 1991, p. 6.
83. *Ibid.*, "Entrevista: Lélia Gonzalez, p. 8.
84. *Ibid.*, "Goianos reagem a violência racial," p. 10.
85. *Ibid.*
86. "Projeto Politico: Desafios e Perspectivas," *MNU Jornal*, no. 20, October-December 1991, p. 3.
87. *Ibid.*
88. *Ibid.*
89. *Ibid.*
90. *Ibid.*, p. 11.
91. *Nego*, no. 10; and *Nego*, no. 14.
92. "Reaja a Violencia Racial," *MNU Jornal*, no. 18, January-March 1991: 12.
93. "Entrevista: Luiza Bairros," *MNU Jornal*, no. 20, October-December 1991: 8.
94. Movimento Negro Unificaco, "3rd Congresso do Movimento Negro Unificado, Tese: Sexismo e Racismo, pp. 26–33.
95. *Nego*, no. 10, pp. 6 and 8.
96. *Ibid.*, p. 7.
97. *Ibid.*
98. "I Encontro de Mulheres do Movimento Negro Unificado," *MNU Jornal*, no. 20: 6–7.
99. "Entrevista: Lélia Gonzalez, *MNU Jornal*, no. 19.
100. *Ibid.*
101. Author's conversation with female militant of the MNU in São Francisco de Conde, Bahia, July 1992.
102. "Entrevista: Lélia Gonzalez," *MNU Jornal* no. 19.
103. I was in Brazil at the time and his pilgrimage was widely covered in all the media. I was able to read about his progress in newspapers in Brasília and Rio de Janeiro, and to watch it on television in both places as well.
104. *Nego*, no. 14, p. 3.
105. *Ibid.*, and *MNU Jornal*, no. 20, p. 1.
106. "Negros Protestam com marcha em BH," *Estado de Minas*, May 11, 1988.
107. *Nego*, no. 10, p. 8.
108. "Negros queimam retrato da princessa," *Folha de São Paulo*, May 14, 1988.
109. "Negros Protestam com marcha em BH," *Estado de Minas*.
110. "Marcha Contra o Racismo reune 1.500," *Estado de Minas*, May 13, 1988.
111. "Negros divididos denuncam racismo," *O Estado de São Paulo*, May 14, 1988.
112. "No Rio, marcha de negros e barrata pela policia," *Folha de São Paulo*, May 12, 1988.
113. "Negros protestam em Celándia e lutam pela democracia racial," *Jornal de Brasília*, May 14, 1988.
114. "Comemoracoes reunem negros em passeata," *Diario da Tarde*.
115. "A busca permanente da igualdade de direitos," *Jornal de Brasília*, November 19, 1988.

116. "Dia Nacional da Consciencia Negra tem festa ao ar livre," *Hoje em Dia*— Belo Horizonte, MG, November 20, 1988.

117. "Intelectuais debatem a Semana Zumbi, *O Popular.*

118. "Concurso de radaçao," *MNU Jornal,* no. 16, June-August 1989: 2.

119. *MNU Jornal,* no. 20, p. 1.

120. *Nego,* no. 14, pp. 3–4.

121. Issues of *Nego* and the *MNU Jornal* contain a wealth of such materials.

122. "Lutas e cultura do negro em discussão," *O Popular,* November 5, 1988.

123. "Entrevista: Luiza Bairros," *MNU Jornal,* no. 20, p. 8.

124. *Ibid.*

125. *MNU Jornal,* no. 20, p. 2.

126. *Ibid.*

127. This provision was technically made permanent when the provisional constitution was ratified in 1988. It has since been upheld in the courts. A very good discussion of the complexities and the contemporary directions taken over the struggle for rights of *quilombolas* is found in Linhares, Fernando do Roasario, "Kilombos of Brazil: Identity and Land entitlement," *Journal of Black Studies* 34, no. 6 (July 2004): 817–837.

128. *Nego,* no. 14, pp. 3–4.

129. *Ibid.,* p. 8.

130. *MNU Jornal,* no. 20, p. 12.

131. "Calunga: sobrevivencia ameacada," *MNU Jornal,* no. 16.

132. *Ibid.*

133. *MNU Jornal,* no. 18, p. 2.

134. dos Santos, Vera Lopes, and Vera Maria Guimaraes de Sa, "A Luta Pela Terra," *MNU Jornal,* no. 21, July-September 1992: 5. Rio das Rãs is also the cover story of this issue of the MNU. The cover article, p. 1; the Editorial, p. 2; the dos Santos and Guimaraes de Sa article on p. 5, as well as two other articles on p. 5, sketch the MNU involvement in Rio das Rãs in some detail.

135. *Nego,* no. 10, p. 8.

136. *Ibid.*

137. *Ibid.*

138. Cited above in various newspapers, *Nego,* and *MNU Jornal* accounts.

139. *Nego,* no. 10, p. 8.

140. *Ibid.*

141. *Ibid.*

142. See, for example, "Visita de Mandela a Salvador," *MNU Jornal,* no. 20, p. 2.

143. *MNU Jornal,* no. 20, "Uma Viagem a Martinica — I," p. 5; and "A Magia do Reggae: da Jamaica ao Maranhão; and "Bob Marley o mito como metafora," *MNU Jornal,* no. 19, pp. 4–5, and p. 6.

144. "I Enen — Um Passo a Frente," p. 6.

145. "Entrevista: Lélia Gonzalez," *MNU Jornal,* no. 20.

146. *Ibid.*

147. *Ibid.*

148. "Entrevista: Luiza Bairros," *MNU Jornal,* no. 20.

149. *Ibid.*

150. *Ibid.*

151. *Ibid.,* p. 8.

152. *Ibid.*

153. *Ibid.*

154. *Ibid.*

155. *Ibid.*

156. An example of such a loss of institutional memory — even in the person of a founding MNU member who never left the organization — came to light in an interview I had with Milton Barbosa of the São Paulo section of the MNU in 2002. We were talking about the *MNU Jornal,* and I remarked that it had first been called *Nego.* I wanted to ask him where that name came from. He said, "No. It was always the *MNU Jornal.*" I was insistent on the point that the MNU had published a paper called *Nego.* He was equally insistent on the point that such a publication had never existed.

I persisted, "But I've read it. I've held it in my hands. I have copies." He thought a bit, then said, "Oh, yes. I remember. They did put out a paper like that in Salvador. You're right." But even that memory came short of reminding him that *Nego* had been the official paper of the MNU for two years.

Chapter 7

1. Karenga, Maulana. Presentation at the Sacramento Working Conference on the Black Political Party, Sacramento, California, October 16, 1980.

2. Matthews, Donald R., and James W. Prothro, "Political Factors and Negro Voter Registration in the South," *Negro Politics in America.* Edited by Harry A. Bailey. Columbus, OH: Charles E. Merrill Books, 1967: 211–233.

3. "Entrevista Luiza Bairros." *MNU Jornal,* no. 20, p. 10.

4. Figures given consistently by MNU activists in interviews conducted by the author, Salvador, Bahia, 1992. Though most members estimated the section's actual membership at 30, some gave a range of 30–40.

5. From interviews by the author with MNU members in Salvador in 1992 and 2002, and from his observations of the headquarters in 1992.

6. Any such counts of *candomblé terreiros* must be general, because it is unlikely that anyone could accurately identify the total number in the city at any given time, if for no other reason than existing *terreiros* continually fall out of existence, and new ones are continually created. The major ones persist and are well known. But many *terreiros* operate out of homes, including a significant number deep in the *favelas*. As a *minimum* projection at any time, 1,000 is the figure most commonly given. Many residents of Salvador have communicated that figure to me, and I have heard it on television broadcasts on the subject. In the documentary *A Casa das Coisas Antiguas*, for example, aired on Estacao Cienca, FNEP 25, in Salvador during the late 1980s, Luiza Marquez, a theologian and *candomblé* adept, who was interviewed on the program, gives the figure of 1,300 *candomblé terreiros* in Salvador. Maria Lourdes Siqueira conducted a study of a sampling of 156 *terreiros* in Salvador for a decade. She studied 122 of them in detail and 112 in great detail. Siqueira, Maria Lourdes. *Ago Ago Lonan*. Belo Horizonte: Maza Edicoes, 1998. Hers was a heroic effort. She deliberately cast her study by decades as that is the most accurate way to keep track of the *terreiros*. They may either be in existence or out of existence for a considerable period before the condition is widely known.

7. Author's interview with Yêdo Ferreira in Rio de Janeiro, July 5, 2002. In addition to being a member of the MNU, Yêdo is a mathematician who often works with the IBGE (Brazilian Geographical and Statistical Institute) and the Brazilian census. He says on the basis of his personal experience working with census takers that they simply do not go into the peripheral areas. These residential areas, often designated as *morros* or *favelas*, are considered very dangerous by most people, even those who inhabit them. The census takers are afraid to go into the neighborhoods, hence, they are never surveyed. Yêdo's testimony is borne out by the recognition that many such neighborhoods are never entered even by the police, and some are entered by the police only when the police form heavily armed strike forces which move in for specific objectives and exit rapidly. While I was in Brazil in 2002, a prominent journalist on assignment was targeted and murdered in a peripheral neighborhood of Rio de Janeiro.

8. *MNU Jornal*, no. 21, July-September 1992: 1, 4.

9. An example of an MNU candidate who was not identified as part of the official MNU National campaign, but who was representative of what the MNU was doing in various locales around the country, was Eliezer Santana. Eliezer was active in the Salvador MNU. His home town, however, was São Francisco de Conde in the *recôncavo* region of Bahia state. He ran for the city council of São Francisco de Conde. The MNU actively campaigned for him there, sending *militantes* from Salvador to work on his campaign. Most volunteers were available on Sundays, when they didn't have to work or go to school. They used sound trucks and megaphones in the streets, and passed out fliers in squares and public gathering places. They canvassed door-to-door. The same tactics were used in Luiz Alberto's campaign in Salvador. In the case of Eliezer, however, all this activity was going on with no mention by the *MNU Jornal*. His situation was not unique in the country. Many "unofficial" MNU candidates with the full backing of the organization were running as a result of the effort to implement the political project from a black point of view and to build a mass base.

10. MNU, *Manifesto*. "20 de Novembro Dia Nacional da Consciencia Negra," 1992. In the 1992 municipal elections, Luiz Alberto in Salvador was 22nd out of 1,212 candidates. Among those actually elected to the city council, 15 got *fewer* votes than Luiz Alberto. Those with fewer votes were elected because of their standings on their parties' lists in the party list election system. Jurema Batista was elected to the Rio city council, and Benedita da Silva made a great showing in the race for mayor. (She got 48 percent of the vote).

11. *MNU Jornal*, no. 21, cites contacts with a scholar from Burundi, David Gazunki, p. 6, and the possible joint collaboration between Gazunki and the MNU on a project of black history and memory. The same issue quotes

from an extensive interview Henry Louis Gates of Harvard conducted with the U.S. black movie director Spike Lee on his film *Malcolm X.*

12. *Ibid. "Uma Viagem a Martinica,"* p. 8, part II of an essay by Lélia Gonzalez on her travels to Martinique and interaction, not only with Martinicians, but with black people from throughout the diaspora.

13. *Ibid.* Article on Henry Louis Gates and Spike Lee, p. 11.

14. *Ibid.*, p. 12, "As lições de Los Angeles."

15. *MNU Movimento Negro Unificado E Olodum Apoiam Luiz Alberto.*

16. MNU, *Semana de Unidade Africana.* As part of the program on May 24, 2000, the São Paulo branch of the MNU sponsored a panel entitled, "To Save the Life of Mumia Abu Jamal." Mumia Abu Jamal was a militant black journalist who was charged and convicted of the murder of a police officer in Philadelphia. He was sentenced to death. Many black and progressive activists launched an aggressive campaign which challenged the witnesses produced by the prosecution, some of whom had recanted their testimony; the conduct of the trial itself; and the verdicts. This movement had as objectives throwing out the original trial, conducting a retrial, saving Mumia Abu Jamal from the death penalty, and freeing Mumia Abu Jamal. On the panel convened by the São Paulo MNU chapter appeared Julio Turra from the International Committee in Defense of Mumia Abu Jamal's Life; Regina Lucia dos Santos, national educational coordinator of the MNU; Alfredo dos Santos of the São Paulo Committee to Free Mumia Abu Jamal, and Arnaldo Lopes da Silva, coordinator of the São Paulo Black Consciousness Nucleus. The panel was coordinated by Nilton de Martins, coordinator of the Radialists Union.

17. I was a witness to these events.

18. This is not to suggest that there were no *quilombos* in Rio de Janeiro. There were. Indeed, there are a number of significant studies on them and their extent. See, for example, Gomes, Flavio dos Santos. "Uma Tradicao Rebelde: Notas sobre os Quilombos na Capitania do Rio de Janeiro (1625–1818)," *Afro-Asia*, no. 17, 1996: 7–28. It is just to recognize that local *quilombos* were more prominent in Pernambuco MNU activities than in those of Rio de Janeiro.

19. *MNU Jornal,* no. 21: 3, 10.

20. *MNU Jornal,* no. 22, August-October 1993: 1, 5; *Banco 09* (MNU position paper and proposal) July 1992; *MNU Jornal,* no. 22, August-October 1993: 8–9.

21. *MNU Jornal,* no. 21: 2.

22. *Ibid.*, p. 2, 5; *MNU Jornal,* no. 22, p. 5, 10.

23. Author's interviews with MNU members in Salvador, Bahia, July 1992, including Jonatas Conceição, coordinator of the MNU National Press.

24. *MNU Jornal,* no. 22; *MNU Jornal,* no. 24, August 2001.

25. Author's interviews with MNU members in Salvador, Bahia, July 1992.

26. Personal communication with Rosalind Fielder, May 2002; and Gonzalez, Lélia, "O Movimento Negro na Ultima Decada," p. 52.

27. Author's interview with Jonatas Conceição, Salvador, Bahia, July 1992.

28. Luiza Bairros, first national coordinator of the MNU; Valerio Santos Silva, second national coordinator of the MNU; Luiz Alberto, member of the National Executive Council and coordinator of finances; Jonatas Conceição, member of the National Executive Council and coordinator of communications and publishing. In 1993, three of the five member National Executive Council members were from Salvador.

29. *MNU Jornal,* no. 22, p. 6.

30. MNU. *Reaja a Viloencia Racial: 20 Anos MNU.* Movimento Negro Unificado desde 1978 na Luta Contra o Racismo.

31. MNU. *Semana da Unidade Africana.*

32. *Dia Nacional de Consciencia Negra 20 de Novembro Valeu Zumbi;* "Matanca de negros no Brasil," *MNU Jornal,* no. 22, p. 2; Executiva Nacional da Marcha. *Jornal da Marcha.* São Paulo, Outubro de 1995, 300 Anos da imortalidade de Zumbi das Palmares.

33. "Expediente: Jornal da Marcha," *Jornal da Marcha.* São Paulo, October, 1995: 300 Anos da imortalidade de Zumbi dos Palmares. p. 2.

34. The following account is based on the author's observations in Brazilia, November 20, 1995.

35. Edmilton Cerqueira gave the number of marchers as 40,000. Cerqueira, Edmilton. Interview by the author, Hotel Tropical da Bahia, Salvador, July 11, 2002.

36. While there is a long, complicated history with respect to the military police in

Brazil, and in different parts of Brazil, at the time of the 1995 March on Brazilia, the military police were the equivalent of uniformed police officers in the United States, with the exception that they were much more heavily armed. They had no connection to the Brazilian military.

37. Imagine my shock. I *knew* Luiza was at Michigan State University working on her PhD. How had she suddenly appeared in Brazil, obviously in an established role as a primary organizer of this seminal event?

38. Seminario Nacional De Universitarios Negros, Secretaria Nacional. *Nos, os Negros.* Salvador, Bahia, 1993.

39. *MNU Jornal,* no. 22, p. 2.

40. "Seguranca age com abuso de autoridade," *Correio Braziliense,* September 18, 1991.

41. "O negro vê o racismo no Brasil com clareza," *Correio Braziliense,* July 18, 1992.

42. *MNU Jornal,* no. 21, p. 6.

43. *MNU Jornal,* no. 22, p. 8.

44. *Folha de São Paulo,* June 1, 1994.

45. *Ibid.*

46. MNU National Congress, 12th National Congress, Salvador, April 9–12, 1998. Federal Public Ministry, Chamber of Coordination and Revision, Hearings on the Rights of Indigenous Peoples and Minorities, August 12–19. Directed at discussing property rights of *quilombo* residents as guaranteed by Article 68 of the 1988 Constitution. Regina Adami testified on behalf of the MNU. pt.org.br /racismo/mnu.htm.

47. MNU. *Semana Unidade Africana; Mano, Nao Morra. Nao Mate.* A Partir das 13 Horas Lancamento da Campanha. (cosponsored by Comite pela Libertacao de Mumia Abu Jamal), São Paulo, February 11, 2001.

48. Author's interviews with MNU members, Salvador, Bahia, July 1992.

49. MNU. *Banca 09,* 1992.

50. MNU. *Semana Unidade Africana.* São Paulo, 2000.

51. Silva, Valdelio. "500 Anos de Colonialismo: Reaja a violência racial," *MNU Jornal,* no. 21, p. 9; MNU and others, "Brasil Outros 500," São Paulo, 2002.

52. *MNU Jornal,* no. 21, p. 10.

53. "O negro vê o racismo no Brasil com clareza," *Correio Braziliense,* July 18, 1992.

54. MNU. *MNU Movimento Negro Unificado E Olodum Apoiam Luiz Alberto,* 1992.

55. "O negro vê o racismo no Brasil com clareza," *Correio Braziliense,* July 18, 1992.

56. *MNU Jornal,* no. 21, p. 12.

57. *MNU Jornal,* no. 22, p. 12.

58. MNU. "*Reaja a Violencia Racial: 20 Anos MNU.* Movimento Negro Unificado desde 1978 na Luta Contra o Racismo. São Paulo, 1998.

59. MNU. *MNU Jornal,* no. 22, pp. 8–9.

60. MNU — Pernambuco Section. "I Encontro Nacional de Mulheres do Movimento Negro Unificado," *MNU Jornal,* no. 20, pp. 6–7.

61. This observation reflects my experiences in Rio de Janeiro following the March on Brazilia, November 20, 1995. In Rio I sometimes wore t-shirts which highlighted the March of Zumbi in Brasília. Frequently, Afro-Brazilians noticed the t-shirt and remarked on the march and articulated their views with respect to it. For the most part, they were sympathetic.

62. This was evident in Salvador's dynamic brother-sister combination, Jonatas da Silva and Ana Célia da Silva. He assumed a major role in the *bloco afro* Ilê Aiyê, and she underwent initiation into the *Candomblé terreiro* Ilê Aiyê Opô Afonjá.

63. Leal, Gilberto. Interview by author, Hotel da Bahia, Salvador, July 1992. Leal said Olodum can attract 10,000 people to a public square, but the MNU can attract only scores.

64. MNU. "Rio das Ras — A Luta pela posse de Terra," *MNU Jornal,* no. 21, p. 5; *Ibid.*, "Letters to the Editor," from Associao dos Remanescentes de Quilombos do Municipio de Oriximina, Para, p. 2.

65. MNU. "Rio das Ras — A Luta pela posse de Terra."

66. *Ibid.*

67. *Ibid.* Also see the discussion on the question of MNU involvement with *quilobmos* in MNU, "Editorial," *MNU Jornal,* no. 21, p. 3, and for discussions on the rights of *quilombolas* and the MNU position on article 68.

68. "Umbandanistas vão a Policia reclamar de evangelicos," *O Globo,* November 22, 1988.

69. While from its earliest days MNU spokespersons and publications gave great recognition to the significance of African religions, particularly *Candomblé,* as significant contributors to black or African identity in Brazil, and while in interviews and conversations MNU members spoke heatedly about the threat and malignancy of evangelical religions toward African-centered religions, the

MNU developed no national program devoted to that effort.

70. Silva, Benedita. "The Black Movement and Political Parties: A Challenging Alliance," *Racial Politics in Contemporary Brazil.* Edited by Michael Hanchard. Durham, NC, and London: Duke University Press, 1999, p. 184. She also talks about her religious life in her autobiographical account told to Medea Benjamin and Maisa Mendonca. *Benedita da Silva: An Afro-Brazilian Woman's Story of Politics and Love.* Oakland, CA: The Institute for Food and Development Policy, 1997.

71. MNU. *Semana Unidade Africana.* São Paul, May 19, 2000.

72. For example, the MNU's "Militant Song," contained in a flier published by the MNU and Oludum in support of Luiz Alberto for the Salvador city council election in 1992, includes the lyrics, "South American Solidarity ... Steve Biko, South Africa...." In 1993, the MNU sponsored a demonstration in commemoration of November 20 in a space named Nelson Mandela Square. In 2000, the MNU Salvador sponsored a "Week of African Unity" from May 24–26. It included a panel on "Saving the Life of Mumia Abu Jamal," and a roundtable on a "Day of African Unity."

73. Yêdo Ferreira, for example, in his *Dossiê*, written in 2002, but harkening back to a deep organizational history, refers to a "determined political force, that is to say ... Luiza Bairros...." Ferreira, Yêdo. *Dossiê.* Rio de Janeiro: MNU, 2002, p. 13.

74. Personal communication from Rosalind Fielder in May 2002, concerning one of her interviews with Milton Barbosa.

75. Personal communication with Luiza Bairros, Arlington, Virginia, March 25, 2005.

76. Ferreira, Yêdo. Interview with author in the Center for Afro-Brazilian Studies, Candido Mendes University, Rio de Janeiro, July 5, 2002.

77. Hanchard's assessment as late as 1993, for a book published in 1994, is representative of this almost universal tendency among political scholars, as was Michel Mitchell's almost disbelief in the sea-change in the public dialogue about race within a couple of years (personal communication with Michael Mitchell in 1994).

CHAPTER 8

1. Among them we may note Luiza Bairros, who served for two years as a consultant to the United Nations Organization.

2. Interviews by the author with MNU members, Salvador, 1992; among them were Eliezer de Santana, Sayonora Onawale, and Jonatas Conceição Da Silva. Also an interview with Milton Barbosa, in São Paolo, July 1, 2002.

3. The role of the Ford Foundation in financing Afro-Brazilian ONGs is widely noted among Afro-Brazilian activists, and is not without controversy. A significant contingent of black activists associates Ford with birth control measures applied in Brazil, including involuntary sterilizations. Many of them refuse to participate in any Ford-funded activities. I had experience with this in the development of the program for the Race & Democracy in the Americas: Brazil and the United States Project's first public conference, held in Bahia, May of 2000.

4. Ferreira, *Dossiê*, p. 10.

5. Though Paulo Paim, member of the National Congress from Rio Grande do Sul, and Benedita da Silva, former member of Congress from Rio de Janeiro (as well as a former national senator, vice governor, and governor of the State of Rio de Janeiro), have both been associated with the black consciousness movement, neither has been a member of a black social movement organization, such as the MNU.

6. The following discussion concerning the WCARD III, and the WSF, are taken from Yêdo Ferreira's *Dossiê,* except where the notes indicate another reference.

7. *MNU Jornal*, no. 24, August 2001: 7.

8. Santos, Suely. Interview, July 11, 2002, office of Luiz Alberto, Salvador, Bahia, Brazil.

9. Caninha de Liberdade 2002 — Informativa no. 6, Assessora de Comunicacao.

10. *MNU Jornal*, no. 24, p. 5.

11. *Raca.* Interview. *03.htm.*

12. *Noticia Jponline. /02bhtml.*

13. Malta, Silvana. "Pais registrou nove condemações por racismo em 45 anos," *Correio da Bahia* —Aqui. Salvador, July 4, 2001.

14. *Ibid.*

15. "Brasil 500 Anos: o dia Seguinte." *tm.*

16. Boletim Eletronica. http:// October 15, 2001.

17. "Defendido Aumento de Quotas para

Afro-Descendentes." Por Poliani Castello Branco/RO/ Agencia Camara. October 23, 2001.

18. Mariante, Paulo. "Feriado no 20 de Novembro — Campinas Aprova." Assessor do Vereador Sebastico Arcanjo (PT) December 5.

19. "Mano, Nao Morra, Nao Mate." Flier, MNU.

20. *MNU Jornal*, no. 24.

21. *Ibid.*, "E vamos a luta," p. 2.

22. *Ibid.*, p. 7.

23. *Ibid.*, p. 8.

24. *Ibid.*

25. *Ibid.*

26. *Ibid.*, p. 9.

27. *Ibid.*, p. 10.

28. *Ibid.*

29. *Ibid.*

30. *Ibid.*

31. *Ibid.*, pp. 11–12.

32. Ivana Braga. "MNU considera racista campanha contra fumo." February 15, 2002.

33. *Ibid.*

34. *Ibid.*

35. Ricardo, José. "Zumbi não merecia isto." November 25, 2002.

36. "Brasil Outros 500." Flier.

37. Oliveira Ivonei Pires de, "Racismon Nunca Mais!"

38. Dulce. "Dominacao, ocultamanto, e resestencia; deslevelamento das relagues de raca, classe e genero no Brasil." September 20, 2002.

39. Barbosa, Milton. Interview. MNU headquarters, São Paulo, July 1, 2002.

40. *Ibid.*

41. Ferreira, Yêdo. Interview. Center for Afro-Brazilian Studies, Candido Mendes University, Rio de Janeiro, July 5, 2002.

42. Queiroz, Amauri. Interview. Palmares Institute for Human Rights, Rio de Janeiro, July 3, 2002.

43. Ferreira, *loc. cit.*

44. *Ibid.*

45. *Ibid.*

46. *Ibid.*

47. *Ibid.*

48. *Ibid.*

49. *Ibid.*

50. *Ibid.*

51. *Ibid.*

52. *Ibid.*

53. Santos, Suely. July 11, 2002.

54. *Ibid;* Cerqueira, Edmilton. Interview. Tropical Hotel, Hotel da Bahia, Salvador, July 7, 2002; dos Santos, Luiz Alberto de Silva. Interview, Lauro de Freitas, Bahia, July 12, 2002; numerous interviews with MNU members in July 1992.

55. Santos, Suely, July 11, 2002; Cerqueira, July 7, 2002.

56. Cerqueira, *loc. cit.*

57. *Ibid.*

58. *Ibid.*

59. *Ibid.;* Santos, Suely, July 11, 2002; Santos, Luiz Alberto, July 12, 2002.

60. Cerqueira, July 7, 2002.

MNU-Pernambuco Section, "I Encontro Nacional de Mulheres do Movimento Negro Unificado," *MNU Jornal*, no. 20 (October–December 1991): 6–7.

62. Luiz Alberto, July 12, 2002.

63. "Increase in Quotas for Afro-Descendants Defended," announcement of the National Congressional Chamber News Agency, disseminated by e-mail, October 25, 2001, discusses law 3198/00, creating the statute of Racial Equality, proposing quotas for places for Afro-descendants as workers and university students; the Special Commission on the Statute of Racial Equality held hearings on October 23, 2001 on a statute proposing quotas for Afro-descendants; a program featuring a series of seminars was held at the University of São Paulo, September 23–27, 2002, one of the panels was entitled, "Racism and the Polemics of Affirmative Action." Governmental actions, public forums, and press coverage on events such as those indicated in this note, from mid–2001 on, were too numerous to catalogue.

CHAPTER 9

1. Einstein, Albert. *Essays in Physics*. New York: Philosophical Library, n.d.: 5.

2. The MNU received considerable empirical support for its position from Edward E. Telles' excellent study, Telles, Edward E. *Race in Another America: The Significance of Skin Color in Brazil.* Princeton: Princeton University Press, 2004. In a detailed examination of how Brazilians — both respondents and census takers — answer questions about race, Telles found, "respondents and interviewers preferred white over black," p. 90. He also found, p. 92, that 2.5 percent of "white" Brazilian males have lineage in their male lines from

sub–Saharan Africa, and 28 percent have lineage in their female lines from sub–Saharan Africa. In Rio de Janeiro, p. 93, for example, he found that 38 percent of "white" Brazilians have some African ancestry.

3. Winant, "Racial Democracy and Racial Identity," p. 112.

4. Martins, Silvia Helena. "Guerreiro intelectual," *Mundo Negro*. January 9, 2004. *49*. The author calls Moura the "co-founder of the MNU."

5. For example, Winant, "Racial Democracy and Racial Identity," p. 104, "There is no established national black organization — the MNU, though it continues to exist, has not been able to overcome various problems, chiefly a range of factionalisms." Conducting research on the MNU in 2002, I was often asked by Brazilian acquaintances, "Does the MNU still exist?" Often the question was asked facetiously, implying that it might as well not exist, for all the good it was doing. Telles falls into the same pattern: "Despite these gains, the black movement has not been able to achieve at least two other challenges it has laid out for itself: creating a mass movement ... constructing a popular negro identity." Telles, 2004, p. 235.

Bibliography

"A Magia do Reggae: da Jamaica ao Maranhão," *MNU Jornal,* no. 19 (May–July 1991).

Almeida, Alva Helena de. Personal communication with the author, São Paulo, July 1, 2002.

Almond, Gabriel, and Sidney Verba, eds. *The Civic Culture Revisited.* Boston: Little, Brown, 1980.

_____. *The Civic Culture.* Princeton: Princeton University Press, 1963.

Andrews, George Reid. *Blacks and Whites in São Paulo Brazil, 1888–1988.* Madison: University of Wisconsin, 1991.

"As Licoes de Los Angeles," *MNU Jornal,* no. 21 (July–September 1992).

Bairros, Luiza. Personal communication with the author, Arlington, Virginia, March 26, 2005.

_____. Personal communication with the author, Itapuao, June 2000.

_____. Interview with the author, German-Brazil Cultural Institute, Salvador, July 1992.

Barbosa, Milton. Interview with the author, MNU headquarters, São Paulo, July 1, 2002.

_____. "Reaja a Violencia," *MNU Jornal,* no. 18 (January–March 1991).

Barbosa, Renata Melo. Personal communication with the author, São Paulo, July 1, 2002.

Barcelos, Luiz Cláudio. Personal communication with the author, May 2002.

_____, and Eliemla Ayres Machado. "Race Relations among University Students in Rio de Janeiro." *The National Political Science Review* 9 (2003): 105–123.

_____. "Mobilizacao Racial no Brasil: uma revisão critica," *Afro-Asia,* no. 17 (1996).

_____, Olivia Gomes da Cunha, and Tereza Christina Nascimento Araújo, eds. *Escravidao E Relacoes Racias no Brasil: Cadastro da Producao Inteletual (1970–1990).* Rio de Janeiro: Centro de Estudos Afro-Asiaticos, 1991.

Benjamin, Medea, and Maisa Mendonca. *Benedita da Silva: An Afro-Brazilian Woman's Story of Politics and Love.* Oakland: Institute for Food and Development Policy, 1997.

"Bob Marley o mito como metafora," *MNU Jornal,* no. 19 (May–July 1991).

Boletim Eletronica, *www.camara.gov.br/dep.luizalberto.* October 15, 2001.

Bonfim, Paulo. "Crioulo Fala," *Nego,* no. 14: 6–7.

Borges, Rosangela. Personal communication with the author, São Paulo, July 2002.

Braga, Ivana. "MNU considera racista campanha contra fumo." E-mail. February 15, 2002.

Branch, Taylor. *Parting the Waters: America in the King Years, 1954–1963.* New York: Simon and Schuster, 1988.

Brandao, Maria de Azevedo. "Thales Olympio Góes de Azevedo (1901–1995), Thales de Azevedo, A Institucionalizacao das Ciencias Sociais na Bahia e o Ciclo dos Estudos das Relações Inter-Etnicas." *Afro-Asia,* no. 17, 1996.

"Brasil 500 Anos: o dia seguinte." http://www.concienciabr/portagens/50/anos/bro7.htm.

"Brasil Outras 500." São Paulo, 2002.

Butler, Kim. *Freedoms Given, Freedoms Won: Afro-Brazilians in Post Abolition São Paulo and Salvador.* Brunswick, NJ: Rutgers University Press, 1998.

"Calunga: sobrevivencia ameacado," *MNU Jornal*, no. 16 (June–August), 1989.
Caminha de Liberdade, 2002, *Informativa*, no. 6, Assessoradade Communicacao, 2002.
Campbell, Angus, Philip E. Converse, Warren E. Miller, and Donald E. Stokes. *The American Voter*. New York: Wiley, 1960.
Candido, Jorge. "Perfil Historico-Cultural da Discriminacao Racial e de Violencia Urbano." *Estudos Afro-Asiaticos*, 8–9, 1983.
Capoeira, Nestor. *The Little Capoeira Book*. Berkeley, CA: North Atlantic Books, 1995.
Cardoso, Marcos Antônio. *O Movimento Negro em Belo Horizonte: 1978–1988*. Belo Horizonte: Mazza Edicoes, 2002.
"Cartilhada Abolizacao inclui tese racista," *O Globo*, April 2, 1988.
Castello Branco, Poliani. "Defendido Aumenta de Quotas para Afro-Descendentes." RO/Agencia Camara, October 23, 2001.
Cerqueira, Edmilton. Interview with the author, Tropical Hotel, Hotel da Bahia, Salvador, July 7, 2002.
"Concurso de radaçao," *MNU Jornal*, no. 16 (June–August 1989).
Conrad, Robert Edgar. *Children of God's Fire: A Documentary History of Black Slavery in Brazil*. University Park: University of Pennsylvania Press, 1994.
Contins, Marcia, ed. *Liderancas do Movimento Negro no Rio de Janeiro, Caderno de Depoimentos*. Rio de Janeiro: Interdisciplinary Council of Cultural Studies, Federal University of Rio de Janeiro, 1998.
_____. *Liderancas do Movimento Negro no Rio de Janeiro, Caderno de Depoitmentos: Mulheres*. Rio de Janeiro: Federal University of Rio de Janeiro, Center of Philosophy and Human Sciences, Post Graduate School of Communications, 1994.
Couto, Richard. "Narrative, Free Spaces, and Political Leadership." *The Journal of Politics* 55, no. 1 (1993).
_____. *Ain't Gonna Let Nobody Turn Me Round: The Pursuit of Racial Justice in the South*. Philadelphia: Temple University Press, 1991.
Covin, David. "Black Activists During the Ebb Tide of a Social Movement." *National Political Science Review* 8 (2001).
_____. "Whither Goeth Black Nationalism, the Case of the MNU in Bahia." *National Political Science Review* 7 (1999).
_____. "Narrative, Free Spaces, and Communities of Memory in the Brazilian Black Consciousness Movement." *Western Journal of Black Studies* 21, no. 4 (1997).
_____. "Social Movement Theory in the Examination of Mobilization in a Black Community," *National Political Science Review* 6 (1997).
_____. "Afrocentricity in *O Movimento Negro Unificado*." *Journal of Black Studies* 21, no. 2 (December 1990).
_____. "Ten Years of A Brazilian Black-Consciousness Movement: the MNU, 1978–1988." *Journal of Black Studies*, Fall 1990.
_____. "Pan Africanism in the Caribbean." *The Journal of Pan African Studies* 1, no. 1 (1988).
Da Paixao, Carlos Lima. Personal communication with the author, São Paulo, July 1, 2002.
Da Rocha, Lauro Cornelio. Personal communication with the author, São Paulo, July 1, 2002.
Da Silva, Ana Célia. "Introducao aos Estudos Africanos: Primeiro passos." *Nego*, no. 14 (April 1988).
_____. "Estudos Africanos Nos Curriculos Escolares." *1978–1988 10 Anos de Luta Contra o Racismo*. São Paulo: Confraria do livro, 1988.
_____. Interview with the author, Salvador, Bahia, July 1992.
_____. Personal communication with the author, Salvador, Bahia, August 1986.
Da Silva, Benedita. "The Black Movement and Political Parties; A Challenging Alliance." *Racial Politics in Contemporary Brazil*. Edited by Michael Hanchard. Durham, NC, and London: Duke University Press, 1999.

Da Silva, Jonatas Conceição. Personal communication with the author, Salvador, Bahia, June 1994.
_____. Interview with the author, Salvador, Bahia, July 1992.
_____. "Entrevista." *MNU Jornal*, no. 20 (October, November, December 1991).
_____. "Entrevista: Leila Gonzalez," *MNU Jornal*, no. 19 (May–July 1991).
_____. "Nego, mais um fato na imprensa negra brasileira." *MNU Jornal*, no. 16 (June–August 1989).
_____. "Historia de Lutas Negras: Memorias do Surgimento do Movimento Negro Na Bahia." *1978–1988 10 Anos de Luta Contra o Racismo*. São Paulo: Confraria do Livro, 1988.
Da Silva, Julio Romario. Interview with the author, Salvador, Bahia, August 1986.
Da Silva, Maria Palmira. Personal communication with the author, São Paulo, July 1, 2002.
Dawson, Richard E., Kenneth Prewit, and Karen S. Dawson. *Political Socialization*, 2nd ed. Boston: Little, Brown, 1980.
De Lima, Antônio Rosario. Interview with the author, Salvador, Bahia, July 1992.
_____. Interview with the author, Salvador, Bahia, August 1986.
De Oliveira, Eduardo. "Manifesto a Nacao Brasileira e a Communicade Negra de São Paulo." *Estudos Afro-Asiaticos*, 8–9, 1983.
De Santano, Eliezer. Interview with the author, German-Brazil Cultural Institute, Salvador, Bahia, July 2002.
"Dia Nacional da Consciencia Negra tem festa ao ar livre." *Hoje em Dia*, Belo Horizonte, MG, November 20, 1988.
Do Catende, Moa. "A Politica Afoxesista." *Estudos Afro-Asiaticos*, 8–9, 1983.
Dos Santos, Descoredes Maximiliano. *Historia de um Terreiro Nago*. São Paulo: Carthago and Forte, 1994.
Dos Santos, Gevanilda Gomes. "Racism: A Contradiction Within the Brazilian Democratic System." *National Political Science Review* 9 (2003).
Dos Santos, Ivanir. "Blacks and Political Power." *Racial Politics in Contemporary Brazil*. Edited by Michael Hanchard. Durham, NC, and London: Duke University Press, 1999.
Dos Santos, Juana Elbein, and Nei Zapez. *Projeto Egungun! Ancestralidade Africana no Brasil*. Bahia SECNEB, Desenbanco, Fundacao do Patrimonio Artistico Cultural da Bahia, 1982.
Dos Santos, Luiz Alberto da Silva. Interview with the author, Lauro de Freitas, Bahia, July 12, 2002.
Dos Santos, Luiz Carlos Alves. Personal communication with the author, Rio de Janeiro, November, 1995.
Dos Santos, Maria José Perreira. Personal communication with the author, São Paulo, July 1, 2002.
Dos Santos, Osvaldo Neves. Personal communication with the author, Rio de Janeiro, November 1995.
Dos Santos, Vera Lopes, and Vera Maria Guimareaes de Da. "A Luta Pela Terra." *MNU Jornal*, no. 21 (July–September 1992): 5.
Drake, St. Clair. "The Black Diaspora in Pan African Perspective." *The Black Scholar* 7, no. 1 (September 1975).
Dulce. "Dominacao, ocultamento, e resistencia, deslevelamento das realagues de raca, classe e genero no Brasil." September 20, 2002.
"E vamos a luta." *MNU Jornal*, no. 24 (August 2001).
Einstein, Albert. *Essays in Physics*. New York: Philosophical Library, n.d.
Evans, Sara M., and Harry C. Boyte. *Free Spaces: The Source of Democratic Change in America*. New York: Harper, 1985.

Fernandes, Florestan. *Significado do Protesto Negro.* São Paulo: Cortez Editora/Autores Associados, 1989.

Ferreira, Yêdo. *Dossiê.* Rio de Janeiro: MNU, 2002.

_____. Interview with the author, Center for Afro-Brazilian Studies, Candido Mendes University, Rio de Janeiro, July 5, 2002.

Fielder, Rosalind. Personal communication, May 2002.

Folha de São Paulo, June 1, 1994.

Fontaine, Pierre-Michel, ed. *Race, Class, and Power in Brazil.* Los Angeles: Center for Afro American Studies, University of California Los Angeles, 1985.

Franklin, John Hope. *From Slavery to Freedom: A History of the Negro Americans.* 3rd ed. New York: Alfred A. Knopf, 1967.

Ga, Luiz Carlos. Personal communication with the author, Rio de Janeiro, November 1995.

Godi, Antônio Jorge Victor. "Musica Afro-Carnavelesca: Das Multidoes para o Successo Das Massas Eletericas," Edited by Livio Sansome and Jocelio Teles. *Ritmos em Transito: Socio-Antropologia da Musica Baiana.* São Paulo: Dynamis Editorial, Salvador: A Cor de Bahia, 1997.

"Goianos reagem a violência racial." *MNU Jornal,* no. 19 (May–July 1991).

Goldstene, Paul N. *The Crisis of Liberal Empire: Science and Revolution in the Twentieth Century.* New Haven, CT, and London: Yale University Press, 1972.

Gomez, Flavio dos Santos. "Uma Tradicao rebelde: notas sobre os quilombos na capitania do Rio de Janeiro." *Afro-Asia,* no. 17 (1996): 7–28.

Gonzalez, Leila. "The Unified Black Movement: A New Stage in Black Political Mobilization." *Race, Class, and Power in Brazil.* Edited by Pierre-Michele Fontaine. Los Angeles: Center for Afro-American Studies, University of California Los Angeles, 1985.

_____. " O Movimento Negro na Ultima Decada." *Lugar de Negro.* Edited by Leila Gonzalez and Carlos Hasenbalg. Rio de Janeiro: Editora Marco Zero Limitado, 1982.

_____. "Uma Viagem a Martinica I." *MNU Jornal,* no. 20 (October–December 1991).

_____. "Uma Viagem a Martinca II." *MNU Jornal,* no. 21 (July–September 1992).

_____, and Carlos Hasenbalg. *Lugar de Negro.* Rio de Janeiro: Editora Marco Zero Limitado, 1982.

Grupo de Trabalhos Andre Reboucas. "Em Busca de Um Espaco." *Estudos Afro-Asiaticos,* 8–9, 1983.

Hamilton, Charles V., Lynn Huntley, Neville Alexander, Antônio Sergio Alfredo Guimareaes, and Wilmont James, eds. *Beyond Racism: Race and Inequality in Brazil, South Africa, and the United States.* Boulder, CO, and London: Lynne Rienner Press, 2001.

Hanchard, Michael. "Black Cinderella? Race and the Public Sphere in Brazil." *Racial Politics in Contemporary Brazil.* Edited by Michael Hanchard. Durham, NC, and London: Duke University Press, 1999.

_____, ed. *Racial Politics in Contemporary Brazil.* Durham, NC, and London: Duke University Press, 1999.

_____. *Orpheus and Power: the Movimento Negro of Rio de Janeiro and São Paulo, Brazil, 1945–1988.* Princeton: Princeton University Press, 1994.

Hasenbalg, Carlos, and Nelson de Valle Silva. "Notes on Racial and Political Equality in Brazil," *Racial Politics in Contemporary Brazil.* Edited by Michael Hanchard. Durham, NC, and London: Duke University Press, 1999.

Hoffman, Leon Francois. *Haiti, Coleurs, Croyances, Creole.* Montreal: le editions do CIDHCA, 1994.

www.pt.or.br./racismo/mnu.htm. Source of testimony on hearings on the Rights of Indigenous People and Minorities, August 12–19, 1998, at the Federal Public Ministry Chamber of Coordinaitoh and Revision, made by the MNU.

"I Enen — Um Passa a Frente," *MNU Jornal*, no. 18 (January–March 1991).
Ilê Aiyê. *Ilê Aiyê: 25 Anos de Resistencia*. Salvador: Ilê Aiyê, 1999.
Infoplease.com. discussion on Fernando Henriqu Cardoso's background.
"Inteletuais debatem a Semana Zumbi." *O Popular*, November 25, 1988.
Interview. *Raca. http://www2.uol.com.br./simbolo/raca/1100entrevista03.htm.*
Interviews, unnamed MNU members, Salvador, Bahia, July 1992.
Jobim, Antônio Carlos, and Luis Bonfa. "A Trista não Tem Fim." *Black Orpheus*. Lopert Films, 1958.
Johnson, Ollie. Personal communication. Chicago, March 26, 2004.
Johnson, Ollie Andrew III. *Brazilian Party Politics and the Coup of 1964*. Gainesville: University Press of Florida, 2001.
Jones, Edward P. *The Known World*. New York: Harper Collins, 2003.
Jordan, Winthrop D. *White Over Black: American Attitudes Toward the Negro, 1650–1812*. Baltimore: Penguin Books, 1969.
Jornal de Marcha. "Expediente: Jornal da Marcha." *Jornal da Marcha*. São Paulo, October, 1995: 300 Anos da imortalidade de Zumbi dos Palmares, p. 2.
Jota, Mosafa. "O MNU e as ideologicas brancas." *MNU Jornal*, no. 18 (January–March 1991).
____. "O MNU e as ideologicas brancas II." *MNU Jornal*, no. 19 (May–July 1991).
Karenga, Maulana. Presentation at the Sacramento Working Conference on the Black Political Party, Sacramento, California, October 16, 1980.
Kluger, Richard. *Simple Justice*. New York: Alfred A. Knopf, 1976.
Lawrence, Thomas Edmund. *Seven Pillars of Wisdom*. New York: Viking, Penguin, 1986.
Leal, Gilberto. Interview with the author, Hotel da Bahia, Salvador, Bahia, July 1992.
Lewis, David L. *King: A Critical Biography*. Baltimore: Penguin Books, 1970.
Limeira, José Carlos, "O Negro e o mercado de trabalho." *Nego*, no. 10: 3.
Linhares, Luiz Fernando do Rosario. "Kilombos of Brazil: Identity and Land Entitlement." *Journal of Black Studies* 34, no. 6: 817–837.
Litwak, Leon F. *Trouble in Mind: Black Southerners in the Age of Jim Crow*. New York: Alfred A. Knopf, 1988.
Lovejoy, Paul E. *A Escravicao Na Africa*. Rio de Janeiro: Civilizacao Brasileira, 2002.
"Lutas e cultura do negro em discussão." *O Popular*, November 5, 1988.
Malaquais, Maria Célia. Personal communication with the author, São Paulo, July 1, 2002.
Malta, Silviana. "Pais registrou nove condemações por racismo em 45 anos," *Correia da Bahia–Aqui*. Salvador, July 4, 2001.
"Marcha contra o racismo reune 1.500," *Estado de Minas*, May 13, 1988.
Mariante, Paulo. "Feriado no 20 de Novembro — Campinas Aprova." Assessor do Vereador Sebastico Arcanjo (PT). December 5, 2001.
Marquez, Luiza. Interview, *A Casa das Coisas Antiguas*. Estacao Cienica. FNEP 25. n.d.
Martins, Silvia Helena. "Guerreiro inteletual." *Mundo Negro*. January 9, 2004. http://www.mundonegro.com.br/noticias/?noticiaID=249.
Marx, Anthony. *Making Race and Nation: A Comparison of the United States, South Africa, and Brazil*. Cambridge: Cambridge University Press, 1996.
Matthews, Donald R., and James W. Prothro. "Political Factors and Negro Voter Registration in the South," *Negro Politics in America*. Edited by Harry A. Bailey. Columbus, OH: Charles E. Merrill Books, 1967.
Mattoso, Katia M. Queiros. *To Be a Slave in Brazil: 1550–1888*. New Brunswick, NJ: Rutgers University Press, 1996.
McAdam, Doug. *Political Process and the Development of Black Insurgency, 1930–1970*. Chicago: University of Chicago Press, 1982.
Mitchell, Michael. Personal communication, May 31, 2004.

_____. "The Racial Dimensions of Crime, Violence and Public Order in Brazil." Unpublished paper. Presented at the annual meeting of the National Conference of Black Political Scientists, Hampton, VA, March, 2–5, 1994.

_____. "Blacks and the Abertura Democratica." *Race, Class, and Power in Brazil.* Edited by Pierre-Michele Fontaine. Los Angeles: Center for Afro-American Studies, University of California Los Angeles, 1985.

Morgan, Laís. Personal communication with the author, Salvador, Bahia, August 1986.

MNU. "20 DE NOVEMBRO DIA NACIONAL DA CONSCIENCIA NEGRA." Manifesto. 1992.

_____. *1978–1988, 10 Anos de Luta Contra o Racismo.* São Paulo: Confraria do Livro, 1988.

_____. "3rd Congresso do Movimento Negro Unificado Tese: Sexismo e Racismo." *1978–1988, 10 Anos de Luta Contra o Racismo,* MNU. São Paulo: Confraria do Livro, 1988.

_____. *Banco 09.* MNU position paper and proposal. July 1992.

_____. *Carta de Principios.*

_____. *Dia Nacional de Consciencia Negra 20 de Novembro Valeu Zumbi.*

_____. "Matanca de negros no Brasil." *MNU Jornal,* no. 20 (August–October 1993).

_____. "Militant Song." MNU Election flier. Salvador, 1992.

_____. "Movimento Negro Unificado-Brasil Documento Apresentado no Symposio em Apoio A Luta Pela Auto-determinação e Independencia do Povo Namibio, São José, Costa Rica, 16–19 de Agosto de 1983." *1978–1988, 10 Anos de Luta Contra o Racismo.* São Paulo: Confraria do Livro, 1988.

_____. "Movimento Negro Unificado e Oludum Apoiam Luiz Alberto." Political flier. 1992.

_____. "Movimentos Negros, Sociais e Politicos no Seculo XX." *1978–1988, 10 Anos de Luta Contra o Racismo.* São Paulo: Confraria do Livro, 1988.

_____. *MNU Estatuto.*

_____. "Por Uma Autentica Democracia Racial." *1978–1988, 10 Anos de Luta Contra Racismo.* São Paulo: Confraria do Livro, 1988.

_____. *Programa de Ação, Estato.* Salvador: Bahia: MNU, 1992.

_____. *Reaja a Violencia Racial: 20 Anos MNU. Movimento Negro Unificado desde 1978 na Luta Contra o Racismo.* 1998.

_____. Secao Pernambuco. "I Encontro Nacionalde de Mulheres do Movimento Negro Unificado." *MNU Jornal,* no. 20 (October–December 1991).

_____. *Semana de Unidade Africana.* Program booklet. São Paulo, May 24, 2000.

_____. *Semana Unidade Africana: Mano, Nao Morra. Nao Mate.* Program. São Paulo: MNU & Comite pela Libertacao de Mumia Abu Jamal, February 11, 2001.

MNU Jornal, no. 17 (September–November 1989).

MNU Jornal, no. 18 (January–March 1991).

MNU Jornal, no. 21 (July–September 1992).

MNU Jornal, no. 22 (August–October 1993).

MNU Jornal, no. 24 (August 2001).

Morris, Aldon D. *The Origins of the Civil Rights Movement: Black Communities Organizing for Change.* New York: The Free Press, 1982.

Morrison, K.C. *Black Political Mobilization, Leadership, Power, and Mass Behavior.* Albany State University Press, 1984.

Nascimento, Abdias do. *Brazil: Mixture or Massacre?* Dover, MA: The Majority Press, 1989.

_____, and Elsa Larkin Nascimento. *Africans in Brazil, A Pan African Perspective,* Trenton, NJ: African World Press, 1997.

Nego: Boletim do Movimento Negro Unificado—Bahia. No. 10.

"O negro vê o racismo com clareza," *Correio Braziliense.* July 18, 1992.

"Negros dividios denumciam racismo," *O Estado de São Paulo,* May 14, 1988.

"Negros protestam com marcha em BH," *Estado de Minas*, May 11, 1988.
"Negros protestam em Celándia e lutam pela democracia racial. *Jornal de Brasília,* May 14, 1988.
"Negros queimam retrato de princessa," *Folha de São Paulo,* May 14, 1988.
Newton, Huey P. *To Die for the People.* New York: Vintage Books, 1972.
Niani (Dee Brown). "Black Consciousness vs. Racism in Brazil." *The Black Scholar* 2, no. 3 (January–February 1980).
Nie, Norman, Sidney Verba, and John R. Petocik. *The Changing American Voter.* Cambridge: Harvard University Press, 1976.
"No Rio, marcha de negros e barrata pela policia," *Folha de São Paulo,* May 12, 1988.
Nobles, Melissa. *Shades of Citizenship: Race and the Census in Modern Politics.* Stanford, CT: Stanford University Press, 2000.
Nogueira, Oracy. *Tanto Preto Quanto Branco: Estudos de Relações Racias.* São Paulo: T. A. Queiroz, Editor LTDA, 1985.
Noticia Jponline. http://www.estacio.br/j.p.online/noticias/not2001/02/02html.
Oliveira de Oliveira, Eduardo. "Manifesto a Nacao Brasileira e a Comunidade Negra de São Paulo." *Estudos Afro-Asiaticos,* 8–9, 1983.
Oliveira, Ivone Pires de. "Racismo Nunca Mais!"
Onawale, Sayonora. Interview with the author. German-Brazil Cultural Institute, Salvador, Bahia, July 2002.
Page, Joseph A. *The Brazilians.* Reading, MA: Addison-Wesley, 1995.
"Passeata no centro de Salvador," *Estado de Minas,* May 13, 1988.
Personal communication, unidentified MNU member, São Francisco de Conde, Bahia, July, 1992.
Pierson, Donald. *Negroes in Brazil: A Study of Race Contact at Bahia.* Carbondale: Southern Illinois University Press, 1967.
"Projeto Politico: Desafios e Perspectivas," *MNU Jornal,* no. 20 (October–December 1991).
Queiroz, Amauri. Interview with the author. Palmares Institute for Human Rights, Rio de Janeiro, July 3, 2002.
Raca. Interview. http.//www.2.uol.com.br/simbolo/raca/1100 entrevista03.htm.
Raca Negra. Television documentary, n.d.
"Racismo." *Estado de Midas,* March 29, 1988.
"Racismo vai a Julgamento em Paulinia," *MNU Jornal,* no. 18 (January–March 1991).
Ribeiro, Darcy. *O povo brasileiro: A formação e o sentido do Brasil.* São Paulo: Editora Schwarcz LTDA, 1995.
Ribeiro, Janete. Personal communication with the author. Rio de Janeiro, November, 1995.
Ricardo, José. "Zumbi não merecia isto." November 25, 2002.
Robinson, Cedric. *Black Movements in America.* New York: Routledge, 1997.
_____. *Black Marxism: The Making of the Black Radical Tradition.* London: Zed Books, 1983.
Roett, Riordan. *Brazil: Politics in a Patrimonial State.* 4th ed. Westport, CT: Praeger, 1992.
Santos, Suely. Interview with the author. Office of Luiz Alberto, Salvador, Bahia, July 11, 2002.
Santos, Thereze. "My Conscience, My Struggle." *Racial Politics in Contemporary Brazil.* Edited by Michael Hanchard. Durham, NC, and London: Duke University Press, 1999.
Schneider, Ronald M. *Brazil: Culture and Politics in a New Industrial Powerhouse.* Boulder, CO: Westview Press, 1996.
_____. *Order and Progress: A Political History of Brazil.* Boulder, CO; San Francisco; Oxford: Westview Press, 1991.

Scott, James C. *Domination and the Arts of Resistance: Hidden Transcripts.* New Haven, CT: Yale University Press, 1990.

____. *Weapons of the Weak: Everyday Forms of Peasant Resistance.* New Haven, CT: Yale University Press, 1985.

Secao Pernambuco. "I Encontro Nacional de Mulheres do Movimento Negro Unificado," *MNU Jornal,* no. 20 (October–December 1991): 6.

Seminario Nacional de Universitarios Negros, Secretaria Nacional. *Nos, os Negros.* Salvador, Bahia: 1993.

Siqueira, Maria Lourdes. *Ago Ago Lonan.* Belo Horizontee: Mazza Edicoes, 1998.

Tarrow, Sidney. *Social Movements, Collective Action, and Politics.* New York: Cambridge University Press, 1994.

____. *Politics and Reform: Collective Action, Social Movements, and Cycles of Protest.* Cornell University Center for Industrial Studies, Western Societies Program Occasional Papers, no. 21, 1989.

Telles, Edward E. *Race in Another America: The Significance of Skin Color in Brazil.* Princeton: Princeton University Press, 2004.

____. "Ethnic Boundaries and Political Mobilization Among African Brazilians: Comparisons with the U.S. Case." *Racial Politics in Contemporary Brazil.* Edited by Michael Hanchard. Durham, NC, and London: Duke University Press, 1999.

Thomas, Hugh. *The Slave Trade.* New York: Simon & Schuster, 1997.

Trindade, Azoilda. Personal communication with the author. Rio de Janeiro, November 1995.

"Umbandanistas vão a policia reclamar de evangelicas," *O Globo,* November 22, 1988.

Uya, Okon Edet. "The Middle Passage and Personality Change Among Diasporan Africans." Edited by Joseph E. Harrison. *Global Dimensions of the African Diaspora.* 2nd ed. Washington, DC: Howard University Press, 1993.

Verger, Pierre. *Fluxo e Refluxo: Do Trafico de Escravos Entre o Golfo do Benin e a Bahia de Todos os Santos.* São Paulo: Pierre Verger e Editora Corrupio, 1987.

Verissimo, Carlos. Personal communication with the author. Rio de Janeiro, November 1995.

____. Lecture. California State University, Sacramento, May 1995.

"Visita de Mandela a Salvador," *MNU Jornal,* no. 20 (October–December 1991).

Wills, Gary. *The Negro President: Jefferson and the Slave Power.* Boston and New York: Houghton Mifflin, 2003.

Winant, Howard. "Racial Democracy and Racial Identity." *Racial Politics in Contemporary Brazil.* Edited by Michael Hanchard. Durham, NC, and London: Duke University Press, 1999.

Index